Diogenes Taschenbuch 22494

de
te
be

GOTTFRIED KELLER, geboren 1819 in Zürich, war der wichtigste Schweizer Dichter des 19. Jahrhunderts. Nach einer erfolglosen Lehre als Kunstmaler schrieb er in Berlin seinen Lebensroman *Der grüne Heinrich*. Er kehrte erneut nach Zürich und in die finanzielle Abhängigkeit von seiner Mutter zurück. Nach Jahren als Journalist und Gelegenheitsdichter wurde er Staatsschreiber. Abends saß er gern in Wirtshäusern, wo er seinem Temperament mit Krakeel und Gepolter Luft machte. Er starb nach langer Krankheit 1890 in Zürich.

Gottfried Keller

Meistererzählungen

Mit einem Nachwort von Walter Muschg

Diogenes

Diese Auswahl ist den
Gesammelten Werken in 8 Einzelbänden,
herausgegeben von Gustav Steiner, entnommen
Das Nachwort von Walter Muschg stammt aus dem Band
›Tragische Literaturgeschichte‹

Covermotiv: Zeichnung von Gottfried Keller,
›Ideale Baumlandschaft‹, 1849 (Ausschnitt)
Foto: Zentralbibliothek Zürich, Graphische Sammlung

info@diogenes.ch · www.diogenes.ch
In Fragen zur Produktsicherheit (GPSR):
truepages UG (haftungsbeschränkt)
Westermühlstraße 29, 80469 München
info@truepages.de
ASR/20/852/3
ISBN 978 3 257 22494 8

Inhalt

Die drei gerechten Kammacher

Die Leute von Seldwyla haben bewiesen, daß eine ganze Stadt von Ungerechten oder Leichtsinnigen zur Not fortbestehen kann im Wechsel der Zeiten und des Verkehrs; die drei Kammacher aber, daß nicht drei Gerechte lange unter einem Dache leben können, ohne sich in die Haare zu geraten. Es ist hier aber nicht die himmlische Gerechtigkeit gemeint oder die natürliche Gerechtigkeit des menschlichen Gewissens, sondern jene blutlose Gerechtigkeit, welche aus dem Vaterunser die Bitte gestrichen hat: Und vergib uns unsere Schulden, wie auch wir vergeben unsern Schuldnern! weil sie keine Schulden macht und auch keine ausstehen hat; welche niemandem zuleid lebt, aber auch niemandem zu Gefallen, wohl arbeiten und erwerben, aber nichts ausgeben will und an der Arbeitstreue nur einen Nutzen, aber keine Freude findet. Solche Gerechte werfen keine Laternen ein, aber sie zünden auch keine an, und kein Licht geht von ihnen aus; sie treiben allerlei Hantierung, und eine ist ihnen so gut wie die andere, wenn sie nur mit keiner Fährlichkeit verbunden ist; am liebsten siedeln sie sich dort an, wo viele Ungerechte in ihrem Sinne sind; denn sie untereinander, wenn keine solche zwischen ihnen wären, würden sich bald abreiben, wie Mühlsteine, zwischen denen kein Korn liegt. Wenn diese ein Unglück betrifft, so sind sie höchst verwundert und jammern, als ob sie am Spieße stäken, da sie doch niemandem was zuleid getan haben; denn sie betrachten die Welt als eine große wohlgesicherte Polizeianstalt, wo keiner eine Kontraventionsbuße zu fürchten braucht, wenn er vor seiner Tür fleißig kehrt, keine Blumentöpfe unverwahrt vor das Fenster stellt und kein Wasser aus demselben gießt.

Zu Seldwyl bestand ein Kammachergeschäft, dessen Inhaber gewohnterweise alle fünf bis sechs Jahre wechselten, obgleich es ein gutes Geschäft war, wenn es fleißig betrieben wurde; denn die Krämer, welche die umliegenden Jahrmärkte besuchten, holten da ihre Kammwaren. Außer den notwendigen Hornstriegeln aller Art wurden auch die wunderbarsten Schmuckkämme für die Dorfschönen und Dienstmägde verfertigt aus schönem, durchsichtigem Ochsenhorn, in welches die Kunst der Gesellen (denn die Meister arbeiteten nie) ein tüchtiges braunrotes Schildpattgewölke beizte, je nach ihrer Phantasie, so daß, wenn man die Kämme gegen das Licht hielt, man die herrlichsten Sonnenauf- und -niedergänge zu sehen glaubte, rote Schäfchenhimmel, Gewitterstürme und andere gesprenkelte Naturerscheinungen. Im Sommer, wenn die Gesellen gern wanderten und rar waren, wurden sie mit Höflichkeit behandelt und bekamen guten Lohn und gutes Essen; im Winter aber, wenn sie ein Unterkommen suchten und häufig zu haben waren, mußten sie sich ducken, Kämme machen, was das Zeug halten wollte, für geringen Lohn; die Meisterin stellte einen Tag wie den andern eine Schüssel Sauerkraut auf den Tisch und der Meister sagte: „Das sind Fische!“ Wenn dann ein Geselle zu sagen wagte: „Bitt' um Verzeihung, es ist Sauerkraut!“ so bekam er auf der Stelle den Abschied und mußte wandern in den Winter hinaus. Sobald aber die Wiesen grün wurden und die Wege gangbar, sagten sie: „Es ist doch Sauerkraut!“ und schnürten ihre Bündel. Denn wenn dann auch die Meisterin auf der Stelle einen Schinken auf das Kraut warf und der Meister sagte: „Meiner Seel'! Ich glaubte, es wären Fische! Nun, dieses ist doch gewiß ein Schinken!“ so sehnten sie sich doch hinaus, da alle drei Gesellen in einem zweispännigen Bett schlafen mußten und sich den Winter durch herzlich satt bekamen wegen der Rippenstöße und erfrorenen Seiten.

Einstmals aber kam ein ordentlicher und sanfter Geselle angereist aus irgendeinem der sächsischen Lande, der fügte sich in alles, arbeitete wie ein Tierlein und war nicht zu vertreiben, so daß er zuletzt ein bleibender Hausrat wurde in dem Geschäft und mehrmals den Meister wechseln sah, da es die Jahre her gerade etwas stürmischer herging als sonst. Jobst streckte sich in dem Bette so steif er konnte und behauptete seinen Platz zunächst der Wand Winter und Sommer; er nahm das Sauerkraut willig für Fische und im Frühjahr mit bescheidenem Dank ein Stückchen von dem Schinken. Den kleineren Lohn legte er so gut zur Seite wie den größeren; denn er gab nichts aus, sondern sparte sich alles auf. Er lebte nicht wie andere Handwerksgesellen, trank nie einen Schoppen, verkehrte mit keinem Landsmann noch mit anderen jungen Gesellen, sondern stellte sich des Abends unter die Haustüre und schäkerte mit den alten Weibern, hob ihnen die Wassereimer auf den Kopf, wenn er besonders freigebiger Laune war, und ging mit den Hühnern zu Bett, wenn nicht reichliche Arbeit da war, daß er für besondere Rechnung die Nacht durcharbeiten konnte. Am Sonntag arbeitete er ebenfalls bis in den Nachmittag hinein, und wenn es das herrlichste Wetter war; man denke aber nicht, daß er dies mit Frohsinn und Vergnügen tat, wie Johann, der muntere Seifensieder; vielmehr war er bei dieser freiwilligen Mühe niedergeschlagen und beklagte sich fortwährend über die Mühseligkeit des Lebens. War dann der Sonntagnachmittag gekommen, so ging er in seinem Arbeitsschmutz und in den klappernden Pantoffeln über die Gasse und holte sich bei der Wäscherin das frische Hemd und das geglättete Vorhemdchen, den Vatermörder oder das bessere Schnupftuch und trug diese Herrlichkeiten auf der flachen Hand mit elegantem Gesellenschritt vor sich her nach Hause. Denn im Arbeitsschurz und in den Schlappschuhen beobachten manche Gesellen immer einen eigentümlich gezierten Gang, als ob sie in höheren Sphären schwebten, besonders die gebildeten Buchbinder, die lustigen Schuhmacher und die seltenen sonderbaren Kammacher. In seiner Kammer bedachte sich Jobst aber noch wohl, ob er das Hemd oder das Vorhemdchen auch wirklich anziehen wolle, denn er war bei aller Sanftmut und Gerechtigkeit ein kleiner Schweinigel, oder ob es die alte Wäsche noch für eine Woche tun müsse und er bei Hause bleiben und noch ein bißchen arbeiten wolle. In diesem Falle setzte er sich mit einem Seufzer über die Schwierigkeit und Mühsal der Welt von neuem dahinter und schnitt verdrossen seine Zähne in die Kämme, oder er wandelte das Horn in Schildkrötschalen um, wobei er aber so nüchtern und phantasielos verfuhr, daß er immer die gleichen drei trostlosen Kleckse darauf schmierte; denn wenn es nicht unzweifelhaft vorgeschrieben war, so wandte er nicht die kleinste Mühe an eine Sache. Entschloß er sich aber zu einem Spaziergang, so putzte er sich eine oder zwei Stunden lang peinlich heraus, nahm sein Spazierstöckchen und wandelte steif ein wenig vors Tor, wo er demütig und langweilig herumstand und langweilige Gespräche führte mit andern Herumständern, die auch nichts Besseres zu tun wußten, etwa alte arme Seldwyler, welche nicht mehr ins Wirtshaus gehen konnten. Mit solchen stellte er sich dann gern vor ein im Bau begriffenes Haus, vor ein Saatfeld, vor einen wetterbeschädigten Apfelbaum oder vor eine neue Zwirnfabrik und düftelte auf das angelegentlichste über diese Dinge, deren Zweckmäßigkeit und den Kostenpunkt, über die Jahreshoffnungen und den Stand der Feldfrüchte, von was allem er nicht den Teufel verstand. Es war ihm auch nicht darum zu tun; aber die Zeit verging ihm so auf die billigste und kurzweiligste Weise nach seiner Art, und die alten Leute nannten ihn nur den artigen und vernünftigen Sachsen, denn sie verstanden auch nichts. Als die Seldwyler eine große Aktienbrauerei anlegten, von der sie sich ein gewaltiges Leben versprachen, und die weitläufigen Fundamente aus dem Boden ragten, stöckerte er manchen Sonntagabend darin herum, mit Kennerblicken und mit dem scheinbar lebendigsten Interesse die Fortschritte des Baues untersuchend, wie wenn er ein alter Bauverständiger und der größte Biertrinker wäre. „Aber nein!" rief er einmal um das andere, „des is ein fameses Wergg! Des gibt eine großartigte Anstalt! Aber Geld kosten duht's, na das Geld! Aber schade, hier mißte mir des Gewehlbe doch en bißgen diefer sein und die Mauer um eine Idee stärger!" Bei alledem dachte er sich gar nichts, als daß er noch rechtzeitig zum Abendessen wolle, ehe es dunkel werde; denn dieses war der einzige Tort, den er seiner Frau Meisterin antat, daß er nie das Abendbrot versäumte am Sonntag, wie etwa die anderen Gesellen, sondern daß sie seinetwegen allein zu Hause bleiben oder sonstwie Bedacht auf ihn nehmen mußte. Hatte er sein Stückchen Braten oder Wurst versorgt, so wurmisierte er noch ein Weilchen in der Kammer herum und ging dann zu Bett; dies war dann ein vergnügter Sonntag für ihn gewesen.

Bei all diesem anspruchslosen, sanften und ehrbaren Wesen ging ihm aber nicht ein leiser Zug von innerlicher Ironie ab, wie wenn er sich heimlich über die Leichtsinnigkeit und Eitelkeit der Welt lustig machte, und er schien die Größe und Erheblichkeit der Dinge nicht undeutlich zu bezweifeln und sich eines viel tieferen Gedankenplanes bewußt zu sein. In der Tat machte er auch zuweilen ein so kluges Gesicht, besonders wenn er die sachverständigen sonntäglichen Reden führte, daß man ihm wohl ansah, wie er heimlich viel wichtigere Dinge im Sinne trage, wogegen alles, was andere unternahmen, bauten und aufrichteten, nur ein Kinderspiel wäre. Der große Plan, welchen er Tag und Nacht mit sich herumtrug und welcher sein stiller

Leitstern war die ganzen Jahre lang, während er in Seldwyl Geselle war, bestand darin, sich so lange seinen Arbeitslohn aufzusparen, bis er hinreiche, eines schönen Morgens das Geschäft, wenn es gerade vakant würde, anzukaufen und ihn selbst zum Inhaber und Meister zu machen. Dies lag all seinem Tun und Trachten zugrunde, da er wohl bemerkt hatte, wie ein fleißiger und sparsamer Mann allhier wohl gedeihen müßte, ein Mann, welcher seinen eigenen stillen Weg ginge und von der Sorglosigkeit der andern nur den Nutzen, aber nicht die Nachteile zu ziehen wüßte. Wenn er aber erst Meister wäre, dann wollte er bald so viel erworben haben, um sich auch einzubürgern, und dann erst gedachte er so klug und zweckmäßig zu leben wie noch nie ein Bürger in Seldwyl, sich um gar nichts zu kümmern, was nicht seinen Wohlstand mehre, nicht einen Deut auszugeben, aber deren so viele als möglich an sich zu ziehen in dem leichtsinnigen Strudel dieser Stadt. Dieser Plan war ebenso einfach als richtig und begreiflich, besonders da er ihn auch ganz gut und ausdauernd durchführte; denn er hatte schon ein hübsches Sümmchen zurückgelegt, welches er sorgfältig verwahrte und sicherer Berechnung nach mit der Zeit groß genug werden mußte zur Erreichung dieses Zieles. Aber das Unmenschliche an diesem so stillen und friedfertigen Plane war nur, daß Jobst ihn überhaupt gefaßt hatte; denn nichts in seinem Herzen zwang ihn, gerade in Seldwyla zu bleiben, weder eine Vorliebe für die Gegend noch für die Leute, weder für die politische Verfassung dieses Landes noch für seine Sitten. Dies alles war ihm so gleichgültig wie seine eigene Heimat, nach welcher er sich gar nicht zurücksehnte; an hundert Orten in der Welt konnte er sich mit seinem Fleiß und mit seiner Gerechtigkeit ebensowohl festhalten wie hier; aber er hatte keine freie Wahl und ergriff in seinem öden Sinne die erste zufällige Hoffnungsfaser, die sich ihm bot, um sich daran zu hängen und sich daran groß zu saugen. Wo es mir wohl geht, da ist mein Vaterland! heißt es sonst, und dieses Sprichwort soll unangetastet bleiben für diejenigen, welche auch wirklich eine bessere und notwendige Ursache ihres Wohlergehens im neuen Vaterlande aufzuweisen haben, welche in freiem Entschlusse in die Welt hinausgegangen, um sich rüstig einen Vorteil zu erringen und als geborgene Leute zurückzukehren, oder welche einem unwohnlichen Zustande in Scharen entfliehen und, dem Zuge der Zeit gehorchend, die neue Völkerwanderung über die Meere mit wandern; oder welche irgendwo treuere Freunde gefunden haben als daheim, oder ihren eigensten Neigungen mehr entsprechende Verhältnisse oder durch irgendein schöneres menschliches Band festgebunden wurden. Aber auch das neue Land ihres Wohlergehens werden alle diese wenigstens lieben müssen, wo sie immerhin sind, und auch da zur Not einen Menschen vorstellen. Aber Jobst wußte kaum, wo er war; die Einrichtungen und Gebräuche der Schweizer waren ihm unverständlich, und er sagte bloß zuweilen: „Ja, ja, die Schweizer sind politische Leute! Es ist gewißlich, wie ich glaube, eine schöne Sache um die Politik, wenn man Liebhaber davon ist! Ich für meinen Teil bin kein Kenner davon, wo ich zu Haus bin, da ist es nicht der Brauch gewesen." Die Sitten der Seldwyler waren ihm zuwider und machten ihn ängstlich, und wenn sie einen Tumult oder Zug vorhatten, hockte er zitternd zuhinterst in der Werkstatt und fürchtete Mord und Totschlag. Und dennoch war es sein einziges Denken und sein großes Geheimnis, hier zu bleiben bis an das Ende seiner Tage. Auf alle Punkte der Erde sind solche Gerechte hingestreut, die aus keinem anderen Grunde sich dahin verkrümelten, als weil sie zufällig an ein Saugeröhrchen des guten Auskommens gerieten, und sie saugen still daran ohne Heimweh nach dem alten, ohne Liebe zu dem neuen Lande, ohne einen Blick in die Weite und ohne einen für die Nähe, und gleichen daher weniger dem freien Menschen als jenen niederen Organismen, wunderlichen Tierchen und Pflanzensamen, die durch Luft und Wasser an die zufällige Stätte ihres Gedeihens getragen worden.

So lebte er ein Jährchen um das andere in Seldwyla und äufnete seinen heimlichen Schatz, welchen er unter einer Fliese seines Kammerbodens vergraben hielt. Noch konnte sich kein Schneider rühmen, einen Batzen an ihm verdient zu haben, denn noch war der Sonntagsrock, mit dem er angereist, im gleichen Zustande wie damals. Noch hatte kein Schuster einen Pfennig von ihm gelöst, denn noch waren nicht einmal die Stiefelsohlen durchgelaufen, die bei seiner Ankunft das Äußere seines Felleisens geziert; denn das Jahr hat nur zweiundfünfzig Sonntage, und von diesen wurde nur die Hälfte zu einem kleinen Spaziergange verwandt. Niemand konnte sich rühmen, je ein kleines oder großes Stück Geld in seiner Hand gesehen zu haben; denn wenn er seinen Lohn empfing, verschwand dieser auf der Stelle auf die geheimnisvollste Weise, und selbst wenn er vor das Tor ging, steckte er nicht einen Deut zu sich, so daß es ihm gar nicht möglich war, etwas auszugeben. Wenn Weiber mit Kirschen, Pflaumen oder Birnen in die Werkstatt kamen und die andern Arbeiter ihre Gelüste befriedigten, hatte er auch tausendundein Gelüste, welche er dadurch zu beruhigen wußte, daß er mit der größten Aufmerksamkeit die Verhandlung mit führte, die hübschen Kirschen und Pflaumen streichelte und betastete und zuletzt die Weiber, welche ihn für den eifrigsten Käufer genommen, verblüfft abziehen ließ, sich seiner Enthaltsamkeit freuend; und mit zufriedenem Vergnügen, mit tausend kleinen Ratschlägen, wie sie die gekauften Äpfel braten oder schälen sollten, sah er seine Mitgesellen essen. Aber so wenig jemand eine Münze von ihm zu besehen kriegte, ebensowenig erhielt jemand von ihm je ein barsches Wort, eine unbillige Zumutung oder ein schiefes Gesicht; er wich vielmehr allen Händeln auf das sorgfältigste aus und nahm keinen Scherz übel, den man sich mit ihm erlaubte; und so neugierig er war, den Verlauf von allerlei Klatschereien und Streitigkeiten zu betrachten und zu beurteilen, da solche jederzeit einen kostenfreien Zeitvertreib gewährten, während andere Gesellen ihren rohen Gelagen nachgingen, so hütete er sich wohl, sich in etwas zu mischen und über einer Unvorsichtigkeit betreffen zu lassen. Kurz, er war die merkwürdigste Mischung von wahrhaft heroischer Weisheit und Ausdauer und von sanfter schnöder Herz- und Gefühllosigkeit.

Einst war er schon seit vielen Wochen der einzige Geselle in dem Geschäft, und es ging ihm so wohl in dieser Ungestörtheit wie einem Fisch im Wasser. Besonders des Nachts freute er sich des breiten Raumes im Bette und benutzte sehr ökonomisch diese schöne Zeit, sich für die kommenden Tage zu entschädigen und seine Person gleichsam zu verdreifachen, indem er unaufhörlich die Lage wechselte und sich vorstellte, als ob drei zumal im Bette lägen, von denen zwei den Dritten ersuchten, sich doch nicht zu genieren und es sich bequem zu machen. Dieser Dritte war er selbst, und er wickelte sich auf die Einladung hin wollüstig in die ganze Decke oder spreizte die Beine weit auseinander, legte sich quer über das Bett oder schlug in harmloser Lust Purzelbäume darin. Eines Tages aber, als er noch beim Abendscheine schon im Bette lag, kam unverhofft noch ein fremder Geselle zugesprochen und wurde von der Meisterin in die Schlafkammer gewiesen. Jobst lag eben in wähligem Behagen mit dem Kopfe am Fußende und mit den Füßen auf den Pfülmen, als der Fremde eintrat, sein schweres Felleisen abstellte und unverweilt anfing, sich auszuziehen, da er müde war. Jobst schnellte blitzschnell herum und streckte sich steif an seinen ursprünglichen Platz an der Wand, und er dachte: „Der wird bald wieder ausreißen, da es Sommer ist und lieblich zu wandern!" In dieser Hoffnung ergab er sich mit stillen Seufzern in sein Schicksal und war der nächtlichen Rippenstöße und des Streites um die Decke gewärtig, die es nun absetzen würde. Aber wie erstaunt war er, als der Neuangekommene, obgleich es ein Bayer war, sich mit höflichem Gruße zu ihm ins Bett legte, sich ebenso friedlich und manierlich, wie er selbst, am anderen Ende des Bettes verhielt und ihn während der ganzen Nacht nicht im mindesten belästigte. Dies unerhörte Abenteuer brachte ihn so um alle Ruhe, daß er, während der Bayer wohlgemut schlief, diese Nacht kein Auge zutat. Am Morgen betrachtete er den wundersamen Schlafgefährten mit äußerst aufmerksamen Mienen und sah, daß es ein ebenfalls nicht mehr junger Geselle war, der sich mit anständigen Worten nach den Umständen und dem Leben hier erkundigte, ganz in der Weise, wie er es etwa selbst getan haben würde. Sobald er dies nur bemerkte, hielt er an sich und verschwieg die einfachsten Dinge, wie ein großes Geheimnis, trachtete aber dagegen das Geheimnis des Bayern zu ergründen; denn daß derselbe ebenfalls eines besaß, war ihm von weitem anzusehen; wozu sollte er sonst ein so verständiger, sanftmütiger und gewiegter Mensch sein, wenn er nicht irgend etwas Heimliches, sehr Vorteilhaftes vorhatte? Nun suchten sie sich gegenseitig die Würmer aus der Nase zu ziehen, mit der größten Vorsicht und Friedfertigkeit, in halben Worten und auf anmutigen Umwegen. Keiner gab eine vernünftige klare Antwort, und doch wußte nach Verlauf einiger Stunden jeder, daß der andere nichts mehr oder minder als sein vollkommener Doppelgänger sei. Als im Lauf des Tages Fridolin, der Bayer, mehrmals nach der Kammer lief und sich dort zu schaffen machte, nahm Jobst die Gelegenheit wahr, auch einmal hinzuschleichen, als jener bei der Arbeit saß, und durchmusterte im Fluge die Habseligkeiten Fridolins; er entdeckte aber nichts weiter als fast die gleichen Siebensächelchen, die er selbst besaß, bis auf die hölzerne Nadelbüchse, welche aber hier einen Fisch vorstellte, während Jobst scherzhafterweise ein kleines Wickelkindchen besaß, und statt einer zerrissenen französischen Sprachlehre für das Volk, welche Jobst bisweilen durchblätterte, war bei dem Bayer ein gut gebundenes Büchlein zu finden, betitelt: Die kalte und warme Küpe, ein unentbehrliches Handbuch für Blaufärber. Darin war aber mit Bleistift geschrieben: Unterfand für die 3 Kreizer, welche ich dem Nassauer geborgt. Hieraus schloß er, daß es ein Mann war, der das Seinige zusammenhielt, und spähete unwillkürlich am Boden herum, und bald entdeckte er eine Fliese, die ihm geradeso vorkam, als ob sie kürzlich herausgenommen wäre, und unter derselben lag auch richtig ein Schatz in ein altes halbes Schnupftuch und mit Zwirn umwickelt, fast ganz so schwer wie der seinige, welcher zum Unterschied in einem zugebundenen Socken steckte. Zitternd drückte er die Backsteinplatte wieder zurecht, zitternd aus Aufregung und Bewunderung der fremden Größe und aus tiefer Sorge um sein Geheimnis. Stracks lief er hinunter in die Werkstatt und arbeitete, als ob es gälte, die Welt mit Kämmen zu versehen, und der Bayer arbeitete, als ob der Himmel noch dazu gekämmt werden müßte. Die nächsten acht Tage bestätigten durchaus diese erste gegenseitige Auffassung; denn war Jobst fleißig und genügsam, so war Fridolin tätig und enthaltsam mit den gleichen bedenklichen Seufzern über das Schwierige solcher Tugend; war aber Jobst heiter und weise, so zeigte sich Fridolin spaßhaft und klug; war jener bescheiden, so war dieser demütig, jener schlau und ironisch, dieser durchtrieben und beinahe satirisch, und machte Jobst ein friedlich-einfältiges Gesicht zu einer Sache, die ihn ängstigte, so sah Fridolin unübertrefflich wie ein Esel aus. Es war nicht sowohl ein Wettkampf als die Übung wohlbewußter Meisterschaft, die sie beseelte, wobei keiner verschmähte, sich den andern zum Vorbild zu nehmen und ihm die feinsten Züge eines vollkommenen Lebenswandels, die ihm etwa noch fehlten, nachzuahmen. Sie sahen sogar so einträchtig und verständnisinnig aus, daß sie eine gemeinsame Sache zu machen schienen, und glichen so zwei tüchtigen Helden, die sich ritterlich vertragen und gegenseitig stählen, ehe sie sich befehden. Aber nach kaum acht Tagen kam abermals einer zugereist, ein Schwabe, namens Dietrich, worüber die beiden eine stillschweigende Freude empfanden, wie über einen lustigen Maßstab, an welchem ihre stille Größe sich messen konnte, und sie gedachten das arme Schwäbchen, welches gewiß ein rechter Taugenichts war, in die Mitte zwischen ihre Tugenden zu nehmen, wie zwei Löwen ein Äffchen, mit dem sie spielen.

Aber wer beschreibt ihr Erstaunen, als der Schwabe sich geradeso benahm wie sie selbst und sich die Erkennung, die zwischen ihnen vorgegangen, noch einmal wiederholte zu dritt, wodurch sie nicht nur dem Dritten gegenüber in eine unverhoffte Stellung gerieten, sondern sie selbst unter sich in eine ganz veränderte Lage kamen.

Schon als sie ihn im Bette zwischen sich nahmen, zeigte sich der Schwabe als vollkommen ebenbürtig und lag wie ein Schwefelholz so strack und ruhig, so daß immer noch ein bißchen Raum zwischen jedem der Gesellen blieb und das Deckbett auf ihnen lag wie ein Papier auf drei Heringen. Die Lage wurde nun ernster, und indem alle drei gleichmäßig sich gegenüberstanden, wie die Winkel eines gleichseitigen Dreiecks, und kein vertrauliches Verhältnis mehr zwischen zweien möglich war, kein Waffenstillstand oder anmutiger Wettstreit, waren sie allen Ernstes beflissen, einander aus dem Bett und dem Haus hinauszudulden. Als der Meister sah, daß diese drei Käuze sich alles gefallen ließen, um nur dazubleiben, brach er ihnen am Lohn ab und gab ihnen geringere Kost; aber desto fleißiger arbeiteten sie und setzten ihn in den Stand, große Vorräte von billigen Waren in Umlauf zu bringen und vermehrten Bestellungen zu genügen, also daß er ein Heidengeld durch die stillen Gesellen verdiente und eine wahre Goldgrube an ihnen besaß. Er schnallte sich den Gurt um einige Löcher weiter und spielte eine große Rolle in der Stadt, während die törichten Arbeiter in der dunkeln Werkstatt Tag und Nacht sich abmühten und sich gegenseitig hinausarbeiten wollten. Dietrich, der Schwabe, welcher der jüngste war, erwies sich als ganz vom gleichen Holze geschnitten wie die zwei andern, nur besaß er noch keine Ersparnis, denn er war noch zu wenig gereist. Dies wäre ein bedenklicher Umstand für ihn gewesen, da Jobst und Fridolin einen zu großen Vorsprung gewannen, wenn er nicht als ein erfindungsreiches Schwäblein eine neue Zaubermacht heraufbeschworen hätte, um den Vorteil der andern aufzuwiegen. Da sein Gemüt nämlich von jeglicher Leidenschaft frei war, so frei wie dasjenige seiner Nebengesellen, außer von der Leidenschaft, gerade hier und nirgends anders sich anzusiedeln und den Vorteil wahrzunehmen, so erfand er den Gedanken, sich zu verlieben und um die Hand einer Person zu werben, welche ungefähr so viel besaß, als der Sachse und der Bayer unter den Fliesen liegen hatten. Es gehörte zu den besseren Eigentümlichkeiten der Seldwyler, daß sie um einiger Mittel willen keine häßlichen oder unliebenswürdigen Frauen nahmen; in große Versuchung gerieten sie ohnehin nicht, da es in ihrer Stadt keine reichen Erbinnen gab, weder schöne noch unschöne, und so behaupteten sie wenigstens die Tapferkeit, auch die kleineren Brocken zu verschmähen und sich lieber mit lustigen und hübschen Wesen zu verbinden, mit welchen sie einige Jahre Staat machen konnten. Daher wurde es dem ausspähenden Schwaben nicht schwer, sich den Weg zu einer tugendhaften Jungfrau zu bahnen, welche in derselben Straße wohnte und von der er, im klugen Gespräche mit alten Weibern, in Erfahrung gebracht, daß sie einen Gültbrief von siebenhundert Gulden ihr Eigentum nenne. Dies war Züs Bünzlin, eine Tochter von achtundzwanzig Jahren, welche mit ihrer Mutter, der Wäscherin, zusammenlebte, aber über jenes väterliche Erbteil unbeschränkt herrschte. Sie hatte den Brief in einer kleinen lackierten Lade liegen, wo sie auch die Zinsen davon, ihren Taufzettel, ihren Konfirmationsschein und ein bemaltes und vergoldetes Osterei bewahrte; ferner ein halbes Dutzend silberne Teelöffel, ein Vaterunser mit Gold auf einen roten durchsichtigen Glasstoff gedruckt, den sie Menschenhaut nannte, einen Kirschkern, in welchen das Leiden Christi geschnitten war, und eine Büchse aus durchbrochenem und mit rotem Taffet unterlegtem Elfenbein, in welcher ein Spiegelchen war und ein silberner Fingerhut; ferner war darin ein anderer Kirschkern, in welchem ein winziges Kegelspiel klapperte, eine Nuß, worin eine kleine Muttergottes hinter Glas lag, wenn man sie öffnete, ein silbernes Herz, worin ein Riechschwämmchen steckte, und eine Bonbonbüchse aus Zitronenschale, auf deren Dekkel eine Erdbeere gemalt war und in welcher eine goldene Stecknadel auf Baumwolle lag, die ein Vergißmeinnicht vorstellte, und ein Medaillon mit einem Monument von Haaren; ferner ein Bündel vergilbter Papiere mit Rezepten und Geheimnissen, ein Fläschchen mit Hoffmannstropfen, ein anderes mit Kölnischem Wasser und eine Büchse mit Moschus; eine andere, worin ein Endchen Marderdreck lag, und ein Körbchen aus wohlriechenden Halmen geflochten sowie eines aus Glasperlen und Gewürznägelein zusammengesetzt; endlich ein kleines Buch, in himmelblaues geripptes Papier gebunden, mit silbernem Schnitt, betitelt: Goldene Lebensregeln für die Jungfrau als Braut, Gattin und Mutter; und ein Traumbüchlein, ein Briefsteller, fünf oder sechs Liebesbriefe und ein Schnepper zum Aderlassen; denn einst hatte sie ein Verhältnis mit einem Barbiergesellen oder Chirurgiegehilfen gepflogen, welchen sie zu ehelichen gedachte; und da sie eine geschickte und überaus verständige Person war, so hatte sie von ihrem Liebhaber gelernt, die Ader zu schlagen, Blutegel und Schröpfköpfe anzusetzen und dergleichen mehr und konnte ihn selbst sogar schon rasieren. Allein er hatte sich als ein unwürdiger Mensch gezeigt, bei welchem leichtlich ihr ganzes Lebensglück aufs Spiel gesetzt war, und so hatte sie mit trauriger, aber weiser Entschlossenheit das Verhältnis gelöst. Die Geschenke wurden von beiden Seiten zurückgegeben mit Ausnahme des Schneppers; diesen vorenthielt sie als ein Unterpfand für einen Gulden und achtundvierzig Kreuzer, welche sie ihm einst bar geliehen; der Unwürdige behauptete aber, solche nicht schuldig zu sein, da sie das Geld ihm bei Gelegenheit eines Balles in die Hand gegeben, um die Auslagen zu bestreiten, und sie hätte zweimal soviel verzehrt als er. So behielt er den Gulden und die achtundvierzig Kreuzer und sie den Schnepper, mit welchem sie unter der Hand allen Frauen ihrer Bekanntschaft Ader ließ und manchen schönen Batzen verdiente. Aber jedesmal, wenn sie das Instrument gebrauchte, mußte sie mit Schmerzen der niedrigen Gesinnungsart dessen gedenken, der ihr so nahe gestanden und beinahe ihr Gemahl geworden wäre!

Dies alles war in der lackierten Lade enthalten, wohlverschlossen, und diese war wiederum in einem alten Nußbaumschrank aufgehoben, dessen Schlüssel die Züs Bünzlin allfort in der Taschc trug. Die Person selbst hatte dünne rötliche Haare und wasserblaue Augen, welche nicht ohne Reiz waren und zuweilen sanft und weise zu blicken wußten; sie besaß eine große Menge Kleider, von denen sie nur wenige und stets die ältesten trug, aber immer war sie sorgsam und reinlich angezogen, und ebenso sauber und aufgeräumt sah es in der Stube aus. Sie war sehr fleißig und half ihrer Mutter bei ihrer Wäscherei, indem sie die feineren Sachen plättete und die Hauben und Manschetten der Seldwylerinnen wusch, womit sie einen schönen Pfennig gewann; von dieser Tätigkeit mochte es auch kommen, daß sie allwöchentlich die Tage hindurch, wo gewaschen wurde, jene strenge und gemessene Stimmung innehielt, welche die Weiber immer während einer Wäsche befällt, und daß diese Stimmung sich in ihr festsetzte ein für allemal an diesen Tagen; erst wenn das Glätten anging, griff eine größere Heiterkeit Platz, welche bei Züsi aber jederzeit mit Weisheit gewürzt war. Den gemessenen Geist beurkundete auch die Hauptzierde der Wohnung, ein Kranz von viereckigen, genau abgezirkelten Seifenstücken, welche rings auf das Gesimse des Tannengetäfels gelegt waren zum Hartwerden, behufs besserer Nutznießung. Diese Stücke zirkelte ab und schnitt aus den frischen Tafeln mittelst eines Messingdrahtes jederzeit Züs selbst. Der Draht hatte zwei Querhölzchen an den Enden zum bequemen Anfassen und Durchschneiden der weichen Seife; einen schönen Zirkel aber zum Einteilen hatte ihr ein Zeugschmiedgesell verfertigt und geschenkt, mit welchem sie einst so gut wie versprochen war. Von demselben rührte auch ein blanker kleiner Gewürzmörser her, welcher das Gesimse ihres Schrankes zierte zwischen der blauen Teekanne und dem bemalten Blumenglas; schon lange war ein solches artiges Mörserchen ihr Wunsch gewesen, und der aufmerksame Zeugschmied kam daher wie gerufen, als er an ihrem Namenstage damit erschien und auch was zum Stoßen mitbrachte: eine Schachtel voll Zimmet, Zucker, Nägelein und Pfeffer. Den Mörser hing er dazumal vor der Stubentüre, ehe er eintrat, mit dem einen Henkel an den kleinen Finger und hub mit dem Stößel ein schönes Geläute an, wie mit einer Glocke, so daß es ein fröhlicher Morgen ward. Aber kurz darauf entfloh der falsche Mensch aus der Gegend und ließ nie wieder von sich hören. Sein Meister verlangte obenein noch den Mörser zurück, da der Entflohene ihn seinem Laden entnommen, aber nicht bezahlt habe. Aber Züs Bünzlin gab das werte Andenken nicht heraus, sondern führte einen tapfern und heftigen kleinen Prozeß darum, den sie selbst vor Gericht verteidigte auf Grundlage einer Rechnung für gewaschene Vorhemden des Entwichenen. Dies waren, als sie den Streit um den Mörser führen mußte, die bedeutsamsten und schmerzhaftesten Tage ihres Lebens, da sie mit ihrem tiefen Verstande die Dinge und besonders das Erscheinen vor Gericht um solch zarter Sache willen viel lebendiger begriff und empfand als andere, leichtere Leute. Doch erstritt sie den Sieg und behielt den Mörser.

Wenn aber die zierliche Seifengalerie ihre Werktätigkeit und ihren exakten Sinn verkündete, so pries nicht minder ihren erbaulichen und geschulten Geist ein Häufchen unterschiedlicher Bücher, welches am Fenster ordentlich aufgeschichtet lag und in denen sie des Sonntags fleißig las. Sie besaß noch alle ihre Schulbücher seit vielen Jahren her und hatte auch nicht eines verloren, sowie sie auch noch die ganze kleine Gelehrsamkeit im Gedächtnis trug, und sie wußte noch den Katechismus auswendig wie das Deklinierbuch, das Rechenbuch wie das Geographiebuch, die biblische Geschichte und die weltlichen Lesebücher; auch besaß sie einige der hübschen Geschichten von Christoph

Schmid und dessen kleine Erzählungen mit den artigen Spruchversen am Ende, wenigstens ein halbes Dutzend verschiedene Schatzkästlein und Rosengärtchen zum Aufschlagen, eine Sammlung Kalender voll bewährter mannigfacher Erfahrung und Weisheit, einige merkwürdige Prophezeiungen, eine Anleitung zum Kartenschlagen, ein Erbauungsbuch auf alle Tage des Jahres für denkende Jungfrauen und ein altes Exemplar von Schillers Räubern, welches sie so oft las, als sie glaubte es genugsam vergessen zu haben, und jedesmal wurde sie von neuem gerührt, hielt aber sehr verständige und sichtende Reden darüber. Alles, was in diesen Büchern stand, hatte sie auch im Kopfe und wußte auf das schönste darüber und über noch viel mehr zu sprechen. Wenn sie zufrieden und nicht zu sehr beschäftigt war, so ertönten unaufhörliche Reden aus ihrem Munde, und alle Dinge wußte sie heimzuweisen und zu beurteilen, und jung und alt, hoch und niedrig, gelehrt und ungelehrt mußte von ihr lernen und sich ihrem Urteile unterziehen, wenn sie lächelnd oder sinnig erst ein Weilchen aufgemerkt hatte, worum es sich handle; sie sprach zuweilen so viel und so salbungsvoll wie eine gelehrte Blinde, die nichts von der Welt sieht und deren einziger Genuß ist, sich selbst reden zu hören. Von der Stadtschule her und aus dem Konfirmationsunterrichte hatte sie die Übung ununterbrochen beibehalten, Aufsätze und geistliche Memorierungen und allerhand spruchweise Schemata zu schreiben, und so verfertigte sie zuweilen an stillen Sonntagen die wunderbarsten Aufsätze, indem sie an irgendeinen wohlklingenden Titel, den sie gehört oder gelesen, die sonderbarsten und unsinnigsten Sätze anreihte, ganze Bogen voll, wie sie ihrem seltsamen Gehirn entsprangen, wie z. B. über das Nutzbringende eines Krankenbettes, über den Tod, über die Heilsamkeit des Entsagens, über die Größe der sichtbaren Welt und das Geheimnisvolle der unsichtbaren, über das Landleben und dessen Freuden, über die Natur, über die Träume, über die Liebe, einiges über das Erlösungswerk Christi, drei Punkte über die Selbstgerechtigkeit, Gedanken über die Unsterblichkeit. Sie las ihren Freunden und Anbetern diese Arbeiten laut vor, und wem sie recht wohlwollte, dem schenkte sie einen oder zwei solcher Aufsätze, und der mußte sie in die Bibel legen, wenn er eine hatte. Diese ihre geistige Seite hatte ihr einst die tiefe und aufrichtige Neigung eines jungen Buchbindergesellen zugezogen, welcher alle Bücher las, die er einband, und ein strebsamer, gefühlvoller und unerfahrener Mensch war. Wenn er sein Waschbündel zu Züsis Mutter brachte, dünkte er im Himmel zu sein, so wohl gefiel es ihm, solche herrliche Reden zu hören, die er sich selbst schon so oft idealisch gedacht, aber nicht auszustoßen getraut hatte. Schüchtern und ehrerbietig näherte er sich der abwechselnd strengen und beredten Jungfrau, und sie gewährte ihm ihren Umgang und band ihn an sich während eines Jahres, aber nicht ohne ihn ganz in den Schranken klarer Hoffnungslosigkeit zu halten, die sie mit sanfter, aber unerbittlicher Hand vorzeichnete. Denn da er neun Jahre jünger war als sie, arm wie eine Maus und ungeschickt zum Erwerb, der für einen Buchbinder in Seldwyla ohnehin nicht erheblich war, weil die Leute da nicht lasen und wenig Bücher binden ließen, so verbarg sie sich keinen Augenblick die Unmöglichkeit einer Vereinigung und suchte nur seinen Geist auf alle Weise an ihrer eigenen Entsagungsfähigkeit heranzubilden und in einer Wolke von buntscheckigen Phrasen einzubalsamieren. Er hörte ihr andächtig zu und wagte zuweilen selbst einen schönen Ausspruch, den sie ihm aber, kaum geboren, totmachte mit einem noch schöneren; dies war das geistigste und edelste ihrer Jahre, durch keinen gröberen Hauch getrübt, und der junge Mensch band ihr während desselben alle ihre

Bücher neu ein, und bauete überdies während vieler Nächte und vieler Feiertage ein kunstreiches und kostbares Denkmal seiner Verehrung. Es war ein großer chinesischer Tempel aus Papparbeit mit unzähligen Behältern und geheimen Fächern, den man in vielen Stücken auseinander nehmen konnte. Mit den feinsten farbigen und gepreßten Papieren war er beklebt und überall mit Goldbörtchen geziert. Spiegelwände und Säulen wechselten ab, und hob man ein Stück ab oder öffnete ein Gelaß, so erblickte man neue Spiegel und verborgene Bilderchen, Blumenbuketts und liebende Pärchen; an den ausgeschweiften Spitzen der Dächer hingen allwärts kleine Glöcklein. Auch ein Uhrgehäuse für eine Damenuhr war angebracht mit schönen Häkchen an den Säulen, um die goldene Kette daran zu hängen und an dem Gebäude hin und her zu schlängeln; aber bis jetzt hatte sich noch kein Uhrenmacher genähert, welcher eine Uhr, und kein Goldschmied, welcher eine Kette auf diesen Altar gelegt hätte. Eine unendliche Mühe und Kunstfertigkeit war an diesem sinnreichen Tempel verschwendet und der geometrische Plan nicht minder mühevoll, als die saubere genaue Arbeit. Als das Denkmal eines schön verlebten Jahres fertig war, ermunterte Züs Bünzlin den guten Buchbinder, mit Bezwingung ihrer selbst, sich nun loszureißen und seinen Stab weiter zu setzen, da ihm die Welt offen stehe und ihm, nachdem er in ihrem Umgange, in ihrer Schule so sehr sein Herz veredelt habe, gewiß noch das schönste Glück lachen werde, während sie ihn nie vergessen und sich der Einsamkeit ergeben wolle. Er weinte wahrhaftige Tränen, als er sich so schicken ließ und aus dem Städtlein zog. Sein Werk dagegen thronte seitdem auf Züsis altväterischer Kommode, von einem meergrünen Gazeschleier bedeckt, dem Staub und allen unwürdigen Blicken entzogen. Sie hielt es so heilig, daß sie es ungebraucht und neu erhielt und gar nichts in die Behältnisse steckte, auch nannte sie den Urheber desselben in der Erinnerung Emanuel, während er Veit geheißen, und sagte jedermann, nur Emanuel habe sie verstanden und ihr Wesen erfaßt. Nur ihm selber hatte sie das selten zugestanden, sondern ihn in ihrem strengen Sinne kurz gehalten und zur höheren Anspornung ihm häufig gezeigt, daß er sie am wenigsten verstehe, wenn er sich am meisten einbilde, es zu tun. Dagegen spielte er ihr auch einen Streich und legte in einen doppelten Boden, auf dem innersten Grunde des Tempels, den allerschönsten Brief, von Tränen benetzt, worin er eine unsägliche Betrübnis, Liebe, Verehrung und ewige Treue aussprach, und in so hübschen und unbefangenen Worten, wie sie nur das wahre Gefühl findet, welches sich in eine Vexiergasse verrannt hat. So schöne Dinge hatte er gar nie ausgesprochen, weil sie ihn niemals zu Worte kommen ließ. Da sie aber keine Ahnung hatte von dem verborgenen Schatze, so geschah es hier, daß das Schicksal gerecht war und eine falsche Schöne das nicht zu Gesicht bekam, was sie nicht zu sehen verdiente. Auch war es ein Symbol, daß sie es war, welche das törichte, aber innige und aufrichtig gemeinte Wesen des Buchbinders nicht verstanden.

Schon lange hatte sie das Leben der drei Kammacher gelobt und dieselben drei gerechte und verständige Männer genannt; denn sie hatte sie wohl beobachtet. Als daher Dietrich der Schwabe begann, sich länger bei ihr aufzuhalten, wenn er sein Hemde brachte oder holte und ihr den Hof zu machen, benahm sie sich freundschaftlich gegen ihn und hielt ihn mit trefflichen Gesprächen stundenlang bei sich fest, und Dietrich redete ihr voll Bewunderung nach dem Munde, so stark er konnte; und sie vermochte ein tüchtiges Lob zu ertragen, ja sie liebte den Pfeffer desselben um so mehr, je stärker er war, und wenn man ihre Weisheit pries, hielt sie sich möglichst still, bis man das

Herz geleert, worauf sie mit erhöhter Salbung den Faden aufnahm und das Gemälde da und dort ergänzte, das man von ihr entworfen. Nicht lange war Dietrich bei Züs aus- und eingegangen, so hatte sie ihm auch schon den Gültbrief gezeigt, und er war voll guter Dinge und tat gegen seine Gefährten so heimlich wie einer, der das Perpetuum mobile erfunden hat. Jobst und Fridolin kamen ihm jedoch bald auf die Spur und erstaunten über seinen tiefen Geist und über seine Gewandtheit. Jobst besonders schlug sich förmlich vor den Kopf; denn schon seit Jahren ging er ja auch in das Haus, und noch nie war ihm eingefallen, etwas anderes da zu suchen als seine Wäsche; er haßte vielmehr die Leute beinahe, weil sie die einzigen waren, bei welchen er einige bare Pfennige herausklauben mußte allwöchentlich. An eine eheliche Verbindung pflegte er nie zu denken, weil er unter einer Frau nichts anderes denken konnte als ein Wesen, das etwas von ihm wollte, was er nicht schuldig sei, und etwas von einer selbst zu wollen, was ihm nützlich sein könnte, fiel ihm auch nicht ein, da er nur sich selbst vertraute und seine kurzen Gedanken nicht über den nächsten und allerengsten Kreis seines Geheimnisses hinausgingen. Aber jetzt galt es, dem Schwäbchen den Rang abzulaufen, denn dieses konnte mit den siebenhundert Gulden der Jungfer Züs schlimme Geschichten aufstellen, wenn es sie erhielt, und die siebenhundert Gulden selbst bekamen auf einmal einen verklärten Glanz und Schimmer in den Augen des Sachsen wie des Bayers. So hatte Dietrich, der erfindungsreiche, nun ein Land entdeckt, welches alsobald Gemeingut wurde, und teilte das herbe Schicksal aller Entdecker; denn die zwei andern folgten sogleich seiner Fährte und stellten sich ebenfalls bei Züs Bünzlin auf, und diese sah sich von einem ganzen Hof verständiger und ehrbarer Kammacher umgeben. Das gefiel ihr ausnehmend wohl; noch nie hatte sie mehrere Verehrer auf einmal besessen, weshalb es eine neue Geistesübung für sie ward, diese drei mit der größten Klugheit und Unparteilichkeit zu behandeln und im Zaume zu halten und sie so lange mit wunderbaren Reden zur Entsagung und Uneigennützigkeit aufzumuntern, bis der Himmel über das Unabänderliche etwas entschiede. Denn da jeder von ihnen ihr insbesondere sein Geheimnis und seinen Plan vertraut hatte, so entschloß sie sich auf der Stelle, denjenigen zu beglücken, welcher sein Ziel erreiche und Inhaber des Geschäftes würde. Den Schwaben, welcher es nur durch sie werden konnte, schloß sie aber davon aus und nahm sich vor, diesen jedenfalls nicht zu heiraten; weil er aber der jüngste, klügste und liebenswürdigste der Gesellen war, so gab sie ihm durch manche stille Zeichen noch am ehesten einige Hoffnung und spornte durch die Freundlichkeit, mit welcher sie ihn besonders zu beaufsichtigen und zu regieren schien, die anderen zu größerem Eifer an, so daß dieser arme Kolumbus, der das schöne Land erfunden hatte, vollständig der Narr im Spiele ward. Alle drei wetteiferten miteinander in der Ergebenheit, Bescheidenheit und Verständigkeit und in der anmutigen Kunst, sich von der gestrengen Jungfrau im Zaume halten zu lassen und sie ohne Eigennutz zu bewundern, und wenn die ganze Gesellschaft beieinander war, glich sie einem seltsamen Konventikel, in welchem die sonderbarsten Reden geführt wurden. Trotz aller Frömmigkeit und Demut geschah es doch alle Augenblicke, daß einer oder der andere, vom Lobpreisen der gemeinsamen Herrin plötzlich abspringend, sich selbst zu loben und herauszustreichen versuchte und sich, sanft von ihr zurechtgewiesen, beschämt unterbrochen sah oder anhören mußte, wie sie ihm die Tugenden der übrigen entgegenhielt, die er eiligst anerkannte und bestätigte.

Aber dies war ein strenges Leben für die armen Kammmacher; so kühl sie von Gemüt waren, gab es doch, seit einmal ein Weib im Spiele, ganz ungewohnte Erregungen der Eifersucht, der Besorgnis, der Furcht und der Hoffnung; sie rieben sich in Arbeit und Sparsamkeit beinahe auf und magerten sichtlich ab; sie wurden schwermütig, und während sie vor den Leuten und besonders bei Züs sich der friedlichsten Beredsamkeit beflissen, sprachen sie, wenn sie zusammen bei der Arbeit oder in ihrer Schlafkammer saßen, kaum ein Wort miteinander und legten sich seufzend in ihr gemeinschaftliches Bett, noch immer so still und verträglich wie drei Bleistifte. Ein und derselbe Traum schwebte allnächtlich über dem Kleeblatt, bis er einst so lebendig wurde, daß Jobst an der Wand sich herumwarf und den Dietrich anstieß; Dietrich fuhr zurück und stieß den Fridolin, und nun brach in den schlummertrunkenen Gesellen ein wilder Groll aus und in dem Bette der schreckbarste Kampf, indem sie während drei Minuten sich so heftig mit den Füßen stießen, traten und ausschlugen, daß alle sechs Beine sich ineinander verwickelten und der ganze Knäuel unter furchtbarem Geschrei aus dem Bette purzelte. Sie glaubten, völlig erwachend, der Teufel wolle sie holen, oder es seien Räuber in die Kammer gebrochen; sie sprangen schreiend auf, Jobst stellte sich auf seinen Stein, Fridolin eiligst auf seinen und Dietrich auf denjenigen, unter welchem sich bereits auch seine kleine Ersparnis angesetzt hatte, und indem sie so in einem Dreieck standen, zitterten und mit den Armen vor sich hin in die Luft schlugen, schrien sie Zeter Mordio und riefen: „Geh fort! Geh fort!“ bis der erschreckte Meister in die Kammer drang und die tollen Gesellen beruhigte. Zitternd vor Furcht, Groll und Scham zugleich krochen sie endlich wieder ins Bett und lagen lautlos nebeneinander bis zum Morgen. Aber der nächtliche Spuk war nur ein Vorspiel gewesen eines größeren Schreckens, der sie jetzt erwartete, als der Meister ihnen beim Frühstück eröffnete, daß er nicht mehr drei Arbeiter brauchen könne und daher zwei von ihnen wandern müßten. Sie hatten nämlich des Guten zuviel getan und so viel Ware zuweg gebracht, daß ein Teil davon liegen blieb, indes der Meister den vermehrten Erwerb dazu verwendet hatte, das Geschäft, als es auf dem Gipfelpunkt stand, um so rascher rückwärts zu bringen, und ein solch lustiges Leben führte, daß er bald doppelt soviel Schulden hatte, als er einnahm. Daher waren ihm die Gesellen, so fleißig und enthaltsam sie auch waren, plötzlich eine überflüssige Last. Er sagte ihnen zum Trost, daß sie ihm alle drei gleich lieb und wert wären und er es ihnen überließe, unter sich auszumachen, welcher dableiben und welche wandern sollten. Aber sie machten nichts aus, sondern standen da bleich wie der Tod und lächelten einer den andern an; dann gerieten sie in furchtbare Aufregung, da dies die verhängnisvollste Stunde war; denn die Ankündigung des Meisters war ein sicheres Zeichen, daß er es nicht lange mehr treiben und das Kammfabrikchen endlich wieder käuflich würde. Also war das Ziel, nach dem sie alle gestrebt, nahe und glänzte wie ein himmlisches Jerusalem, und zwei sollten vor den Toren desselben umkehren und ihm den Rücken wenden. Ohne alle fürdere Rücksicht erklärte jeder, dableiben zu wollen, und wenn er ganz umsonst arbeiten müsse. Der Meister konnte aber auch dies nicht brauchen und versicherte sie, daß zwei von ihnen jedenfalls gehen müßten; sie fielen ihm zu Füßen, sie rangen die Hände, sie beschworen ihn, und jeder bat insbesondere für sich, daß er ihn behalten möchte, nur noch zwei Monate, nur noch vier Wochen. Allein er wußte wohl, worauf sie spekulierten, ärgerte sich darüber und machte sich über sie lustig, indem er plötzlich einen spaßhaften Ausweg vorschlug, wie sie die Sache entscheiden sollten. „Wenn ihr euch durchaus nicht einigen könnt," sagte er, „welche von euch den Abschied wollen, so will ich euch die Weise angeben, wie ihr die Sache entscheidet, und so soll es dann sein und bleiben! Morgen ist Sonntag, da zahle ich euch aus, ihr packt euer Felleisen, ergreift euren Stab und wandert alle drei einträchtlich zum Tore hinaus, eine gute halbe Stunde weit, auf welche Seite ihr wollt. Alsdann ruhet ihr euch aus und könnt auch einen Schoppen trinken, wenn ihr mögt, und habt ihr das getan, so wandert ihr wieder in die Stadt herein und welcher dann der erste sein wird, der mich von neuem um Arbeit anspricht, den werde ich behalten; die anderen aber werden unausbleiblich gehen, wo es ihnen beliebt!" Sie fielen ihm abermals zu Füßen und baten ihn, von diesem grausamen Vorhaben abzustehen, aber umsonst; er blieb fest und unerbittlich. Unversehens sprang der Schwabe auf und rannte wie besessen zum Hause hinaus und zu Züs Bünzlin hinüber; kaum gewahrten dies Jobst und der Bayer, so unterbrachen sie ihr Lamentieren und rannten ihm nach, und die verzweifelte Szene war alsobald in die Wohnung der erschrockenen Jungfrau verlegt.

Diese war sehr betroffen und bewegt durch das unerwartete Abenteuer; doch faßte sie sich zuerst, und die Lage der Dinge überschauend, beschloß sie, ihr eigenes Schicksal an des Meisters wunderlichen Einfall zu knüpfen, und betrachtete diesen als eine höhere Eingebung; sie holte gerührt ein Schatzkästlein hervor und stach mit einer Nadel zwischen die Blätter, und der Spruch, welchen sie aufschlug, handelte vom unentwegten Verfolgen eines guten Zieles. Sodann ließ sie die aufgeregten Gesellen aufschlagen, und alles, was diese aufschlugen, handelte vom eifrigen Wandel auf dem schmalen Wege, vom Vorwärtsgehen ohne Rückschauen, von einer Laufbahn, kurz vom Laufen und Rennen aller Art, so daß der morgende Wettlauf deutlich vom Himmel vorgeschrieben schien. Da sie aber befürchtete, daß Dietrich als der jüngste leicht am besten springen und die Palme erringen könnte, beschloß sie, selbst mit den drei Liebhabern auszuziehen und zu sehen, was etwa zu ihrem Vorteil zu machen wäre; denn sie wünschte, daß nur einer der zwei älteren Sieger würde, und es war ihr ganz gleichgültig, welcher. Sie befahl daher den Wehklagenden und sich Bezankenden Ruhe und Ergebung und sagte: „Wisset, meine Freunde, daß nichts ohne Bedeutung geschieht, und so merkwürdig und ungewöhnlich die Zumutung eures Meisters ist, so müssen wir sie doch als eine Fügung ansehen und uns mit einer höheren Weisheit, von welcher der mutwillige Mann nichts ahnt, dieser jähen Entscheidung unterwerfen. Unser friedliches und verständiges Zusammenleben ist zu schön gewesen, als daß es noch lange so erbaulich stattfinden könnte; denn ach! alles Schöne und Ersprießliche ist ja so vergänglich und vorübergehend, und nichts besteht in die Länge, als das Übel, das Hartnäckige und die Einsamkeit der Seele, die wir alsdann mit unserer frommen Vernünftigkeit betrachten und beobachten. Daher wollen wir, ehe sich etwa ein böser Dämon des Zwiespaltes unter uns erhebt, uns lieber vorher freiwillig trennen und auseinander scheiden, wie die lieben Frühlingslüftlein, wenn sie ihren eilenden Lauf am Himmel nehmen, ehe wir auseinander fahren wie der Sturmwind des Herbstes. Ich selbst will euch hinausbegleiten auf dem schweren Wege und zugegen sein, wenn ihr den Prüfungslauf antretet, damit ihr einen fröhlichen Mut fasset und einen schönen Antrieb hinter euch habt, während vor euch das Ziel des Sieges winkt. Aber so wie der Sieger sich seines Glückes nicht überheben wird, so sollen die, welche unterliegen, nicht verzagen und keinen Gram oder Groll von dannen nehmen, sondern unsers liebevollen Andenkens gewärtig sein und als vergnügte Wanderjünglinge in die weite Welt ziehen; denn die Menschen haben viele Städte gebauet, welche so schön oder noch schöner sind wie Seldwyla; Rom ist eine große merkwürdige Stadt, allwo der heilige Vater wohnt, und Paris ist eine gar mächtige Stadt mit vielen Seelen und herrlichen Palästen, und in Konstantinopel herrscht der Sultan, von türkischem Glauben, und Lissabon, welches einst durch ein Erdbeben verschüttet ward, ist desto schöner wieder aufgebaut worden. Wien ist die Hauptstadt von Österreich und die Kaiserstadt genannt, und London ist die reichste Stadt der Welt, in Engelland gelegen, an einem Fluß, der die Themse benannt wird. Zwei Millionen Menschen wohnen da! Petersburg aber ist die Haupt- und Residenzstadt von Rußland, so wie Neapel die Hauptstadt des Königreiches gleichen Namens, mit dem feuerspeienden Berg Vesuvius, auf welchem einst einem englischen Schiffshauptmann eine verdammte Seele erschienen ist, wie ich in einer merkwürdigen Reisebeschreibung gelesen habe, welche Seele einem gewissen John Smidt angehöret, der vor hundertundfünfzig Jahren ein gottloser Mann gewesen und nun besagtem Hauptmann einen Auftrag erteilte an seine Nachkommen in England, damit er erlöst würde; denn der ganze Feuerberg ist ein Aufenthalt der Verdammten, wie auch in des gelehrten Peter Haslers Traktatus über die mutmaßliche Gelegenheit der Hölle zu lesen ist. Noch viele andere Städte gibt es, wovon ich nur noch Mailand, Venedig, das ganz im Wasser gebaut ist, Lyon, Marseilingen, Straßburg, Köllen und Amsterdam nennen will; Paris hab' ich schon gesagt, aber noch nicht Nürnberg, Augsburg und Frankfurt, Basel, Bern und Genf, alles schöne Städte, so wie das schöne Zürich, und weiterhin noch eine Menge, mit deren Aufzählung ich nicht fertig würde. Denn alles hat seine Grenzen, nur nicht die Erfindungsgabe der Menschen, welche sich allwärts ausbreiten und alles unternehmen, was ihnen nützlich scheint. Wenn sie gerecht sind, so wird es ihnen gelingen, aber der Ungerechte vergehet wie das Gras der Felder und wie ein Rauch. Viele sind erwählt, aber wenige sind berufen. Aus allen diesen Gründen, und in noch manch anderer Hinsicht, die uns die Pflicht und die Tugend unseres reinen Gewissens auferlegen, wollen wir uns dem Schicksalsrufe unterziehen. Darum gehet und bereitet euch zur Wanderschaft, aber als gerechte und sanftmütige Männer, die ihren Wert in sich tragen, wo sie auch hingehen, und deren Stab überall Wurzel schlägt, welche, was sie auch ergreifen mögen, sich sagen können: ‚Ich habe das bessere Teil erwählt!'"

Die Kammacher wollten aber von allem nichts hören, sondern bestürmten die kluge Züs, daß sie einen von ihnen auserwählen und dableiben heißen solle, und jeder meinte damit sich selbst. Aber sie hütete sich, eine Wahl zu treffen, und kündigte ihnen ernsthaft und gebieterisch an, daß sie ihr gehorchen müßten, ansonst sie ihnen ihre Freundschaft auf immer entziehen würde. Jetzt rannte Jobst, der älteste, wieder davon und in das Haus des Meisters hinüber, und spornstreichs rannten die anderen hinter ihm her, befürchtend, daß er dort etwas gegen sie unternähme, und so schossen sie den ganzen Tag umher wie Sternschnuppen und wurden sich untereinander so zuwider wie drei Spinnen in einem Netz. Die halbe Stadt sah dies seltsame Schauspiel der verstörten Kammacher, die bislang so still und ruhig gewesen, und die alten Leute wurden darüber ängstlich und hielten die Erscheinung für ein geheimnisvolles Vorzeichen schwerer Begebenheiten. Gegen Abend wurden sie matt und erschöpft, ohne daß sie sich eines Besseren besonnen und zu etwas entschieden hatten, und legten sich zähneklappernd in das alte Bett; einer nach dem andern kroch unter die Decke und lag da, wie vom Tode hingestreckt, in verwirrten Gedanken, bis ein heilsamer Schlaf sie umfing. Jobst war der erste, welcher in aller

Frühe erwachte und sah, daß ein heiterer Frühlingsmorgen in die Kammer schien, in welcher er nun schon seit sechs Jahren geschlafen. So dürftig das Gemach aussah, so erschien es ihm doch wie ein Paradies, welches er verlassen sollte, und zwar so ungerechterweise. Er ließ seine Augen umhergehen an den Wänden und zählte alle die vertrauten Spuren von den vielen Gesellen, die hier schon gewohnt kürzere oder längere Zeit; hier hatte der seinen Kopf zu reiben gepflegt und einen dunklen Fleck verfertigt, dort hatte jener einen Nagel eingeschlagen, um seine Pfeife daran zu hängen, und das rote Schnürchen hing noch daran. Welche gute Menschen waren das gewesen, daß sie so harmlos wieder davongegangen, während diese, welche neben ihm lagen, durchaus nicht weichen wollten. Dann heftete er seine Augen auf die Gegend zunächst seinem Gesichte und betrachtete da die kleineren Gegenstände, welche er schon tausendmal betrachtet, wenn er des Morgens oder am Abend noch bei Tageshelle im Bette lag und sich eines seligen, kostenfreien Daseins erfreute. Da war eine beschädigte Stelle in dem Bewurf, welche wie ein Land aussah mit Seen und Städten, und ein Häufchen von groben Sandkörnern stellte eine glückselige Inselgruppe vor; weiterhin erstreckte sich eine lange Schweinsborste, welche aus dem Pinsel gefallen und in der blauen Tünche stecken geblieben war; denn Jobst hatte im letzten Herbst einmal ein kleines Restchen solcher Tünche gefunden und, damit es nicht umkommen sollte, eine Viertelswandseite damit angestrichen, so weit es reichen wollte, und zwar hatte er die Stelle bemalt, wo er zunächst im Bette lag. Jenseits der Schweinsborste aber ragte eine ganz geringe Erhöhung, wie ein kleines blaues Gebirge, welches einen zarten Schlagschatten über die Borste weg nach den glückseligen Inseln hinüberwarf. Über dies Gebirge hatte er schon den ganzen Winter gegrübelt, da es ihm dünkte, als ob es früher nicht dagewesen wäre. Wie er nun mit seinem traurigen, duselnden Auge dasselbe suchte und plötzlich vermißte, traute er seinen Sinnen kaum, als er statt desselben einen kleinen kahlen Fleck an der Mauer fand, dagegen sah, wie der winzige blaue Berg nicht weit davon sich bewegte und zu wandeln schien. Erstaunt fuhr Jobst in die Höhe, als ob er ein blaues Wunder sähe, und sah, daß es eine Wanze war, welche er also im vorigen Herbst achtlos mit der Farbe überstrichen, als sie schon in Erstarrung dagesessen hatte. Jetzt aber war sie von der Frühlingswärme neu belebt, hatte sich aufgemacht und stieg eben in diesem Augenblicke mit ihrem blauen Rücken unverdrossen die Wand hinan. Er blickte ihr gerührt und voll Verwunderung nach; solange sie im Blauen ging, war sie kaum von der Wand zu unterscheiden; als sie aber aus dem bestrichenen Bereich hinaustrat und die letzten vereinzelten Spritze hinter sich hatte, wandelte das gute himmelblaue Tierchen weithin sichtbar seine Bahn durch die dunkleren Bezirke. Wehmütig sank Jobst in die Pfülmen zurück; so wenig er sich sonst aus dergleichen machte, rührte diese Erscheinung doch jetzt ein Gefühl in ihm auf, als ob er doch auch endlich wieder wandern müßte, und es bedünkte ihm ein gutes Zeichen zu sein, daß er sich in das Unabänderliche ergeben und sich wenigstens mit gutem Willen auf den Weg machen solle. Durch diese ruhigeren Gedanken kehrte seine natürliche Besonnenheit und Weisheit zurück, und indem er die Sache näher überlegte, fand er, daß, wenn er sich ergebungsvoll und bescheiden anstelle, sich dem schwierigen Werke unterziehe und dabei sich zusammennehme und klug verhalte, er noch am ehesten über seine Nebenbuhler obsiegen könne. Sachte stieg er aus dem Bette und begann seine Sache zu ordnen und vor allem seinen Schatz zu heben und zu unterst in das alte Felleisen zu verpacken. Darüber erwachten sogleich seine Gefährten; wie diese sahen, daß er so gelassen sein Bündel schnürte, verwunderten sie sich sehr, und noch mehr, als Jobst sie mit versöhnlichen Worten anredete und ihnen einen guten Morgen wünschte. Weiter ließ er sich aber nicht aus, sondern fuhr in seinem Geschäfte still und friedfertig fort. Sogleich, obschon sie nicht wußten, was er im Schilde führe, witterten sie eine Kriegslist in seinem Benehmen und ahmten es auf der Stelle nach, höchst aufmerksam auf alles, was er ferner beginnen würde. Hierbei war es seltsam, wie sie alle drei zum ersten Male offen ihre Schätze unter den Fliesen hervorholten und dieselben, ohne sie zu zählen, in die Ranzen versorgten. Denn sie wußten schon lange, daß jeder das Geheimnis der übrigen kannte, und nach alter ehrbarer Art mißtrauten sie sich nicht in der Weise, daß sie eine Verletzung des Eigentums befürchteten, und jeder wußte wohl, daß ihn die anderen nicht berauben würden, wie denn in den Schlafkammern der Handwerksgesellen, Soldaten und dergleichen kein Verschluß und kein Mißtrauen bestehen soll.

So waren sie unversehens zum Aufbruch gerüstet, der Meister zahlte ihnen den Lohn aus und gab ihnen ihre Wanderbücher, in welche von der Stadt und vom Meister die allerschönsten Zeugnisse geschrieben waren über ihre gute andauernde Führung und Vortrefflichkeit, und sie standen wehmutsvoll vor der Haustüre der Züs Bünzlin, in lange braune Röcke gekleidet mit alten verwaschenen Staubhemden darüber, und die Hüte, obgleich sie verjährt und abgebürstet genug waren, sorglich mit Wachsleinwand überzogen. Hinten auf dem Felleisen hatte jeder ein kleines Wägelchen befestigt, um das Gepäck darauf zu ziehen, wenn es ins Weite ginge; sie dachten aber die Räder nicht zu brauchen, und deswegen ragten dieselben hoch über ihrem Rücken. Jobst stützte sich auf einen ehrbaren Rohrstock, Fridolin auf einen rot und schwarz geflammten und gemalten Eschenstab, und Dietrich auf ein abenteuerliches Stockungeheuer, um welches sich ein wildes Geflecht von Zweigen wand. Er schämte sich aber beinahe dieses prahlerischen Dinges, da es noch aus der ersten Wanderzeit herstammte, wo er bei weitem noch nicht so gesetzt und vernünftig gewesen wie jetzt. Viele Nachbaren und deren Kinder umstanden die ernsten drei Männer und wünschten ihnen Glück auf den Weg. Da erschien Züs unter der Türe, mit feierlicher Miene, und zog an der Spitze der Gesellen gefaßten Mutes aus dem Tore. Sie hatte ihnen zu Ehren einen ungewöhnlichen Staat angelegt, trug einen großen Hut mit mächtigen gelben Bändern, ein rosafarbenes Indiennekleid mit verschollenen Ausladungen und Verzierungen, eine schwarze Sammetschärpe mit einer Tombakschnalle und rote Saffianschuhe mit Fransen besetzt. Dazu trug sie einen grünseidenen großen Ridikül, welchen sie mit gedörrten Birnen und Pflaumen gefüllt hatte, und hielt ein Sonnenschirmchen ausgespannt, auf welchem oben eine große Lyra aus Elfenbein stand. Sie hatte auch ihr Medaillon mit dem blonden Haardenkmal umgehängt und das goldene Vergißmeinnicht vorgesteckt und trug weiße gestrickte Handschuhe. Sie sah freundlich und zart aus in all diesem Schmuck, ihr Antlitz war leicht gerötet und ihr Busen schien sich höher als sonst zu heben, und die ausziehenden Nebenbuhler wußten sich nicht zu lassen vor Wehmut und Betrübnis; denn die äußerste Lage der Dinge, der schöne Frühlingstag, der ihren Auszug beschien, und Züsis Putz mischten in ihre gespannten Empfindungen fast etwas von dem, was man wirklich Liebe nennt. Vor dem Tore ermahnte aber die freundliche Jungfrau ihre Liebhaber, die Felleisen auf die Räderchen zu stellen und zu ziehen, damit sie sich nicht unnötigerweise ermüdeten. Sie taten es, und als sie hinter dem Städtlein hinaus die Berge hinanfuhren, war es fast wie ein Artilleriewesen, das da hinauffuhrwerkte, um oben eine Batterie zu besetzen. Als sie eine gute halbe Stunde dahingezogen, machten sie halt auf einer anmutigen Anhöhe, über welche ein Kreuzweg ging, und setzten sich unter einer Linde in einen Halbkreis, wo man einer weiten Aussicht genoß und über Wälder, Seen und Ortschaften wegsah Züs öffnete ihren Beutel und gab jedem eine Handvoll Birnen und Pflaumen, um sich zu erfrischen, und sie saßen so eine geraume Weile schweigend und ernst, nur mit den schnalzenden Zungen, wenn sie die süßen Früchte damit zerdrückten, ein sanftes Geräusch erregend.

Dann begann Züs, indem sie einen Pflaumenkern fortwarf und die davon gefärbten Fingerspitzen am jungen Grase abwischte, zu sprechen: „Liebe Freunde! Sehet, wie schön und weitläufig die Welt ist, ringsherum voll herrlicher Sachen und voll Wohnungen der Menschen! Und dennoch wollte ich wetten, daß in dieser feierlichen Stunde nirgends in dieser weiten Welt vier so rechtfertige und gutartige Seelen beieinander versammelt sitzen, wie wir hier sind, so sinnreich und bedachtsam von Gemüt, so zugetan allen arbeitsamen Übungen und Tugenden, der Eingezogenheit, der Sparsamkeit, der Friedfertigkeit und der innigen Freundschaft. Wie viele Blumen stehen hier um uns herum, von allen Arten, die der Frühling hervorbringt, besonders die gelben Schlüsselblumen, welche einen wohlschmeckenden und gesunden Tee geben; aber sind sie gerecht oder arbeitsam? Sparsam, vorsichtig und geschickt zu klugen und lehrreichen Gedanken? Nein, es sind unwissende und geistlose Geschöpfe, unbeseelt und vernunftlos vergeuden sie ihre Zeit, und so schön sie sind, wird ein totes Heu daraus, während wir in unserer Tugend ihnen so weit überlegen sind und ihnen wahrlich an Zier der Gestalt nichts nachgeben; denn Gott hat uns nach seinem Bilde geschaffen und uns seinen göttlichen Odem eingeblasen. Oh, könnten wir doch ewig hier so sitzen in diesem Paradiese und in solcher Unschuld; ja, meine Freunde, es ist mir so, als wären wir sämtlich im Stande der Unschuld, aber durch eine sündenlose Erkenntnis veredelt; denn wir alle können, Gott sei Dank, lesen und schreiben und haben alle eine geschickte Hantierung gelernt. Zu vielem hätte ich Geschick und Anlagen und getraute mir wohl, Dinge zu verrichten, wie sie das gelehrteste Fräulein nicht kann, wenn ich über meinen Stand hinausgehen wollte; aber die Bescheidenheit und die Demut sind die vornehmste Tugend eines rechtschaffenen Frauenzimmers, und es genügt mir zu wissen, daß mein Geist nicht wertlos und verachtet ist vor einer höheren Einsicht. Schon viele haben mich begehrt, die meiner nicht wert waren, und nun auf einmal sehe ich drei würdige Junggesellen um mich versammelt, von denen ein jeder gleich wert wäre, mich zu besitzen! Bemesset danach, wie mein Herz in diesem wunderbaren Überflusse schmachten muß, und nehmet euch jeder ein Beispiel an mir und denket euch, jeder wäre von drei gleich werten Jungfrauen umblühet, die sein begehrten, und er könnte sich um deswillen zu keiner hinneigen und gar keine bekommen! Stellt euch doch recht lebhaft vor, um jeden von euch buhleten drei Jungfern Bünzlin und säßen so um euch her, gekleidet wie ich und von gleichem Ansehen, so daß ich gleichsam verneunfacht hier vorhanden wäre und euch von allen Seiten anblickte und nach euch schmachtete! Tut ihr dies?“

Die wackeren Gesellen hörten verwundert auf zu kauen und studierten mit einfältigen Gesichtern, die seltsame Aufgabe zu lösen. Das Schwäblein kam zuerst damit zustande und rief mit lüsternem Gesicht: „Ja, werteste Jungfer Züs! Wenn Sie es denn gütigst erlauben, so sehe ich Sie nicht nur dreifach, sondern verhundertfacht um mich herumschweben und mich mit huldreichen Äuglein anblicken und mir tausend Küßlein anbieten!“

„Nicht doch!“ sagte Züs unwillig verweisend, „nicht in so ungehöriger und übertriebener Weise! Was fällt Ihnen denn ein, unbescheidener Dietrich? Nicht hundertfach und nicht Küßlein anbietend habe ich es erlaubt, sondern nur dreifach für jeden und in züchtiger und ehrbarer Manier, daß mir nicht zu nahe geschieht!“

„Ja,“ rief jetzt endlich Jobst und zeigte mit einem abgenagten Birnenstiel um sich her, „nur dreifach, aber in größter Ehrbarkeit sehe ich die liebste Jungfer Bünzlin um mich her spazieren und mir wohlwollend zuwinken, indem sie die Hand aufs Herz legt! Ich danke sehr, danke, danke ergebenst!“ sagte er schmunzelnd, sich nach drei Seiten verneigend, als ob er wirklich die Erscheinungen sähe. „So ist's recht,“ sagte Züs lächelnd, „wenn irgendein Unterschied zwischen euch besteht, so seid Ihr doch der Begabteste, lieber Jobst, wenigstens der Verständigste!“ Der Bayer Fridolin war immer noch nicht fertig mit seiner Vorstellung, da er aber den Jobst so loben hörte, wurde es ihm angst und er rief eilig: „Ich sehe auch die liebste Jungfrau Bünzlin dreifach um mich her spazieren in größter Ehrbarkeit und mir wollüstig zuwinken, indem sie die Hand auf —“

„Pfui, Bayer!“ schrie Züs und wandte das Gesicht ab, „nicht ein Wort weiter! Woher nehmen Sie den Mut, von mir in so wüsten Worten zu reden und sich solche Sauereien einzubilden? Pfui, pfui!“ Der arme Bayer war wie vom Donner gerührt und wurde glühend rot, ohne zu wissen wofür; denn er hatte sich gar nichts eingebildet und nur ungefähr dem Klange nach gesagt, was er von Jobsten gehört, da er gesehen, wie dieser für seine Rede belobt worden. Züs wandte sich wieder zu Dietrich und sagte: „Nun, lieber Dietrich, haben Sie's noch nicht auf eine etwas bescheidenere Art zuwege gebracht?“ — „Ja, mit Ihrer Erlaubnis,“ erwiderte er, froh, wieder angeredet zu werden, „ich erblicke Sie jetzt nur dreimal um mich her, freundlich, aber anständig mich anschauend und mir drei weiße Hände bietend, welche ich küsse!"

„Gut denn!" sagte Züs, „und Sie, Fridolin? Sind Sie noch nicht von Ihrer Abirrung zurückgekehrt? Kann sich Ihr ungestümes Blut noch nicht zu einer wohlanständigen Vorstellung beruhigen?" — „Um Vergebung!" sagte Fridolin kleinlaut, „ich glaube jetzt drei Jungfern zu sehen, die mir gedörrte Birnen anbieten und mir nicht abgeneigt scheinen. Es ist keine schöner als die andere, und die Wahl unter ihnen scheint mir ein bitteres Kraut zu sein."

„Nun also," sprach Züs, „da ihr in euerer Einbildungskraft von neun solchen ganz gleich werten Personen umgeben seid und in diesem liebreizenden Überflusse dennoch Mangel in euerem Herzen leidet, ermesset danach meinen eigenen Zustand; und wie ihr an mir sahet, daß ich mich weisen und bescheidenen Herzens zu fassen weiß, so nehmet doch ein Beispiel an meiner Stärke und gelobet mir und euch untereinander, euch ferner zu vertragen und, wie ich liebevoll von euch scheide, euch ebenso liebevoll von einander zu trennen, wie auch das Schicksal, das eurer wartet, entscheiden möge! So leget denn alle eure Hände zusammen in meine Hand und gelobt es!"

„Ja, wahrhaftig," rief Jobst, „ich will es wenigstens tun, an mir soll's nicht fehlen!" und die andern zwei riefen eiligst: „An mir auch nicht, an mir auch nicht!" und sie legten alle die Hände zusammen, wobei sich jedoch jeder vornahm, auf alle Fälle zu springen, so gut er vermöchte. „An mir soll es wahrhaftig nicht fehlen!" wiederholte Jobst, „denn ich bin von Jugend auf barmherziger und einträchtiger Natur gewesen. Noch nie habe ich einen Streit gehabt und konnte nie ein Tierlein leiden sehen; wo ich noch gewesen bin, habe ich mich gut vertragen und das beste Lob geerntet ob meines geruhsamen Betragens;

denn obgleich ich gar manche Dinge auch ein bißchen verstehe und ein verständiger junger Mann bin, so hat man nie gesehen, daß ich mich in etwas mischte, was mich nichts anging, und habe stets meine Pflicht auf eine einsichtsvolle Weise getan. Ich kann arbeiten, so viel ich will, und es schadet mir nichts, da ich gesund und wohlauf bin und in den besten Jahren! Alle meine Meisterinnen haben noch gesagt, ich sei ein Tausendmensch, ein Ausbund, und mit mir sei gut auskommen! Ach, ich glaube wirklich selbst, ich könnte leben wie im Himmel mit Ihnen, allerliebste Jungfer Züs!"

„Ei!" sagte der Bayer eifrig, „das glaub' ich wohl, das wäre auch keine Kunst, mit der Jungfer wie im Himmel zu leben! Das wollt' ich mir auch zutrauen, denn ich bin nicht auf den Kopf gefallen. Mein Handwerk versteh' ich aus dem Grund und weiß die Dinge in Ordnung zu halten, ohne ein Unwort zu verlieren. Nirgends habe ich Händel bekommen, obgleich ich in den größten Städten gearbeitet habe, und niemals habe ich eine Katze geschlagen oder eine Spinne getötet. Ich bin mäßig und enthaltsam und mit jeder Nahrung zufrieden, und ich weiß mich am Geringfügigsten zu vergnügen und damit zufrieden zu sein. Aber ich bin auch gesund und munter und kann etwas aushalten, ein gutes Gewissen ist das beste Lebenselixier, alle Tiere lieben mich und laufen mir nach, weil sie mein gutes Gewissen wittern, denn bei einem ungerechten Menschen wollen sie nicht bleiben. Ein Pudelhund ist mir einst drei Tage lang nachgefolgt, als ich aus der Stadt Ulm verreiste, und ich mußte ihn endlich einem Bauersmann in Gewahrsam geben, da ich als ein demütiger Handwerksgesell kein solches Tier ernähren konnte, und als ich durch den Böhmerwald reiste, sind die Hirsche und Rehe auf zwanzig Schritt noch stehen geblieben und haben sich nicht vor mir gefürchtet. Es ist wunderbar, wie selbst die wilden

Tiere sich bei den Menschen auskennen und wissen, welche guten Herzens sind!"

„Ja, das muß wahr sein!" rief der Schwabe, „seht ihr nicht, wie dieser Fink schon die ganze Zeit da vor mir herumfliegt und sich mir zu nähern sucht? Und jenes Eichhörnchen auf der Tanne sieht sich immerfort nach mir um, und hier kriecht ein kleiner Käfer allfort an meinem Beine und will sich durchaus nicht vertreiben lassen. Dem muß es gewiß recht wohl sein bei mir, dem lieben guten Tierchen!"

Jetzt wurde aber Züs eifersüchtig und sagte etwas heftig: „Bei mir wollen alle Tiere gern bleiben! Einen Vogel hab' ich acht Jahre gehabt, und er ist sehr ungern von mir weggestorben; unsere Katze streicht mir nach, wo ich geh' und stehe, und des Nachbars Tauben drängen und zanken sich vor meinem Fenster, wenn ich ihnen Brosamen streue! Wunderbare Eigenschaften haben die Tiere je nach ihrer Art! Der Löwe folgt gern den Königen nach und den Helden, und der Elefant begleitet den Fürsten und den tapfern Krieger; das Kamel trägt den Kaufmann durch die Wüste und bewahrt ihm frisches Wasser in seinem Bauch, und der Hund begleitet seinen Herrn durch alle Gefahren und stürzt sich für ihn in das Meer! Der Delphin liebet die Musik und folgt den Schiffen und der Adler den Kriegsheeren. Der Affe ist ein menschenähnliches Wesen und tut alles, was er die Menschen tun sieht, und der Papagei versteht unsere Sprache und plaudert mit uns wie ein Alter! Selbst die Schlangen lassen sich zähmen und tanzen auf der Spitze ihres Schwanzes; das Krokodil weint menschliche Tränen und wird von den Bürgern dort geachtet und verschont; der Strauß läßt sich satteln und reiten wie ein Roß; der wilde Büffel ziehet den Wagen des Menschen, und das gehörnte Renntier seinen Schlitten. Das Einhorn liefert ihm das schneeweiße Elfenbein, und die Schildkröte ihre durchsichtigen Knochen —"

„Mit Verlaub," sagten alle drei Kammacher zugleich, „hierin irren Sie sich gewißlich, das Elfenbein wird aus den Elefantenzähnen gewonnen, und die Schildpattkämme macht man aus der Schale und nicht aus den Knochen der Schildkröte!"

Züs wurde feuerrot und sagte: „Das ist noch die Frage, denn ihr habt gewiß nicht gesehen, wo man es hernimmt, sondern verarbeitet nur die Stücke; ich irre mich sonst selten, doch sei dem, wie ihm wolle, so lasset mich ausreden: nicht nur die Tiere haben ihre merkwürdigen von Gott eingepflanzten Besonderheiten, sondern selbst das tote Gestein, so aus den Bergen gegraben wird. Der Kristall ist durchsichtig wie Glas, der Marmor aber hart und geädert, bald weiß und bald schwarz; der Bernstein hat elektrische Eigenschaften und ziehet den Blitz an; aber dann verbrennt er und riecht wie Weihrauch. Der Magnet zieht Eisen an, auf die Schiefertafeln kann man schreiben, aber nicht auf den Diamant, denn dieser ist hart wie Stahl; auch gebraucht ihn der Glaser zum Glasschneiden, weil er klein und spitzig ist. Ihr sehet, liebe Freunde, daß ich auch ein weniges von den Tieren zu sagen weiß! Was aber mein Verhältnis zu ihnen betrifft, so ist dies zu bemerken: Die Katze ist ein schlaues und listiges Tier und ist daher nur schlauen und listigen Menschen anhänglich; die Taube aber ist ein Sinnbild der Unschuld und Einfalt und kann sich nur von einfältigen, schuldlosen Seelen angezogen fühlen. Da mir nun Katzen und Tauben anhänglich sind, so folgt hieraus, daß ich klug und einfältig, schlau und unschuldig zugleich bin, wie es denn auch heißt: Seid klug wie die Schlangen und einfältig wie die Tauben! Auf diese Weise können wir allerdings die Tiere und ihr Verhältnis zu uns würdigen und manches daraus lernen, wenn wir die Sache recht zu betrachten wissen."

Die armen Gesellen wagten nicht ein Wort weiter zu sagen; Züs hatte sie gut zugedeckt und sprach noch viele hochtrabende Dinge durcheinander, daß ihnen Hören und Sehen verging. Sie bewunderten aber Züsis Geist und Beredsamkeit, und in solcher Bewunderung dünkte sich keiner zu schlecht, das Kleinod zu besitzen, besonders da diese Zierde eines Hauses so wohlfeil war und nur in einer rastlosen Zunge bestand. Ob sie selbst dessen, was sie so hoch stellen, auch wert seien und etwas damit anzufangen wüßten, fragen sich solche Schwachköpfe zu allerletzt oder auch gar nicht, sondern sie sind wie die Kinder, welche nach allem greifen, was ihnen in die Augen glänzt, von allen bunten Dingen die Farben abschlecken und ein Schellenspiel ganz in den Mund stecken wollen, statt es bloß an die Ohren zu halten. So erhitzten sie sich immer mehr in der Begierde und Einbildung, diese ausgezeichnete Person zu erwerben, und je schnöder, herzloser und eitler Züsens unsinnige Phrasen wurden, desto gerührter und jämmerlicher waren die Kammacher daran. Zugleich fühlten sie einen heftigen Durst von dem trockenen Obste, welches sie inzwischen aufgegessen; Jobst und der Bayer suchten im Gehölz nach Wasser, fanden eine Quelle und tranken sich voll kaltes Wasser. Der Schwabe hingegen hatte listigerweise ein Fläschchen mitgenommen, in welchem er Kirschgeist mit Wasser und Zucker gemischt, welches liebliche Getränk ihn stärken und ihm einen Vorschub gewähren sollte beim Laufen; denn er wußte, daß die andern zu sparsam waren, um etwas mitzunehmen oder eine Einkehr zu halten. Dies Fläschchen zog er jetzt eilig hervor, während jene sich mit Wasser füllten, und bot es der Jungfer Züs an; sie trank es halb aus, es schmeckte ihr vortrefflich und erquickte sie, und sie sah den Dietrich dabei überquer ganz holdselig an, daß ihm der Rest, welchen er selber trank, so lieblich schmeckte wie Zyperwein und ihn gewaltig stärkte. Er konnte sich nicht enthalten, Züsis Hand zu ergreifen und ihr zierlich die Fingerspitzen zu küssen;

sie tippte ihm leicht mit dem Zeigefinger auf die Lippen, und er tat, als ob er danach schnappen wollte und machte dazu ein Maul wie ein lächelnder Karpfen; Züs schmunzelte falsch und freundlich, Dietrich schmunzelte schlau und süßlich; sie saßen auf der Erde sich gegenüber und tätschelten zuweilen mit den Schuhsohlen gegeneinander, wie wenn sie sich mit den Füßen die Hände geben wollten. Züs beugte sich ein wenig vornüber und legte die Hand auf seine Schulter, und Dietrich wollte eben dieses holde Spiel erwidern und fortsetzen, als der Sachse und der Bayer zurückkamen und bleich und stöhnend zuschauten. Denn es war ihnen von dem vielen Wasser, welches sie an die genossenen Backbirnen geschüttet, plötzlich elend geworden, und das Herzeleid, welches sie bei dem Anblicke des spielenden Paares empfanden, vereinigte sich mit dem öden Gefühle des Bauches, so daß ihnen der kalte Schweiß auf der Stirne stand. Züs verlor aber die Fassung nicht, sondern winkte ihnen überaus freundlich zu und rief: „Kommet, ihr Lieben, und setzet euch doch auch noch ein bißchen zu mir her, daß wir noch ein Weilchen und zum letzten Male unsere Eintracht und Freundschaft genießen!" Jobst und Fridolin drängten sich hastig herbei und streckten ihre Beine aus; Züs ließ dem Schwaben die eine Hand, gab Jobsten die andere und berührte mit den Füßen Fridolins Stiefelsohlen, während sie mit dem Angesicht einen nach dem andern der Reihe nach anlächelte. So gibt es Virtuosen, welche viele Instrumente zugleich spielen, auf dem Kopfe ein Glockenspiel schütteln, mit dem Munde die Panspfeife blasen, mit den Händen die Gitarre spielen, mit den Knien die Zimbel schlagen, mit dem Fuß den Dreiangel und mit den Ellbogen eine Trommel, die ihnen auf dem Rücken hängt.

Dann aber erhob sie sich von der Erde, strich ihr Kleid, welches sie sorgfältig aufgeschürzt hatte, zurecht und sagte:

„Nun ist es wohl Zeit, liebe Freunde, daß wir uns aufmachen und daß ihr euch zu jenem ernsthaften Gange rüstet, welchen euch der Meister in seiner Torheit auferlegt, wir aber als die Anordnung eines höheren Geschickes ansehen! Tretet diesen Weg an voll schönen Eifers, aber ohne Feindschaft noch Neid gegeneinander, und überlasset dem Sieger willig die Krone!"

Wie von einer Wespe gestochen sprangen die Gesellen auf und stellten sich auf die Beine. Da standen sie nun und sollten mit denselben einander den Rang ablaufen, mit denselben guten Beinen, welche bislang nur in bedachtem, ehrbarem Schritt gewandelt! Keiner wußte sich mehr zu entsinnen, daß er je einmal gesprungen oder gelaufen wäre; am ehesten schien sich noch der Schwabe zu trauen und mit den Füßen sogar leise zu scharren und dieselben ungeduldig zu heben. Sie sahen sich ganz sonderbar und verdächtig an, waren bleich und schwitzten dabei, als ob sie schon im heftigsten Laufen begriffen wären.

„Gebet euch", sagte Züs, „noch einmal die Hand!" Sie taten es, aber so willenlos und lässig, daß die drei Hände kalt voneinander abglitten und abfielen wie Bleihände. „Sollen wir denn wirklich das Torenwerk beginnen?" sagte Jobst und wischte sich die Augen, welche anfingen zu träufeln. „Ja," versetzte der Bayer, „sollen wir wirklich laufen und springen?" und begann zu weinen. „Und Sie, allerliebste Jungfer Bünzlin?" sagte Jobst heulend, „wie werden Sie sich denn verhalten?" — „Mir geziemt," antwortete sie und hielt sich das Schnupftuch vor die Augen, „mir geziemt zu schweigen, zu leiden und zuzusehen!" Der Schwabe sagte freundlich und listig: „Aber dann nachher, Jungfer Züsi?" — „O Dietrich!" erwiderte sie sanft, „wissen Sie nicht, daß es heißt, der Zug des Schicksals ist des Herzens Stimme?" Und dabei sah sie ihn von der Seite so verblümt an, daß er abermals die

Beine hob und Lust verspürte, sogleich in Trab zu geraten. Während die zwei Nebenbuhler ihre kleinen Felleisenfuhrwerke in Ordnung brachten und Dietrich das gleiche tat, streifte sie mehrmals mit Nachdruck seinen Ellbogen oder trat ihm auf den Fuß; auch wischte sie ihm den Staub von dem Hute, lächelte aber gleichzeitig den andern zu, wie wenn sie den Schwaben auslachte, doch so, daß es dieser nicht sehen konnte. Alle drei bliesen jetzt mächtig die Backen auf und sandten große Seufzer in die Luft. Sie sahen sich um nach allen Seiten, nahmen die Hüte ab, wischten sich den Schweiß von der Stirn, strichen die steif geklebten Haare und setzten die Hüte wieder auf. Nochmals schauten sie nach allen Winden und schnappten nach Luft. Züs erbarmte sich ihrer und war so gerührt, daß sie selbst weinte. „Hier sind noch drei dürre Pflaumen," sagte sie, „nehmt jeder eine in den Mund und behaltet sie darin, das wird euch erquicken! So ziehet denn dahin und kehret die Torheit der Schlechten um in Weisheit der Gerechten! Was sie zum Mutwillen ausgesonnen, das verwandelt in ein erbauliches Werk der Prüfung und der Selbstbeherrschung, in eine sinnreiche Schlußhandlung eines langjährigen Wohlverhaltens und Wettlaufes in der Tugend!" Jedem steckte sie die Pflaume in den Mund, und er sog daran. Jobst drückte die Hand auf seinen Magen und rief: „Wenn es denn sein muß, so sei es ins Himmels Namen!" und plötzlich fing er, indem er den Stock erhob, mit stark gebogenen Knien mächtig an auszuschreiten und zog sein Felleisen an sich. Kaum sah dies Fridolin, so folgte er ihm nach mit langen Schritten, und ohne sich ferner umzusehen, eilten sie schon ziemlich hastig die Straße hinab. Der Schwabe war der letzte, der sich aufmachte, und ging mit listig vergnügtem Gesicht und scheinbar ganz gemächlich neben Züs her, wie wenn er seiner Sache sicher und edelmütig seinen Gefährten einen Vorsprung gönnen wollte. Züs belobte seine freundliche Gelassenheit und hing sich vertraulich an seinen Arm. „Ach, es ist doch schön," sagte sie mit einem Seufzer, „eine feste Stütze zu haben im Leben! Selbst wenn man hinlänglich begabt ist mit Klugheit und Einsicht und einen tugendhaften Weg wandelt, so geht es sich auf diesem Wege doch viel gemütlicher am vertrauten Freundesarme!" — „Der Tausend, ei ja wohl, das wollte ich wirklich meinen!" erwiderte Dietrich und stieß ihr den Ellenbogen tüchtig in die Seite, indem er zugleich nach seinen Nebenbuhlern spähte, ob der Vorsprung auch nicht zu groß würde, „sehen Sie wohl, werteste Jungfer! Kommt es Ihnen allendlich? Merken Sie, wo Barthel den Most holt?" — „O Dietrich, lieber Dietrich," sagte sie mit einem noch viel stärkeren Seufzer, „ich fühle mich oft recht einsam!" — „Hopsele, so muß es kommen!" rief er, und sein Herz hüpfte wie ein Häschen im Weißkohl. „O Dietrich!" rief sie und drückte sich fester an ihn; es ward ihm schwül und sein Herz wollte zerspringen vor pfiffigem Vergnügen; aber zugleich entdeckte er, daß seine Vorläufer nicht mehr sichtbar, sondern um eine Ecke herum verschwunden waren. Sogleich wollte er sich losreißen von Züsis Arm und jenen nachspringen; aber sie hielt ihn so fest, daß es ihm nicht gelang, und klammerte sich an, wie wenn sie schwach würde. „Dietrich!" flüsterte sie, die Augen verdrehend, „lassen Sie mich jetzt nicht allein, ich vertraue auf Sie, stützen Sie mich!" — „Den Teufel noch einmal, lassen Sie mich los, Jungfer!" rief er ängstlich, „oder ich komm' zu spät und dann ade Zipfelmütze!" — „Nein, nein! Sie dürfen mich nicht verlassen, ich fühle, mir wird übel!" jammerte sie. „Übel oder nicht übel!" schrie er und riß sich gewaltsam los; er sprang auf eine Erhöhung und sah sich um und sah die Läufer schon im vollen Rennen weit den Berg hinunter. Nun setzte er zum Sprung an, schaute sich aber im selben Augenblick noch einmal nach Züs um. Da sah er sie, wie sie am Eingange eines engen schattigen Waldpfades saß und lieblich lockend ihm mit den Händen winkte. Diesem Anblicke konnte er nicht widerstehen, sondern eilte, statt den Berg hinunter, wieder zu ihr hin. Als sie ihn kommen sah, stand sie auf und ging tiefer in das Holz hinein, sich nach ihm umsehend; denn sie dachte ihn auf alle Weise vom Laufen abzuhalten und so lange zu vexieren, bis er zu spät käme und nicht in Seldwyl bleiben könne.

Allein der erfindungsreiche Schwabe änderte zu selber Zeit seine Gedanken und nahm sich vor, sein Heil hier oben zu erkämpfen, und so geschah es, daß es ganz anders kam, als die listige Person es hoffte. Sobald er sie erreicht und an einem verborgenen Plätzchen mit ihr allein war, fiel er ihr zu Füßen und bestürmte sie mit den feurigsten Liebeserklärungen, welche ein Kammacher je gemacht hat. Erst suchte sie ihm Ruhe zu gebieten und, ohne ihn fortzuscheuchen, auf gute Manier hinzuhalten, indem sie alle ihre Weisheiten und Anmutungen spielen ließ. Als er ihr aber Himmel und Hölle vorstellte, wozu ihm sein aufgeregter und gespannter Unternehmungsgeist herrliche Zauberworte lieh, als er sie mit Zärtlichkeiten jeder Art überhäufte und bald ihrer Hände, bald ihrer Füße sich zu bemächtigen suchte und ihren Leib und ihren Geist, alles was an ihr war, lobte und rühmte, daß der Himmel hätte grün werden mögen, als dazu die Witterung und der Wald so still und lieblich waren, verlor Züs endlich den Kompaß, als ein Wesen, dessen Gedanken am Ende doch so kurz sind als seine Sinne; ihr Herz krabbelte so ängstlich und wehrlos wie ein Käfer, der auf dem Rücken liegt, und Dietrich besiegte es in jeder Weise. Sie hatte ihn in das Dickicht verlockt, um ihn zu verraten, und war im Handumdrehen von dem Schwäbchen erobert; dies geschah nicht, weil sie etwa eine besonders verliebte Person war, sondern weil sie als eine kurze Natur trotz aller eingebildeten Weisheit doch nicht über ihre eigene Nase wegsah. Sie blieben wohl eine Stunde in dieser kurzweiligen Einsamkeit, umarmten sich immer aufs neue und gaben sich tausend Küßchen. Sie schwuren sich ewige Treue und in aller Aufrichtigkeit und wurden einig, sich zu heiraten auf alle Fälle.

Unterdessen hatte sich in der Stadt die Kunde von dem seltsamen Unternehmen der drei Gesellen verbreitet und der Meister selbst zu seiner Belustigung die Sache bekannt gemacht; deshalb freuten sich die Seldwyler auf das unverhoffte Schauspiel und waren begierig, die gerechten und ehrbaren Kammacher zu ihrem Spaße laufen und ankommen zu sehen. Eine große Menschenmenge zog vor das Tor und lagerte sich zu beiden Seiten der Straße, wie wenn man einen Schnelläufer erwartet. Die Knaben kletterten auf die Bäume, die Alten und Rückgesetzten saßen im Grase und rauchten ihr Pfeifchen, zufrieden, daß sich ihnen ein so wohlfeiles Vergnügen aufgetan. Selbst die Herren waren ausgerückt, um den Hauptspaß mit anzusehen, saßen fröhlich diskurierend in den Gärten und Lauben der Wirtshäuser und bereiteten eine Menge Wetten vor. In den Straßen, durch welche die Läufer kommen mußten, waren alle Fenster geöffnet, die Frauen hatten in den Visitenstuben rote und weiße Kissen ausgelegt, die Arme darauf zu legen, und zahlreichen Damenbesuch empfangen, so daß fröhliche Kaffeegesellschaften aus dem Stegreif entstanden und die Mägde genug zu laufen hatten, um Kuchen und Zwieback zu holen. Vor dem Tore aber sahen jetzt die Buben auf den höchsten Bäumen eine kleine Staubwolke sich nähern und begannen zu rufen: „Sie kommen, sie kommen!“ Und nicht lange dauerte es, so kamen Fridolin und Jobst wirklich wie ein Sturmwind herangesaust, mitten auf der Straße, eine dicke Wolke

Staubes aufrührend. Mit der einen Hand zogen sie die Felleisen, welche wie toll über die Steine flogen, mit der andern hielten sie die Hüte fest, welche ihnen im Nacken saßen, und ihre langen Röcke flogen und wehten um die Wette. Beide waren von Schweiß und Staub bedeckt, sie sperrten den Mund auf und lechzten nach Atem, sahen und hörten nichts, was um sie her vorging, und dicke Tränen rollten den armen Männern über die Gesichter, welche sie nicht abzuwischen Zeit hatten. Sie liefen sich dicht auf den Fersen, doch war der Bayer voraus um eine Spanne. Ein entsetzliches Geschrei und Gelächter erhob sich und dröhnte, so weit das Ohr reichte. Alles raffte sich auf und drängte sich dicht an den Weg, von allen Seiten rief es: „So recht, so recht! Lauft, wehr dich, Sachs! Halt dich brav, Bayer! Einer ist schon abgefallen, es sind nur noch zwei!" Die Herren in den Gärten standen auf den Tischen und wollten sich ausschütten vor Lachen. Ihr Gelächter dröhnte aber donnernd und fest über den haltlosen Lärm der Menge weg, die auf der Straße lagerte, und gab das Signal zu einem unerhörten Freudentage. Die Buben und das Gesindel strömten hinter den zwei armen Gesellen zusammen, und ein wilder Haufen, eine furchtbare Wolke erregend, wälzte sich mit ihnen dem Tore zu; selbst Weiber und junge Gassenmädchen liefen mit und mischten ihre hellen quiekenden Stimmen in das Geschrei der Burschen. Schon waren sie dem Tore nah, dessen Türme von Neugierigen besetzt waren, die ihre Mützen schwenkten; die zwei rannten wie scheu gewordene Pferde, das Herz voll Qual und Angst; da kniete ein Gassenjunge wie ein Kobold auf Jobstens fahrendes Felleisen und ließ sich unter dem Beifallsgeschrei der Menge mitfahren. Jobst wandte sich und flehte ihn an, loszulassen, auch schlug er mit dem Stocke nach ihm; aber der Junge duckte sich und grinste ihn an. Darüber gewann Fridolin einen größeren Vorsprung, und wie Jobst es merkte, warf er ihm den Stock zwischen die Füße, daß er hinstürzte. Wie aber Jobst über ihn wegspringen wollte, erwischte ihn der Bayer am Rockschoß und zog sich daran in die Höhe; Jobst schlug ihm auf die Hände und schrie: „Laß los, laß los!" Fridolin ließ nicht los, Jobst packte dafür seinen Rockschoß, und nun hielten sie sich gegenseitig fest und drehten sich langsam zum Tore hinein, nur zuweilen einen Sprung versuchend, um einer dem andern zu entrinnen. Sie weinten, schluchzten und heulten wie Kinder und schrien in unsäglicher Beklemmung: „O Gott! Laß los! Du lieber Heiland, laß los, Jobst! Laß los, Fridolin! Laß los, du Satan!" Dazwischen schlugen sie sich fleißig auf die Hände, kamen aber immer um ein weniges vorwärts. Hut und Stock hatten sie verloren, zwei Buben trugen dieselben, die Hüte auf die Stöcke gesteckt, voran, und hinter ihnen her wälzte sich der tobende Haufen; alle Fenster waren von der Damenwelt besetzt, welche ihr silbernes Gelächter in die unten tosende Brandung warf, und seit langer Zeit war man nicht mehr so fröhlich gestimmt gewesen in dieser Stadt. Das rauschende Vergnügen schmeckte den Bewohnern so gut, daß kein Mensch den zwei Ringenden ihr Ziel zeigte, des Meisters Haus, an welchem sie endlich angelangt. Sie selber sahen es nicht, sie sahen überhaupt nichts, und so wälzte sich der tolle Zug durch das ganze Städtchen und zum andern Tore wieder hinaus. Der Meister hatte lachend unter dem Fenster gelegen, und nachdem er noch ein Stündchen auf den endlichen Sieger gewartet, wollte er eben weggehen, um die Früchte seines Schwankes zu genießen, als Dietrich und Züs still und unversehens bei ihm eintraten.

Diese hatten nämlich unterdessen ihre Gedanken zusammengetan und beraten, daß der Kammachermeister wohl geneigt sein dürfte, da er doch nicht lange mehr machen würde, sein Geschäft gegen eine bare Summe zu verkaufen. Züs wollte ihren Gültbrief dazu hergeben und der Schwabe sein Geldchen auch dazutun, und dann wären sie die Herren der Sachlage und könnten die andern zwei auslachen. Sie trugen ihre Vereinigung dem überraschten Meister vor; diesem leuchtete es sogleich ein, hinter dem Rücken seiner Gläubiger, ehe es zum Bruch kam, noch schnell den Handel abzuschließen und unverhofft des baren Kaufpreises habhaft zu werden. Rasch wurde alles festgestellt, und ehe die Sonne unterging, war Jungfer Bünzlin die rechtmäßige Besitzerin des Kammachergeschäftes und ihr Bräutigam der Mieter des Hauses, in welchem dasselbe lag, und so war Züs, ohne es am Morgen geahnt zu haben, endlich erobert und gebunden durch die Handlichkeit des Schwäbchens.

Halbtot vor Scham, Mattigkeit und Ärger lagen Jobst und Fridolin in der Herberge, wohin man sie geführt hatte, nachdem sie auf dem freien Felde endlich umgefallen waren, ganz ineinander verbissen. Die ganze Stadt, da sie einmal aufgeregt war, hatte die Ursache schon vergessen und feierte eine lustige Nacht. In vielen Häusern wurde getanzt und in den Schenken wurde gezecht und gesungen, wie an den größten Seldwylertagen; denn die Seldwyler brauchten nicht viel Zeug, um mit Meisterhand eine Lustbarkeit daraus zu formen. Als die beiden armen Teufel sahen, wie ihre Tapferkeit, mit welcher sie gedacht hatten, die Torheit der Welt zu benutzen, nur dazu gedient hatte, dieselbe triumphieren zu lassen und sich selbst zum allgemeinen Gespött zu machen, wollte ihnen das Herz brechen; denn sie hatten nicht nur den weisen Plan mancher Jahre verfehlt und vernichtet, sondern auch den Ruhm besonnener und rechtlich ruhiger Leute eingebüßt.

Jobst, der der älteste war und sieben Jahre hier gewesen, war ganz verloren und konnte sich nicht zurechtfinden.

Ganz schwermütig zog er vor Tag wieder aus der Stadt und hing sich an der Stelle, wo sie alle gestern gesessen, an einen Baum. Als der Bayer eine Stunde später da vorüberkam und ihn erblickte, faßte ihn ein solches Entsetzen, daß er wie wahnsinnig davonrannte, sein ganzes Wesen veränderte und, wie man nachher hörte, ein liederlicher Mensch und alter Handwerksbursch wurde, der keines Menschen Freund war.

Dietrich der Schwabe allein blieb ein Gerechter und hielt sich oben in dem Städtchen; aber er hatte nicht viel Freude davon; denn Züs ließ ihm gar nicht den Ruhm, regierte und unterdrückte ihn und betrachtete sich selbst als die alleinige Quelle alles Guten.

Kleider machen Leute

An einem unfreundlichen Novembertage wanderte ein armes Schneiderlein auf der Landstraße nach Goldach, einer kleinen reichen Stadt, die nur wenige Stunden von Seldwyla entfernt ist. Der Schneider trug in seiner Tasche nichts als einen Fingerhut, welchen er, in Ermangelung irgendeiner Münze, unablässig zwischen den Fingern drehte, wenn er der Kälte wegen die Hände in die Hosen steckte, und die Finger schmerzten ihm ordentlich von diesem Drehen und Reiben, denn er hatte wegen des Fallimentes irgendeines Seldwyler Schneidermeisters seinen Arbeitslohn mit der Arbeit zugleich verlieren und auswandern müssen. Er hatte noch nichts gefrühstückt als einige Schneeflocken, die ihm in den Mund geflogen, und er sah noch weniger ab, wo das geringste Mittagsbrot herwachsen sollte, Das Fechten fiel ihm äußerst schwer, ja schien ihm gänzlich unmöglich, weil er über seinem schwarzen Sonntagskleide, welches sein einziges war, einen weiten dunkelgrauen Radmantel trug, mit schwarzem Sammet ausgeschlagen, der seinem Träger ein edles und romantisches Aussehen verlieh, zumal dessen lange schwarze Haare und Schnurrbärtchen sorgfältig gepflegt waren und er sich blasser, aber regelmäßiger Gesichtszüge erfreute.

Solcher Habitus war ihm zum Bedürfnis geworden, ohne daß er etwas Schlimmes oder Betrügerisches dabei im Schilde führte; vielmehr war er zufrieden, wenn man ihn nur gewähren und im stillen seine Arbeit verrichten ließ; aber lieber wäre er verhungert, als daß er sich von seinem Radmantel und von seiner polnischen Pelzmütze getrennt hätte, die er ebenfalls mit großem Anstand zu tragen wußte.

Er konnte deshalb nur in größeren Städten arbeiten, wo solches nicht zu sehr auffiel; wenn er wanderte und keine

Ersparnisse mitführte, geriet er in die größte Not. Näherte er sich einem Hause, so betrachteten ihn die Leute mit Verwunderung und Neugierde und erwarteten eher alles andere, als daß er betteln würde; so erstarben ihm, da er überdies nicht beredt war, die Worte im Munde, also daß er der Märtyrer seines Mantels war und Hunger litt, so schwarz wie des letzteren Sammetfutter.

Als er bekümmert und geschwächt eine Anhöhe hinauf ging, stieß er auf einen neuen und bequemen Reisewagen, welchen ein herrschaftlicher Kutscher in Basel abgeholt hatte und seinem Herrn überbrachte, einem fremden Grafen, der irgendwo in der Ostschweiz auf einem gemieteten oder angekauften alten Schlosse saß. Der Wagen war mit allerlei Vorrichtungen zur Aufnahme des Gepäckes versehen und schien deswegen schwer bepackt zu sein, obgleich alles leer war. Der Kutscher ging wegen des steilen Weges neben den Pferden, und als er oben angekommen den Bock wieder bestieg, fragte er den Schneider, ob er sich nicht in den leeren Wagen setzen wolle. Denn es fing eben an zu regnen, und er hatte mit einem Blicke gesehen, daß der Fußgänger sich matt und kümmerlich durch die Welt schlug.

Derselbe nahm das Anerbieten dankbar und bescheiden an, worauf der Wagen rasch mit ihm von dannen rollte und in einer kleinen Stunde stattlich und donnernd durch den Torbogen von Goldach fuhr. Vor dem ersten Gasthofe, zur Wage genannt, hielt das vornehme Fuhrwerk plötzlich, und alsogleich zog der Hausknecht so heftig an der Glocke, daß der Draht beinahe entzwei ging. Da stürzten Wirt und Leute herunter und rissen den Schlag auf; Kinder und Nachbaren umringten schon den prächtigen Wagen, neugierig, welch ein Kern sich aus so unerhörter Schale enthülsen werde, und als der verdutzte Schneider endlich hervorsprang in seinem Mantel, blaß und schön und schwermütig zur Erde blickend, schien er ihnen wenigstens ein geheimnisvoller Prinz oder Grafensohn zu sein. Der Raum zwischen dem Reisewagen und der Pforte des Gasthauses war schmal und im übrigen der Weg durch die Zuschauer ziemlich gesperrt. Mochte es nun der Mangel an Geistesgegenwart oder an Mut sein, den Haufen zu durchbrechen und einfach seines Weges zu gehen — er tat dieses nicht, sondern ließ sich willenlos in das Haus und die Treppe hinan geleiten und bemerkte seine neue seltsame Lage erst recht, als er sich in einen wohnlichen Speisesaal versetzt sah und ihm sein ehrwürdiger Mantel dienstfertig abgenommen wurde.

„Der Herr wünscht zu speisen?" hieß es, „gleich wird serviert werden, es ist eben gekocht!"

Ohne eine Antwort abzuwarten lief der Wagwirt in die Küche und rief: „Ins drei Teufels Namen! Nun haben wir nichts als Rindfleisch und die Hammelskeule! Die Rebhuhnpastete darf ich nicht anschneiden, da sie für die Abendherren bestimmt und versprochen ist. So geht es! Den einzigen Tag, wo wir keinen solchen Gast erwarten und nichts da ist, muß ein solcher Herr kommen! Und der Kutscher hat ein Wappen auf den Knöpfen, und der Wagen ist wie der eines Herzogs! und der junge Mann mag kaum den Mund öffnen vor Vornehmheit!"

Doch die ruhige Köchin sagte: „Nun, was ist denn da zu lamentieren, Herr? Die Pastete tragen sie nur kühn auf, die wird er doch nicht aufessen! Die Abendherren bekommen sie dann portionenweise, sechs Portionen wollen wir schon noch herausbringen!"

„Sechs Portionen? Ihr vergeßt wohl, daß die Herren sich satt zu essen gewohnt sind!" meinte der Wirt, allein die Köchin fuhr unerschüttert fort: „Das sollen sie auch! Man läßt noch schnell ein halbes Dutzend Kotelettes holen, die brauchen wir sowieso für den Fremden, und was er übrig läßt, schneide ich in kleine Stückchen und menge sie unter die Pastete, da lassen Sie nur mich machen!"

Doch der wackere Wirt sagte ernsthaft: „Köchin, ich habe Euch schon einmal gesagt, daß dergleichen in dieser Stadt und in diesem Hause nicht angeht! Wir leben hier solid und ehrenfest und vermögen es!"

„Ei der Tausend, ja, ja!" rief die Köchin endlich etwas aufgeregt, „wenn man sich dann nicht zu helfen weiß, so opfere man die Sache! Hier sind zwei Schnepfen, die ich den Augenblick vom Jäger gekauft habe, die kann man am Ende der Pastete zusetzen! Eine mit Schnepfen gefälschte Rebhuhnpastete werden die Leckermäuler nicht beanstanden! Sodann sind auch die Forellen da, die größte habe ich in das siedende Wasser geworfen, wie der merkwürdige Wagen kam, und da kocht auch schon die Brühe im Pfännchen, so haben wir also einen Fisch, das Rindfleisch, das Gemüse mit den Kotelettes, den Hammelsbraten und die Pastete; geben Sie nur den Schlüssel, daß man das Eingemachte und den Dessert herausnehmen kann! Und den Schlüssel könnten Sie, Herr! mir mit Ehren und Zutrauen übergeben, damit man Ihnen nicht allerorten nachspringen muß und oft in die größte Verlegenheit gerät!"

„Liebe Köchin! Das braucht Ihr nicht übelzunehmen, ich habe meiner seligen Frau am Totbette versprechen müssen, die Schlüssel immer in Händen zu behalten; sonach geschieht es grundsätzlich und nicht aus Mißtrauen! Hier sind die Gurken und hier die Kirschen, hier die Birnen und hier die Aprikosen; aber das alte Konfekt darf man nicht mehr aufstellen; geschwind soll die Lise zum Zuckerbeck laufen und frisches Backwerk holen, drei Teller, und wenn er eine gute Torte hat, soll er sie auch gleich mitgeben!"

„Aber Herr! Sie können ja dem einzigen Gast das nicht alles aufrechnen, das schlägt's beim besten Willen nicht heraus!"

„Tut nichts, es ist um die Ehre! Das bringt mich nicht um; dafür soll ein großer Herr, wenn er durch unsere Stadt reist, sagen können, er habe ein ordentliches Essen gefunden, obgleich er ganz unerwartet und im Winter gekommen sei! Es soll nicht heißen, wie von den Wirten zu Seldwyl, die alles Gute selber fressen und den Fremden die Knochen vorsetzen! Also frisch, munter, sputet Euch allerseits!"

Während dieser umständlichen Zubereitungen befand sich der Schneider in der peinlichsten Angst, da der Tisch mit glänzendem Zeuge gedeckt wurde, und so heiß sich der ausgehungerte Mann vor kurzem noch nach einiger Nahrung gesehnt hatte, so ängstlich wünschte er jetzt, der drohenden Mahlzeit zu entfliehen. Endlich faßte er sich einen Mut, nahm seinen Mantel um, setzte die Mütze auf und begab sich hinaus, um den Ausweg zu gewinnen. Da er aber in seiner Verwirrung und in dem weitläufigen Hause die Treppe nicht gleich fand, so glaubte der Kellner, den der Teufel beständig umhertrieb, jener suche eine gewisse Bequemlichkeit, rief: „Erlauben Sie gefälligst, mein Herr, ich werde Ihnen den Weg weisen!" und führte ihn durch einen langen Gang, der nirgend anders endigte als vor einer schön lackierten Türe, auf welcher eine zierliche Inschrift angebracht war.

Also ging der Mantelträger ohne Widerspruch, sanft wie ein Lämmlein, dort hinein und schloß ordentlich hinter sich zu. Dort lehnte er sich bitterlich seufzend an die Wand und wünschte der goldenen Freiheit der Landstraße wieder teilhaftig zu sein, welche ihm jetzt, so schlecht das Wetter war, als das höchste Glück erschien.

Doch verwickelte er sich jetzt in die erste selbsttätige Lüge, weil er in dem verschlossenen Raum ein wenig verweilte, und er betrat hiermit den abschüssigen Weg des Bösen.

Unterdessen schrie der Wirt, der ihn gesehen hatte im Mantel dahingehen: „Der Herr friert! heizt mir ein im Saal! Wo ist die Lise, wo ist die Anne? Rasch einen Korb Holz in den Ofen und einige Hände voll Späne, daß es brennt! Zum Teufel, sollen die Leute in der Wage im Mantel zu Tisch sitzen?“

Und als der Schneider wieder aus dem langen Gange hervorgewandelt kam, melancholisch wie der umgehende Ahnherr eines Stammschlosses, begleitete er ihn mit hundert Komplimenten und Handreibungen wiederum in den verwünschten Saal hinein. Dort wurde er ohne ferneres Verweilen an den Tisch gebeten, der Stuhl zurechtgerückt, und da der Duft der kräftigen Suppe, dergleichen er lange nicht gerochen, ihn vollends seines Willens beraubte, so ließ er sich in Gottes Namen nieder und tauchte sofort den schweren Löffel in die braungoldene Brühe. In tiefem Schweigen erfrischte er seine matten Lebensgeister und wurde mit achtungsvoller Stille und Ruhe bedient.

Als er den Teller geleert hatte und der Wirt sah, daß es ihm so wohl schmeckte, munterte er ihn höflich auf, noch einen Löffel voll zu nehmen, das sei gut bei dem rauhen Wetter. Nun wurde die Forelle aufgetragen, mit Grünem bekränzt, und der Wirt legte ein schönes Stück vor. Doch der Schneider, von Sorgen gequält, wagte in seiner Blödigkeit nicht, das blanke Messer zu brauchen, sondern hantierte schüchtern und zimperlich mit der silbernen Gabel daran herum. Das bemerkte die Köchin, welche zur Tür hineinguckte, den großen Herrn zu sehen, und sie sagte zu den Umstehenden: „Gelobt sei Jesus Christ! Der weiß noch einen feinen Fisch zu essen, wie es sich gehört, der sägt nicht mit dem Messer in dem zarten Wesen herum, wie wenn er ein Kalb schlachten wollte. Das ist ein Herr von großem Hause, darauf wollt' ich schwören, wenn es nicht verboten wäre! Und wie schön und traurig er ist!

Gewiß ist er in ein armes Fräulein verliebt, das man ihm nicht lassen will! Ja, ja, die vornehmen Leute haben auch ihre Leiden!"

Inzwischen sah der Wirt, daß der Gast nicht trank, und sagte ehrerbietig: „Der Herr mögen den Tischwein nicht, befehlen Sie vielleicht ein Glas guten Bordeaux, den ich bestens empfehlen kann?"

Da beging der Schneider den zweiten selbsttätigen Fehler, indem er aus Gehorsam ja statt nein sagte, und alsobald verfügte sich der Wagwirt persönlich in den Keller, um eine ausgesuchte Flasche zu holen; denn es lag ihm alles daran, daß man sagen könne, es sei etwas Rechtes im Ort zu haben. Als der Gast von dem eingeschenkten Wein wiederum aus bösem Gewissen ganz kleine Schlücklein nahm, lief der Wirt voll Freuden in die Küche, schnalzte mit der Zunge und rief: „Hol' mich der Teufel, der versteht's, der schlürft meinen guten Wein auf die Zunge, wie man einen Dukaten auf die Goldwage legt!"

„Gelobt sei Jesus Christ!" sagte die Köchin, „ich hab's behauptet, daß er's versteht!"

So nahm die Mahlzeit denn ihren Verlauf, und zwar sehr langsam, weil der arme Schneider immer zimperlich und unentschlossen aß und trank, und der Wirt, um ihm Zeit zu lassen, die Speisen genugsam stehen ließ. Trotzdem war es nicht der Rede wert, was der Gast bis jetzt zu sich genommen; vielmehr begann der Hunger, der immerfort so gefährlich gereizt wurde, nun den Schrecken zu überwinden, und als die Pastete von Rebhühnern erschien, schlug die Stimmung des Schneiders gleichzeitig um und ein fester Gedanke begann sich in ihm zu bilden. „Es ist jetzt einmal, wie es ist," sagte er sich, von einem neuen Tröpflein Weines erwärmt und aufgestachelt; „nun wäre ich ein Tor, wenn ich die kommende Schande und Verfolgung ertragen wollte, ohne mich dafür satt gegessen zu haben! Also vorgesehen, weil es noch Zeit ist! Das Türmchen, was sie da aufgestellt haben, dürfte leichtlich die letzte Speise sein, daran will ich mich halten, komme, was da wolle! Was ich einmal im Leibe habe, kann mir kein König wieder rauben!"

Gesagt, getan; mit dem Mute der Verzweiflung hieb er in die leckere Pastete, ohne an ein Aufhören zu denken, so daß sie in weniger als fünf Minuten zur Hälfte geschwunden war und die Sache für die Abendherren sehr bedenklich zu werden begann. Fleisch, Trüffeln, Klößchen, Boden, Deckel, alles schlang er ohne Ansehen der Person hinunter, nur besorgt, sein Ränzchen vollzupacken, ehe das Verhängnis hereinbräche; dazu trank er den Wein in tüchtigen Zügen und steckte große Brotbissen in den Mund; kurz, es war eine so hastig-belebte Einfuhr, wie wenn bei aufsteigendem Gewitter das Heu von der nahen Wiese gleich auf der Gabel in die Scheune geflüchtet wird. Abermals lief der Wirt in die Küche und rief: „Köchin! Er ißt die Pastete auf, während er den Braten kaum berührt hat! Und den Bordeaux trinkt er in halben Gläsern!"

„Wohl bekomm' es ihm," sagte die Köchin, „lassen Sie ihn nur machen, der weiß, was Rebhühner sind! Wär' er ein gemeiner Kerl, so hätte er sich an den Braten gehalten!"

„Ich sag's auch," meinte der Wirt, „es sieht sich zwar nicht ganz elegant an; aber so hab' ich, als ich zu meiner Ausbildung reiste, nur Generäle und Kapitelsherren essen sehen!"

Unterdessen hatte der Kutscher die Pferde füttern lassen und selbst ein handfestes Essen eingenommen in der Stube für das untere Volk, und da er Eile hatte, ließ er bald wieder anspannen. Die Angehörigen des Gasthofes zur Wage konnten sich nun nicht länger enthalten und fragten, eh' es zu spät wurde, den herrschaftlichen Kutscher geradezu, wer sein Herr da oben sei und wie er heiße? Der Kutscher, ein schalkhafter und durchtriebener Kerl, versetzte: „Hat er es noch nicht selbst gesagt?"

„Nein," hieß es, und er erwiderte: „Das glaub' ich wohl, der spricht nicht viel in einem Tage; nun, es ist der Graf Strapinski! Er wird aber heut und vielleicht einige Tage hier bleiben, denn er hat mir befohlen, mit dem Wagen vorauszufahren."

Er machte diesen schlechten Spaß, um sich an dem Schneiderlein zu rächen, das, wie er glaubte, statt ihm für seine Gefälligkeit ein Wort des Dankes und des Abschiedes zu sagen, sich ohne Umsehen in das Haus begeben hatte und den Herren spielte. Seine Eulenspiegelei aufs äußerste treibend, bestieg er auch den Wagen, ohne nach der Zeche für sich und die Pferde zu fragen, schwang die Peitsche und fuhr aus der Stadt, und alles ward so in der Ordnung befunden und dem guten Schneider aufs Kerbholz gebracht.

Nun mußte es sich aber fügen, daß dieser, ein geborener Schlesier, wirklich Strapinski hieß, Wenzel Strapinski, mochte es nun ein Zufall sein, oder mochte der Schneider sein Wanderbuch im Wagen hervorgezogen, es dort vergessen und der Kutscher es zu sich genommen haben. Genug, als der Wirt freudestrahlend und händereibend vor ihn hintrat und fragte, ob der Herr Graf Strapinski zum Nachtisch ein Glas alten Tokaier oder ein Glas Champagner nehme, und ihm meldete, daß die Zimmer soeben zubereitet würden, da erblaßte der arme Strapinski, verwirrte sich von neuem und erwiderte gar nichts.

„Höchst interessant!" brummte der Wirt für sich, indem er abermals in den Keller eilte und aus besonderem Verschlage nicht nur ein Fläschchen Tokaier, sondern auch ein Krügelchen Bocksbeutel holte und eine Champagnerflasche schlechthin unter den Arm nahm. Bald sah Strapinski einen kleinen Wald von Gläsern vor sich, aus welchem der Champagnerkelch wie eine Pappel emporragte. Das glänzte, klingelte und duftete gar seltsam vor ihm, und was noch seltsamer war, der arme, aber zierliche Mann griff nicht ungeschickt in das Wäldchen hinein und goß, als er sah, daß der Wirt etwas Rotwein in seinen Champagner tat, einige Tropfen Tokaier in den seinigen. Inzwischen war der Stadtschreiber und der Notar gekommen, um den Kaffee zu trinken und das tägliche Spielchen um denselben zu machen; bald kam auch der ältere Sohn des Hauses Häberlein & Cie., der jüngere des Hauses Pütschli-Nievergelt, der Buchhalter einer großen Spinnerei, Herr Melcher Böhni; allein statt ihre Partie zu spielen, gingen sämtliche Herren in weitem Bogen hinter dem polnischen Grafen herum, die Hände in den hinteren Rocktaschen, mit den Augen blinzelnd und auf den Stockzähnen lächelnd. Denn es waren diejenigen Mitglieder guter Häuser, welche ihr Leben lang zu Hause blieben, deren Verwandte und Genossen aber in aller Welt saßen, weswegen sie selbst die Welt sattsam zu kennen glaubten.

Also das sollte ein polnischer Graf sein? Den Wagen hatten sie freilich von ihrem Comptoirstuhl aus gesehen; auch wußte man nicht, ob der Wirt den Grafen oder dieser jenen bewirte; doch hatte der Wirt bis jetzt noch keine dummen Streiche gemacht; er war vielmehr als ein ziemlich schlauer Kopf bekannt, und so wurden denn die Kreise, welche die neugierigen Herren um den Fremden zogen, immer kleiner, bis sie sich zuletzt vertraulich an den gleichen Tisch setzten und sich auf gewandte Weise zu dem Gelage aus dem Stegreif einluden, indem sie ohne weiteres um eine Flasche zu würfeln begannen.

Doch tranken sie nicht zuviel, da es noch früh war; dagegen galt es, einen Schluck trefflichen Kaffee zu nehmen und dem Polacken, wie sie den Schneider bereits heimlich nannten, mit gutem Rauchzeug aufzuwarten, damit er immer mehr röche, wo er eigentlich wäre.

„Darf ich dem Herrn Grafen eine ordentliche Zigarre anbieten? Ich habe sie von meinem Bruder auf Kuba direkt bekommen!“ sagte der eine.

„Die Herren Polen lieben auch eine gute Zigarette, hier ist echter Tabak aus Smyrna, mein Kompagnon hat ihn gesandt," rief der andere, indem er ein rotseidenes Beutelchen hinschob.

„Dieser aus Damaskus ist feiner, Herr Graf," rief der dritte, „unser dortiger Prokurist selbst hat ihn für mich besorgt!"

Der vierte streckte einen ungefügen Zigarrenbengel dar, indem er schrie: „Wenn Sie etwas ganz Ausgezeichnetes wollen, so versuchen Sie diese Pflanzerzigarre aus Virginien, selbstgezogen, selbstgemacht und durchaus nicht käuflich!"

Strapinski lächelte sauersüß, sagte nichts und war bald in feine Duftwolken gehüllt, welche von der hervorbrechenden Sonne lieblich versilbert wurden. Der Himmel entwölkte sich in weniger als einer Viertelstunde, der schönste Herbstnachmittag trat ein; es hieß, der Genuß der günstigen Stunde sei sich zu gönnen, da das Jahr vielleicht nicht viele solcher Tage mehr brächte; und es wurde beschlossen, auszufahren, den fröhlichen Amtsrat auf seinem Gute zu besuchen, der erst vor wenigen Tagen gekeltert hatte, und seinen neuen Wein, den roten Sauser, zu kosten. Pütschli-Nievergelt, Sohn, sandte nach seinem Jagdwagen, und bald schlugen seine jungen Eisenschimmel das Pflaster vor der Wage. Der Wirt selbst ließ ebenfalls anspannen, man lud den Grafen zuvorkommend ein, sich anzuschließen und die Gegend etwas kennenzulernen.

Der Wein hatte seinen Witz erwärmt; er überdachte schnell, daß er bei dieser Gelegenheit am besten sich unbemerkt entfernen und seine Wanderung fortsetzen könne; den Schaden sollten die törichten und zudringlichen Herren an sich selbst behalten. Er nahm daher die Einladung mit einigen höflichen Worten an und bestieg mit dem jungen Pütschli den Jagdwagen.

Nun war es eine weitere Fügung, daß der Schneider, nachdem er auf seinem Dorfe schon als junger Bursch dem Gutsherrn zuweilen Dienste geleistet, seine Militärzeit bei den Husaren abgedient hatte und demnach genugsam mit Pferden umzugehen verstand. Wie daher sein Gefährte höflich fragte, ob er vielleicht fahren möge, ergriff er sofort Zügel und Peitsche und fuhr in schulgerechter Haltung in raschem Trabe durch das Tor und auf der Landstraße dahin, so daß die Herren einander ansahen und flüsterten: „Es ist richtig, es ist jedenfalls ein Herr!"

In einer halben Stunde war das Gut des Amtsrates erreicht, Strapinski fuhr in einem prächtigen Halbbogen auf und ließ die feurigen Pferde aufs beste anprallen; man sprang von den Wagen, der Amtsrat kam herbei und führte die Gesellschaft ins Haus, und alsobald war auch der Tisch mit einem halben Dutzend Karaffen voll karneolfarbigen Sausers besetzt. Das heiße, gärende Getränk wurde vorerst geprüft, belobt und sodann fröhlich in Angriff genommen, während der Hausherr im Hause die Kunde herum trug, es sei ein vornehmer Graf da, ein Polacke, und eine feinere Bewirtung vorbereitete.

Mittlerweile teilte sich die Gesellschaft in zwei Partien, um das versäumte Spiel nachzuholen, da in diesem Lande keine Männer zusammen sein konnten, ohne zu spielen, wahrscheinlich aus angeborenem Tätigkeitstriebe. Strapinski, welcher die Teilnahme aus verschiedenen Gründen ablehnen mußte, wurde eingeladen, zuzusehen, denn das schien ihnen immerhin der Mühe wert, da sie so viel Klugheit und Geistesgegenwart bei den Karten zu entwickeln pflegten. Er mußte sich zwischen beide Partien setzen, und sie legten es nun darauf an, geistreich und gewandt zu spielen und den Gast zu gleicher Zeit zu unterhalten. So saß er denn wie ein kränkelnder Fürst, vor welchem die Hofleute ein angenehmes Schauspiel aufführen und den Lauf der Welt darstellen. Sie erklärten ihm die bedeutendsten Wendungen, Handstreiche und Ereignisse, und wenn die eine Partei für einen Augenblick ihre Aufmerksamkeit ausschließlich dem Spiele zuwenden mußte, so führte die andere dafür um so angelegentlicher die Unterhaltung mit dem Schneider. Der beste Gegenstand dünkte sie hierfür Pferde, Jagd und dergleichen; Strapinski wußte hier auch am besten Bescheid, denn er brauchte nur die Redensarten hervorzuholen, welche er einst in der Nähe von Offizieren und Gutsherren gehört und die ihm schon dazumal ausnehmend wohl gefallen hatten. Wenn er diese Redensarten auch nur sparsam, mit einer gewissen Bescheidenheit und stets mit einem schwermütigen Lächeln vorbrachte, so erreichte er damit nur eine größere Wirkung; wenn zwei oder drei von den Herren aufstanden und etwa zur Seite traten, so sagten sie: „Es ist ein vollkommener Junker!"

Nur Melcher Böhni, der Buchhalter, als ein geborener Zweifler, rieb sich vergnügt die Hände und sagte zu sich selbst: „Ich sehe es kommen, daß es wieder einen Goldacher Putsch gibt, ja, er ist gewissermaßen schon da! Es war aber auch Zeit, denn schon sind's zwei Jahre seit dem letzten! Der Mann dort hat mir so wunderlich zerstochene Finger, vielleicht von Praga oder Ostrolenka her! Nun, ich werde mich hüten, den Verlauf zu stören!"

Die beiden Partien waren nun zu Ende, auch das Sausergelüste der Herren gebüßt, und sie zogen nun vor, sich an den alten Weinen des Amtsrates ein wenig abzukühlen, die jetzt gebracht wurden; doch war die Abkühlung etwas leidenschaftlicher Natur, indem sofort, um nicht in schnöden Müßiggang zu verfallen, ein allgemeines Hasardspiel vorgeschlagen wurde. Man mischte die Karten, jeder warf einen Brabantertaler hin, und als die Reihe an Strapinski war, konnte er nicht wohl seinen Fingerhut auf den Tisch setzen. „Ich habe nicht ein solches Geldstück," sagte er errötend; aber schon hatte Melcher Böhni, der ihn beobachtet, für ihn eingesetzt, ohne daß jemand darauf achtgab, denn alle waren viel zu behaglich, als daß sie auf den Argwohn geraten wären, jemand in der Welt könne kein Geld haben. Im nächsten Augenblicke wurde dem Schneider, der gewonnen hatte, der ganze Einsatz zugeschoben; verwirrt ließ er das Geld liegen und Böhni besorgte für ihn das zweite Spiel, welches ein anderer gewann, sowie das dritte. Doch das vierte und fünfte gewann wiederum der Polacke, der allmählich aufwachte und sich in die Sache fand. Indem er sich still und ruhig verhielt, spielte er mit abwechselndem Glücke; einmal kam er bis auf einen Taler herunter, den er setzen mußte, gewann wieder, und zuletzt, als man das Spiel satt bekam, besaß er einige Louisdor, mehr als er jemals in seinem Leben besessen, welche er, als er sah, daß jedermann sein Geld einsteckte, ebenfalls zu sich nahm, nicht ohne Furcht, daß alles ein Traum sei. Böhni, welcher ihn fortwährend scharf betrachtete, war jetzt im klaren über ihn und dachte: den Teufel fährt der in einem vierspännigen Wagen!

Weil er aber zugleich bemerkte, daß der rätselhafte Fremde keine Gier nach dem Gelde gezeigt, sich überhaupt bescheiden und nüchtern verhalten hatte, so war er nicht übel gegen ihn gesinnt, sondern beschloß, die Sache durchaus gehen zu lassen.

Aber der Graf Strapinski, als man sich vor dem Abendessen im Freien erging, nahm jetzt seine Gedanken zusammen und hielt den rechten Zeitpunkt einer geräuschlosen Beurlaubung für gekommen. Er hatte ein artiges Reisegeld und nahm sich vor, dem Wirt zur Wage von der nächsten Stadt aus sein aufgedrungenes Mittagsmahl zu bezahlen. Also schlug er seinen Radmantel malerisch um, drückte die Pelzmütze tiefer in die Augen und schritt unter einer Reihe von hohen Akazien in der Abendsonne langsam auf und nieder, das schöne Gelände betrachtend, oder vielmehr den Weg erspähend, den er einschlagen wollte. Er nahm sich mit seiner bewölkten Stirne, seinem lieblichen, aber schwermütigen Mundbärtchen, seinen glänzenden schwarzen Locken, seinen dunkeln Augen, im Wehen seines faltigen Mantels vortrefflich aus; der Abendschein und das Säuseln der Bäume über ihm erhöhte den Eindruck, so daß die Gesellschaft ihn von ferne mit Aufmerksamkeit und Wohlwollen betrachtete. Allmählich ging er immer etwas weiter vom Hause hinweg, schritt durch ein Gebüsch, hinter welchem ein Feldweg vorüberging, und als er sich vor den Blicken der Gesellschaft gedeckt sah, wollte er eben mit festem Schritt ins Feld rücken, als um eine Ecke herum plötzlich der Amtsrat mit seiner Tochter Nettchen ihm entgegentrat. Nettchen war ein hübsches Fräulein, äußerst prächtig, etwas stutzerhaft gekleidet und mit Schmuck reichlich verziert.

„Wir suchen Sie, Herr Graf!" rief der Amtsrat, „damit ich Sie erstens hier meinem Kinde vorstelle und zweitens, um Sie zu bitten, daß Sie uns die Ehre erweisen möchten, einen Bissen Abendbrot mit uns zu nehmen; die anderen Herren sind bereits im Hause."

Der Wanderer nahm schnell seine Mütze vom Kopfe und machte ehrfurchtsvolle, ja furchtsame Verbeugungen, von Rot übergossen. Denn eine neue Wendung war eingetreten, ein Fräulein beschritt den Schauplatz der Ereignisse. Doch schadete ihm seine Blödigkeit und übergroße Ehrerbietung nicht bei der Dame; im Gegenteil, die Schüchternheit, Demut und Ehrerbietung eines so vornehmen und interessanten jungen Edelmanns erschien ihr wahrhaftig rührend, ja hinreißend. Da sieht man, fuhr es ihr durch den Sinn, je nobler, desto bescheidener und unverdorbener; merkt es euch, ihr Herren Wildfänge von

Goldach, die ihr vor den jungen Mädchen kaum mehr den Hut berührt!

Sie grüßte den Ritter daher auf das holdseligste, indem sie auch lieblich errötete, und sprach sogleich hastig und schnell und vieles mit ihm, wie es die Art behaglicher Kleinstädterinnen ist, die sich den Fremden zeigen wollen. Strapinski hingegen wandelte sich in kurzer Zeit um; während er bisher nichts getan hatte, um im geringsten in die Rolle einzugehen, die man ihm aufbürdete, begann er nun unwillkürlich, etwas gesuchter zu sprechen, und mischte allerhand polnische Brocken in die Rede, kurz, das Schneiderblütchen fing in der Nähe des Frauenzimmers an seine Sprünge zu machen und seinen Reiter davonzutragen.

Am Tisch erhielt er den Ehrenplatz neben der Tochter des Hauses; denn die Mutter war gestorben. Er wurde zwar bald wieder melancholisch, da er bedachte, nun müsse er mit den andern wieder in die Stadt zurückkehren oder gewaltsam in die Nacht hinaus entrinnen, und da er ferner überlegte, wie vergänglich das Glück sei, welches er jetzt genoß. Aber dennoch empfand er dies Glück und sagte sich zum voraus: „Ach, einmal wirst du doch in deinem Leben etwas vorgestellt und neben einem solchen höheren Wesen gesessen haben."

Es war in der Tat keine Kleinigkeit, eine Hand neben sich glänzen zu sehen, die von drei oder vier Armbändern klirrte, und bei einem flüchtigen Seitenblick jedesmal einen abenteuerlich reizend frisierten Kopf, ein holdes Erröten, einen vollen Augenaufschlag zu sehen. Denn er mochte tun oder lassen, was er wollte, alles wurde als ungewöhnlich und nobel ausgelegt und die Ungeschicklichkeit selbst als merkwürdige Unbefangenheit liebenswürdig befunden von der jungen Dame, welche sonst stundenlang über gesellschaftliche Verstöße zu plaudern wußte. Da man guter Dinge war, sangen ein paar Gäste Lieder, die in den Dreißigerjahren Mode waren. Der Graf wurde gebeten, ein polnisches Lied zu singen. Der Wein überwand seine Schüchternheit endlich, obschon nicht seine Sorgen; er hatte einst einige Wochen im Polnischen gearbeitet und wußte einige polnische Worte, sogar ein Volksliedchen auswendig, ohne ihres Inhaltes bewußt zu sein, gleich einem Papagei. Also sang er mit edlem Wesen, mehr zaghaft als laut, und mit einer Stimme, welche wie von einem geheimen Kummer leise zitterte, auf polnisch:

Hunderttausend Schweine pferchen
Von der Desna bis zur Weichsel,
Und Kathinka, dieses Saumensch,
Geht im Schmutz bis an die Knöchel!

Hunderttausend Ochsen brüllen
Auf Wolhyniens grünen Weiden,
Und Kathinka, ja Kathinka,
Glaubt, ich sei in sie verliebt!

„Bravo! Bravo!" riefen alle Herren, mit den Händen klatschend, und Nettchen sagte gerührt: „Ach, das Nationale ist immer so schön!" Glücklicherweise verlangte niemand die Übersetzung dieses Gesanges.

Mit dem Überschreiten solchen Höhepunktes der Unterhaltung brach die Gesellschaft auf; der Schneider wurde wieder eingepackt und sorgfältig nach Goldach zurückgebracht; vorher hatte er versprechen müssen, nicht ohne Abschied davonzureisen. Im Gasthof zur Wage wurde noch ein Glas Punsch genommen; jedoch Strapinski war erschöpft und verlangte nach dem Bette. Der Wirt selbst führte ihn auf seine Zimmer, deren Stattlichkeit er kaum mehr beachtete, obgleich er nur gewohnt war, in dürftigen Herbergskammern zu schlafen. Er stand ohne alle und jede Habseligkeit mitten auf einem schönen Teppich, als der Wirt plötzlich den Mangel an Gepäck entdeckte und sich vor die Stirne schlug. Dann lief er schnell hinaus, schellte, rief Kellner und Hausknechte herbei, wortwechselte mit ihnen, kam wieder und beteuerte: „Es ist richtig, Herr Graf, man hat vergessen, Ihr Gepäck abzuladen! Auch das Notwendigste fehlt!"

„Auch das kleine Paketchen, das im Wagen lag?" fragte Strapinski ängstlich, weil er an ein handgroßes Bündelein dachte, welches er auf dem Sitze hatte liegen lassen und das ein Schnupftuch, eine Haarbürste, einen Kamm, ein Büchschen Pomade und einen Stengel Bartwichse enthielt.

„Auch dieses fehlt, es ist gar nichts da," sagte der gute Wirt erschrocken, weil er darunter etwas sehr Wichtiges vermutete. „Man muß dem Kutscher sogleich einen Expressen nachschicken," rief er eifrig, „ich werde das besorgen!"

Doch der Herr Graf fiel ihm ebenso erschrocken in den Arm und sagte bewegt: „Lassen Sie, es darf nicht sein! Man muß meine Spur verlieren für einige Zeit," setzte er hinzu, selbst betreten über diese Erfindung.

Der Wirt ging erstaunt zu den Punsch trinkenden Gästen, erzählte ihnen den Fall und schloß mit dem Ausspruche, daß der Graf unzweifelhaft ein Opfer politischer oder der Familienverfolgung sein müsse; denn um ebendiese Zeit wurden viele Polen und andere Flüchtlinge wegen gewaltsamer Unternehmungen des Landes verwiesen; andere wurden von fremden Agenten beobachtet und umgarnt.

Strapinski aber tat einen guten Schlaf, und als er spät erwachte, sah er zunächst den prächtigen Sonntagsschlafrock des Wagwirtes über einen Stuhl gehängt, ferner ein Tischchen mit allem möglichen Toilettenwerkzeug bedeckt. Sodann harrten eine Anzahl Dienstboten, um Körbe und Koffer, angefüllt mit feiner Wäsche, mit Kleidern, mit

Zigarren, mit Büchern, mit Stiefeln, mit Schuhen, mit Sporen, mit Reitpeitschen, mit Pelzen, mit Mützen, mit Hüten, mit Socken, mit Strümpfen, mit Pfeifen, mit Flöten und Geigen, abzugeben von seiten der gestrigen Freunde, mit der angelegentlichen Bitte, sich dieser Bequemlichkeiten einstweilen bedienen zu wollen. Da sie die Vormittagsstunden unabänderlich in ihren Geschäften verbrachten, ließen sie ihre Besuche auf die Zeit nach Tisch ansagen.

Diese Leute waren nichts weniger als lächerlich oder einfältig, sondern umsichtige Geschäftsmänner, mehr schlau als vernagelt; allein da ihre wohlbesorgte Stadt klein war und es ihnen manchmal langweilig darin vorkam, waren sie stets begierig auf eine Abwechslung, ein Ereignis, einen Vorgang, dem sie sich ohne Rückhalt hingaben. Der vierspännige Wagen, das Aussteigen des Fremden, sein Mittagessen, die Aussage des Kutschers waren so einfache und natürliche Dinge, daß die Goldacher, welche keinem müßigen Argwohn nachzuhängen pflegten, ein Ereignis darauf aufbauten, wie auf einen Felsen.

Als Strapinski das Warenlager sah, das sich vor ihm ausbreitete, war seine erste Bewegung, daß er in seine Tasche griff, um zu erfahren, ob er träume oder wache. Wenn sein Fingerhut dort noch in seiner Einsamkeit weilte, so träumte er. Aber nein, der Fingerhut wohnte traulich zwischen dem gewonnenen Spielgelde und scheuerte sich freundschaftlich an den Talern; so ergab sich auch sein Gebieter wiederum in das Ding und stieg von seinen Zimmern herunter auf die Straße, um sich die Stadt zu besehen, in welcher es ihm so wohl erging. Unter der Küchentüre stand die Köchin, welche ihm einen tiefen Knix machte und ihm mit neuem Wohlgefallen nachsah; auf dem Flur und an der Haustüre standen andere Hausgeister, alle mit der Mütze in der Hand, und Strapinski schritt mit gutem Anstand und doch bescheiden heraus, seinen Mantel sittsam zusammennehmend. Das Schicksal machte ihn mit jeder Minute größer.

Mit ganz anderer Miene besah er sich die Stadt, als wenn er um Arbeit darin ausgegangen wäre. Dieselbe bestand größtenteils aus schönen, festgebauten Häusern, welche alle mit steinernen oder gemalten Sinnbildern geziert und mit einem Namen versehen waren. In diesen Benennungen war die Sitte der Jahrhunderte deutlich zu erkennen. Das Mittelalter spiegelte sich ab in den ältesten Häusern oder in den Neubauten, welche an deren Stelle getreten, aber den alten Namen behalten aus der Zeit der kriegerischen Schultheiße und der Märchen. Da hieß es: zum Schwert, zum Eisenhut, zum Harnisch, zur Armbrust, zum blauen Schild, zum Schweizerdegen, zum Ritter, zum Büchsenstein, zum Türken, zum Meerwunder, zum goldenen Drachen, zur Linde, zum Pilgerstab, zur Wasserfrau, zum Paradiesvogel, zum Granatbaum, zum Kämbel, zum Einhorn udgl. Die Zeit der Aufklärung und der Philanthropie war deutlich zu lesen in den moralischen Begriffen, welche in schönen Goldbuchstaben über den Haustüren erglänzten, wie: zur Eintracht, zur Redlichkeit, zur alten Unabhängigkeit, zur neuen Unabhängigkeit, zur Bürgertugend a, zur Bürgertugend b, zum Vertrauen, zur Liebe, zur Hoffnung, zum Wiedersehen 1 und 2, zum Frohsinn, zur inneren Rechtlichkeit, zur äußeren Rechtlichkeit, zum Landeswohl (ein reinliches Häuschen, in welchem hinter einem Kanarienkäfig, ganz mit Kresse behängt, eine freundliche alte Frau saß mit einer weißen Zipfelhaube und Garn haspelte), zur Verfassung (unten hauste ein Böttcher, welcher eifrig und mit großem Geräusch kleine Eimer und Fäßchen mit Reifen einfaßte und unablässig klopfte); ein Haus hieß schauerlich: zum Tod! Ein verwaschenes Gerippe erstreckte sich von unten bis oben zwischen den Fenstern; hier wohnte der Friedensrichter. Im Hause zur

Geduld wohnte der Schuldenschreiber, ein ausgehungertes Jammerbild, da in dieser Stadt keiner dem andern etwas schuldig blieb.

Endlich verkündete sich an den neuesten Häusern die Poesie der Fabrikanten, Bankiers und Spediteure und ihrer Nachahmer in den wohlklingenden Namen: Rosental, Morgental, Sonnenberg, Veilchenburg, Jugendgarten, Freudenberg, Henriettental, zur Camelia, Wilhelminenburg und so weiter. Die an Frauennamen gehängten Täler und Burgen bedeuteten für den Kundigen immer ein schönes Weibergut.

An jeder Straßenecke stand ein alter Turm mit reichem Uhrwerk, buntem Dach und zierlich vergoldeter Windfahne. Diese Türme waren sorgfältig erhalten; denn die Goldacher erfreuten sich der Vergangenheit und der Gegenwart und taten auch recht daran. Die ganze Herrlichkeit war aber von der alten Ringmauer eingefaßt, welche, obwohl nichts mehr nütze, dennoch zum Schmucke beibehalten wurde, da sie ganz mit dichtem, altem Efeu überwachsen war und so die kleine Stadt mit einem immergrünen Kranze umschloß.

Alles dieses machte einen wunderbaren Eindruck auf Strapinski; er glaubte sich in einer anderen Welt zu befinden. Denn als er die Aufschriften der Häuser las, dergleichen er noch nicht gesehen, war er der Meinung, sie bezögen sich auf die besonderen Geheimnisse und Lebensweisen jedes Hauses und es sehe hinter jeder Haustüre wirklich so aus, wie die Überschrift angab, so daß er in eine Art moralisches Utopien hineingeraten wäre. So war er geneigt zu glauben, die wunderliche Aufnahme, welche er gefunden, hänge hiermit im Zusammenhang, so daß zum Beispiel das Sinnbild der Wage, in welcher er wohnte, bedeute, daß dort das ungleiche Schicksal abgewogen und ausgeglichen und zuweilen ein reisender Schneider zum Grafen gemacht würde.

Er geriet auf seiner Wanderung auch vor das Tor, und wie er nun so über das freie Feld hinblickte, meldete sich zum letzten Male der pflichtgemäße Gedanke, seinen Weg unverweilt fortzusetzen. Die Sonne schien, die Straße war schön, fest, nicht zu trocken und auch nicht naß, zum Wandern wie gemacht. Reisegeld hatte er nun auch, so daß er angenehm einkehren konnte, wo er Lust dazu verspürte, und kein Hindernis war zu erspähen.

Da stand er nun, gleich dem Jüngling am Scheidewege, auf einer wirklichen Kreuzstraße; aus dem Lindenkranze, welcher die Stadt umgab, stiegen gastliche Rauchsäulen, die goldenen Turmknöpfe funkelten lockend aus den Baumwipfeln; Glück, Genuß und Verschuldung, ein geheimnisvolles Schicksal winkten dort; von der Feldseite her aber glänzte die freie Ferne; Arbeit, Entbehrung, Armut, Dunkelheit harrten dort, aber auch ein gutes Gewissen und ein ruhiger Wandel; dieses fühlend, wollte er denn auch entschlossen ins Feld abschwenken. Im gleichen Augenblicke rollte ein rasches Fuhrwerk heran; es war das Fräulein von gestern, welches mit wehendem blauem Schleier ganz allein in einem schmucken leichten Fuhrwerke saß, ein schönes Pferd regierte und nach der Stadt fuhr. Sobald Strapinski nur an seine Mütze griff und dieselbe demütig vor seine Brust nahm in seiner Überraschung, verbeugte sich das Mädchen rasch errötend gegen ihn, aber überaus freundlich, und fuhr in großer Bewegung, das Pferd zum Galopp antreibend, davon.

Strapinski aber machte unwillkürlich ganze Wendung und kehrte getrost nach der Stadt zurück. Noch an demselben Tage galoppierte er auf dem besten Pferde der Stadt, an der Spitze einer ganzen Reitergesellschaft, durch die Allee, welche um die grüne Ringmauer führte, und die fallenden Blätter der Linden tanzten wie ein goldener Regen um sein verklärtes Haupt.

Nun war der Geist in ihn gefahren. Mit jedem Tage wandelte er sich, gleich einem Regenbogen, der zusehends bunter wird an der vorbrechenden Sonne. Er lernte in Stunden, in Augenblicken, was andere nicht in Jahren, da es in ihm gesteckt hatte, wie das Farbenwesen im Regentropfen. Er beachtete wohl die Sitten seiner Gastfreunde und bildete sie während des Beobachtens zu einem Neuen und Fremdartigen um; besonders suchte er abzulauschen, was sie sich eigentlich unter ihm dächten und was für ein Bild sie sich von ihm gemacht. Dies Bild arbeitete er weiter aus nach seinem eigenen Geschmacke, zur vergnüglichen Unterhaltung der einen, welche gern etwas Neues sehen wollten, und zur Bewunderung der anderen, besonders der Frauen, welche nach erbaulicher Anregung dürsteten. So ward er rasch zum Helden eines artigen Romanes, an welchem er gemeinsam mit der Stadt und liebevoll arbeitete, dessen Hauptbestandteil aber immer noch das Geheimnis war.

Bei alledem verlebte Strapinski, was er in seiner Dunkelheit früher nie gekannt, eine schlaflose Nacht um die andere, und es ist mit Tadel hervorzuheben, daß es ebensoviel die Furcht vor der Schande, als armer Schneider entdeckt zu werden und dazustehen, als das ehrliche Gewissen war, was ihm den Schlaf raubte. Sein angeborenes Bedürfnis, etwas Zierliches und Außergewöhnliches vorzustellen, wenn auch nur in der Wahl der Kleider, hatte ihn in diesen Konflikt geführt und brachte jetzt auch jene Furcht hervor, und sein Gewissen war nur insoweit mächtig, daß er beständig den Vorsatz nährte, bei guter Gelegenheit einen Grund zur Abreise zu finden und dann durch Lotteriespiel und dergleichen die Mittel zu gewinnen, aus geheimnisvoller Ferne zu vergüten, um was er die gastfreundlichen Goldacher gebracht hatte. Er ließ sich auch schon aus allen Städten, wo es Lotterien oder Agenten derselben gab, Lose kommen mit mehr oder weniger bescheidenem Einsatze, und die daraus entstehende Korrespondenz, der Empfang der Briefe wurden wiederum als ein Zeichen wichtiger Beziehungen und Verhältnisse vermerkt.

Schon hatte er mehr als einmal ein paar Gulden gewonnen und dieselben sofort wieder zum Erwerb neuer Lose verwendet, als er eines Tages von einem fremden Kollekteur, der sich aber Bankier nannte, eine namhafte Summe empfing, welche hinreichte, jenen Rettungsgedanken auszuführen. Er war bereits nicht mehr erstaunt über sein Glück, das sich von selbst zu verstehen schien, fühlte sich aber doch erleichtert und besonders dem guten Wagwirt gegenüber beruhigt, welchen er seines guten Essens wegen sehr wohl leiden mochte. Anstatt aber kurz abzubinden, seine Schulden gradaus zu bezahlen und abzureisen, gedachte er, wie er sich vorgenommen, eine kurze Geschäftsreise vorzugeben, dann aber von irgendeiner großen Stadt aus zu melden, daß das unerbittliche Schicksal ihm verbiete, je wiederzukehren; dabei wolle er seinen Verbindlichkeiten nachkommen, ein gutes Andenken hinterlassen und seinem Schneiderberufe sich aufs neue und mit mehr Umsicht und Glück widmen, oder auch sonst einen anständigen Lebensweg erspähen. Am liebsten wäre er freilich auch als Schneidermeister in Goldach geblieben und hätte jetzt die Mittel gehabt, sich da ein bescheidenes Auskommen zu begründen; allein es war klar, daß er hier nur als Graf leben konnte.

Wegen des sichtlichen Vorzuges und Wohlgefallens, dessen er sich bei jeder Gelegenheit von seiten des schönen Nettchens zu erfreuen hatte, waren schon manche Redensarten im Umlauf, und er hatte sogar bemerkt, daß das Fräulein hin und wieder die Gräfin genannt wurde. Wie konnte er diesem Wesen nun eine solche Entwicklung bereiten? Wie konnte er das Schicksal, das ihn gewaltsam so erhöht hatte, so frevelhaft Lügen strafen und sich selbst beschämen?

Er hatte von seinem Lotteriemann, genannt Bankier, einen Wechsel bekommen, welchen er bei einem Goldacher Haus einkassierte; diese Verrichtung bestärkte abermals die günstigen Meinungen über seine Person und Verhältnisse, da die soliden Handelsleute nicht im entferntesten an einen Lotterieverkehr dachten. An demselben Tage nun begab sich Strapinski auf einen stattlichen Ball, zu dem er geladen war. In tiefes, einfaches Schwarz gekleidet erschien er und verkündete sogleich den ihn Begrüßenden, daß er genötigt sei, zu verreisen.

In zehn Minuten war die Nachricht der ganzen Versammlung bekannt, und Nettchen, deren Anblick Strapinski suchte, schien, wie erstarrt, seinen Blicken auszuweichen, bald rot, bald blaß werdend. Dann tanzte sie mehrmals hintereinander mit jungen Herren, setzte sich zerstreut und schnell atmend und schlug eine Einladung des Polen, der endlich herangetreten war, mit einer kurzen Verbeugung aus, ohne ihn anzusehen.

Seltsam aufgeregt und bekümmert ging er hinweg, nahm seinen famosen Mantel um und schritt mit wehenden Locken in einem Gartenwege auf und nieder. Es wurde ihm nun klar, daß er eigentlich nur dieses Wesens halber so lange dageblieben sei, daß die unbestimmte Hoffnung, doch wieder in ihre Nähe zu kommen, ihn unbewußt belebte, daß aber der ganze Handel eben eine Unmöglichkeit darstelle von der verzweifeltsten Art.

Wie er so dahinschritt, hörte er rasche Tritte hinter sich, leichte, doch unruhig bewegte. Nettchen ging an ihm vorüber und schien, nach einigen ausgerufenen Worten zu urteilen, nach ihrem Wagen zu suchen, obgleich derselbe auf der andern Seite des Hauses stand und hier nur Winterkohlköpfe und eingewickelte Rosenbäumchen den Schlaf der

Gerechten verträumten. Dann kam sie wieder zurück, und da er jetzt mit klopfendem Herzen ihr im Wege stand und bittend die Hände nach ihr ausstreckte, fiel sie ihm ohne weiteres um den Hals und fing jämmerlich an zu weinen. Er bedeckte ihre glühenden Wangen mit seinen feinduftenden dunklen Locken, und sein Mantel umschlug die schlanke, stolze, schneeweiße Gestalt des Mädchens wie mit schwarzen Adlerflügeln; es war ein wahrhaft schönes Bild, das seine Berechtigung ganz allein in sich selbst zu tragen schien.

Strapinski aber verlor in diesem Abenteuer seinen Verstand und gewann das Glück, das öfter den Unverständigen hold ist. Nettchen eröffnete ihrem Vater noch in selbiger Nacht beim Nachhausefahren, daß kein anderer als der Graf der Ihrige sein werde; dieser erschien am Morgen in aller Frühe, um bei dem Vater liebenswürdig, schüchtern und melancholisch wie immer, um sie zu werben, und der Vater hielt folgende Rede: „So hat sich denn das Schicksal und der Wille dieses törichten Mädchens erfüllt! Schon als Schulkind behauptete sie fortwährend, nur einen Italiener oder einen Polen, einen großen Pianisten oder einen Räuberhauptmann mit schönen Locken heiraten zu wollen, und nun haben wir die Bescherung! Alle inländischen wohlmeinenden Anträge hat sie ausgeschlagen, noch neulich mußte ich den gescheiten und tüchtigen Melchior Böhni heimschicken, der noch große Geschäfte machen wird, und sie hat ihn noch schrecklich verhöhnt, weil er nur ein rötliches Backenbärtchen trägt und aus einem silbernen Döschen schnupft! Nun, Gott sei Dank, ist ein polnischer Graf da aus wildester Ferne! Nehmen Sie die Gans, Herr Graf, und schicken Sie mir dieselbe wieder, wenn sie in Ihrer Polackei friert und einst unglücklich wird und heult! Ach, was würde die selige Mutter für ein Entzücken genießen, wenn sie noch erlebt hätte, daß das verzogene Kind eine Gräfin geworden ist!"

Nun gab es große Bewegung; in wenig Tagen sollte rasch die Verlobung gefeiert werden, denn der Amtsrat behauptete, daß der künftige Schwiegersohn sich in seinen Geschäften und vorhabenden Reisen nicht durch Heiratssachen dürfe aufhalten lassen, sondern diese durch die Beförderung jener beschleunigen müsse.

Strapinski brachte zur Verlobung Brautgeschenke, welche ihn die Hälfte seines zeitlichen Vermögens kosteten; die andere Hälfte verwandte er zu einem Feste, das er seiner Braut geben wollte. Es war eben Fastnachtszeit und bei hellem Himmel ein verspätetes glänzendes Winterwetter. Die Landstraßen boten die prächtigste Schlittenbahn, wie sie nur selten entsteht und sich hält, und Herr von Strapinski veranstaltete darum eine Schlittenfahrt und einen Ball in dem für solche Feste beliebten stattlichen Gasthause, welches auf einer Hochebene mit der schönsten Aussicht gelegen war, etwa zwei gute Stunden entfernt und genau in der Mitte zwischen Goldach und Seldwyla.

Um diese Zeit geschah es, daß Herr Melchior Böhni in der letzteren Stadt Geschäfte zu besorgen hatte und daher einige Tage vor dem Winterfest in einem leichten Schlitten dahin fuhr, seine beste Zigarre rauchend; und es geschah ferner, daß die Seldwyler auf den gleichen Tag wie die Goldacher auch eine Schlittenfahrt verabredeten, nach dem gleichen Orte, und zwar eine kostümierte oder Maskenfahrt.

So fuhr denn der Goldacher Schlittenzug gegen die Mittagsstunde unter Schellenklang, Posthorntönen und Peitschenknall durch die Straßen der Stadt, daß die Sinnbilder der alten Häuser erstaunt herniedersahen, und zum Tore hinaus. Im ersten Schlitten saß Strapinski mit seiner Braut, in einem polnischen Überrock von grünem Sammet, mit Schnüren besetzt und schwer mit Pelz verbrämt und gefüttert. Nettchen war ganz in weißes Pelzwerk gehüllt;

blaue Schleier schützten ihr Gesicht gegen die frische Luft und gegen den Schneeglanz. Der Amtsrat war durch irgendein plötzliches Ereignis verhindert worden, mitzufahren; doch war es sein Gespann und sein Schlitten, in welchem sie fuhren, ein vergoldetes Frauenbild als Schlittenzierat vor sich, die Fortuna vorstellend; denn die Stadtwohnung des Amtsrates hieß zur Fortuna.

Ihnen folgten fünfzehn bis sechzehn Gefährte mit je einem Herrn und einer Dame, alle geputzt und lebensfroh, aber keines der Paare so schön und stattlich wie das Brautpaar. Die Schlitten trugen, wie die Meerschiffe ihre Galions, immer das Sinnbild des Hauses, dem jeder angehörte, so daß das Volk rief: „Seht, da kommt die Tapferkeit! wie schön ist die Tüchtigkeit! Die Verbesserlichkeit scheint neu lackiert zu sein und die Sparsamkeit frisch vergoldet! Ah, der Jakobsbrunnen und der Teich Bethesda!“ Im Teiche Bethesda, welcher als bescheidener Einspänner den Zug schloß, kutschierte Melchior Böhni still und vergnügt. Als Galion seines Fahrzeuges hatte er das Bild jenes jüdischen Männchens vor sich, welcher an besagtem Teiche dreißig Jahre auf sein Heil gewartet. So segelte denn das Geschwader im Sonnenscheine dahin und erschien bald auf der weithin schimmernden Höhe, dem Ziele sich nahend. Da ertönte gleichzeitig von der entgegengesetzten Seite lustige Musik.

Aus einem duftig bereiften Walde heraus brach ein Wirrwarr von bunten Farben und Gestalten und entwickelte sich zu einem Schlittenzug, welcher hoch am weißen Feldrande sich auf den blauen Himmel zeichnete und ebenfalls nach der Mitte der Gegend hinglitt, von abenteuerlichem Anblick. Es schienen meistens große bäuerliche Lastschlitten zu sein, je zwei zusammengebunden, um absonderlichen Gebilden und Schaustellungen zur Unterlage zu dienen. Auf dem vordersten Fuhrwerke ragte eine kolossale

Figur empor, die Göttin Fortuna vorstellend, welche in den Äther hinaus zu fliegen schien. Es war eine riesenhafte Strohpuppe voll schimmernden Flittergoldes, deren Gazegewänder in der Luft flatterten. Auf dem zweiten Gefährte aber fuhr ein ebenso riesenmäßiger Ziegenbock einher, schwarz und düster abstechend und mit gesenkten Hörnern der Fortuna nachjagend. Hierauf folgte ein seltsames Gerüste, welches sich als ein fünfzehn Schuh hohes Bügeleisen darstellte, dann eine gewaltig schnappende Schere, welche mittels einer Schnur auf- und zugeklappt wurde und das Himmelszelt für einen blauseidenen Westenstoff anzusehen schien. Andere solche landläufige Anspielungen auf das Schneiderwesen folgten noch, und zu Füßen aller dieser Gebilde saß auf den geräumigen, je von vier Pferden gezogenen Schlitten die Seldwyler Gesellschaft in buntester Tracht, mit lautem Gelächter und Gesang.

Als beide Züge gleichzeitig auf dem Platze vor dem Gasthause auffuhren, gab es demnach einen geräuschvollen Auftritt und ein großes Gedränge von Menschen und Pferden. Die Herrschaften von Goldach waren überrascht und erstaunt über die abenteuerliche Begegnung; die Seldwyler dagegen stellten sich vorerst gemütlich und freundschaftlich bescheiden. Ihr vorderster Schlitten mit der Fortuna trug die Inschrift „Leute machen Kleider“ und so ergab es sich denn, daß die ganze Gesellschaft lauter Schneidersleute von allen Nationen und aus allen Zeitaltern darstellte. Es war gewissermaßen ein historisch-ethnographischer Schneiderfestzug, welcher mit der umgekehrten und ergänzenden Inschrift abschloß: „Kleider machen Leute!“ In dem letzten Schlitten mit dieser Überschrift saßen nämlich, als das Werk der vorausgefahrenen heidnischen und christlichen Nahtbeflissenen aller Art, ehrwürdige Kaiser und Könige, Ratsherren und Stabsoffiziere, Prälaten und Stiftsdamen in höchster Gravität.

Diese Schneiderwelt wußte sich gewandt aus dem Wirrwarr zu ordnen und ließ die Goldacher Herren und Damen, das Brautpaar an deren Spitze, bescheiden ins Haus spazieren, um nachher die unteren Räume desselben, welche für sie bestellt waren, zu besetzen, während jene die breite Treppe empor nach dem großen Festsaale rauschten. Die Gesellschaft des Herrn Grafen fand dies Benehmen schicklich, und ihre Überraschung verwandelte sich in Heiterkeit und beifälliges Lächeln über die unverwüstliche Laune der Seldwyler; nur der Graf selbst hegte gar dunkle Empfindungen, die ihm nicht behagten, obgleich er in der jetzigen Voreingenommenheit seiner Seele keinen bestimmten Argwohn verspürte und nicht einmal bemerkt hatte, woher die Leute gekommen waren. Melchior Böhni, der seinen Teich Bethesda sorglich beiseite gebracht hatte und sich aufmerksam in der Nähe Strapinskis befand, nannte laut, daß dieser es hören konnte, eine ganz andere Ortschaft als den Ursprungsort des Maskenzuges.

Bald saßen beide Gesellschaften, jegliche auf ihrem Stockwerke, an den gedeckten Tafeln und gaben sich fröhlichen Gesprächen und Scherzreden hin, in Erwartung weiterer Freuden.

Die kündigten sich denn auch für die Goldacher an, als sie paarweise in den Tanzsaal hinüberschritten und dort die Musiker schon ihre Geigen stimmten. Wie nun aber alles im Kreise stand und sich zum Reihen ordnen wollte, erschien eine Gesandtschaft der Seldwyler, welche das freundnachbarliche Gesuch und Anerbieten vortrug, den Herren und Frauen von Goldach einen Besuch abstatten zu dürfen und ihnen zum Ergötzen einen Schautanz aufzuführen. Dieses Anerbieten konnte nicht wohl zurückgewiesen werden; auch versprach man sich von den lustigen Seldwylern einen tüchtigen Spaß und setzte sich daher nach der Anordnung der besagten Gesandtschaft in einem großen Halbring, in dessen Mitte Strapinski und Nettchen glänzten gleich fürstlichen Sternen.

Nun traten allmählich jene besagten Schneidergruppen nacheinander ein. Jede führte in zierlichem Gebärdenspiel den Satz „Leute machen Kleider" und dessen Umkehrung durch, indem sie erst mit Emsigkeit irgendein stattliches Kleidungsstück, einen Fürstenmantel, Priestertalar udgl. anzufertigen schien und sodann eine dürftige Person damit bekleidete, welche urplötzlich umgewandelt sich in höchstem Ansehen aufrichtete und nach dem Takte der Musik feierlich einherging. Auch die Tierfabel wurde in diesem Sinne in Szene gesetzt, da eine gewaltige Krähe erschien, die sich mit Pfauenfedern schmückte und quakend umherhüpfte; ein Wolf, der sich einen Schafspelz zurechtschneiderte, schließlich ein Esel, der eine furchtbare Löwenhaut von Werg trug und sich heroisch damit drapierte, wie mit einem Karbonarimantel.

Alle, die so erschienen, traten nach vollbrachter Darstellung zurück und machten allmählich so den Halbkreis der Goldacher zu einem weiten Ring von Zuschauern, dessen innerer Raum endlich leer ward. In diesem Augenblicke ging die Musik in eine wehmütig-ernste Weise über und zugleich beschritt eine letzte Erscheinung den Kreis, dessen Augen sämtlich auf sie gerichtet waren. Es war ein schlanker junger Mann in dunklem Mantel, dunkeln schönen Haaren und mit einer polnischen Mütze; es war niemand anders als der Graf Strapinski, wie er an jenem Novembertag auf der Straße gewandert und den verhängnisvollen Wagen bestiegen hatte.

Die ganze Versammlung blickte lautlos gespannt auf die Gestalt, welche feierlich-schwermütig einige Gänge nach dem Takte der Musik umher trat, dann in die Mitte des Ringes sich begab, den Mantel auf den Boden breitete, sich schneidermäßig darauf niedersetzte und anfing ein

Bündel auszupacken. Er zog einen beinahe fertigen Grafenrock hervor, ganz wie ihn Strapinski in diesem Augenblicke trug, nähete mit großer Hast und Geschicklichkeit Troddeln und Schnüre darauf und bügelte ihn schulgerecht aus, indem er das scheinbar heiße Bügeleisen mit nassen Fingern prüfte. Dann richtete er sich langsam auf, zog seinen fadenscheinigen Rock aus und das Prachtkleid an, nahm ein Spiegelchen, kämmte sich und vollendete seinen Anzug, daß er endlich als das leibhafte Ebenbild des Grafen dastand. Unversehens ging die Musik in eine rasche, mutige Weise über, der Mann wickelte seine Siebensachen in den alten Mantel und warf das Pack weit über die Köpfe der Anwesenden hinweg in die Tiefe des Saales, als wollte er sich ewig von seiner Vergangenheit trennen. Hierauf beging er als stolzer Weltmann in stattlichen Tanzschritten den Kreis, hier und da sich vor den Anwesenden huldreich verbeugend, bis er vor das Brautpaar gelangte. Plötzlich faßte er den Polen, ungeheuer überrascht, fest ins Auge, stand als eine Säule vor ihm still, während gleichzeitig wie auf Verabredung die Musik aufhörte und eine fürchterliche Stille wie ein stummer Blitz einfiel.

„Ei ei ei ei!“ rief er mit weithin vernehmlicher Stimme und reckte den Arm gegen den Unglücklichen aus, „sieh da den Bruder Schlesier, den Wasserpolacken! Der mir aus der Arbeit gelaufen ist, weil er wegen einer kleinen Geschäftsschwankung glaubte, es sei zu Ende mit mir. Nun, es freut mich, daß es Ihnen so lustig geht und Sie hier so fröhliche Fastnacht halten! Stehen Sie in Arbeit zu Goldach?“

Zugleich gab er dem bleich und lächelnd dasitzenden Grafensohn die Hand, welche dieser willenlos ergriff wie eine feurige Eisenstange, während der Doppelgänger rief: „Kommt, Freunde, seht hier unsern sanften Schneidergesellen, der wie ein Raphael aussieht und unsern Dienstmägden, auch der Pfarrerstochter so wohl gefiel, die freilich ein bißchen übergeschnappt ist!"

Nun kamen die Seldwyler Leute alle herbei und drängten sich um Strapinski und seinen ehemaligen Meister, indem sie ersterem treuherzig die Hand schüttelten, daß er auf seinem Stuhle schwankte und zitterte. Gleichzeitig setzte die Musik wieder ein mit einem lebhaften Marsch; die Seldwyler, sowie sie an dem Brautpaar vorüber waren, ordneten sich zum Abzuge und marschierten unter Absingung eines wohleinstudierten diabolischen Lachchores aus dem Saale, während die Goldacher, unter welchen Böhni die Erklärung des Mirakels blitzschnell zu verbreiten gewußt hatte, durcheinander liefen und sich mit den Seldwylern kreuzten, so daß es einen großen Tumult gab.

Als dieser sich endlich legte, war auch der Saal beinahe leer; wenige Leute standen an den Wänden und flüsterten verlegen untereinander; ein paar junge Damen hielten sich in einiger Entfernung von Nettchen, unschlüssig, ob sie sich derselben nähern sollten oder nicht.

Das Paar aber saß unbeweglich auf seinen Stühlen gleich einem steinernen ägyptischen Königspaar, ganz still und einsam; man glaubte den unabsehbaren glühenden Wüstensand zu fühlen.

Nettchen, weiß wie ein Marmor, wendete das Gesicht langsam nach ihrem Bräutigam und sah ihn seltsam von der Seite an.

Da stand er langsam auf und ging mit schweren Schritten hinweg, die Augen auf den Boden gerichtet, während große Tränen aus denselben fielen.

Er ging durch die Goldacher und Seldwyler, welche die Treppen bedeckten, hindurch wie ein Toter, der sich gespenstisch von einem Jahrmarkt stiehlt, und sie ließen ihn seltsamerweise auch wie einen solchen passieren, indem sie ihm still auswichen ohne zu lachen oder harte Worte nachzurufen. Er ging auch zwischen den zur Abfahrt gerüsteten Schlitten und Pferden von Goldach hindurch, indessen die Seldwyler sich in ihrem Quartiere erst noch recht belustigten, und er wandelte halb unbewußt, nur in der Meinung, nicht mehr nach Goldach zurückzukommen, dieselbe Straße gegen Seldwyla hin, auf welcher er vor einigen Monaten hergewandert war. Bald verschwand er in der Dunkelheit des Waldes, durch welchen sich die Straße zog. Er war barhäuptig, denn seine Polenmütze war im Fenstergesimse des Tanzsaales liegen geblieben nebst den Handschuhen, und so schritt er denn gesenkten Hauptes und die frierenden Hände unter die gekreuzten Arme bergend vorwärts, während seine Gedanken sich allmählich sammelten und zu einigem Erkennen gelangten. Das erste deutliche Gefühl, dessen er inne wurde, war dasjenige einer ungeheuren Schande, gleich wie wenn er ein wirklicher Mann von Rang und Ansehen gewesen und nun infam geworden wäre durch Hereinbrechen irgendeines verhängnisvollen Unglückes. Dann löste sich dieses Gefühl aber auf in eine Art Bewußtsein erlittenen Unrechtes; er hatte sich bis zu seinem glorreichen Einzug in die verwünschte Stadt nie ein Vergehen zuschulden kommen lassen; soweit seine Gedanken in die Kindheit zurückreichten, war ihm nicht erinnerlich, daß er je wegen einer Lüge oder einer Täuschung gestraft oder gescholten worden wäre, und nun war er ein Betrüger geworden dadurch, daß die Torheit der Welt ihn in einem unbewachten und sozusagen wehrlosen Augenblicke überfallen und ihn zu ihrem Spielgesellen gemacht hatte. Er kam sich wie ein Kind vor, welches ein anderes boshaftes Kind überredet hat, von einem Altare den Kelch zu stehlen; er haßte und verachtete sich jetzt, aber er weinte auch über sich und seine unglückliche Verirrung.

Wenn ein Fürst Land und Leute nimmt, wenn ein Priester die Lehre seiner Kirche ohne Überzeugung verkündet, aber die Güter seiner Pfründe mit Würde verzehrt; wenn ein dünkelvoller Lehrer die Ehren und Vorteile eines hohen Lehramtes inne hat und genießt, ohne von der Höhe seiner Wissenschaft den mindesten Begriff zu haben und derselben auch nur den kleinsten Vorschub zu leisten; wenn ein Künstler ohne Tugend, mit leichtfertigem Tun und leerer Gaukelei sich in Mode bringt und Brot und Ruhm der wahren Arbeit vorwegstiehlt; oder wenn ein Schwindler, der einen großen Kaufmannsnamen geerbt oder erschlichen hat, durch seine Torheiten und Gewissenlosigkeiten Tausende um ihre Ersparnisse und Notpfennige bringt, so weinen alle diese nicht über sich, sondern erfreuen sich ihres Wohlseins und bleiben nicht einen Abend ohne aufheiternde Gesellschaft und gute Freunde.

Unser Schneider aber weinte bitterlich über sich, d. h. er fing solches plötzlich an, als nun seine Gedanken an der schweren Kette, an der sie hingen, unversehens zu der verlassenen Braut zurückkehrten und sich aus Scham vor der Unsichtbaren zur Erde krümmten. Das Unglück und die Erniedrigung zeigten ihm mit *einem* hellen Strahle das verlorene Glück und machten aus dem unklar verliebten Irrgänger einen verstoßenen Liebenden. Er streckte die Arme gegen die kalt glänzenden Sterne empor und taumelte mehr als er ging, auf seiner Straße dahin, stand wieder still und schüttelte den Kopf, als plötzlich ein roter Schein den Schnee um ihn her erreichte und zugleich Schellenklang und Gelächter ertönte. Es waren die Seldwyler, welche mit Fackeln nach Hause fuhren. Schon näherten sich ihm die ersten Pferde mit ihren Nasen; da raffte er sich auf, tat einen gewaltigen Sprung über den Straßenrand und duckte sich unter die vordersten Stämme des Waldes. Der tolle Zug fuhr vorbei und verhallte endlich in der dunklen Ferne, ohne daß der Flüchtling bemerkt worden war; dieser aber, nachdem er eine gute Weile reglos gelauscht hatte, von der Kälte wie von den erst genossenen feurigen Getränken und seiner gramvollen Dummheit übermannt, streckte unvermerkt seine Glieder aus und schlief ein auf dem knisternden Schnee, während ein eiskalter Hauch von Osten heranzuwehen begann.

Inzwischen erhob auch Nettchen sich von ihrem einsamen Sitze. Sie hatte dem abziehenden Geliebten gewissermaßen aufmerksam nachgeschaut, saß länger als eine Stunde unbeweglich da und stand dann auf, indem sie bitterlich zu weinen begann und ratlos nach der Türe ging. Zwei Freundinnen gesellten sich nun zu ihr mit zweifelhaft tröstenden Worten; sie bat dieselben, ihr Mantel, Tücher, Hut udgl. zu verschaffen, in welche Dinge sie sich sodann stumm verhüllte, die Augen mit dem Schleier heftig trocknend. Da man aber, wenn man weint, fast immer zugleich auch die Nase schneuzen muß, so sah sie sich doch genötigt, das Taschentuch zu nehmen, und tat einen tüchtigen Schneuz, worauf sie stolz und zornig um sich blickte. In dieses Blicken hinein geriet Melchior Böhni, der sich ihr freundlich, demütig und lächelnd näherte und ihr die Notwendigkeit darstellte, nunmehr einen Führer und Begleiter nach dem väterlichen Hause zurück zu haben. Den Teich Bethesda, sagte er, werde er hier im Gasthause zurücklassen und dafür die Fortuna mit der verehrten Unglücklichen sicher nach Goldach hingeleiten.

Ohne zu antworten ging sie festen Schrittes voran nach dem Hofe, wo der Schlitten mit den ungeduldigen wohlgefütterten Pferden bereit stand, einer der letzten, welche dort waren. Sie nahm rasch darin Platz, ergriff das Leitseil und die Peitsche, und während der achtlose Böhni, mit glücklicher Geschäftigkeit sich gebärdend, dem Stallknecht, der die Pferde gehalten, das Trinkgeld hervorsuchte, trieb sie unversehens die Pferde an und fuhr auf die Landstraße hinaus in starken Sätzen, welche sich bald in einen anhaltenden munteren Galopp verwandelten. Und zwar ging es nicht nach der Heimat, sondern auf der Seldwyler Straße hin. Erst als das leichtbeschwingte Fahrzeug schon dem Blicke entschwunden war, entdeckte Herr Böhni das Ereignis und lief in der Richtung gegen Goldach mit Ho ho! und Haltrufen, sprang dann zurück und jagte mit seinem eigenen Schlitten der entflohenen oder nach seiner Meinung durch die Pferde entführten Schönen nach, bis er am Tore der aufgeregten Stadt anlangte, in welcher das Ärgernis bereits alle Zungen beschäftigte.

Warum Nettchen jenen Weg eingeschlagen, ob in der Verwirrung oder mit Vorsatz, ist nicht sicher zu berichten. Zwei Umstände mögen hier ein leises Licht gewähren. Einmal lagen sonderbarerweise die Pelzmütze und die Handschuhe Strapinskis, welche auf dem Fenstersimse hinter dem Sitze des Paares gelegen hatten, nun im Schlitten der Fortuna neben Nettchen; wann und wie sie diese Gegenstände ergriffen, hatte niemand beachtet und sie selbst wußte es nicht; es war wie im Schlafwandel geschehen. Sie wußte jetzt noch nicht, daß Mütze und Handschuhe neben ihr lagen. Sodann sagte sie mehr als einmal laut vor sich hin: „Ich muß noch zwei Worte mit ihm sprechen, nur zwei Worte!"

Diese beiden Tatsachen scheinen zu beweisen, daß nicht ganz der Zufall die feurigen Pferde lenkte. Auch war es seltsam, als die Fortuna in die Waldstraße gelangte, in welche jetzt der helle Vollmond hineinschien, wie Nettchen den Lauf der Pferde mäßigte und die Zügel fester anzog, so daß dieselben beinahe nur im Schritt einhertanzten, während die Lenkerin die traurigen, aber dennoch scharfen Augen gespannt auf den Weg heftete, ohne links und rechts den geringsten auffälligen Gegenstand außer acht zu lassen.

Und doch war gleichzeitig ihre Seele wie in tiefer, schwerer, unglücklicher Vergessenheit befangen; was sind

Glück und Leben! von was hangen sie ab? Was sind wir selbst, daß wir wegen einer lächerlichen Fastnachtslüge glücklich oder unglücklich werden? Was haben wir verschuldet, wenn wir durch eine fröhliche gläubige Zuneigung Schmach und Hoffnungslosigkeit einernten? Wer sendet uns solche einfältige Truggestalten, die zerstörend in unser Schicksal eingreifen, während sie sich selbst daran auflösen, wie schwache Seifenblasen?

Solche mehr geträumte als gedachte Fragen umfingen die Seele Nettchens, als ihre Augen sich plötzlich auf einen länglichen dunklen Gegenstand richteten, welcher zur Seite der Straße sich vom mondbeglänzten Schnee abhob. Es war der langhingestreckte Wenzel, dessen dunkles Haar sich mit dem Schatten der Bäume vermischte, während sein schlanker Körper deutlich im Lichte lag.

Nettchen hielt unwillkürlich die Pferde an, womit eine tiefe Stille über den Wald kam. Sie starrte unverwandt nach dem dunklen Körper, bis derselbe sich ihrem hellsehenden Auge fast unverkennbar darstellte und sie leise die Zügel festband, ausstieg, die Pferde einen Augenblick beruhigend streichelte und sich hierauf der Erscheinung vorsichtig, lautlos näherte.

Ja, er war es. Der dunkelgrüne Sammet seines Rockes nahm sich selbst auf dem nächtlichen Schnee schön und edel aus; der schlanke Leib und die geschmeidigen Glieder, wohl geschnürt und bekleidet, alles sagte noch in der Erstarrung, am Rande des Unterganges, im Verlorensein: Kleider machen Leute!

Als sich die einsame Schöne näher über ihn hinbeugte und ihn ganz sicher erkannte, sah sie auch sogleich die Gefahr, in der sein Leben schwebte, und fürchtete, er möchte bereits erfroren sein. Sie ergriff daher unbedenklich eine seiner Hände, die kalt und fühllos schien. Alles andere vergessend, rüttelte sie den Ärmsten und rief ihm seinen Taufnamen ins Ohr: „Wenzel! Wenzel!“ Umsonst, er rührte sich nicht, sondern atmete nur schwach und traurig. Da fiel sie über ihn her, fuhr mit der Hand über sein Gesicht und gab ihm in der Beängstigung Nasenstüber auf die erbleichte Nasenspitze. Dann nahm sie, hierdurch auf einen guten Gedanken gebracht, Hände voll Schnee und rieb ihm die Nase und das Gesicht und auch die Finger tüchtig, soviel sie vermochte und bis sich der Glücklich-Unglückliche erholte, erwachte und langsam seine Gestalt in die Höhe richtete.

Er blickte um sich und sah die Retterin vor sich stehen. Sie hatte den Schleier zurückgeschlagen; Wenzel erkannte jeden Zug in ihrem weißen Gesicht, das ihn ansah mit großen Augen.

Er stürzte vor ihr nieder, küßte den Saum ihres Mantels und rief: „Verzeih mir! Verzeih mir!“

„Komm, fremder Mensch!“ sagte sie mit unterdrückter zitternder Stimme, „ich werde mit dir sprechen und dich fortschaffen!“

Sie winkte ihm, in den Schlitten zu steigen, was er folgsam tat; sie gab ihm Mütze und Handschuh, ebenso unwillkürlich, wie sie dieselben mitgenommen hatte, ergriff Zügel und Peitsche und fuhr vorwärts.

Jenseits des Waldes, unfern der Straße, lag ein Bauernhof, auf welchem eine Bäuerin hauste, deren Mann unlängst gestorben. Nettchen war die Patin eines ihrer Kinder, sowie der Vater Amtsrat ihr Zinsherr. Noch neulich war die Frau bei ihnen gewesen, um der Tochter Glück zu wünschen und allerlei Rat zu holen, konnte aber zu dieser Stunde noch nichts von dem Wandel der Dinge wissen.

Nach diesem Hofe fuhr Nettchen jetzt, von der Straße ablenkend und mit einem kräftigen Peitschenknallen vor dem Hause haltend. Es war noch Licht hinter den kleinen Fenstern; denn die Bäuerin war wach und machte sich zu schaffen, während Kinder und Gesinde längst schliefen. Sie öffnete das Fenster und guckte verwundert heraus. „Ich bin's nur, wir sind's!" rief Nettchen. „Wir haben uns verirrt wegen der neuen oberen Straße, die ich noch nie gefahren bin; macht uns einen Kaffee, Frau Gevatterin, und laßt uns einen Augenblick hineinkommen, ehe wir weiterfahren!"

Gar vergnügt eilte die Bäuerin her, da sie Nettchen sofort erkannte, und bezeigte sich entzückt und eingeschüchtert zugleich, auch das große Tier, den fremden Grafen zu sehen. In ihren Augen waren Glück und Glanz dieser Welt in diesen zwei Personen über ihre Schwelle getreten; unbestimmte Hoffnungen, einen kleinen Teil daran, irgendeinen bescheidenen Nutzen für sich oder ihre Kinder zu gewinnen, belebten die gute Frau und gaben ihr alle Behendigkeit, die jungen Herrschaftsleute zu bedienen. Schnell hatte sie ein Knechtchen geweckt, die Pferde zu halten, und bald hatte sie auch einen heißen Kaffee bereitet, welchen sie jetzt hereinbrachte, wo Wenzel und Nettchen in der halbdunklen Stube einander gegenüber saßen, ein schwach flackerndes Lämpchen zwischen sich auf dem Tische.

Wenzel saß, den Kopf in die Hände gestützt, und wagte nicht aufzublicken. Nettchen lehnte auf ihrem Stuhle zurück und hielt die Augen fest verschlossen, aber ebenso den bitteren schönen Mund, woran man sah, daß sie keineswegs schlief.

Als die Gevattersfrau den Trank auf den Tisch gesetzt hatte, erhob sich Nettchen rasch und flüsterte ihr zu: „Laßt uns jetzt eine halbe Viertelstunde allein, legt Euch aufs Bett, liebe Frau, wir haben uns ein bißchen gezankt und müssen uns heute noch aussprechen, da hier gute Gelegenheit ist."

„Ich verstehe schon, Ihr macht's gut so!" sagte die Frau und ließ die zwei bald allein.

„Trinken sie dies," sagte Nettchen, die sich wieder gesetzt hatte, „es wird Ihnen gesund sein!" Sie selbst berührte nichts. Wenzel Strapinski, der leise zitterte, richtete sich auf, nahm eine Tasse und trank sie aus, mehr weil sie es gesagt hatte, als um sich zu erfrischen. Er blickte sie jetzt auch an, und als ihre Augen sich begegneten und Nettchen forschend die seinigen betrachtete, schüttelte sie das Haupt und sagte dann: „Wer sind Sie? Was wollten Sie mit mir?"

„Ich bin nicht ganz so, wie ich scheine!" erwiderte er traurig, „ich bin ein armer Narr, aber ich werde alles gut machen und Ihnen Genugtuung geben und nicht lange mehr am Leben sein!" Solche Worte sagte er so überzeugt und ohne allen gemachten Ausdruck, daß Nettchens Augen unmerklich aufblitzten. Dennoch wiederholte sie: „Ich wünsche zu wissen, wer Sie eigentlich seien und woher Sie kommen und wohin Sie wollen."

„Es ist alles so gekommen, wie ich Ihnen jetzt der Wahrheit gemäß erzählen will," antwortete er und sagte ihr, wer er sei und wie es ihm bei seinem Einzug in Goldach ergangen. Er beteuerte besonders, wie er mehrmals habe fliehen wollen, schließlich aber durch ihr Erscheinen selbst gehindert worden sei, wie in einem verhexten Traume.

Nettchen wurde mehrmals von einem Anflug von Lachen heimgesucht, doch überwog der Ernst ihrer Angelegenheit zu sehr, als daß es zum Ausbruch gekommen wäre. Sie fuhr vielmehr fort zu fragen: „Und wohin gedachten Sie mit mir zu gehen und was zu beginnen?" — „Ich weiß es kaum," erwiderte er; „ich hoffte auf weitere merkwürdige oder glückliche Dinge; auch gedachte ich zuweilen des Todes in der Art, daß ich mir denselben geben wolle, nachdem ich —"

Hier stockte Wenzel und sein bleiches Gesicht wurde ganz rot.

„Nun, fahren Sie fort!“ sagte Nettchen, ihrerseits bleich werdend, indessen ihr Herz wunderlich klopfte.

Da flammten Wenzels Augen groß und süß auf und er rief: „Ja, jetzt ist es mir klar und deutlich vor Augen, wie es gekommen wäre! Ich wäre mit dir in die weite Welt gegangen, und nachdem ich einige kurze Tage des Glückes mit dir gelebt, hätte ich dir den Betrug gestanden und mir gleichzeitig den Tod gegeben. Du wärest zu deinem Vater zurückgekehrt, wo du wohl aufgehoben gewesen wärest und mich leicht vergessen hättest. Niemand brauchte darum zu wissen; ich wäre spurlos verschollen. — Anstatt an der Sehnsucht nach einem würdigen Dasein, nach einem gütigen Herzen, nach Liebe lebenslang zu kranken,“ fuhr er wehmütig fort, „wäre ich einen Augenblick lang groß und glücklich gewesen und hoch über allen, die weder glücklich noch unglücklich sind und doch nie sterben wollen! O hätten Sie mich liegen gelassen im kalten Schnee, ich wäre so ruhig eingeschlafen!“

Er war wieder still geworden und schaute düster sinnend vor sich hin.

Nach einer Weile sagte Nettchen, die ihn still betrachtet, nachdem das durch Wenzels Reden angefachte Schlagen ihres Herzens sich etwas gelegt hatte: „Haben Sie dergleichen oder ähnliche Streiche früher schon begangen und fremde Menschen angelogen, die Ihnen nichts zuleide getan?“

„Das habe ich mich in dieser bitteren Nacht selbst schon gefragt und mich nicht erinnert, daß ich je ein Lügner gewesen bin! Ein solches Abenteuer habe ich noch gar nie gemacht oder erfahren! Ja, in jenen Tagen, als der Hang in mir entstanden, etwas Ordentliches zu sein oder zu scheinen, in halber Kindheit noch, habe ich mich selbst überwunden und einem Glück entsagt, das mir beschieden schien!“

„Was ist dies?" fragte Nettchen.

„Meine Mutter war, ehe sie sich verheiratet hatte, in Diensten einer benachbarten Gutsherrin und mit derselben auf Reisen und in großen Städten gewesen. Davon hatte sie eine feinere Art bekommen als die anderen Weiber unseres Dorfes und war wohl auch etwas eitel; denn sie kleidete sich und mich, ihr einziges Kind, immer etwas zierlicher und gesuchter als es bei uns Sitte war. Der Vater, ein armer Schulmeister, starb aber früh, und so blieb uns bei größter Armut keine Aussicht auf glückliche Erlebnisse, von welchen die Mutter gerne zu träumen pflegte. Vielmehr mußte sie sich harter Arbeit hingeben, um uns zu ernähren, und damit das Liebste, was sie hatte, etwas bessere Haltung und Kleidung, aufopfern. Unerwartet sagte nun jene neuverwitwete Gutsherrin, als ich etwa sechzehn Jahre alt war, sie gehe mit ihrem Haushalt in die Residenz für immer; die Mutter solle mich mitgeben, es sei schade für mich, in dem Dorfe ein Taglöhner oder Bauernknecht zu werden, sie wolle mich etwas Feines lernen lassen, zu was ich Lust habe, während ich in ihrem Hause leben und diese und jene leichtere Dienstleistungen tun könne. Das schien nun das Herrlichste zu sein, was sich für uns ereignen mochte. Alles wurde demgemäß verabredet und zubereitet, als die Mutter nachdenklich und traurig wurde und mich eines Tages plötzlich mit vielen Tränen bat, sie nicht zu verlassen, sondern mit ihr arm zu bleiben; sie werde nicht alt werden, sagte sie, und ich würde gewiß noch zu etwas Gutem gelangen, auch wenn sie tot sei. Die Gutsherrin, der ich das betrübt hinterbrachte, kam her und machte meiner Mutter Vorstellungen; aber diese wurde jetzt ganz aufgeregt und rief einmal um das andere, sie lasse sich ihr Kind nicht rauben; wer es kenne —"

Hier stockte Wenzel Strapinski abermals und wußte sich nicht recht fortzuhelfen.

Nettchen fragte: „Was sagte die Mutter, wer es kenne? Warum fahren Sie nicht fort?“

Wenzel errötete und antwortete: „Sie sagte etwas Seltsames, was ich nicht recht verstand und was ich jedenfalls seither nicht verspürt habe; sie meinte, wer das Kind kenne, könne nicht mehr von ihm lassen, und wollte wohl damit sagen, daß ich ein gutmütiger Junge gewesen sei oder etwas dergleichen. Kurz, sie war so aufgeregt, daß ich trotz alles Zuredens jener Dame entsagte und bei der Mutter blieb, wofür sie mich doppelt lieb hatte, tausendmal mich um Verzeihung bittend, daß sie mir vor dem Glücke sei. Als ich aber nun auch etwas verdienen lernen sollte, stellte es sich heraus, daß nicht viel anderes zu tun war, als daß ich zu unserem Dorfschneider in die Lehre ging. Ich wollte nicht, aber die Mutter weinte so sehr, daß ich mich ergab. Dies ist die Geschichte.“

Auf Nettchens Frage, warum er denn doch von der Mutter fort sei und wann? erwiderte Wenzel: „Der Militärdienst rief mich weg. Ich wurde unter die Husaren gesteckt und war ein ganz hübscher roter Husar, obwohl vielleicht der dümmste im Regiment, jedenfalls der stillste. Nach einem Jahr konnte ich endlich für ein paar Wochen Urlaub erhalten und eilte nach Hause, meine gute Mutter zu sehen; aber sie war eben gestorben. Da bin ich denn, als meine Zeit gekommen war, einsam in die Welt gereist und endlich hier in mein Unglück geraten.“

Nettchen lächelte, als er dieses vor sich hin klagte und sie ihn dabei aufmerksam betrachtete. Es war jetzt eine Zeitlang still in der Stube; auf einmal schien ihr ein Gedanke aufzutauchen.

„Da Sie“, sagte sie plötzlich, aber dennoch mit zögerndem, spitzigem Wesen, „stets so wertgeschätzt und liebenswürdig waren, so haben Sie ohne Zweifel auch jederzeit Ihre gehörigen Liebschaften oder dergleichen gehabt und wohl schon mehr als ein armes Frauenzimmer auf dem Gewissen — von mir nicht zu reden?"

„Ach Gott," erwiderte Wenzel, ganz rot werdend, „eh' ich zu Ihnen kam, habe ich niemals auch nur die Fingerspitzen eines Mädchens berührt, ausgenommen —"

„Nun?", sagte Nettchen.

„Nun," fuhr er fort, „das war eben jene Frau, die mich mitnehmen und bilden lassen wollte, die hatte ein Kind, ein Mädchen von sieben oder acht Jahren, ein seltsames, heftiges Kind und doch gut wie Zucker und schön wie ein Engel. Dem hatte ich vielfach den Diener und Beschützer machen müssen und es hatte sich an mich gewöhnt. Ich mußte es regelmäßig nach dem entfernten Pfarrhof bringen, wo es bei dem alten Pfarrer Unterricht genoß, und es von da wieder abholen. Auch sonst mußte ich öfter mit ihm ins Freie, wenn sonst niemand gerade mitgehen konnte. Dieses Kind nun, als ich es zum letztenmal im Abendschein über das Feld nach Hause führte, fing von der bevorstehenden Abreise zu reden an, erklärte mir, ich müßte dennoch mitgehen, und fragte, ob ich es tun wolle. Ich sagte, daß es nicht sein könne. Das Kind fuhr aber fort, gar beweglich und dringlich zu bitten, indem es mir am Arme hing und mich am Gehen hinderte, wie Kinder zu tun pflegen, so daß ich mich bedachtlos wohl etwas unwirsch frei machte. Da senkte das Mädchen sein Haupt und suchte beschämt und traurig die Tränen zu unterdrücken, die jetzt hervorbrachen, und es vermochte kaum das Schluchzen zu bemeistern. Betroffen wollte ich das Kind begütigen, allein nun wandte es sich zornig ab und entließ mich in Ungnaden. Seitdem ist mir das schöne Kind immer im Sinne geblieben und mein Herz hat immer an ihm gehangen, obgleich ich nie wieder von ihm gehört habe —"

Plötzlich hielt der Sprecher, der in eine sanfte Erregung geraten war, wie erschreckt inne und starrte erbleichend seine Gefährtin an.

„Nun," sagte Nettchen ihrerseits mit seltsamem Tone, in gleicher Weise etwas blaß geworden, „was sehen Sie mich so an?"

Wenzel aber streckte den Arm aus, zeigte mit dem Finger auf sie, wie wenn er einen Geist sähe, und rief: „Dieses habe ich auch schon erblickt. Wenn jenes Kind zornig war, so hoben sich ganz so, wie jetzt bei Ihnen, die schönen Haare um Stirne und Schläfe ein wenig aufwärts, daß man sie sich bewegen sah, und so war es auch zuletzt auf dem Felde in jenem Abendglanze."

In der Tat hatten sich die zunächst den Schläfen und über der Stirne liegenden Locken Nettchens leise bewegt wie von einem ins Gesicht wehenden Lufthauche.

Die allezeit etwas kokette Mutter Natur hatte hier eines ihrer Geheimnisse angewendet, um den schwierigen Handel zu Ende zu führen.

Nach kurzem Schweigen, indem ihre Brust sich zu heben begann, stand Nettchen auf, ging um den Tisch herum dem Manne entgegen und fiel ihm um den Hals mit den Worten: „Ich will dich nicht verlassen! Du bist mein, und ich will mit dir gehen trotz aller Welt!"

So feierte sie erst jetzt ihre rechte Verlobung aus tief entschlossener Seele, indem sie in süßer Leidenschaft ein Schicksal auf sich nahm und Treue hielt.

Doch war sie keineswegs so blöde, dieses Schicksal nicht selbst ein wenig lenken zu wollen; vielmehr faßte sie rasch und keck neue Entschlüsse. Denn sie sagte zu dem guten Wenzel, der in dem abermaligen Glückeswechsel verloren träumte: „Nun wollen wir gerade nach Seldwyl gehen und den Dortigen, die uns zu zerstören gedachten, zeigen, daß sie uns erst recht vereinigt und glücklich gemacht haben!"

Dem wackeren Wenzel wollte dies nicht einleuchten. Er wünschte vielmehr in unbekannte Weiten zu ziehen und geheimnisvoll-romantisch dort zu leben in stillem Glücke, wie er sagte.

Allein Nettchen rief: „Keine Romane mehr! Wie du bist, ein armer Wandersmann, will ich mich zu dir bekennen und in meiner Heimat allen diesen Stolzen und Spöttern zum Trotze dein Weib sein. Wir wollen nach Seldwyla gehen und dort durch Tätigkeit und Klugheit die Menschen, die uns verhöhnt haben, von uns abhängig machen!"

Und wie gesagt, so getan! Nachdem die Bäuerin herbeigerufen und von Wenzel, der anfing, seine neue Stellung einzunehmen, beschenkt worden war, fuhren sie ihres Weges weiter. Wenzel führte jetzt die Zügel. Nettchen lehnte sich so zufrieden an ihn, als ob er eine Kirchensäule wäre. Denn des Menschen Wille ist sein Himmelreich, und Nettchen war just vor drei Tagen volljährig geworden und konnte dem ihrigen folgen.

In Seldwyla hielten sie vor dem Gasthause zum Regenbogen, wo noch eine Zahl jener Schlittenfahrer beim Glase saß. Als das Paar im Wirtssaale erschien, lief wie ein Feuer die Rede herum: „Ha, da haben wir eine Entführung; wir haben eine köstliche Geschichte eingeleitet!"

Doch ging Wenzel ohne Umsehen hindurch mit seiner Braut, und nachdem sie in ihren Gemächern verschwunden war, begab er sich in den „Wilden Mann", ein anderes gutes Gasthaus, und schritt stolz durch die dort ebenfalls noch hausenden Seldwyler hindurch in ein Zimmer, das er begehrte, und überließ sie ihren erstaunten Beratungen, über welchen sie sich das grimmigste Kopfweh anzutrinken genötigt waren.

Auch in der Stadt Goldach lief um die gleiche Zeit schon das Wort „Entführung!" herum.

In aller Frühe schon fuhr auch der Teich Bethesda nach Seldwyla, von dem aufgeregten Böhni und Nettchens betroffenem Vater bestiegen. Fast wären sie in ihrer Eile ohne Anhalt durch Seldwyla gefahren, als sie noch rechtzeitig den Schlitten Fortuna wohlbehalten vor dem Gasthause stehen sahen und zu ihrem Troste vermuteten, daß wenigstens die schönen Pferde auch nicht weit sein würden. Sie ließen daher ausspannen, als sich die Vermutung bestätigte und sie die Ankunft und den Aufenthalt Nettchens vernahmen, und gingen gleichfalls in den „Regenbogen" hinein.

Es dauerte jedoch eine kleine Weile, bis Nettchen den Vater bitten ließ, sie auf ihrem Zimmer zu besuchen und dort allein mit ihr zu sprechen. Auch sagte man, sie habe bereits den besten Rechtsanwalt der Stadt rufen lassen, welcher im Laufe des Vormittags erscheinen werde. Der Amtsrat ging etwas schweren Herzens zu seiner Tochter hinauf, überlegend, auf welche Weise er das desperate Kind am besten aus der Verirrung zurückführe, und war auf ein verzweifeltes Gebaren gefaßt.

Allein mit Ruhe und sanfter Festigkeit trat ihm Nettchen entgegen. Sie dankte ihrem Vater mit Rührung für alle ihr bewiesene Liebe und Güte und erklärte sodann in bestimmten Sätzen: erstens sie wolle nach dem Vorgefallenen nicht mehr in Goldach leben, wenigstens nicht die nächsten Jahre; zweitens wünsche sie ihr bedeutendes mütterliches Erbe an sich zu nehmen, welches der Vater ja schon lange für den Fall ihrer Verheiratung bereit gehalten; drittens wolle sie den Wenzel Strapinski heiraten, woran vor allem nichts zu ändern sei; viertens wolle sie mit ihm in Seldwyla wohnen und ihm da ein tüchtiges Geschäft gründen helfen, und fünftens und letztens werde alles gut werden; denn sie habe sich überzeugt, daß er ein guter Mensch sei und sie glücklich machen werde.

Der Amtsrat begann seine Arbeit mit der Erinnerung, daß Nettchen ja wisse, wie sehr er schon gewünscht habe, ihr Vermögen zur Begründung ihres wahren Glückes je eher je lieber in ihre Hände legen zu können. Dann aber schilderte er mit aller Bekümmernis, die ihn seit der ersten Kunde von der schrecklichen Katastrophe erfüllte, das Unmögliche des Verhältnisses, das sie festhalten wolle und schließlich zeigte er das große Mittel, durch welches sich der schwere Konflikt allein würdig lösen lasse. Herr Melchior Böhni sei es, der bereit sei, durch augenblickliches Einstehen mit seiner Person den ganzen Handel niederzuschlagen und mit seinem unantastbaren Namen ihre Ehre vor der Welt zu schützen und aufrecht zu halten.

Aber das Wort Ehre brachte nun doch die Tochter in größere Aufregung. Sie rief, gerade die Ehre sei es, welche ihr gebiete, den Herrn Böhni nicht zu heiraten, weil sie ihn nicht leiden könne, dagegen dem armen Fremden getreu zu bleiben, welchem sie ihr Wort gegeben habe und den sie auch leiden könne!

Es gab nun ein fruchtloses Hin- und Widerreden, welches die standhafte Schöne endlich doch zum Tränenvergießen brachte.

Fast gleichzeitig drangen Wenzel und Böhni herein, welche auf der Treppe zusammengetroffen, und es drohte eine große Verwirrung zu entstehen, als auch der Rechtsanwalt erschien, ein dem Amtsrate wohlbekannter Mann, und vorderhand zur friedlichen Besonnenheit mahnte. Als er in wenigen vorläufigen Worten vernahm, worum es sich handle, ordnete er an, daß vor allem Wenzel sich in den „Wilden Mann“ zurückziehe und sich dort still halte, daß auch Herr Böhni sich nicht einmische und fort gehe, daß Nettchen ihrerseits alle Formen des bürgerlichen guten Tones wahre bis zum Austrag der Sache und der Vater auf jede Ausübung von Zwang verzichte, da die Freiheit der Tochter gesetzlich unbezweifelt sei.

So gab es denn einen Waffenstillstand und eine allgemeine Trennung für einige Stunden.

In der Stadt, wo der Anwalt ein paar Worte verlauten ließ von einem großen Vermögen, welches vielleicht nach Seldwyla käme durch diese Geschichte, entstand nun ein großer Lärm. Die Stimmung der Seldwyler schlug plötzlich um zugunsten des Schneiders und seiner Verlobten, und sie beschlossen, die Liebenden zu schützen mit Gut und Blut und in ihrer Stadt Recht und Freiheit der Person zu wahren. Als daher das Gerücht ging, die Schöne von Goldach sollte mit Gewalt zurückgeführt werden, rotteten sie sich zusammen, stellten bewaffnete Schutz- und Ehrenwachen vor den „Regenbogen" und vor den „Wilden Mann" und begingen überhaupt mit gewaltiger Lustbarkeit eines ihrer großen Abenteuer, als merkwürdige Fortsetzung des gestrigen.

Der erschreckte und gereizte Amtsrat schickte seinen Böhni nach Goldach um Hilfe. Der fuhr im Galopp hin, und am nächsten Tage fuhren eine Anzahl Männer mit einer ansehnlichen Polizeimacht von dort herüber, um dem Amtsrat beizustehen, und es gewann den Anschein, als ob Seldwyla ein neues Troja werden sollte. Die Parteien standen sich drohend gegenüber; der Stadttambour drehte bereits an seiner Spannschraube und tat einzelne Schläge mit dem rechten Schlägel. Da kamen höhere Amtspersonen, geistliche und weltliche Herren auf den Platz, und die Unterhandlungen, welche allseitig gepflogen wurden, ergaben endlich, da Nettchen fest blieb und Wenzel sich nicht einschüchtern ließ, aufgemuntert durch die Seldwyler, daß das Aufgebot ihrer Ehe nach Sammlung aller nötigen Schriften förmlich stattfinden und daß gewärtigt werden solle, ob und welche gesetzliche Einsprachen während dieses Verfahrens dagegen erhoben würden und mit welchem Erfolge.

Solche Einsprachen konnten bei der Volljährigkeit Nettchens einzig noch erhoben werden wegen der zweifelhaften Person des falschen Grafen Wenzel Strapinski.

Allein der Rechtsanwalt, der seine und Nettchens Sache nun führte, ermittelte, daß den fremden jungen Mann weder in seiner Heimat noch auf seinen bisherigen Fahrten auch nur der Schatten eines bösen Leumunds getroffen habe und von überallher nur gute und wohlwollende Zeugnisse für ihn einliefen.

Was die Ereignisse in Goldach betraf, so wies der Advokat nach, daß Wenzel sich eigentlich gar nie selbst für einen Grafen ausgegeben, sondern daß ihm dieser Rang von andern gewaltsam verliehen worden; daß er schriftlich auf allen vorhandenen Belegstücken mit seinem wirklichen Namen Wenzel Strapinski ohne jede Zutat sich unterzeichnet hatte und somit kein anderes Vergehen vorlag, als daß er eine törichte Gastfreundschaft genossen hatte, die ihm nicht gewährt worden wäre, wenn er nicht in jenem Wagen angekommen wäre und jener Kutscher nicht jenen schlechten Spaß gemacht hätte.

So endigte denn der Krieg mit einer Hochzeit, an welcher die Seldwyler mit ihren sogenannten Katzenköpfen gewaltig schossen zum Verdrusse der Goldacher, welche den Geschützdonner ganz gut hören konnten, da der Westwind wehte. Der Amtsrat gab Nettchen ihr ganzes Gut heraus, und sie sagte, Wenzel müsse nun ein großer Marchand-Tailleur und Tuchherr werden in Seldwyla; denn da hieß der Tuchhändler noch Tuchherr, der Eisenhändler Eisenherr usw.

Das geschah denn auch, aber in ganz anderer Weise, als die Seldwyler geträumt hatten. Er war bescheiden, sparsam und fleißig in seinem Geschäfte, welchem er einen großen Umfang zu geben verstand. Er machte ihnen ihre veilchenfarbigen oder weiß und blau gewürfelten Sammetwesten, ihre Ballfräcke mit goldenen Knöpfen, ihre rot ausgeschlagenen Mäntel, und alles waren sie ihm schuldig, aber nie zu lange Zeit. Denn um neue, noch schönere Sachen zu erhalten, welche er kommen oder anfertigen ließ, mußten sie ihm das Frühere bezahlen, so daß sie untereinander klagten, er presse ihnen das Blut unter den Nägeln hervor.

Dabei wurde er rund und stattlich und sah beinahe gar nicht mehr träumerisch aus; er wurde von Jahr zu Jahr geschäftserfahrener und gewandter und wußte in Verbindung mit seinem bald versöhnten Schwiegervater, dem Amtsrat, so gute Spekulationen zu machen, daß sich sein Vermögen verdoppelte und er nach zehn oder zwölf Jahren mit ebenso vielen Kindern, die inzwischen Nettchen, die Strapinska, geboren hatte, und mit letzterer nach Goldach übersiedelte und daselbst ein angesehener Mann ward.

Aber in Seldwyla ließ er nicht einen Stüber zurück, sei es aus Undank oder aus Rache.

Die mißbrauchten Liebesbriefe

Viktor Störteler, von den Seldwylern nur Viggi Störteler genannt, lebte in behaglichen und ordentlichen Umständen, da er ein einträgliches Speditions- und Warengeschäft betrieb und ein hübsches, gesundes und gutmütiges Weibchen besaß. Dieses hatte ihm außer der sehr angenehmen Person ein ziemliches Vermögen gebracht, welches Gritli von auswärts zugefallen war, und sie lebte zutulich und still bei ihrem Manne. Ihr Geld aber war ihm sehr förderlich zur Ausbreitung seiner Geschäfte, welchen er mit Fleiß und Umsicht oblag, daß sie trefflich gediehen. Hierbei schützte ihn eine Eigenschaft, welche, sonst nicht landesüblich, ihm einstweilen wohl zustatten kam. Er hatte seine Lehrzeit und einige Jahre darüber nämlich in einer größeren Stadt bestanden und war dort Mitglied eines Vereines junger Kontoristen gewesen, welcher sich wissenschaftliche und ästhetische Ausbildung zur Aufgabe gestellt hatte. Da die jungen Leute ganz sich selbst überlassen waren, so übernahmen sie sich und machten allerhand Dummheiten. Sie lasen die schwersten Bücher und führten eine verworrene Unterhaltung darüber; sie spielten auf ihrem Theater den Faust und den Wallenstein, den Hamlet, den Lear und den Nathan; sie machten schwierige Konzerte und lasen sich schreckbare Aufsätze vor, kurz, es gab nichts, an das sie sich nicht wagten.

Hiervon brachte Viggi Störteler die Liebe für Bildung und Belesenheit nach Seldwyla zurück; vermöge dieser Neigung aber fühlte er sich zu gut, die Sitten und Gebräuche seiner Mitbürger zu teilen; vielmehr schaffte er sich Bücher an, abonnierte in allen Leihbibliotheken und Lesezirkeln der Hauptstadt, hielt sich die „Gartenlaube“ und unterschrieb auf alles, was in Lieferungen erschien, da hier ein fortlaufendes, schön verteiltes Studium geboten wurde. Damit hielt er sich in seiner Häuslichkeit und zugleich seine Umstände vor Schaden bewahrt. Wenn er seine Tagesgeschäfte munter und vorsichtig durchgeführt, so zündete er seine Pfeife an, verlängerte die Nase und setzte sich hinter seinen Lesestoff, in welchem er mit großer Gewandtheit herumfuhr. Aber er ging noch weiter. Bald schrieb er verschiedene Abhandlungen, welche er seiner Gattin als „Essays“ bezeichnete, und er sagte öfter, er glaube, er sei seiner Anlage nach ein Essayist. Als jedoch seine Essays von den Zeitschriften, an welche er sie sandte, nicht abgedruckt wurden, begann er Novellen zu schreiben, die er unter dem Namen „Kurt vom Walde“ nach allen möglichen Sonntagsblättchen instradierte. Hier ging es ihm besser, die Sachen erschienen wirklich feierlich unter dem herrlichen Schriftstellernamen in den verschiedensten Gegenden des Deutschen Reiches, und bald begann hier ein Roderich vom Tale, dort ein Hugo von der Insel und wieder dort ein Gänserich von der Wiese einen stechenden Schmerz zu empfinden über den neuen Eindringling. Auch konkurrierte er heimlich bei allen ausgeschriebenen Preisnovellen und vermehrte hierdurch nicht wenig die angenehme Bewegtheit seines eingezogenen Lebens. Neuen Aufschwung gewann er stets auf seinen kürzeren oder längeren Geschäftsreisen, wo er dann in den Gasthöfen manchen Gesinnungsverwandten traf, mit dem sich ein gebildetes Wort sprechen ließ; auch der Besuch der befreundeten Redaktionsstübchen in den verschiedenen Provinzen gewährte neben den Handelsgeschäften eine gebildete Erholung, obgleich diese hier und da eine Flasche Wein kostete.

Ein Haupterlebnis feierte er eines Tages an der abendlichen Wirtstafel in einer mittleren deutschen Stadt, an welcher nebst einigen alten Stammgästen des Ortes mehrere junge Reisende saßen. Die würdigen alten Herren mit weißen Haaren führten ein gemächliches Gespräch über allerlei Schreiberei, sprachen von Cervantes, von Rabelais, Sterne und Jean Paul, sowie von Goethe und Tieck, und priesen den Reiz, welchen das Verfolgen der Kompositionsgeheimnisse und des Stiles gewähre, ohne daß die Freude an dem Vorgetragenen selbst beeinträchtigt werde. Sie stellten einläßliche Vergleichungen an und suchten den roten Faden, der durch all dergleichen hindurchgehe; bald lachten sie einträchtig über irgendeine Erinnerung, bald erfreuten sie sich mit ernstem Gesicht über eine neu gefundene Schönheit, alles ohne Geräusch und Erhitzung, und endlich, nachdem der eine seinen Tee ausgetrunken, der andere sein Schöppchen geleert, klopften sie die langen Tonpfeifen aus und begaben sich auf etwas gichtischen Füßen zu ihrer Nachtruhe. Nur einer setzte sich unbeachtet in eine Ecke, um noch die Zeitung zu lesen und ein Glas Punsch zu trinken.

Nun aber entwickelte sich unter den jüngeren Gästen, welche bislang horchend dagesessen hatten, das Gespräch. Einer fing an mit einer spöttischen Bemerkung über die altväterische Unterhaltung dieser Alten, welche gewiß vor vierzig Jahren einmal die Schöngeister dieses Nestes gespielt hätten. Diese Bemerkung wurde lebhaft aufgenommen, und indem ein Wort das andere gab, entwickelte sich abermals ein Gespräch belletristischer Natur, aber von ganz anderer Art. Von den verjährten Gegenständen jener Alten wußten sie nicht viel zu berichten, als das und jenes vergriffene Schlagwort aus schlechten Literargeschichten; dagegen entwickelte sich die ausgebreitetste und genaueste Kenntnis in den täglich auftauchenden Erscheinungen leichterer Art und aller der Personen und Persönchen, welche sich auf den tausend grauen Blättern stündlich unter wunderbaren Namen herumtummeln. Es zeigte sich bald, daß dies nicht solche Ignoranten von alten Gerichtsräten und Privatgelehrten, sondern Leute vom Handwerk waren. Denn es dauerte nicht lange, so hörte man nur noch die Worte Honorar, Verleger, Clique, Koterie und was noch mehr den Zorn solchen Volkes reizt und seine Phantasie beschäftigt. Schon tönte und schwirrte es, als ob zwanzig Personen sprächen, die tückischen Äuglein blinkerten, und eine allgemeine glorreiche Erkennung konnte nicht länger ausbleiben. Da entlarvte sich dieser als Guido von Strahlheim, jener als Oskar Nordstern, ein dritter als Kunibert vom Meere. Da zögerte auch Viggi nicht länger, der bisher wenig gesprochen, und wußte es mit einiger Schüchternheit einzuleiten, daß er als Kurt vom Walde erkannt wurde. Er war von allen gekannt, so wie er ebenso alle kannte, denn diese Herren, welche ein gutes Buch jahrzehntelang ungelesen ließen, verschlangen alles, was von ihresgleichen kam, auf der Stelle, es in allen Kaffeebuden zusammensuchend, und zwar nicht aus Teilnahme, sondern aus einer sonderbaren Wachsamkeit.

„Sie sind Kurt vom Walde?“ hieß es dröhnend, „ha! willkommen!“ Und nun wurden mehrere Flaschen eines unechten wohlfeilen und sauren Weines bestellt, der billigste unter Siegel, der im Hause war, und es hob erst ein energisches Leben an. Nun galt es zu zeigen, daß man Haare auf den Zähnen habe! Alle Männer, die es zu irgendeinem Erfolge gebracht und in diesem Augenblicke Hunderte von Meilen entfernt vielleicht schon den Schlaf der Gerechten schliefen, wurden auf das gründlichste demoliert; jeder wollte die genauesten Nachrichten von ihrem Tun und Lassen haben, keine Schandtat gab es, die ihnen nicht zugeschrieben wurde, und der Refrain bei jedem war schließlich ein trocken sein sollendes: „Er ist übrigens Jude!“ Worauf es im Chor ebenso trocken hieß: „Ja, er soll ein Jude sein!“

Viggi Störteler rieb sich entzückt die Hände und dachte: „Da bist du einmal vor die rechte Mühle gekommen! Ein

Schriftsteller unter Schriftstellern! Ei, was das für geriebene Geister sind! Welches Verständnis und welch sittlicher Zorn!"

In dieser Nacht und bei diesem Schwefelwein ward nun, um der schlechten Welt vom Amte zu helfen und ein neues Morgenrot herbeizuführen, die förmliche und feierliche Stiftung einer „neuen Sturm- und Drangperiode" beschlossen, und zwar mit planvoller Absicht und Ausführung, um diejenige Gärung künstlich zu erzeugen, aus welcher allein die Klassiker der neuen Zeit hervorgehen würden.

Als sie jedoch diese gewaltige Abrede getroffen, konnten sie nicht weiter, sondern senkten alsbald ihre Häupter und mußten das Lager suchen; denn diese Propheten ertrugen nicht einmal guten, geschweige denn schlechten Wein und büßten jede kleine Ausschreitung mit großer Abschwächung und Übelkeit.

Als sie abgezogen waren, fragte der alte Herr, welcher zurückgeblieben war und sich höchlich an dem Treiben ergötzt hatte, den Kellner, was das für Leute wären? „Zwei davon", sagte dieser, „sind Geschäftsreisende, ein Herr Störteler und ein Herr Huberl; der dritte heißt Herr Stralauer, doch nur den vierten kenn' ich näher, der nennt sich Dr. Mewes und hat sich vergangenen Winter einige Wochen hier aufgehalten. Er gab im Tanzsaal beim ‚Blauen Hecht', wo ich damals war, Vorlesungen über deutsche Literatur, welche er wörtlich abschrieb aus einem Buche. Dasselbe mußte aus irgendeiner Bibliothek gestohlen worden sein, dem Einbande nach zu urteilen, und war ganz voll Eselsohren, Tinten- und Ölflecke. Außer diesem Buche besaß er noch einen zerzausten Leitfaden zur französischen Konversation und ein Kartenspiel mit obszönen Bildern darin, wenn man es gegen das Licht hielt. Er pflegte jenes Buch im Bett auszuschreiben, um die Heizung zu sparen; da verschüttete er schließlich das Tintenfaß über

Steppdecke und Leintuch, und als man ihm eine billige Entschädigung in die Rechnung setzte, drohte er, den ‚Blauen Hecht' in seinen Schriften und ‚Feuilletons' in Verruf zu bringen. Da er sonst allerlei häßliche Gewohnheiten an sich hatte, wurde er endlich aus dem Hause getan. Er schreibt übrigens unter dem Namen Kunibert vom Meere allerhand süßliche und nachgeahmte Sachen."

„Was Teufel!" sagte der Alte, „Ihr wißt ja wie ein Mann vom Handwerk über diese Dinge zu reden, Meister Georg!" Der Kellner errötete, stockte ein wenig und sagte dann: „Ich will nur gestehen, daß ich selbst anderthalb Jahre Schriftsteller gewesen bin!" — „Ei der Tausend!" rief der Alte, „und was habt Ihr denn geschrieben?" — „Das weiß ich kaum gründlich zu berichten," fuhr jener fort, „ich war Aufwärter in einem Kaffeehaus, wo sich eine Anzahl Leute von der Gattung unserer heutigen Gäste beinahe den ganzen Tag aufhielt. Das lag herum, flanierte, räsonierte, durchstöberte die Zeitungen, ärgerte sich über fremdes Glück, freute sich über fremdes Unglück und lief gelegentlich nach Hause, um im größten Leichtsinn schnell ein Dutzend Seiten zu schmieren; denn da man nichts gelernt hatte, so besaß man auch keinen Begriff von irgendeiner Verantwortlichkeit. Ich wurde bald ein Vertrauter dieser Herren, ihr Leben schien mir meiner dienstbaren Stellung weit vorzuziehen, und ich wurde ebenfalls ein Schriftsteller. Auf meiner Schlafkammer verbarg ich einen Pack zerlesene Nummern von französischen Zeitungen, die ich in den verschiedenen Wirtschaften gesammelt, wo ich früher gedient hatte, ursprünglich um mich darin ein wenig in die Sprache hineinzubuchstabieren, wie es einem jungen Kellner geziemt. Aus diesen verschollenen Blättern übersetzte ich einen Mischmasch von Geschichtchen und Geschwätz aller Art, auch über Persönlichkeiten, die ich nicht im mindesten kannte. Aus Unkenntnis der deutschen

Sprache behielt ich nicht nur öfter die französische Wort- und Satzstellung, sondern auch alle möglichen Gallizismen bei, und die Salbadereien, welche ich aus meinem eigenen Gehirne hinzufügte, schrieb ich dann ebenfalls in diesem Kauderwelsch, welches ich für echt schriftstellerisch hielt. Als ich ein Buch Papier auf solche Weise überschmiert hatte, anvertraute ich es als ein Originalwerk meinen Herren und Freunden, und siehe, sie nahmen es mit aller Aufmunterung entgegen und wußten es sogleich zum Druck zu befördern. Es ist etwas Eigentümliches um die schlechten Skribenten. Obgleich sie die unverträglichsten und gehässigsten Leute von der Welt sind, so haben sie doch eine unüberwindliche Neigung, sich zusammenzutun und ins Massenhafte zu vermehren, gewissermaßen um so einen mechanischen Druck nach der oberen Schicht auszuüben. Mein Büchlein wurde sofort als das sehr zu beachtende Erstlingswerk eines geistreichen jungen Autors verkündet, welcher deutsche Schärfe des Urteils mit französischer Eleganz verbinde, was wohl von dessen mehrjährigem Aufenthalt in Paris herrühre. Ich war nämlich in der Tat ein halbes Jahr in dieser Stadt bei einem deutschen Gastwirt gewesen. Da unter dem übersetzten Zeuge mehrere pikante, aber vergessene Anekdoten waren, so zirkulierten diese, unter Anführung meines Buches, alsbald durch eine Menge von Blättern. Ich hatte mich auf dem Titel George d'Esan, welches eine Umkehrung meines ehrlichen Namens Georg Nase ist, genannt. Nun hieß es überall: George Desan in seinem interessanten Buche erzählt folgenden Zug von dem oder von jenem, und ich wurde dadurch so aufgeblasen und keck, daß ich auf der betretenen Bahn ohne weiteren Aufenthalt fortrannte, wie eine abgeschossene Kanonenkugel."

„Aber zum Teufel!" sagte jetzt der Alte, „was hattet Ihr denn nur für Schreibestoff? Ihr konntet doch nicht immer von Eurem Pack alter Zeitungen zehren?"

'Nein! Ich hatte eben keinen Stoff als sozusagen das Schreiben selbst. Indem ich Tinte in die Feder nahm, schrieb ich über diese Tinte. Ich schrieb, kaum daß ich mich zum Schriftsteller ernannt sah, über die Würde, die Pflichten, Rechte und Bedürfnisse des Schriftstellerstandes, über die Notwendigkeit seines Zusammenhaltens gegenüber den andern Ständen, ich schrieb über das Wort Schriftsteller selbst, unwissend, daß es ein echt deutsches und altes Wort ist, und trug auf dessen Abschaffung an, indem ich andere, wie ich meinte, viel geistreichere und richtigere Benennungen ausheckte und zur Erwägung vorschlug, wie zum Beispiel Schriftner, Dinterich, Schriftmann, Buchner, Federkünstler, Buchmeister usw. Auch drang ich auf Vereinigung aller Schreibenden, um die Gewährleistung eines schönen und sicheren Auskommens für jeden Teilnehmer zu erzielen, kurz ich regte mit allen diesen Dummheiten einen erheblichen Staub auf und galt eine Zeitlang für einen Teufelskerl unter den übrigen Schmierpetern. Alles und jedes bezogen wir auf unsere Frage und kehrten immer wieder zu den 'Interessen' der Schriftstellerei zurück. Ich schrieb, obgleich ich der unbelesenste Gesell von der Welt war, ausschließlich nur über Schriftsteller, ohne deren Charakter aus eigener Anschauung zu kennen, komponierte 'ein Stündchen bei X.', oder 'ein Besuch bei N.', oder 'eine Begegnung mit P.', oder 'einen Abend bei der Q.', und dergleichen mehr, was ich alles mit unsäglicher Naseweisheit, Frechheit und Kinderei ausstattete. Überdies betrieb ich eine rührige Industrie mit sogenannten 'Mitgeteilts' nach allen Ecken und Enden hin, indem ich allerlei Neuigkeitskram und Klatsch verbreitete. Wenn gerade nichts aus der Gegenwart vorhanden war, so übersetzte ich die Sesenheimer Idylle wohl zum zwanzigsten Male aus Goethes schöner Sprache in meinen gemeinen Jargon und sandte sie als neue Forschung in irgendein

Winkelblättchen. Auch zog ich aus bekannten Autoren solche Stellen, über welche man in letzter Zeit wenig gesprochen hatte, wenigstens nicht meines Wissens, und ließ sie mit einigen albernen Bemerkungen als Entdeckung herumgehen. Oder ich schrieb wohl aus einem eben herausgekommenen Bande einen Brief, ein Gedicht aus und setzte es als handschriftliche Mitteilung in Umlauf, und ich hatte immer die Genugtuung, das Ding munter durch die ganze Presse zirkulieren zu sehen. Insbesondere gewährte mir der Dichter Heine die fetteste Nahrung; ich gedieh an seinem Krankenbette förmlich wie die Rübe im Mistbeete."

„Aber Ihr seid ja ein ausgemachter Halunke gewesen!" rief der alte Herr mit Erstaunen, und Meister Georg versetzte: „Ich war kein Halunke, sondern eben ein armer Tropf, welcher seine Kellnergewohnheiten in eine Tätigkeit übertrug und in Verhältnisse, von denen er weder einen sittlichen noch einen unsittlichen, sondern gar keinen Begriff hatte. Überdies brachte mein Verfahren niemandem einen wirklichen Schaden."

„Und wie seid Ihr denn von dem schönen Leben wieder abgekommen?" fragte der Alte.

„Ebenso kurz und einfach, wie ich dazu gekommen!" antwortete der Exschriftner, „ich befand mich trotz alles Glanzes doch nicht behaglich dabei und vermißte besonders die bessere Nahrung und die guten Weinrestchen meines früheren Standes. Auch ging ich ziemlich schäbig gekleidet, indem ich einen ganz abgetragenen Aufwärterfrack unter einem dünnen Überzieher Sommer und Winter trug. Unversehens fiel mir aus der Heimat eine kleine Geldsumme zu, und da ich von früher her noch eine alte Sehnsucht nährte, ordentlich gekleidet zu sein, so bestellte ich mir sofort einen feinen neuen Frack, eine gute Weste und kaufte ein gut vergoldetes Uhrkettchen, sowie ein feines

Hemd mit einem Jabot. Als ich mich aber, dergestalt ausgeputzt, im Spiegel besah, fiel es mir wie Schuppen von den Augen; ich fand mich plötzlich zu gut für einen Schriftsteller, dagegen reif genug für einen Oberkellner in einem Mittelgasthofe und suchte demgemäß eine Anstellung."

„Aber wie kommt es," fragte der Gast noch, „daß Ihr nun so einsichtig und ordentlich über jenes Treiben zu urteilen wißt?"

„Das mag daher kommen," erwiderte Georg Nase lächelnd, „daß ich mich erst jetzt in meinen Mußestunden zu unterrichten suche, aber bloß zu meinem Privatvergnügen!"

Worauf der Alte endlich seine Zeche bezahlte und sich entfernte, nachdem er den Aufwärter eingeladen, in Zukunft doch an den Gesprächen der Gäste teilzunehmen und ja nicht zu versäumen, von seinen lustigen Taten und Erlebnissen so viel mitzuteilen, als er immer wüßte. So fügte es sich, daß in diesem Gasthofe die täglichen Stammgäste samt dem Kellner mehr Bildung und Schule besaßen, als der kleine Schriftstellerkongreß, der zur Stunde unter dem gleichen Dache schlummerte.

Am nächsten Tage zerstreuten sich die Herren nach allen Winden, nicht ohne nochmals die zu gründende Sturm- und Drangperiode kräftiglichst besprochen zu haben. Indem sie vorläufig schon einige Rollen verteilten, wurde es als eine glückliche Fügung gepriesen, daß in Viggi Störteler die schweizerischen Beziehungen trefflich angebahnt seien, und er übernahm es, einstweilen Bodmer und Lavater zusammen darzustellen, um die reisenden neuen Klopstock, Wieland und Goethe zu empfangen und aufzumuntern.

So kehrte er ganz aufgebläht von Aussichten und Entwürfen in seine Heimat zurück. Er ließ die Haare lang wachsen, strich sie hinter die Ohren, setzte eine Brille von lauterem Fensterglas auf und trug ein kleines Spitzbärtchen, um sein Äußeres dem bedeutenden Inhalte entsprechen zu lassen, den er durch seine neuen Bekanntschaften mit einem Schlage gewonnen. Seiner Sendung gemäß, die er übernommen, begann er sich mehr unter seinen Mitbürgern umzutun und suchte Anhänger. Wo er wußte, daß einer ein Histörchen in den Kalender geschickt oder einige spöttische Knittelverse verfaßt hatte, die einzige Literatur, so in Seldwyla betrieben wurde, da strebte er ein Mitglied für die Sturm- und Drangperiode zu erwerben. Allein sobald die wackeren Leute seine Absichten merkten und seine wunderlichen Aufforderungen verstanden, machten sie ihn zum Gegenstande ihres Gelächters und neuer Knittelverse, welche zu seinem Verdruß in den Wirtschaften verlesen wurden. Als er vollends an einem Bürgermahle den Stadtschreiber verblümt fragte, was er von „Kurt vom Walde" für eine Meinung hege, und jener erwiderte: „Kurt vom Walde? Was ist das für ein Kalb?" da hatte er für einmal genug und spann sich wieder in seine Häuslichkeit ein.

Dort betrachtete er sein Weib, und da er sah, wie anmutig Gritli in ihrem Häubchen am Spinnrädchen saß, mit rosigem Munde, mit stillbewegtem Busen und mit zierlichem Fuße, da ging ihm ein Licht auf; er beschloß, sie zu erhöhen und zu seiner Muse zu machen. Von Stund' an hieß er sie das mit beinernen Ringen und Glöckchen kunstreich gezierte Spinnrad zur Seite stellen und das grüne Band vom seidigen Flachse wickeln. Dafür gab er ihr eine alte Anthropologie in die Hand und befahl ihr darin zu lesen, während er in seinem Kontor arbeite, damit die große Angelegenheit in der Zeit nicht brach liege. Hierauf ging er an seine Geschäfte, sehr zufrieden mit seinem Einfall. Als er aber zum Essen kam und begierig war auf die erste geistige Rücksprache mit seiner Muse, da schüttelte sie den Kopf und wußte nichts zu sagen.

„Ich muß zartere Saiten aufziehen für den Anfang!" dachte er und gab ihr nach Tisch einen Band „Frühlingsbriefe von einer Einsamen", darin sollte sie lesen bis zum Abend. Dann ging er in sein Magazin, einen Haufen Farbhölzer wegführen zu lassen, dann in den Wald, um einer Steigerung von Eichenrinde beizuwohnen. Dort machte er einen guten Handel und, vergnügt darüber, noch einen Spaziergang, aber nicht ohne abermaligen Nutzen. Er steckte das geschäftliche Notizbuch beiseite und zog ein kleineres hervor mit einem Stahlschlößchen.

Damit stellte er sich vor den ersten besten Baum, besah ihn genau und schrieb: „Ein Buchenstamm. Hellgrau mit noch helleren Flecken und Querstreifen. Zweierlei Moos bekleidet ihn, ein fast schwärzliches und dann ein sammetähnliches glänzend grünes. Außerdem gelbliche, rötliche und weiße Flechten, welche öfter ineinander spielen. Eine Efeuranke steigt an der einen Seite hinauf. Die Beleuchtung ist ein andermal zu studieren, da der Baum im Schatten steht. Vielleicht in Räuberszenen anzuwenden.

Dann blieb er vor einem eingerammelten Pflock stehen, auf welchen irgendein Kind eine tote Blindschleiche gehängt hatte. Er schrieb: „Interessantes Detail. Kleiner Stab in Erde gesteckt. Leiche von silbergrauer Schlange darum gewunden, gebrochen im Starrkrampf des Todes. Ameisen kommen aus dem hohlen Innern hervor oder gehen hinein, Leben in die tragische Szene bringend. Die Schlagschatten von einigen schwanken Gräsern, deren Spitzen mit rötlichen Ähren versehen sind, spielen über das Ganze. Ist Merkur tot und hat seinen Stab mit toten Schlangen hier stecken lassen? Letztere Anspielung mehr für Handelsnovelle tauglich. NB. Der Stab oder Pflock ist alt und verwittert, von der gleichen Farbe wie die Schlange; wo ihn die Sonne bescheint, ist er wie mit silbergrauen Härchen besetzt. (Die letztere Beobachtung dürfte neu sein.)"

Auch vor einem Karrengeleise stellte er sich auf und schrieb: „Motiv für Dorfgeschichte: Wagenfurche halb mit Wasser gefüllt, in welchem kleine Wassertierchen schwimmen. Hohlweg. Erde feucht, dunkelbraun. Auch die Fußstapfen sind mit Wasser gefüllt, welches rötlich, eisenhaltig. Großer Stein im Wege, zum Teil mit frischen Beschädigungen, wie von Wagenrädern. Hieran ließe sich Exposition knüpfen von umgeworfenen Wagen, Streit und Gewalttat."

Weiter gehend, stieß er auf eine arme Landdirne, hielt sie an, gab ihr einige Münzen und bat sie, fünf Minuten stillzustehen, worauf er, sie vom Kopf bis zu Füßen beschauend, niederschrieb: „Derbe Gestalt, barfuß, bis über die Knöchel voll Straßenstaub; blaugestreifter Kittel, schwarzes Mieder, Rest von Nationaltracht, Kopf in rotes Tuch gehüllt, weiß gewürfelt —" allein urplötzlich rannte die Dirne davon und warf die Beine auf, als ob ihr der böse Feind im Nacken säße. Viktor, ihr begierig nachsehend, schrieb eifrig: „Köstlich! Dämonisch-populäre Gestalt, elementarisches Wesen." Erst in weiter Entfernung stand sie still und schaute zurück; da sie ihn immer noch schreiben sah, kehrte sie ihm den Rücken zu und klopfte sich mit der flachen Hand mehrere Male hinter die Hüften, worauf sie im Walde verschwand.

So kehrte er heimwärts, beladen wie eine Biene mit seiner Ausbeute. „Nun, liebes Muschen!" rief er seine Frau an, „hast du dein Buch gelesen? Mir ist es sehr gut gegangen, ich bringe treffliche Studien nach Hause, über deren Benutzung wir heute noch plaudern wollen!" Allein sie wußte abermals nichts zu sagen, weil sie den ganzen Nachmittag im Garten gesessen und mit großer Behaglichkeit grüne Erbsen ausgehülst hatte. Diesmal schüttelte er seinerseits den Kopf und dachte: „Seltsam! Vielleicht ist es besser, gleich mit der Praxis zu beginnen und sich auf den weiblichen Scharfsinn zu verlassen!" Demgemäß las er ihr beim Nachtessen seine heutigen Notizen vor, entwickelte ein Gespräch über den Nutzen solcher Beobachtungen, und indem er ihr riet, sich ebenfalls dergleichen Wahrnehmungen aufzuzeichnen und ihm das Gesammelte mitzuteilen, forderte er sie auf, ihre Meinung über alles dies zu sagen. „Ich verstehe dies alles nicht!" war ihre ganze Antwort. Sich zur Geduld zwingend, sagte er: „So wollen wir gleich ein Ganzes vornehmen, welches dir vielleicht klarer sein wird und worin du vielleicht die Verflechtung solcher Teile, so kunstreich sie auch ist, wahrnehmen magst!"

Also nahm er seine neueste Handschrift hervor und begann sie vorzulesen, oft unterbrochen durch die Störungen, welche die allerorts durchstrichene und verbesserte Schreiberei veranlaßte, sowie durch das Hin- und Herrücken der Brille, welche ihn blendete. Dennoch gewahrte er erst nach einem halben Stündchen, daß seine Gattin eingeschlummert war.

Da klingelte er mit dem Messer gegen den metallenen Leuchter und sagte, als sich Gritli zusammenraffte, ernst und mißfällig: „Das kann so nicht gehen, liebe Frau! Du siehst, wie ich mir alle Mühe gebe, dich zu mir heranzubilden, und du kommst mir dennoch nicht entgegen! Du weißt, daß ich die dornenvolle Laufbahn eines Dichters betreten habe, daß ich des Verständnisses, der begeisterten Anregung, des liebevollen Mitempfindens eines weiblichen Wesens, einer gleichgestimmten Gattin bedarf, und du lässest mich im Stich, du schläfst ein!"

„Ei, mein lieber Mann!" erwiderte Frau Gritli, indem sie über diese Reden errötete, „mich dünkt, ein rechter Dichter soll seine Kunst verstehen ohne eine solche Einbläserin!"

„Gut!" rief Viggi, „verhöhne mich nur noch, statt mich zu erheben und aufzurichten! Gut! Ich werde in Gottes Namen meinen Weg allein wandeln!"

Und er legte sich kummervoll schmollend zu Bett und sein Weib legte sich neben ihn in Sorgen, daß es um seinen Verstand übel stehen möchte. Er schmollte nun mehrere Tage und wandelte seinen Weg allein; doch hielt er das nicht aus, sondern beschloß, nunmehr mit männlicher Strenge seinen Willen durchzusetzen und die Gattin zu dem zu zwingen, wofür sie ihm einst danken würde. Er machte schnell einen Erziehungsplan, legte eine Anzahl Bücher zurecht, trat fest vor die Frau hin und wies sie an, unfehlbar zu lesen und zu lernen, was er ihr vorlege. Dadurch geriet sie in große Not; sie sah, daß der Friede Gefahr lief, gänzlich zerstört zu werden; auch getraute sie sich nirgends Rats zu holen, um ihren Mann nicht zu verraten und dem Spotte der Leute auszusetzen, welchen diese Geschichte ein „gefundenes Fressen" wäre. Sie fügte sich also, obgleich mit zornigem Herzen, und tat, wie er verlangte, indem sie die Bücher in die Hand nahm und so aufmerksam als möglich darin zu lesen suchte; auch hörte sie seinen Reden und Vorträgen fleißig zu, nahm sich vor dem Einschlafen in acht und stellte sich sogar, als ob ihr das Verständnis für manches aufginge, weil sie glaubte, dadurch dem Unglück bälder zu entrinnen. Heimlich aber vergoß sie bittere Tränen: sie schämte sich vor sich selber in dieser törichten und schimpflichen Lage und schleuderte die Bücher oft in eine Ecke oder trat sie unter die Füße. Denn der Teufel ritt ihren Mann, daß er ihr alles in die Hand gab, was er von langweiliger und herzloser Ziererei und Schöntuerei nur zusammenschleppen konnte.

Anfänglich war er nicht übel zufrieden mit ihrer Fügsamkeit; als er aber nach einigen Wochen bemerkte, daß sie immer noch keine begeisternde Anregung von sich ausgehen ließ, sagte er eines Morgens: „Das führt uns vorderhand nicht weiter! Darum frisch nun das Leben selbst, die schöne Leidenschaft zu Hilfe gerufen! Eine längere Reise werde ich heute antreten, da ich das Herbstgeschäft einleiten muß. Wohlan, wir werden einen Briefwechsel führen, der sich einst darf sehen lassen! Nun gilt es, mein liebes Weibchen, deine Empfindungen und Gedanken in Fluß zu bringen! Ich werde dir gleich von der nächsten Stadt aus den ersten Brief schreiben; diesen beantwortest du im gleichen Sinne. Daß du mir ja nicht schreibst, das Sauerkraut sei bereits geschnitten und du habest mir neue Nachthemden bestellt, und du wollest mich am Ohrläppchen zupfen, wenn ich nach Hause komme, und du habest neulich in meiner Nachtmütze geschlafen und es am Morgen nicht mehr gewußt, sondern darin gefrühstückt, und was dergleichen Trivialitäten mehr sind, die du sonst zu schreiben pflegst! Nein doch! Ermanne dich, oder vielmehr erweibe dich einmal! möchte ich beinahe sagen, das heißt, kehre deine höhere Weiblichkeit hervor, lasse voll und rein die Harmonien ertönen, die in dir schlafen müssen, so gewiß, als in einem schönen Leibe eine schöne Seele wohnt! Kurz, merke auf den Ton und Hauch in meinen Briefen und richte dich danach, mehr sag' ich nicht!"

Als er wirklich reisefertig in der Stube stand, überraschte ihn Gritli mit einem allerliebsten Handköfferchen aus buntem Korbgeflecht, in welchem ein gebratenes Huhn, einige Brötchen, zwei Kristallfläschchen mit altem Wein und Likör, ein silbernes Becherchen, ein Besteck und zwei kleine Servietten auf das bequemste und appetitlichste zusammengepackt waren. Das hatte sie alles nach ihrer Angabe herrichten lassen, weil er sich schon oft über den Hunger und Durst beklagt, welchen man auf den endlosen Eisenbahnen erleiden müsse. Er nahm es, von seinen Ideen eingenommen, zerstreut entgegen, sagte aber beim Abschiede noch kalt und streng: „Wende deine Gedanken nun von dergleichen materiellen Dingen ab und sinne an das, was ich dir gesagt! Bedenke, daß von dieser letzten Probe der Frieden und das Glück unserer Zukunft abhängen!"

Hiermit entfernte er sich und öffnete, eh' noch zwei Stunden vergangen waren, das Körbchen, eine leckere Mahlzeit zu halten und die Reisegefährten zu reizen. Das Huhn war vortrefflich zerschnitten und kunstreich wieder zusammengefügt, die Brötchen besonders wohlgebacken; nur war er unschlüssig, ob er von dem alten Sherry oder von dem feinen Kirschbranntwein trinken solle; nahm aber zuletzt von beidem. So lebte er lecker und fröhlich und zündete sich dann eine Zigarre an aus dem reichen Täschchen, das ihm seine Frau gestickt.

Diese saß indessen nicht in der besten Gemütsverfassung zu Hause; das Herz war ihr recht schwer; denn als ein sehr eingefleischter Narr hatte Herr Viggi Störteler einen herrlichen Ausweg gefunden, sie auch aus der Ferne zu quälen, und anstatt daß durch seine Abreise ein Alp von ihr genommen wurde, welcher Gedanke ihr auch neu und verwirrend war, hatte sie nun in dem Postboten ein neues Schreckgespenst zu erwarten. Und daß die ganze Geschichte bedenklich wurde, bewiesen seine letzten Worte. So harrte sie denn voll Bangigkeit der Dinge, die da kommen sollten, und nahm sich vor, wenn immer möglich, die Briefe ihres Mannes zu beantworten nach ihren besten Kräften. Richtig erschien noch vor Ablauf von sechzig Stunden folgender Brief:

„Teuerste Freundin meiner Seele!

Wenn sich zwei Sterne küssen, so gehen zwei Welten unter! Vier rosige Lippen erstarren, zwischen deren Kuß ein Gifttropfen fällt! Aber dieses Erstarren und jener Untergang sind Seligkeit und ihr Augenblick wiegt Ewigkeiten auf! Wohl hab' ich's bedacht und hab' es bedacht und finde meines Denkens kein Ende: — Warum ist

Trennung? — ? — Nur eines weiß ich dieser furchtbaren Frage entgegenzusetzen und schleudere das Wort in die Wagschale: Die Glut meines Liebeswillens ist stärker als Trennung, und wäre diese die Urverneinung selbst — — solange dies Herz schlägt, ist das Universum noch nicht um die Urbejahung gekommen!! Geliebte! Fern von Dir umfängt mich Dunkelheit — ich bin herzlich müde! Einsam such' ich mein Lager — — schlaf wohl! — —"

Bei diesem Briefe lag noch ein Zettel des Inhalts:

„P. S. Ich habe absichtlich, liebe Frau, diesen ersten Brief kurz gehalten, daß der Anfang Dir nicht zu schwierig erscheinen möge! Du siehst, daß es sich in diesen Zeilen nur um ein einziges Motiv handelt, um den Begriff der Trennung. Äußere nun hierüber Deine Gefühle und füge eine neue Anregung hinzu, welche zu finden nun eben die Sache Deines Herzens und Deines guten Willens sein wird. Heut schlaf' ich zum erstenmal in einem Bette seit meiner Abreise; wenn's nur keine Wanzen hat! Der junge Müller an der Burggasse, welchen ich angetroffen, hat mich um vierzig Franken angepumpt in Gegenwart von andern Reisenden und ganz en passant, so daß ich es in der Eile nicht abschlagen konnte. Da ich weiß, daß seine Eltern noch eine Partie Ölsamen haben, so soll unser Kommis gleich hingehen und den Ölsamen kaufen und auf Rechnung setzen. Es muß aber gleich geschehen, ehe sie wissen, daß der Junge mir Geld schuldig ist, sonst bekommen wir weder Ölsamen noch Geld.

NB. Wir wollen die geschäftlichen und häuslichen Angelegenheiten auf solche Extrazettel setzen, damit man sie nachher absondern kann. In Erwartung Deiner baldigen Antwort, Dein Gatte und Freund Viktor."

Mit diesem Briefe in der Hand saß sie nun da und las und wußte nichts darauf zu antworten. Wenn sie sich auch über die Grausamkeit oder Nützlichkeit der Trennung einige hausbackene Gedanken zurechtgezimmert, so fehlte ihr für die neue Anregung, die sie hinzufügen sollte, jeder Einfall, oder wenn sich einer einstellen wollte, so blieb er weit hinter den küssenden Sternen und hinter der Urbejahung zurück, und darüber verbleichten auch wieder ihre Trennungsbetrachtungen, welche sich doch nur um die Notwendigkeit und Einträglichkeit einer Geschäftsreise drehten, da ihr sonst kein anderer Grund bekannt war.

Sie ging mit dem Briefe auch in den Garten und ging auf und nieder, in immer größerer Angst befangen; da sah sie den Handlungsdiener ihres Mannes und geriet auf den Einfall, ihn ins Vertrauen zu ziehen, ihm ihre Not zu klagen und ihn zur Mithilfe zu veranlassen. Allein sie gab diesen Gedanken sofort auf, um den Respekt gegen ihren Mann nicht zu untergraben. Da fiel ihr Blick auf das Gärtchen eines Nachbarhauses, welches von ihrem Garten nur durch eine grüne Hecke getrennt war, und plötzlich verfiel ihre Frauenlist auf den wunderlichsten Ausweg, welchen sie auch, ohne sich lange zu besinnen und wie von einem höheren Licht erleuchtet, alsobald betrat.

In dem Nachbarhäuschen wohnte ein armer Unterlehrer der Stadt, namens Wilhelm, ein junger, für unklug oder beschränkt geltender Mensch, mit etwas schwärmerischen und dunkeln Augen. Derselbe sah für sein Leben gern die Frauen, war aber außerordentlich still und schüchtern und durfte überdies seiner beschränkten und ärmlichen Stellung wegen nicht daran denken, sich zu verheiraten oder sonst dem schönen Geschlechte den Hof zu machen. Er begnügte sich daher, die Schönheit mehr aus der Ferne zu bewundern, und da es für sein Verlangen gleich erfolglos war, ob er eine Frau oder ein Mädchen zum Gegenstande seiner Bewunderung machte, so wechselte er in aller Ehrbarkeit und wählte bald diese, bald jene zum Ziel seiner Gedanken. So lebte er in seinem Herzen wie ein Pascha, und alles Schöne, was Kaffee trank und Strümpfe strickte oder auch müßig ging, gehörte ihm. Dies doch einigermaßen leichtfertige Wesen wissenschaftlich zu begründen oder zu beschönigen, war der gute Wilhelm auch vom Christentum abgefallen und, obgleich er des Sonntags in der Kinderlehre vorsingen mußte, wo er immer aufs neue den Katechismus erläutern hörte, einer wahrhaft heidnischen Philosophie zugesteuert. Alle Götter und Göttinnen der Mythologien, welche er gelesen, rief er ins Leben zurück und bevölkerte damit sich zur Kurzweil die Landschaft; je nach der Stimmung des Himmels, der über Seldwyla hing, war er entweder Germane, Grieche oder Indier, und behandelte seine Weiber heimlich nach der Art dieser Landsleute. Nur wenn das Wetter gar zu graulich, sein Brot gar zu knapp und nirgends ein freundliches Frauenauge zu erblicken war, blies er zuweilen alle diese Götter auseinander und behauptete bei sich selbst, zu einem solchen Leben brauche man gar keinen Gott.

Diesen jungen Schulmeister wählte sich die schöne Frau zu ihrem Retter, sobald er ihr in den Sinn kam. Daß er sie gern sah, wußte sie seit einiger Zeit, und daß er ein ganz stiller und schüchterner Mensch war, ebenso, weil er errötete und die Augen niederschlug, wenn er ihr begegnete, und er schien ihr gerade von der rechten Art zu sein, um ein Geheimnis zu verschweigen. Sie ging also hin und schrieb den Brief ihres Mannes ab, und zwar dergestalt, daß sie einige Worte veränderte oder hinzusetzte, als ob eine Frau an einen Mann schreiben würde. Dann faltete sie das Papier zierlich zusammen und versiegelte es, ohne aber eine Adresse darauf zu setzen.

Dann ging sie zur Abendzeit wieder in den Garten, als Wilhelm eben seine paar Blümchen begoß, nahe der Hecke. Sie trat so dicht davor, als sie konnte, und rief ihn leise beim Namen. Zitternd und verstohlen zeigte sie ihm das Briefchen, als er aufblickte, und fragte, indem sie einen ganz seltsam sonnigen Blick hinüber schoß: Ob er schweigsam sein könnte? Diesmal vergaß er, die Augen niederzuschlagen, lachte sie unbewußt vielmehr an, wie ein halbjähriges Kind, welchem man ein glänzendes Ding zeigt, und war im Begriff, indem er die Gießkanne fallen ließ, mit den Händen nach ihrem Kopf zu fahren, um ihn auch nach dem Munde zu führen, wie es die Kinder machen, die den Raum noch nicht zu beurteilen wissen. Doch antwortete er nicht, bis sie ihn nochmals gefragt hatte, worauf er ernsthaft nickte. „So nehmt das Briefchen hier, wenn es niemand sieht, und legt mir eine hübsche und passende Antwort dafür hin! Es handelt sich um einen Scherz und Ihr sollt nicht im Schaden bleiben!“ sagte sie, steckte die Epistel durch das Laub des Hages und eilte davon, wie von einer Schlange gebissen, sich auf ihrem Stübchen verbergend.

Wilhelm schaute ihr nach wie einer, der eine Erscheinung sah; dann nahm er den Brief sachte aus dem Weißdorn, machte einen Umweg, so groß ihn das kleine Grüngärtchen erlaubte, und schlüpfte dann in sein kleines Gemach, welches unmittelbar am Gärtchen lag. Dort las er hastig den Brief, einmal, zweimal, und rief, indem ihm das Herz übermächtig zu schlagen anfing: „O Herr Jesus! Das ist wahrhaftig ein Liebesbrief!“ Sogleich zerküßte er das Papier, dann stutzte er wieder, erinnerte sich jedoch des Blickes, welchen sie ihm zugeworfen und hielt sich für geliebt. Er sah sich um in seinem Stübchen. Dichte Winden mit blauen und roten Blumen verhüllten fast ganz die niederen Fenster, doch drang die Abendsonne hindurch und streute einige goldene Lichter an die Wand, über sein ärmliches Bett und seine drei oder vier Götterlehren und das Schreibzeug. Der erste Gedanke, der sein dankbares Gemüt durchblitzte, war der liebe Gott, und zwar der alleinige und christlich-anständige. „Versteht sich!“ rief er auf- und niedergehend, den Brief in der Hand, wie eine Depesche, „versteht sich, gibt es einen Gott! Versteht sich, natürlich!“ Und er fühlte sich ganz glückselig, daß er auf so angenehme Weise seinen Frieden mit dem Schöpfer schließen konnte, der die schönen Frauen geschaffen. Aber aufs neue stutzte er. „Was Teufel tue ich mit ihr? Sie hat ja einen Mann! — Aber halt! das ist ihre Sache! Was sie befiehlt, das tu' ich! Will sie's, so sprech' ich nie ein Wort zu ihr, verlangt sie's, so kriech' ich mit ihr in die Erde hinein, und begehrt sie's, so tue ich's allein!“ Nun setzte er sich auf das Bett und ergab sich einem entzückten Träumen; endlich überlas er in der späten Dämmerung nochmals das Briefchen; es schien ihm doch etwas kurios und töricht geschrieben zu sein. „Ach!“ sagte er lächelnd vor sich hin, „auch bei einem geschenkten Herzen heißt es: dem geschenkten Gaul sieh nicht ins Maul! Ich will die Antwort in ihrer Weise schreiben, da sie es so liebt und versteht!“

Also zündete er ein Lichtstümpfchen an, suchte ein Blatt Papier hervor und schrieb darauf eine Antwort auf Viggis Brief, wie sie dieser nur wünschen konnte, nicht ohne Geist, aber dazu noch mit aller herzlichen Glut durchwärmt, welche er in diesem Augenblicke empfand. Er faltete das Blatt zusammen und trug es hinaus in die Hecke. Sodann ging er zurück und zu seiner Wirtin, um seine Abendsuppe zu essen; aber siehe da! er war ganz erstaunt, daß er nur wenige Löffel hinunterbrachte, so gesättigt fühlte er sich von allen guten Dingen, während er sonst bei seinen geträumten Liebesverhältnissen allzeit die größte Eßlust empfunden hatte. Darum legte er sich ungesäumt zu Bett und war nur begierig, ob er auch von seiner Geliebten träumen würde; denn ohne das schienen ihm die langen Stunden des Schlafes ein unverantwortlicher Zeit- und Sachverlust zu sein. Kaum lag er im Bett, so fing er, seit geraumer Zeit zum ersten Male, ganz von selbst an zu beten und begann dem lieben Herrgott inniglich und angelegentlich zu danken für die gute Gabe einer Liebsten, die er so unerwartet gewonnen; aber mitten im Gebet brach er kleinlaut ab, da ihm einfiel, daß der Handel doch nicht ganz zum Beten eingerichtet sei, und er bedauerte fast, daß er so unvorsichtig den christlichen Gott seiner Kindheit wieder eingesetzt hatte, der nicht so lustig mit sich umspringen ließ wie die Alphabetgötter aus seinen Wörterbüchern. Und doch war es ein schönes Leben, was ihn beseelte; denn in den schlimmsten Tagen hatte er nie um ein Stück Brot gebetet. So dachte er denn auch, gewissermaßen hinterrücks, an die schöne Frau, bis der Morgen anbrach und er fest einschlief. Da hatte er einen Traum. Ihm träumte, er sitze und mahle ein Pfund duftig gerösteten Kaffee, und die Kaffeemühle spielte eine süße, himmlisch klingende Musik, daß ihm ganz selig zumute ward, und doch träumte er nicht von Frau Gritli.

Diese hatte inzwischen seinen Brief richtig gesucht und gefunden und noch während der Nacht abgeschrieben mit den nötigen Veränderungen. Hierbei begegneten ihr zwei Dinge: erstens klopfte ihr das Herz ziemlich bang und ungestüm, als sie gar wohl die Wärme fühlte, welche in Wilhelms Worten glühte, und sie dieselben so bedächtig abschrieb; zweitens aber fiel es ihr diesmal im Traume nicht ein, in der befohlenen geschäftlichen Nachschrift oder auch im Briefe selbst eine jener munteren Redensarten von Zupfen am Ohrläppchen oder von der Nachtmütze einfließen zu lassen, und das Verbot ihres Mannes erwies sich als ganz überflüssig. Aber auf beide Dinge gab sie nicht weiter acht, da die Sorge, ihren Mann zufriedenzustellen, sie zu sehr beschäftigte. Ihre Nachschrift aber lautete: „Unser

Schreiber ist heute gleich zu Müllers an der Burggasse gegangen und hat den Ölsamen gekauft; aber kaum zwei Minuten nachher, noch ehe wir ihn herbringen konnten, ließen sie für den Betrag hundert blaue Wetzsteine holen. Derweil müssen sie die Nachricht von ihrem Sohne bekommen haben, daß er von Dir vierzig Franken entlehnt; denn als man hierauf den Ölsamen holen wollte, ließen sie sich entschuldigen, die Frau habe ohne Wissen des Mannes denselben schon vor zwei Tagen an einen Bauer verhandelt. So haben sie nun die vierzig Franken und die Wetzsteine dazu. Gebe Gott, daß Dir mein Brief nicht gänzlich mißfallen möge; er hat mich ziemlich Anstrengung gekostet, jedoch nicht allzu große, und ich merke, daß das Ding schon gehen kann."

Mit der ersten Post versandte sie den Brief und erhielt schon nach zwei Tagen eine Antwort von vier Seiten mit folgendem Beizettel: „Hier wäre der zweite Brief von mir, liebe Frau! Ich bin ordentlich stolz darauf, daß ich nun endlich das richtige Verfahren eingeschlagen; denn, ohne Schmeichelei, Du hast Dich vortrefflich gehalten! Aber nun nicht locker gelassen! Du siehst, daß ich schon tüchtig ins Zeug mit Dir gehe und vier Seiten mit lauter energischen Gedanken und Bildern angefüllt habe. Ich sage abermals nichts weiter als: mach Dich dahinter! Die Müllers soll der Teufel holen, wenn ich nach Hause komme! Es hat mich gekränkt, was sie taten, und mir einen schönen Tag verbittert, wo ich die interessantesten Bekanntschaften gemacht! Ich habe vergessen, den ersten Brief zu unterzeichnen, schreibe doch darunter, aber genau: Kurt v. W. Oder laß es lieber bleiben, ich werde doch die ganze Sammlung nachher durchgehen."

Während der letzten zwei Tage hatte Gritli sich die Sache ernstlicher überlegt und beschlossen, mit Wilhelm abzubrechen. Sie wollte ihm noch zur rechten Zeit sagen, daß es sich um einen Scherz gehandelt habe, den sie ihm auf irgendeine Weise schon noch zu erklären gedenke; auch hatte sie durch das Abschreiben der beiden Briefe etwas Mut geschöpft und hoffte, am Ende allein zurechtzukommen. Als sie aber das neue Geschreibsel in Händen hielt, ward es ihr rot und blau vor den Augen, und wenn sie bedachte, daß das nun fortschreitend immer toller werde, so gab sie jede Hoffnung auf und beeilte sich in ihrer erneuten Angst, die vier Seiten nur wieder abzuschreiben und an den bewußten Ort zu tun.

Wilhelm, welcher zwei schlimme Tage zugebracht hatte, weil er von seiner Dame nichts hörte oder sah, stürzte sich wie ein Habicht auf die Beute und stellte in weniger als einer Stunde eine Antwort her, welche an Schwung und Zärtlichkeit Viggis Kunstwerk weit hinter sich ließ. Als Gritli dies abschrieb, fühlte sie sich tief bewegt, und es fielen ihr sogar einige Tränen auf das Papier, denn dergleichen hatte ihr noch niemand gesagt. Fast wollte es sie bedünken, wenn sie an einen Menschen wie Wilhelm zu schreiben hätte, so würde ihr das Werk leichter, aber an Viggi? Sie gab nun jeden Gedanken auf, den Briefwechsel allein zu führen, und ließ den Dingen ihren Lauf, auf ihre List vertrauend, welche in der Not schon einen neuen Ausweg finden sollte. Diesmal fügte sie folgende Nachschrift hinzu: „Neues weiß ich von hier nichts zu melden als eine kleine närrische Geschichte, welche ich nicht in den Hauptbrief zu setzen wagte. Der arme Schorenhans vor dem Tore, welcher, wie Du weißt, mehr Witze macht, als er Fleisch zu sehen kriegt, sollte jüngsten Sonntag einen schweren Zins nach der Hauptstadt tragen. Weil er fast nichts übrig behielt, um dort einzukehren und etwas zu genießen, so sagte er zu seiner Frau: ‚Ich werde mich früh um vier Uhr auf die Beine machen und streng laufen, denn es sind sieben Stunden, so werde ich bis zum Mittagessen eintreffen und wohl einen Teller Suppe und vielleicht auch ein Glas Wein vom Zinsherrn bekommen.‘ So tat er denn auch und lief mit seinem Gelde wie besessen. Um zehn Uhr ungefähr verspürte er einen solchen Hunger, daß er kaum glaubte, hinzugelangen, und fragte daher die Leute, welche des Weges kamen, wie weit es noch sei? ‚Wenn Ihr gut lauft,‘ hieß es, ‚so habt Ihr noch eine Stunde!‘ Und wann man denn dort Mittag esse? fragte er noch ängstlich. ‚Am Sonntag um elf Uhr!‘ sagten die Leute. So lief der arme Kerl aus allen Leibeskräften, denn es handelte sich um den langen Rückweg und er trug nicht einen eigenen Batzen in der Tasche. Endlich langte er an, als es eben elf Uhr läutete, und drang atemlos gleich hinter der anmeldenden Dienstmagd in die Stube, mit seinem Geldsäckchen ein Geräusch erregend. Die Familie saß schon am Tische, und die Suppe wurde eben weggetragen. Etwas ungehalten über das Eindringen sagte der Zinsherr: ‚Gut, lieber Mann! setzt Euch nur dort auf die Ofenbank und geduldet Euch eine Weile!‘ So setzte er sich erschöpft und wehmütig auf die Bank und sah der Herrschaft zu, wie sie aß und trank, und hörte die Kinder plaudern und lachen und roch den mächtigen Braten, der jetzt hereingebracht wurde. Niemand gedachte seiner, bis zufällig der Herr sich zu ihm wandte und sagte: ‚Und was gibt es Neues bei Euch draußen, guter Freund?‘

„‚Nichts Apartes!‘ erwiderte der Schorenhans schnell besonnen, ‚als daß merkwürdigerweise diese Woche eine Sau dreizehn Ferkel geworfen hat!‘ Auf diese Worte schlug die Zinsfrau erbarmungsvoll die Hände über dem Kopf zusammen und rief: ‚O du lieber Gott! Was machen sie doch aus deiner Weltordnung. Ein Mutterschwein hat ja nur zwölf Zitzchen, wo soll denn das dreizehnte Säulein saugen!‘ Schorenhans zuckte lächelnd die Achsel und erwiderte: ‚Es hat's eben wie ich, es muß zusehen!‘ Darüber lachte der Hausherr und rief: ‚Frau, laß dem Bauer einen Teller bringen, und gib ihm zu essen von allem, was wir gehabt haben!' So geschah es, er bekam Suppe, Braten und alles Gute, und der Herr schenkte ihm von dem alten Weine in das Glas und gab ihm ein gutes Trinkgeld, als er fortging. Ich teile Dir, lieber Mann, diesen Spaß nur deswegen mit, weil mir etwas dabei eingefallen ist. Ich wünschte nämlich, da Du so viele Verbindungen hast, daß Du die kleine Geschichte als einen artigen Beitrag für eines deiner Unterhaltungsblätter abfassen oder aufsetzen und ein bißchen ausschmücken möchtest, bis sie beträchtlich genug ist. Dann würdest Du, indem Du ja den Zweck angeben könntest, ein kleines Honorar, etwa zehn Franken, dafür verlangen, und diese gäben wir dem Schorenhans, der gewiß eine komische Freude hätte über diesen unverhofften Ertrag seines Einfalls!"

Auf diesen Brief erfolgte von Viggis Seiten ein noch größerer mit folgender Beilage: „Die Sache geht gut, liebes Gritli! Wir können nun keck ausschreiten und wollen uns täglich schreiben, hörst Du, täglich! Vielleicht in einiger Zeit zweimal des Tages, um die Dauer meiner Abwesenheit gut zu benutzen und eine ansehnliche Sammlung zustande zu bringen. Ich denke auch schon auf einen idealen Namen für Dich; denn Deinen prosaischen Hausnamen können wir hier nicht brauchen. Wie gefällt Dir Isidora oder Alwine? Mit Deiner Geschichte vom Schorenhans hast Du nichts erreicht, als daß sie mir die doppelte Brieftaxe verursachte; denn erstens ist aus diesem albernen Witze nichts zu machen, und wenn es wäre, so kannst Du doch nicht verlangen, daß ich meine Muse mit dergleichen kleinlichen Angelegenheiten beschäftige! Für eine öffentliche wohltätige Unternehmung ließe sich das eher hören; ich bin auch schon bei einigen solchen ehrenvollen Missionen engagiert. Wenn Du jedoch den Leuten ein paar

Franken aus der Tasche magst zukommen lassen, so habe ich nichts dagegen; denn ich möchte Deinem mildtätigen Sinne nicht gerade hinderlich sein. Ich wünschte, daß Du Dich für den Namen Alwine entscheidest."

Nun ging also die seltsame Briefpost tagtäglich und nach einiger Zeit in der Tat zweimal des Tages. Gritli hatte nun alle Tage vier lange Briefe abzuschreiben, weshalb ihre feinen rosigen Finger fast immer mit Tinte befleckt waren. Sie seufzte reichlich bei diesem ungewohnten Tun, mußte bald lachen, bald weinen über die Einfälle und Mitteilungen der beiden Briefsteller, die durch ihre Hand gingen, und sie unterschrieb die Briefe an Viggi mit Alwine, diejenigen an Wilhelm mit Gritli, wobei sie dachte: der ist wenigstens zufrieden mit meinem armen Namen! Seit einiger Zeit hatte sie bemerkt, daß Wilhelm nicht zum besten mit Papier versehen war, indem er immer andere Farben und Abschnitzel verwandte. Sie kaufte daher ein Paket schönes Briefpapier und legte es ihm hin mit der Anweisung: „Es muß jetzt täglich zweimal geschrieben werden! Fragt nicht, warum, kennt mich nicht, seht nicht nach mir! Das Geheimnis wird sich aufklären!"

Sie rechnete fest auf seine Gutherzigkeit, Einfalt und stille Ergebenheit, welche, wenn auch eines Tages enttäuscht, dennoch das Geheimnis bewahren würde, froh darüber, ein solches zu besitzen. So ging denn der Verkehr wie besessen, und an drei Orten häufte sich ein Stoß gewaltiger Liebesbriefe an. Viggi sammelte die vermeintlichen Briefe seiner Frau sorgfältig auf, Gritli verwahrte die Originale von beiden Seiten und Wilhelm bewahrte Gritlis feine Abschriften in einer dicken Brieftasche auf seiner Brust, während er sich um seine eigenen Erzeugnisse nicht mehr kümmerte.

In einer Nachschrift bemerkte Viggi: „Ich habe mit Vergnügen gesehen, daß Spuren von vergossenen Tränen zwischen Deinen Zeilen zu sehen sind (wenn Du nicht etwa einen Schnupfen hattest!). Aber gleichviel, ich trage mich jetzt mit dem Gedanken, ob solche Tränen zwischen den Zeilen bei einer allfälligen Herausgabe im Druck nicht durch einen zarten Tondruck könnten angedeutet werden? Freilich, fällt mir ein, müßte dann wohl die ganze Sammlung faksimiliert werden, was sich indessen überlegen läßt." Wilhelm schrieb dagegen in einem Briefe: „O liebes Herz, es ist doch traurig, so unerbittlich getrennt zu sein und immer mit der schwarzen Tinte zu sprechen, wo man das rote Blut möchte reden lassen! Ich habe heute schon zweimal einen frischen Bogen nehmen müssen, weil mir Tränen darauf gefallen sind, und soeben konnte ich einen dritten nur dadurch retten, daß ich schnell die Hand darauf legte. Wenn Du mich nur ein wenig liebst, so verachtest Du mich nicht wegen dieser Schwachheit!"

Solche Stellen, welche sie nach ihrer Meinung besonders angingen, merzte sie sorgfältig aus in der Abschrift: dafür verwechselte sie manchmal die hochtrabenden Anreden: „Teurer Freund meiner Seele!" und dergleichen in den Sendungen an Wilhelm mit vertraulichen Benennungen, wie „mein liebes Männchen" oder „mein gutes Kind", was sie dann wieder in Reu' und Sorgen setzte, während sie die großen, hohlen Worte in den Briefen an den Mann großartig stehen ließ. Kurz, sie wünschte endlich sehnlich die Heimkehr ihres Eheherrn, damit alle Gefährde ein Ende nehmen und zum Schluß gebracht werden möchte. Da schrieb er unversehens, seine Geschäfte jeder Art seien nun zu Ende. Allein der Briefwechsel sei nun in einen so glücklichen Zug geraten, daß er noch vierzehn Tage fortbleiben wolle, damit diese Angelegenheit, an welcher ihm sehr viel liege, recht ausgebildet und zur glücklichen Vollendung geführt werden könne. Er werde sich diese zwei Wochen noch ausschließlich damit beschäftigen und ermahne auch sie, getreulich auszuhalten und das Ziel, welches ihr auf immer eine Stelle in den Reihen ausgezeichneter Frauen sichere, bis ans Ende zu verfolgen.

Daher wurde aufs neue geschrieben und geschrieben, daß die Federn flogen. Gritli wurde bleich und angegriffen, denn sie mußte schreiben wie ein Kanzlist; und der Schulmeister magerte ganz ab und wußte nicht mehr, wo ihm der Kopf stand, da er dazu noch in voller Leidenschaftlichkeit schrieb und nicht mehr aus alledem klug wurde. Gritli wagte nicht mehr sich im Garten aufzuhalten, um ihn nicht zu sehen, und wenn sie ihn auf der Straße etwa traf, wagte er seinerseits nicht sie anzusehen, wie wenn er der Übeltäter wäre.

Viggi indessen, so viel er auch schrieb, ließ sich wohl sein und lebte in allen Stücken wie ein echter Weltfahrer, da er überhaupt gewohnt war, nach der Art mancher Leute, seine Geschäftsreisen als Ausnahmezustand zu betrachten und sich von aller häuslichen Ordnung zu erholen. Jeden Abend führte er eine andere Schöne ins Theater oder auf die öffentlichen Bälle, wobei er die Sucht hatte, sich von jeder die Geschichte ihres Schicksals erzählen und tüchtig anlügen zu lassen. Gegen das Ende wurde er dann regelmäßig gefühlvoll, fand alles höchst bedeutsam, fing an zu notieren und wurde hinter dem Rücken verspottet, während man seinen Champagner trank. Zuletzt jedoch begab er sich auf den Heimweg, nachdem er noch Gelegenheit gefunden, einen guten Handel in Strohwaren abzuschließen.

Auf der letzten Station stieg er aus; da es ein schöner Herbsttag war, wollte er zu Fuß Seldwyla erreichen, das Notizbüchlein in der Hand, um eine „Wanderers Heimkehr“ zu studieren und in der goldenen Abendluft einen recht famosen Titel für den Briefwechsel auszudenken. Er war zufrieden mit sich, mit der Welt, mit seiner Frau, mit dem Himmel, und trug ein höchst wunderbares Hütchen auf dem Kopf, halb von Stroh, halb von Seide, dessen Band ihm auf den Rücken fiel. „Im Grunde", sagte er, „braucht es da keinen besonders künstlichen Titel! Das Einfachste wird das Beste sein, etwa die beiden Namen zusammengezogen, gibt ein famos klingendes Wort: Kurtalwino, Briefe zweier Zeitgenossen! Das ist gut, ganz gut!" Und übermütig-froh fing er in dem Gehölz, durch das er ging, plötzlich an zu singen in der Melodie des Rinaldiniliedes: „Kurtalwino, rief sie schmeichelnd, Kurtalwino wache auf! Deine Leute sind schon munter, längst ging schon die Sonne auf" und so fort. Mit diesem verrückten Gesange weckte er einen schlanken jungen Mann auf, welcher unter einer Tanne saß und den Kopf auf die Hand gestützt in tiefen Gedanken in das Tal schaute. Es war Wilhelm, welcher sich auf den ersten Ton von Herrn Störtelers Gesang erhob und davoneilte. Dafür setzte sich dieser an seinen Platz, als er eine dicke Brieftasche dort liegen sah, die jener offenbar vergessen. „Was hat", sagte er, „dieser Hungerschlucker im Freien zu tun, anstatt seine Schulhefte zu mustern? Was Kuckucks hat er hier für ein Archiv bei sich gehabt?" Und ohne weiteres öffnete er das Bündel und fand die Unzahl Briefe Gritlis, welche, obschon auf feines Postpapier geschrieben, doch kaum zusammenzuhalten waren. Er machte sogleich den ersten auf; denn, dachte er, wer weiß, welch interessantes Geheimnis, welche gute Studie hier zu erbeuten ist!

Der Brief fing an „wenn sich zwei Sterne küssen" usw. Er besah die Handschrift genauer, es war die seiner Frau. Er tat den zweiten Brief auf, den dritten, es waren seine Briefe, er fing von hinten an und stieß genau auf den letzten, welchen er geschrieben, alle waren zierlich abgeschrieben und an den Schulmeister adressiert. Er sprang in die Höhe und rief: „Was Kreuz Millionenhagel ist denn das? Bin ich konfus oder nicht?"

Einige Minuten stand er wie verstört; dann stieß er die Brieftasche mit den Papieren kunterbunt in das Reisetäschchen, das er umgehängt hatte, schwang seinen Stab, drückte sein Hütchen in die Augen, daß das arme Ding knitterte und sich verbog, und schritt gestrengen Schrittes vollends heimwärts. Auf dem Weg lief der Schulmeister ängstlich und hastig an ihm vorüber wieder zurück, offenbar seine Briefe zu suchen. Viggi tat, als sähe er ihn nicht, und ging vorwärts.

Als er durch die Stadt zog, waren die Seldwyler verwundert über seine starre Haltung und daß er niemand grüßte. „Viggi Störteler ist zurück!" hieß es: „jeder Zoll ein Mann! Potztausend, da geht er hin!" Er aber drang unaufhaltsam vor und in sein Haus. Dort sah er die Kellertür offen stehen, ging hinein und sah sein Weib einige Äpfel auswählen, das Licht in der Hand. Unversehens trat er vor sie hin, daß sie leicht erschrak und noch etwas blasser wurde. Er bemerkte dies und betrachtete sie einen Augenblick, sie sah ihn auch an, und keines sagte ein Wort. Plötzlich nahm er ihr das Licht aus der Hand, riß ihr den Schlüsselbund von der Seite, ging hinaus, schloß die Kellertür zu und steckte den Schlüssel zu sich. Darauf ging er in die Wohnstube hinauf, wo ihr Schreibtischchen stand, ein zerbrechliches kleines Ziermöbel, ihr einst zum Namenstage geschenkt und nicht geeignet gefährliche Geheimnisse zu beherbergen. Daher brauchte er auch den Schlüsselbund nicht, und die Behältnisse öffneten sich von selbst, wie man sie nur recht berührte. In einem Schubkästchen fand er denn auch seine eigenen Briefe und zu seinem neuen Erstaunen im andern die Originale zu den Briefen seiner Frau, von fremder Hand, ja mit der Unterschrift des Schulmeisters. Er besah einen nach dem andern, machte sie auf und wieder zu und wieder auf und warf alle auf einen runden Tisch, der im Zimmer stand. Dann zog er auch die Briefe aus seiner Reisetasche hervor, beschaute sie auch nochmals und warf sie ebenfalls auf den Tisch; es gab einen ganz artigen Haufen.

Dann ging er mit halb irrem Blick um den Tisch herum, hier und da mit seinem Stock auf die Papiermasse schlagend, daß die Briefe emporflogen. Endlich erschnappte er etwas Luft und sagte: „Kurtalwino! Kurtalwino; fahre wohl, du schöner Traum!“

Als er noch einigemal um den Tisch herumgegangen, stand er still, reckte den Arm mit dem Stocke aus und fuhr fort: „Eine Buhlerin mit glattem Gesicht und hohlem Kopfe, zu dumm, ihre Schande in Worte zu setzen, zu unwissend, um den Buhlen mit dem kleinsten Liebesbrieflein kitzeln zu können, und doch schlau genug zum himmelschreiendsten Betrug, den die Sonne je gesehen! Sie nimmt die treuen, ehrlichen Ergüsse, die Briefe des Gatten, verrenkt das Geschlecht und verdreht die Namen und traktiert damit, prunkend mit gestohlenen Federn, den betörten Genossen ihrer Sünde! So entlockt sie ihm ähnliche Ergüsse, die in sündiger Glut brennen, schwelgt darin, ihre Armut zehrt wie ein Vampyr am fremden Reichtum; doch nicht genug! Sie dreht dem Geschlechte abermals das Genick um, verwechselt abermals die Namen und betrügt mit tückischer Seele den arglosen Gemahl mit den neuen erschlichenen Liebesbriefen, das hohle und doch so verschmitzte Haupt abermals mit fremden Federn schmückend! So äffen sich zwei unbekannte Männer, der echte Gatte und der verführte Buhle, in der Luft fechtend, mit ihrem niedergeschriebenen Herzblut; einer übertrifft den andern und wird wiederum überboten an Kraft und Leidenschaft; jeder wähnt sich an ein holdes Weib zu richten, während die unwissende, aber lüsterne Teufelin unsichtbar in der Mitte sitzt und ihr höllisches Spiel treibt! O ich begreife es ganz, aber ich fasse es nicht! — Wer jetzt als ein Fremder, Unbeteiligter diese schöne Geschichte betrachten könnte, wahrhaftig, ich glaube, er könnte sagen, er habe einen guten Stoff gefunden für —"

Hier brach er ab und schüttelte sich, da eine Ahnung in ihm aufging, daß er nun selbst der Gegenstand einer förmlichen Geschichte geworden sei, und das wollte er nicht, er wollte ein ruhiges und unangefochtenes Leben führen. — „Wo ist meine Ruhe, meine Fröhlichkeit," sagte er, „nur bewegt von leichten Geschäftssorgen, die ich spielend beherrschte. Dies Weib zerstört mir das Leben, nach wie vor; ich hielt sie für eine Gans; sie ist auch eine, aber eine Gans mit Geierkrallen!"

Er lachte und rief: „Eine Gans mit Geierkrallen! Das ist gut gesagt! Warum fallen mir dergleichen Dinge nicht ein, wenn ich schreibe? Ich werde noch verrückt, es muß ein Ende nehmen!"

Damit ging er hinaus, schloß das Zimmer ab und begab sich aus dem Hause. Auf der Treppe stieß er das Dienstmädchen zur Seite, welches verwundert und ratlos die Herrschaft suchte.

Voll von Ärger und Kummer über die verletzte Eitelkeit und Eigenliebe ging er durch die dunkeln Straßen. Die Hauptsache, die verlorene Liebe seiner Frau, schien ihm nicht viel Beschwerde zu machen; wenigstens aß er ein großes Stück trefflicher Lachsforelle auf der Rathausstube, wohin er sich begab und wo die Angesehenen den Samstagabend zuzubringen und die Nacht durchzuzechen pflegten. Dort saß er einsilbig und verwirrt, oder er mischte sich hastig mit fremden Gegenständen ins Gespräch, und beides zog ihm bald Sticheleien zu, da er eine ungewohnte Erscheinung war und die Gesellschaft störte. Er trug immer noch sein neuestes Modehütchen auf dem Kopfe, welches den Herren nicht genehm war. Denn wenn sie auch jede Mode, sobald sie im Zuge war, alsobald mitmachten, so konnten sie die verfrühten Erstlinge derselben nie leiden und hüteten sich überhaupt vor dem Allzuzierlichen und Närrischen. Nun hatte jüngst einer von Paris den Witz heimgebracht, den hohen runden Männerhut Hornbüchse (boîte à cornes) zu nennen, welchen Ausdruck sie mit Jubel aufgriffen. Seither sagten sie statt Deckel, Angströhre, Ofenrohr, Schlosser, Läusepfanne, Grützmaß, noli me tangere, Kübel, Witzschale, Filz und dergleichen für jede Art Hut nur Hornbüchse, und sie benannten Viggis Kopfbedeckung demgemäß ein artiges Hornbüchschen und meinten, seine Hörnchen müßten noch ganz jung, zart und klein sein, ansonst er eine festere Büchse brauchte. Er glaubte, sein Unglück sei also stadtbekannt und sie zielten schnurstracks auf das, was ihn dermal bewege; er spitzte die Ohren, stichelte wieder, um sie zu mehrerem Schwatzen zu verleiten, und hielt mehrere Stunden einen peinlichen Krieg aus, ganz allein gegen die ganze Ratsstube, ohne daß etwas Mehreres herauskam, als daß er sich im Zorne betrank und höchst unglückselig wurde. Als er kein anderes Ziel erreichte, gab er ihnen endlich klar zu verstehen, daß er sie samt und sonders für Lumpenkerle halte, worauf sie ihn, nun selber höchlich aufgebracht, hinausfuhrwerkten. Er rückte sich sein armes mißhandeltes Hütchen zurecht und torkelte bitterlich weinend nach seinem Hause, legte sich zu Bett und schlief wie ein Murmeltier, bis es zur Kirche läutete, und er würde noch lange geschlafen haben, wenn ihn nicht Knecht und Magd geweckt hätten mit der Frage und Klage nach der Hausfrau. Da stellten sich ihm alle Erfahrungen des letzten Tages plötzlich dar, verzerrt und vergrößert durch die Verwirrung seines Kopfes; in fürchterlichem Zorn und mit wilden Gebärden raffte er sich auf, rieb sich aber dann die Stirn und besann sich, bis ihm der Kellerschlüssel einfiel. Es war ihm zumute, als ob er seine Frau schon seit

Wochen eingesperrt hätte, so sehr war er aus dem Häuschen; aber das dünkte ihn nur desto wichtiger und großartiger, und er eilte mit rollenden Augen, das Gericht zu Ende zu bringen. Er öffnete den Keller, in welchem Gritli totenblaß und erfroren auf einem alten Schemel saß. Sie hatte sich bisher ruhig und still verhalten in der Hoffnung, der Mann werde ohne Zeugen kommen und aufmachen, und sie könne alsdann mit ihm reden; denn bei seinem ersten unerwarteten Anblicke hatte sie gefühlt, daß er ihres Mißgriffs mit den Briefen bereits innegeworden, ohne daß sie erraten konnte, auf welchem Wege. Wie sie seiner daher nun ansichtig wurde, stand sie auf, ergriff seine Hand und wollte ihn beschwören, nur einige Minuten zuzuhören; doch da sie sah, daß die Dienstboten hinter ihm standen, konnte sie nichts sagen, und überdies nahm er sie sofort beim Arme und führte sie unsanft mit den Worten auf die Gasse hinaus: „Hiermit verstoße und verjage ich dich, verbrecherisches Weib, und nie mehr wirst du diese Schwelle betreten!"

Worauf er die Haustür zuschlug und seine Leute barsch an ihre Geschäfte wies.

Hierauf begab er sich, da seine Munterkeit bereits erschöpft war, wieder ins Bett und schlief abermals wie ein Ratz bis in den Nachmittag hinein.

Vor dem Hause hatte sich schon seit einer Stunde ein Häufchen Nachbarweiber gesammelt, welche die Ausgestoßene neugierig umgaben und mit Lamentieren auf jedem Schritte begleiteten. Sie glaubte vor Erschöpfung, Scham und Verwirrung in die Erde zu sinken, wagte nicht aufzusehen und wandte sich unschlüssig bald auf diese, bald auf jene Seite; denn sie hatte keine Eltern oder Verwandte mehr zu Seldwyla, ausgenommen eine alte Base, welche ihr endlich einfiel. Sie schlug den Weg nach der Wohnung derselben ein und erreichte sie, ohne die vielen

Kirchgänger zu sehen, durch welche sie hindurch mußte; es herrschte bei einem Teil der Einwohner gerade wieder eine stärkere religiöse Strömung, welche jedoch nicht hinderte, daß nicht einige vom Wege zum Tempel Gottes abschweiften und mit dem Kirchenbuche in der Hand der irrenden Frau nachliefen.

Gritli wurde übrigens von der Alten gut und sorglich aufgenommen. Nachdem sie sich etwas erholt, fing sie heftig an zu schluchzen, und als auch dies vorüber war, schwur sie, nie mehr in das Haus Viggi Störtelers zurückzukehren, und die Base, schnell beraten, ließ noch am gleichen Tage Gritlis notwendigste Sachen bei ihm abholen.

Als er endlich ausgeschlafen hatte, fühlte er einen gewaltigen Hunger und wollte sich stracks zu Tisch setzen; doch die ratlose Magd hielt nichts bereit, und statt mit dem Essen war der Tisch noch mit dem Briefwechsel zweier Zeitgenossen gedeckt. Er tobte aufs neue, befahl sogleich zu kochen, was das Haus vermöchte, und verschloß die Briefe bis auf weiteres in sein Pult. Nachdem er gegessen, war er endlich etwas beruhigt und begann seiner Einsamkeit innezuwerden, und erst jetzt wurde es ihm unheimlich; denn nach den Vorfällen der letzten Nacht konnte er nicht einmal Zuflucht in der Gesellschaft seiner Mitbürger suchen. Als vollends eine Person kam und er das lieblich duftende Zeug seiner Frau aus den Schränken herausgeben mußte, liefen ihm die Augen über, und er wünschte beinahe, daß sie noch da wäre, und überlegte, ob sich die Übeltat nicht vielleicht verzeihen ließe nach genauerer Prüfung.

Er wartete daher zwei Tage, ob sie nichts von sich hören ließe, und als sie das nicht tat, begab er sich zum Stadtpfarrer, um die Scheidung anhängig zu machen. Über den Versöhnungsversuchen, welche der geistlichen Behörde oblagen, dachte er, werde sich das Ding vielleicht aufklären. Er war aber sehr verwundert, als er vernahm, daß Gritli in gleicher Sache soeben dagewesen sei, und als ihm der Pfarrer bereits mitteilen konnte, wie es mit den Briefen zugegangen sei, wie Gritli ihren Fehlgriff einsehe, denselben aber für abgebüßt halte und wegen des Überschusses an Strafe und sonstiger unvernünftiger Behandlung sich von ihm zu trennen wünsche.

Er hielt diese Erzählung für Flausen und gedachte die Sünderin schon noch herumzubringen, ließ also der Sache ihren Lauf. Als er nach Hause kam, fand er einen Brief vor von einer Dame namens Kätter Ambach. Es war dies ein Fräulein von sechs- bis achtunddreißig Jahren, welche seit ihrem vierzehnten Jahre auf allen Liebhaberbühnen zu Seldwyla, so oft deren errichtet worden, die erste Liebhaberin gespielt hatte, und zwar nicht wegen ihrer schönen Gestalt, sondern wegen ihres höheren Geistes und ihrer kecken Vordringlichkeit. Denn was ihre Gestalt betraf, so besaß sie einen sehr langen hohen Rumpf, der auf zwei der allerkürzesten Beinen einherging, so daß ihre Taille nur um ein Drittel der ganzen Gestalt über der Erde schwebte. Ferner hatte sie einen unverhältnismäßigen Unterkiefer, mit welchem sie beträchtliche Gaben von Fleisch und Brot zermalmen konnte, der aber ihr Gesicht zum größten Teile in Kinn verwandelte, so daß dieses wie ein ungeheurer Sockel aussah, auf welchem ein ganz kleines Häuschen ruhte mit einer engen Kuppel und einem winzigen Erkerlein, nämlich der Nase, welche sich vor der vorherrschenden Kinnmasse wie zerschmettert zurückzog. Auf jeder Seite des Gesichts hing eine lange einzelne Locke weit herunter, während am Hinterhaupte ein dünnes Rattenschwänzchen sich ringelte und mit seiner äußersten Spitze stets dem Kamme und der Nadel zu entfliehen trachtete. Denn steckte man eine Nadel hindurch, so ging es auseinander und spaltete sich in eine Schlangenzunge, und zwischen den engsten Kammzähnen schlüpfte es hindurch, hast du nicht gesehen!

Was ihren Geist betrifft, so war er, wie schon gesagt, ein höherer, was man alsobald aus ihrem Schreiben ersehen wird, welches Viggi zu Hause fand:

„Edler Mann!

Es gibt Lagen, welche uns die Rücksichten der beschränkten Alltagswelt vergessen lassen und selbst dem zarteren Weibe den Mut geben, ja die Pflicht auferlegen, aus sich herauszutreten und seine edelste Teilnahme offen dahin zu wenden, wo verkannte und mißhandelte Männergröße sich in unverdienten Leiden verzehrt. In einer solchen Lage scheine ich Endesunterzogene mich zu befinden, und über alle kleinlichen Bedenken erhaben durch meine Weltkenntnis wie durch meine Bildung, wage ich es daher, mich in der edelsten Absicht Ihnen zu nähern, geehrter Herr, und Ihnen freimütig diejenigen Dienste anzubieten, welche Ihr Unglück vielleicht lindern können! Längst habe ich die Blüten Ihres Geisteslebens im stillen bewundert und um so inniger in mich aufgenommen, als ich darüber trauerte, daß ein Mann wie Sie so unverstanden und einsam in dieser barbarischen Gegend bleiben muß. Um so vertrauter und glücklicher, dachte ich, muß er im Allerheiligsten seiner Häuslichkeit, an der Seite einer seelenvollen Gattin sich fühlen! Nun steht auch Ihr Haus verödet, eine peinliche Kunde durchschweift unsere Stadt — verzeihen Sie, wenn ich hier den Schleier edler Weiblichkeit vorziehe! Um es kurz zu sagen: Sollten Sie in Ihrer jetzigen Verlassenheit der Teilnahme eines mitfühlenden Herzens, des ordnenden Rates und der Tat einer sorglichen weiblichen Hand irgendwie bedürfen, so würde ich Sie bitten, mir die Freude zu machen und ganz ungeniert über meine Zeit und meine Kräfte zu verfügen; denn ich bin durchaus unabhängig in der Verwendung meiner Muße und könnte täglich leicht das ein und andere Stündchen Ihren Angelegenheiten widmen. Gewiß, wenn auch Ihr starker Geist keiner erleichternden Mitteilung bedarf, so ist dafür Ihr Haushalt dann und wann der vorsorgenden Aufsicht um so bedürftiger; das weiß der sichere Takt gebildeter Frauen noch besser, als der rohe Instinkt jener platten Weiber es ahnt, und so werde ich es mir nicht nehmen lassen, heute oder morgen persönlich an Ihrem verwaisten Herde zu erscheinen, um Ihre etwaigen Wünsche und Bedürfnisse entgegenzunehmen. Sobald Ihre Verhältnisse wieder glücklicher geordnet sind, werde ich mich mit der edelsten Uneigennützigkeit sogleich zurückziehen in die geweihte Stille meines Arbeitszimmers.

Genehmigen Sie die herzlichste Versicherung der aufrichtigsten Hochachtung, womit ich mich zeichne

Ihre ergebenste Käthchen Ambach."

Als Viggi diesen Brief gelesen, beschlich ihn eine sehr gemischte Empfindung. Er war wie alle Welt gewohnt gewesen, über die Kätter zu lachen, und hegte nicht die angenehmsten Vorstellungen von ihrem Äußern. Und doch war es ihm, als ob er schon lange nur auf einen solchen Brief gewartet habe, als ob hier eine Stimme aus einer besseren Welt sich hören ließe, als ob hier ein verständnisvolles Gemüt sich vor ihm enthülle. Indem er so darüber brütete, erschien Kätter selbst.

Sie trug ein Kleid von schwarzem Baumwollsammet, einen roten Schal und ein rundes graues Hütchen mit einer Feder. Diese Erscheinung bestach ihn plötzlich, und als sie nun ihm schweigend die Hand gab und ihn mit einem wehmütig tröstenden Blick ansah, da vergaß er vollends, daß er jemals über diese Person gelacht; vielmehr fand er sich sogleich trefflich in die Weise hinein.

Die Unterredung, welche zwischen diesen beiden Geistern nun erfolgte, ist nicht zu beschreiben; genug, als sie zu Ende war, fühlte Viggi sich getröstet und durchaus für Kätter eingenommen. Am meisten hatte sie ihn gerührt, als er ihr die Geschichte mit den Briefen erzählte und den ganzen Haufen vorwies. Sie hatte kein Wort erwidert, sondern nur geseufzt und einige stille Tränen vergossen, und zwar ziemlich aufrichtig, weil sie bedachte, wie viel weiser und geschickter sie für eine solch glückliche Stellung eingerichtet gewesen wäre: denn sie schrieb für ihr Leben gern Briefe.

Zum Schlusse stellte sie mit der Magd ein Verhör an, besichtigte die Küche, gab einige überflüssige Anweisungen und stieg endlich, das Kleid aufnehmend, mit großen Umständen und laut sprechend die geräumige Treppe hinunter, welche ihr, verglichen mit ihrer Hühnerstiege zu Hause, ausnehmend wohl gefiel. Der angehende Witwer begleitete sie bis auf die Straße, und es fand ein gespreizter und ansehnlicher Abschied statt.

„Berg und Tal kommen nicht zusammen, aber die Leut'!" sagte ein Seldwyler, der eben vorbeiging und den stattlichen Auftritt besah.

Der Unglücklichste von allen war Wilhelm, der Schulmeister. Er hatte sich halbwegs ein Herz gefaßt und gesucht, mit Frau Gritli zu sprechen; allein es mißlang ihm gänzlich, da sie sich nirgends blicken und nichts von sich hören ließ. Da schrieb er einen Brief an sie, in welchem er den Hergang mit seiner Brieftasche erzählte und sie um Aufschluß bat, wie er sich zu ihrem Besten zu verhalten habe? Weiter wagte er nichts mehr zu schreiben, als daß er alles tun wolle, was sie für gut erachte. Diesen Brief trug er mehrere Stunden weit auf die Post und erhielt darauf nur wenige Zeilen zur Antwort, des Inhalts: Er solle sich ganz ruhig verhalten, bis er gerichtlich befragt würde;

dann solle er sagen, was er wüßte, nicht mehr und nicht weniger, nämlich er habe auf ihren Wunsch die Antworten auf die ihm mitgeteilten Briefe geschrieben.

So sich selbst überlassen, von allerlei Gerüchten gequält und in voller Ungewißheit, was alles das zu bedeuten habe, getraute er sich nicht einmal mehr vor seine Türe hinaus, um sein Gärtchen zu besorgen, und der rüstige Briefsteller empfand nun eine nicht unverdiente Furcht vor allem, was in dem Hause des Nachbar Viggi lebte und webte.

Während so die beschuldigten Sündersleute sich niemals sahen, lebten Störteler und die Kätter bald im vertrautesten Umgange. Sie besuchte täglich zweimal sein Haus und gab sich in der ganzen Stadt das Ansehen, als ob sie aus reiner Aufopferung den Mann aus den traurigsten Zuständen, wenigstens aus dem Gröbsten, erretten müßte. Dabei schilderte sie, wo sie hinkam, die von Gritli hinterlassene Ordnung als die schlimmste, kehrte auch richtig in Viggis Hause das Unterste zu oberst, indem sie alle Möbel anders stellte, in allen Ecken Efeuranken anbrachte, die schönen Vorhänge zerschnitt und wunderliche gezackte Fähnchen daraus machte. Unter dem Vorwande des Ordnungschaffens leerte sie alle Schränke aus und wühlte besonders in Gritlis stattlicher Aussteuer herum, die noch im Hause war. Auch kommandierte sie die Küche; Viggi war erstaunt und erfreut, immer frisches Fleisch zu genießen und nie aufgewärmtes Gemüse zu sehen; denn Kätter aß in der Küche das kalte Fleisch mit großen Stücken Brot, und wenn nichts anderes da war, so tat sie die Fettscheiben von der Bratenbrühe auf das Brot. Ebenso aß sie halbe Schüsseln voll kalter Bohnen, Kohlrabi und Kartoffeln, und sechs große Töpfe, welche Gritli noch mit eingemachten Früchten gefüllt, hatte sie in weniger als vier Wochen ausgehöhlt, aber auch vollkommen. Nach diesen

Taten setzte sie sich auf ein Stündchen zu Viggi, tröstete ihn, las mit ihm seine Arbeiten durch, schwärmte mit ihm und wußte ihn gegen seine Frau aufzustacheln, ohne den Anschein zu haben, und endlich packte sie noch sein neuestes Schriftstellerwerk ein, um es die Nacht durch zu studieren. Überdies schleppte sie lernbegierig von seinen Büchern nach Hause, was sie unter den Arm fassen konnte, las aber dort nur die kurzweiligsten Sachen daraus, wie Kinder, welche die Rosinen aus dem Kuchen klauben.

Unter diesen Umständen war es nicht zu verwundern, wenn die Schlichtungsversuche der Behörden keinen Erfolg hatten und der Endprozeß der Scheidung endlich heranrückte. Frau Gritli wurde nicht im mindesten geschont, indem eine ziemliche Anzahl Zeugen, deren Auffindung Kätter Ambach betrieben hatte, vernommen wurden. Auch Wilhelm wurde wiederholt verhört, aber alles dies ergab nichts, was die beiden Übeltäter belasten konnte. Nur ein Kind hatte mehrmals die Briefe in die Hecke tun oder daraus nehmen sehen; aber dieser briefliche Verkehr wurde von Gritli und Wilhelm selbst eingestanden.

So erschien denn der große Gerichtstag, und Viggi hielt eine strenge und beredte Anklage. Er schilderte auf das anmutigste sein edles, geistiges Streben, wie er mit heiliger Mühe gesucht habe, seine Gattin an demselben teilnehmen zu lassen und jene Harmonie in der Gesinnung zu erringen, ohne welche ein glückliches Ehebündnis unmöglich sei; wie sie aber erst durch eigensinniges Verharren in der Unwissenheit und Geistesträgheit ihm das Leben verbittert, dann durch schlaue Verstellung ihn getäuscht und endlich während seiner mühevollen Geschäftsreisen, die er sich durch einen innigen und gebildeten Briefwechsel mit der Gattin habe erleichtern und erheitern wollen, zum förmlichen Treubruch geschritten sei und die empörendste Komödie mit dem vertrauensseligen Gatten gespielt habe! Er überlasse zutrauensvoll den Richtern, zu beurteilen, ob das fernere Zusammenleben mit einer solchen mit Geierkrallen bewaffneten Gans möglich sei!

Mit diesem schimpflichen Trumpf, den er sich nicht versagen konnte, schloß er seinen Vortrag. Ein allgemeines leises Gelächter erfolgte darauf; die gekränkte Frau verhüllte ihr Gesicht einige Augenblicke und weinte. Doch dann erhob sie sich und verteidigte sich mit einer Entrüstung und mit einer Beredsamkeit, welche ihren eiteln Mann sogleich in Erstaunen setzte und in die größte Beschämung.

Ob sie roh und unwissend sei, könne sie selbst nicht beurteilen, sagte sie, aber noch seien die Lehrer und die Geistlichen alle am Leben, welche sie erzogen, denn es sei noch nicht so lange her, daß sie ein Kind gewesen. Ihr Mann habe sie als ein einfaches Bürgermädchen geehelicht und sie ihn als einen Kaufmann und nicht als einen Gelehrten und Schöngeist. Nicht sie habe ihren Charakter geändert, sondern er, und bis dahin habe sie treulich und zufrieden mit ihm gelebt und er scheinbar mit ihr. Selbst als er seine neuen Künste angefangen, wie jedermann bekannt sei, habe sie nicht mit den Leuten darüber gelacht, sondern als sie gesehen, daß es sich um den häuslichen Frieden handle, sei sie ehrlich beflissen gewesen, in seine Weise einzugehen, solange nur immer möglich, ungeachtet der peinlichen und wenig rühmlichen Lage, in welche sie dadurch geraten. Zuletzt aber habe er das Unmögliche von ihr verlangt, nämlich ihre Frauengefühle in einer geschraubten und unnatürlichen Sprache und in langen Briefen für die Öffentlichkeit aufzuschreiben, und statt ihrem häuslichen Leben nachzugehen, die schöne Zeit mit einer ihr fremden und widerwärtigen, nutzlosen Tätigkeit zu verbringen. Nicht sie habe sich der Verstellung hingegeben, sondern gerade er, indem er, bei trockenen und durchaus nicht begeisterten Gewohnheiten, sich selbst und sie damit gezwungen habe, eine höchst lächerliche Komödie in Briefen zu spielen. Dennoch habe sie, von ihm geängstigt und in der Hoffnung, diese ganze Störung werde um so eher vorübergehen, ihn zufriedenzustellen gesucht, allerdings auf einem in der Not und Verwirrung falsch gewählten Wege, wie sie unverhohlen bekenne.

Jede Frau in Seldwyla wisse, daß der junge Lehrer Wilhelm ein ebenso verliebter als bescheidener, schüchterner und ehrbarer Mensch sei, mit welchem man zur Not einen unschuldigen Scherz ausführen könne, ohne in eine bedenkliche Stellung zu geraten. Um so eher habe sie geglaubt eine harmlose List gebrauchen und ihm die Beantwortung der Briefe ihres Mannes aufgeben, ja förmlich bestellen zu können, wie man öfter schriftliche Arbeiten und namentlich auch Liebesbriefe durch Schullehrer anfertigen lasse; sie berufe sich hierin auf manch wackeres Dienstmädchen. Nicht sie habe die zu beantwortenden Briefe verfaßt, sondern Störteler, und hiermit sei wohl die Anklage der Untreue kurz abgeschnitten. Der Handel gehöre nach ihrer Meinung und nach ihren schwachen Begriffen vor ein literarisches Gericht und nicht vor ein Ehegericht. Dennoch habe sie sich dem letzteren unterzogen, weil das Geschehene ein unvermutetes Licht über den inneren Zustand dieser Ehe aufgesteckt habe. Sie empfinde keine Zuneigung mehr für Herrn Störteler, für sie Grund genug, da die Dinge einmal so weit gediehen, ebenfalls auf gänzlicher Trennung zu bestehen.

Obgleich das Gericht, da sich der Treubruch als ein bloßes äußerliches Fehlgreifen herausstellte, wenigstens für ein streng altväterisches Ehegericht, nun die Scheidung nicht hätte aussprechen müssen, so machte es den Herren und der ganzen Stadt zuviel Spaß, den armen Viggi seiner schmucken und feinen Frau zu berauben und ihn mit der komischen Kätter zusammenrennen zu lassen, als daß sie die Scheidung nicht ausgesprochen hätten. Sie ward also erkannt auf Grund unvereinbarer Neigungen und Gewohnheiten, roher Mißhandlung von seiten des Mannes, wie Einsperrung in den Keller und rücksichtslose Ausstoßung auf die Straße, und leichtsinniger Fehlgriffe der Frau, wie der Briefverkehr mit dem Lehrer. Doch solle die Frau als unbescholten und unverdächtig gelten, jeder Teil in seinem Vermögen bleiben und zu keinerlei Leistung verpflichtet sein, so daß Störteler das Vermögen Gritlis, das sie zugebracht, von Stund' an herauszugeben oder sicherzustellen habe.

Viggi ging mehr niedergeschlagen als fröhlich nach Hause und wunderte sich selbst darüber, da er doch nun frei war von der bedrückenden Last einer geistesträgen und nichtsnutzigen Hausfrau. Allein es fehlte ihm nicht an Aufklärungen und Erläuterungen; denn schon unter der Tür des Gerichtshauses riefen ihm einige Herumsteher zu: „O du Erznarr! Du mußt Tinte gesoffen haben, daß du ein solches Weibchen kannst fahren lassen! Und das artige Vermögen, die runden Schultern, der treffliche Anstand! Hast du gesehen," sagte einer zum andern, „wie auf allen Seiten glänzende Locken unter ihrem Hute hervorrollten?" — „Ja," erwiderte der, „und hast du gesehen den allerliebsten Zorn, das sanfte Feuer, das noch in ihren lachenden Augen brannte? Wahrlich, wenn ich die hätte, ich machte sie alle Tage bös, nur um sie in ihrem Zorne dann abküssen zu können! Nun, Gott sei Dank, die wird jetzt schon noch an einen Kenner geraten!"

Auf dem Wege rief jemand: „Da geht einer, der wirft Aprikosen aus dem Fenster und ißt Holzäpfel!" — „Wohl bekomm's ihm!" antwortete es von der andern Seite. Ein Schuster rief: „Der gibt dem Quark eine Ohrfeig' und meint, er sei ein Fechtmeister!" Und ein Knopfmacher:

„Laßt ihn, er ist halt ein Grübler, es gibt aber verschiedene Grübler, es gibt auch Mistgrübler." Der Kupferschmied endlich, der mit dem Werg in einer verzinnten Pfanne herumfuhr, setzte hinzu: „Er hat's wie der Teufel; ‚ich muß mich verändern!' sagte der, nahm eine Kohle unter den Schwanz und setzte sich auf ein Pulverfaß."

Diese Reden kränkten und betrübten den Viggi über die Maßen; er trat recht mutlos in seine Stube und verfiel in große Traurigkeit. Allein bald zerstreuten sich diese Wolken vor der Sonne, die ihm aufging. Kätter Ambach trat herein in flottem Taffetkleide, geschmückt mit einem dünnschaligen, brüchigen, goldenen Ührchen, das seit fünfzehn Jahren nie aufgezogen war, weil es längst keine Feder mehr in sich barg. Sie warf das Tuch ab und setzte sich, seine Hand teilnehmend ergreifend, neben Viggi auf das Sofa; sie bestrickte ihn völlig, und das treffliche Paar wurde stracks einig, sich zu heiraten und das Musterbild einer Ehe im Geist und schöner Leidenschaft darzustellen. So hatte sich die lustige Kätter glücklich zur Braut gemacht; sie blieb gleich zum Essen da, und sie trieben ein solches Karessieren, daß die Magd, welche der früheren Frau anhing, sich schämte. Sie bespitzten sich leicht in Viggis bestem Weine und zogen am Nachmittage Arm in Arm durch die Straßen, bis sie endlich in Kätters Wohnung einmündeten, einige Bekannte zusammenriefen und die Verlobung feierten. Das beste war, daß Kätters alte Mutter bei dieser Gelegenheit reichliches Essen und Trinken herbeischleppen sah und sich seit langen Jahren einmal satt essen konnte; denn sie hatte seit dreißig Jahren nur besorgt sein müssen, die heißhungrige Tochter zu füttern, und derselben mehr zugesehen als selbst gegessen. Doch da Kätter endlich noch einen wohlhabenden Schwiegersohn ins Haus führte, dachte sie nun gern zu sterben, weil die Tochter, die nichts zu arbeiten wußte, nicht verlassen und hilflos in der Welt zurückblieb. So ist jedes Unwesen noch mit einem goldenen Bändchen an die Menschlichkeit gebunden.

Die Hochzeit wurde so bald als möglich gehalten, glänzend, reichlich und geräuschvoll; denn Kätter wollte diese Aktion in allen Einzelheiten recht durchgenießen und sich als den holden Mittelpunkt eines großen Festes sehen, und Viggi benutzte die Gelegenheit, indem er eine Menge Menschen einlud, sich mit den gut bewirteten Mitbürgern wieder auf einen besseren Fuß zu stellen. Die neue Frau Störteler war nicht gesonnen, ein stilles und beschauliches Leben zu führen, sondern veranlaßte ihren Mann, die Lustbarkeit, welche mit der Hochzeit begonnen, fortzusetzen, alle Gesellschaften mit ihr zu besuchen, sein eigenes Haus aufzusperren und im vollen Galopp zu fahren.

Er befand sich übrigens herrlich dabei und lebte zufrieden mit ihr in solchem Trubel; denn überall gab sie ihn für ein Genie aus und machte ihn allerorten zum Gegenstande des Gesprächs, bezog alles auf ihn und nannte ihn nur Kurt.

„Mein Kurt hat dies gesagt und jenes geäußert," sagte sie alle Augenblicke; „wie hast du dich doch neulich ausgedrückt, lieber Kurt, es war zu köstlich! Ich muß dich nur bewundern, bester Kurt, daß du nicht gänzlich abgespannt bist bei deinen Arbeiten und Studien! Ach! ich fühle recht die schwere Pflicht und was eine Gattin einem solchen Manne sein könnte und sollte! Wollen wir auch nicht lieber nach Hause gehen, guter Kurt? Du scheinst mir doch müde; wickle ja deinen Plaid recht um dich, mein Kind! Heute darfst du mir aber nicht mehr schreiben, wenn wir heimkommen, das sage ich dir schon jetzt!"

Alles dies schwatzte sie vor vielen Leuten, und Viggi schlürfte es ein wie Honig, nannte seine Frau dafür „mein kühnes Weib" oder „trautes Weib" und stellte sich leidend oder feurig, je nach den Reden seiner kurzbeinigen Fama.

Den Seldwylern aber schmeckte alles das noch besser als Austern und Hummersalat, ja ein gebratener Fasan hätte sie schwerlich weggelockt, wo Viggi und Kätter sich aufspielten. Für Jahre waren sie mit neuem Lachstoff versehen; doch benahmen sich die abgefeimten Schlingel mit der äußersten Vorsicht, um das Vergnügen zu verlängern, und es entstand daraus eine neue Übung, nämlich einen tollen Witz vorzuschieben und scheinbar über diesen zu lachen, wenn die Mundwinkel nicht mehr gehorchen wollten. Es wurde stets ein Vorrat solcher Schwänke in Bereitschaft gehalten, vermehrt und verbessert und gedieh zuletzt zu einer Sammlung von selbständigem Werte. Es gab Seldwyler, Handwerker und Beamte, welche Tage, ja Wochen über der Erfindung und Ausfeilung eines neuen Geschichtchens zubringen konnten. Schien der Schwank gehörig durchdacht und abgerundet, so wurde er erst in einem Kneipchen probiert, ob die Pointe die rechte Wirkung täte, und je nach Befund, oft unter Zuziehung von Sachverständigen, nochmals verbessert, nach allen Regeln eines künstlerischen Verfahrens. Wiederholungen, Längen und Übertreibungen waren strenge verpönt oder nur statthaft, wenn eine besondere Absicht zugrunde lag.

Von diesem gewissenhaften Fleiße besaß Viggi keine Ahnung. Mit bedauerndem Hochmut saß er in der Gesellschaft, wenn dergleichen vorgetragen wurde und das Gelächter von ihm ablenkte. „Wie glücklich ist man doch zu preisen," sagte er zu seiner Gemahlin, „wenn man über solche Kindereien hinweg ist und etwas Höheres kennt!"

Auf diesem Höheren fuhr er nun mit vollen Segeln dahin, aufgeblasen durch den gewaltigen Odem seiner Frau. Und er fuhr so trefflich, daß er binnen Jahr und Tag mit Kätters Hilfe da landete, wo es den meisten Seldwylern zu landen bestimmt ist, besonders da sein Kapital mit Gritlis Vermögen aus dem Geschäfte geschieden war. Statt diesem obzuliegen, trieb er mit einer Handvoll ähnlicher Käuze, die er im Lande aufgegabelt, eine wilde und schülerhafte Literatur, welche so neben der vernünftigen Welt herlief und sich mit ewigen Wiederholungen als etwas Nagelneues und Unerhörtes ausgab, obgleich sie nur an weggeworfenen Abschnitzeln kaute oder reinen Unsinn hervorbrachte. Gegen jeden, der sich nicht auf ihren zudringlichen Ruf stellte, wurde der Spieß gedreht und der einzelne als bösartige und feindliche Clique bezeichnet. Sie selbst verachteten sich gegenseitig unter der Hand, und Viggi, der sonst ein so einfaches und sorgloses Leben geführt, war jetzt nicht nur von Sorgen und Verwicklungen, sondern auch von törichten Leidenschaften und den Qualen des gehänselten und ohnmächtigen Ehrgeizes geplagt. Bereits machte es ihm Beschwerde, das Postgeld zu erlegen für all die inhaltlosen Briefe, für die gedruckten oder lithographierten Sendungen, Aufrufe und Prospekte, die täglich hin und her flogen und weniger als nichts wert waren. Seufzend schnitt er schon die Frankomarken von den immer kürzer werdenden Riemchen, während die soliden, einträglichen und frankierten Geschäftsbriefe immer seltener wurden. Endlich hatte er überhaupt keine Marken mehr im Hause und Kätter ging gemäß ihrer Mission mit den Sachen auf die Post, um sie dort zu frankieren; aber sie warf die Briefe in den Kasten und vernaschte das Geld. War es Vormittag, so ging sie in den Wurstladen und aß einen Schweinsfuß; nach Tische dagegen besuchte sie den Zuckerbäcker und aß eine Apfeltorte. Dafür bekam Viggi dann von den rachsüchtigen Korrespondenten doppelt so viele unfrankierte Zusendungen mit „Gruß und Handschlag" und heimlichen Verwünschungen.

Während dieser Zeit war Gritli wie von der Erde verschwunden. Man sah sie nirgends und hörte nichts von ihr, so eingezogen lebte sie. Wenn sie ausging, so trat sie aus der Hintertür ihres Hauses, welches an der Stadtmauer lag, ins Freie und machte einsame Spaziergänge; auch war sie öfters abwesend, manchmal monatelang, wo sie sich dann an andern Orten bescheidentlich erholen und ihrer Freiheit freuen mochte. In Seldwyla war sie für keinen Freier zu sprechen; doch hieß es mehrmals, sie habe sich auswärts von neuem verlobt, ohne daß jemand etwas Näheres wußte. Daß sie sich auch nichts um Wilhelm zu kümmern schien und ihn niemals sah, wunderte niemand; denn niemand glaubte, daß sie ernstlich dem armen jungen Menschen zugetan gewesen sei.

Desto schlimmer erging es ihm. Von ihm zweifelte keiner, daß er nicht bis über die Ohren in Gritli verliebt sei, und Männer wie Frauen nahmen es ihm äußerst übel, die Augen auf sie gerichtet zu haben, während er zugleich wegen seiner leichtgläubigen Briefstellerei verhöhnt wurde. Sogar die Mädchen am Brunnen sangen, wenn er vorüberging:

„Schulmeisterlein, Schulmeisterlein,
Des Nachbars Äpfel sind nicht dein!"

Er schämte sich auch gewaltig, und zwar nicht so sehr vor den Leuten als vor sich selbst. Die Art, wie ihn Gritli vor Gericht hingestellt hatte, war ihm als ein Stich ins Herz gegangen, öffnete ihm, wie er meinte, die Augen über sich und die Weiber, und er stieß die ganze Schar von nun an aus seinen Gedanken. Also ging er in sich, ließ alle Narrheit fahren und wandte sich mit Fleiß und Liebe seinen Schulkindern zu. Aber im besten Zuge ging just seine Amtsdauer zu Ende, da er nur Verweser und nicht fest angestellt war. Wie er nun aufs neue gewählt werden sollte, wußte der Stadtpfarrer als Vorstand der Schulpflege seine Bestätigung bei den Behörden zu hintertreiben, indem er Bericht erstattete von Wilhelms Verwicklung in einen bedenklichen Ehehandel und den jungen Sünder einer heilsamen Bestrafung empfahl. Er haßte den Schulmeister wegen seines Unglaubens und seiner mythologischen Hantierungen; denn er wußte nicht, daß Wilhelm sich zum alleinigen und wahren Gott bekehrt hatte, sobald er sich geliebt glaubte. So wurde er für zwei Jahre außer Amts gesetzt und stand brot- und erwerbslos da.

Er schnürte darum sein Bündel, um anderwärts ein Unterkommen zu suchen, und zwar entschloß er sich in seinem Reumut, sich in die Dunkelheit zu begeben und als ein armer Feldarbeiter bei den Bauern sein Brot zu verdienen; denn als der Sohn einer verschwundenen Bauernfamilie aus der Umgegend kannte er die ländlichen Arbeiten, denen er sich von Kindesbeinen auf hatte unterziehen müssen. In dieser Absicht wanderte er an einem trüben Märzmorgen über den Berg; als er aber auf die Höhe gekommen, verwandelte sich der feuchte Nebel in einen heftigen Regen; Wilhelm sah sich nach einem Obdach um, da er hoffte, der Regen würde bald vorübergehen. Er bemerkte in einiger Entfernung ein Rebhäuschen, welches zu oberst in einem großen Weinberge stand, am Rande des Gehölzes. Das Vordach dieses Winzerhäuschens gewährte guten Schutz, und er ging hin, sich auf die steinerne Treppe darunter zu setzen. Es war ein malerisches altes Häuslein mit einer Wetterfahne und runden Fensterscheiben. Das Vordach ruhte auf zwei hölzernen Säulen, die Treppe war mit einem eisernen Geländer versehen und bildete zugleich einen Balkon, von welchem man, wenn es schön war, weit ins Land hinein sah, nach Süden und Westen in die Schneeberge. Das Holzwerk und die Fensterläden waren bunt bemalt, alles jedoch etwas verwittert und verwaschen.

Wie er so da saß, regte sich's in der kleinen Stube, die Tür tat sich auf und der Eigentümer des Weinberges trat heraus und lud Wilhelm ein, ins Innere zu kommen und mit ihm gemeinschaftlich den Regen abzuwarten. Es stand eine Flasche mit Kirschgeist auf dem Tisch; der Mann holte noch ein Gläschen aus einem Wandschränkchen und füllte es für seinen Gast. „Brot habe ich keines hier oben," sagte er, „doch wollen wir eine Pfeife zusammen rauchen!" Er holte also aus dem Schränklein zwei neue lange Tonpfeifen nebst gutem Knaster; denn es war bei den Männern von Seldwyla, da ihnen die Zigarren verleidet waren, soeben Mode geworden, wieder würdevoll aus altertümlichen Tonpfeifen zu rauchen wie holländische Kaufherren.

Dieser Seldwyler, obgleich er ein Tuchscherer war, hatte den Einfall bekommen, Landwirtschaft zu treiben, weil deren Erzeugnisse hoch im Preise standen und die Betreibung zahlreiche Spaziergänge veranlaßte. Der Weinberg bildete mit mehreren großen Wiesen und einigen Bergäckern eine ehemalige Staatsdomäne, welche der Tuchscherer gekauft, und er war jetzt hinaufgestiegen, um den Zustand der Reben zu untersuchen, weil die Frühlingsarbeit in demselben beginnen sollte. Er fragte Wilhelm, wo er hin wolle, was er im Sinne habe; denn er wußte noch nichts von seiner Absetzung. Wilhelm sagte, daß er bei Landleuten sein Auskommen suchen wolle, indem er ihnen in allem an die Hand gehe, was zu tun sei; da er nicht viel bedürfe, so hoffe er, sich im stillen durchzubringen. Der Tuchscherer wunderte sich hierüber und drang weiter in ihn, bis er die Ursache von des Schulmeisterleins Auszug erfahren. „Das ist", sagte er, „ein recht hämischer Streich von dem Pfaffen, der eine Kinderei nicht von einer Schlechtigkeit unterscheiden kann. Wir wollen ihm übrigens sein ewiges Gehätschel und Getätschel mit seinen Unterweisungsschülerinnen auch einmal abschaffen; die Hübschen und die Feinen hält er sich allfort dicht in der Nähe, die

Buckligen aber, die Einäugigen und die Armseligen setzt er in den Hintergrund und spricht kaum mit ihnen, und das ist ärgerlicher als Eure ganze Briefschreiberei. Wenn diese Stilübungen ihm übel angebracht schienen, so ist uns sein Schönheitssinn noch weniger am rechten Ort! Aber verstehen Sie denn etwas von der Feldarbeit und den ländlichen Dingen überhaupt?"

„O ja, ziemlich!" antwortete Wilhelm, „ich habe während der Krankheit meiner verstorbenen Eltern alles gemacht und bin erst im achtzehnten Jahre, als sie gestorben und unser Gut verkauft wurde, mit dem kleinen Vermögensreste ins Lehrerseminar gegangen; es sind erst fünf Jahre seither, und im Seminar mußten wir auch Feldarbeit betreiben." — „Und warum wollen Sie nicht lieber Ihre Kenntnisse benutzen und eine bessere Tätigkeit suchen, als den Bauern zu dienen?" fragte jener; allein Wilhelm hatte seinen Entschluß gefaßt und war nicht aufgelegt, sich mit dem Manne weiter über seine Lage einzulassen.

Indessen hatte sich der Regen wirklich gelegt und die Sonne beschien sogar die weite Gegend. Der Eigentümer schickte sich an, den Weinberg zu besehen, und forderte Wilhelm auf, ihm noch eine Stunde Gesellschaft zu leisten, weil er für heute noch weit genug kommen würde.

In den Reben sah der Seldwyler, daß Wilhelm in diesen Dingen ebenso sichere Kenntnis als guten Verstand besaß, und als er hier und da eine Rebe schnitt und aufband, um seine Meinung zu zeigen, erwies sich auch eine geübte Hand. Er ging daher mit ihm auch in die Matten und Äcker und befragte ihn dort um seine Meinung. Wilhelm riet ihm kurzweg, die Äcker ebenfalls wieder in Matten umzuschaffen, was sie früher auch gewesen seien; denn was an Ackerfrüchten hier oben gedeihe, sei nicht der Rede wert, während vom Walde her genug Feuchtigkeit da sei, die Wiesen zu tränken. Dadurch würde ein Viehstand erhalten, der an Milch und verkäuflichen Tieren schönen Vorteil verspräche; schon die Herbstweide allein sei reiner Gewinn. Das leuchtete dem Tuchscherer ein; er besann sich kurze Zeit, worauf er dem Lehrer antrug, in seinen Dienst zu treten. Er solle arbeiten, was er leicht möge, und im übrigen das Gut in Ordnung halten und alles beaufsichtigen. Was er irgend zu verdienen gedächte, das wolle er ihm auch geben und ihn darüber hinaus noch mit Rücksicht behandeln. Wilhelm bedachte sich auch einige Minuten und schlug dann ein, aber unter der Bedingung, daß er in dem Rebhäuschen auf dem Berge wohnen dürfe und nicht in der Stadt zu verkehren brauche. Das war jenem sogar lieb, und so hatte der Flüchtling schon am Beginne seiner Wanderschaft ein Obdach gefunden.

Der Tuchscherer ließ noch denselben Tag ein Bett hinaufbringen und etwas Lebensmittel, welche von Zeit zu Zeit erneuert werden sollten. Eine kleine Küche war vorhanden, um zur Zeit der Weinlese sieden und braten zu können; ebenso enthielt das Erdgeschoß einen Vorratsraum, und unter der Treppe war mit wenig Mühe ein Ziegenstall hergestellt für eine solche Milchträgerin. So ward Wilhelm plötzlich zu einem einsiedlerischen Arbeitsmanne und fügte sich mit Geschick und Fleiß in seine Lage. Er ließ die Äcker von den Taglöhnern, welche der Tuchscherer anstellte, sorgfältig zubereiten und besonders die Steine hinaustragen und besäte sie mit Heusamen. Die Reben bearbeitete er fast ganz allein und kam damit zu Ende, ehe man es gedacht; wie es denn öfter vorkommt, daß solche, die ausnahmsweise oder nach langer Unterbrechung ein Werk beginnen, im ersten Eifer mehr vor sich bringen, als die immer dabei sind. In wenigen Wochen gewann er Zeit, sich zunächst dem Häuschen ein Gemüsegärtchen anzulegen, um etwas Kohl und Rüben mit dem Fleische kochen zu können, welches man ihm wöchentlich zweimal schickte. In einer dunkeln Nacht holte er sich sogar in der Stadt Schößlinge von seinen Nelken und Levkoien und setzte sie, wo sich ein Raum bot; um das Gärtchen her zog er eine Hecke von wilden Rosen, an Geländer und Säulen empor ließ er Geißblatt ranken, und als der Sommer da war, sah das Ganze aus fast so bunt und zierlich wie ein Albumblatt.

Noch ehe die Sonne im Osten heraufstieg, war er täglich auf den Füßen und suchte seinen Frieden in rastloser Bewegung, bis der letzte Rosenschimmer im Hochgebirge verblichen war. Dadurch wurde seine Zeit ausgiebig und reichlich, daß er frei wurde in der Verwendung der Stunden, ohne seine Pflicht zu vernachlässigen. Um sich seinen Holzbedarf zu sammeln, machte er weite Rundgänge durch den Wald, auf welchen sich eine Bürde fast von selbst zusammenfand. Er benutzte dazu die heiße Tageszeit, um im Schatten zu sein und zugleich für die Erdschwere der Handarbeit ein erbauliches Gegengewicht zu suchen. Denn der Wald war jetzt seine Schulstube und sein Studiersaal, wenn auch nicht in großer Gelehrsamkeit, so doch in beschaulicher Anwendung des wenigen, was er wußte. Er belauschte das Treiben der Vögel und der andern Tiere, und nie kehrte er zurück, ohne Gaben der Natur in seinem Reisigbündel wohlverwahrt heimzutragen, sei es eine schöne Moosart, ein kunstreiches, verlassenes Vogelnest, ein wunderlicher Stein oder eine auffallende Mißbildung an Bäumen und Sträuchern. Aus einem verfallenen Steinbruche klopfte er manches Stück mit uralten Resten heraus von Kräutern und Tieren. Auch legte er eine vollständige Sammlung an von den Rinden aller Waldbäume in den verschiedenen Lebensaltern, indem er schöne viereckige Stükke davon, mit Moosen und Flechten bewachsen, herausschnitt oder sinnig zusammensetzte, die Nadelhölzer sogar mit den glänzenden Harztropfen, so daß jedes Stück ein artiges Bild abgab. Mit alledem schmückte er in Ermanglung anderen Raumes die Wände und die Decke seines Stübchens. Nur nichts Lebendiges heimste er ein; je schöner und seltener ein Schmetterling war, den er flattern sah, und es gab auf diesen Höhen deren mehrere Arten, desto andächtiger ließ er ihn fliegen. „Denn," sagte er sich, „weiß ich, ob der arme Kerl sich schon vermählt hat? Und wenn das nicht wäre, wie abscheulich, die Stammtafel eines so schönen, unschuldigen Tieres, welches eine Zierde des Landes ist und eine Freude den Augen, mit einem Zuge auszulöschen! Abzutun, ab und tot, das Geschlecht einer zarten fliegenden Blume, die sich durch so viele Jahrtausende hindurch von Anbeginn erhalten hat und welche vielleicht die letzte ihres Geschlechtes in der ganzen Gegend sein könnte! Denn wer zählt die Feinde und Gefahren, die ihr auflauern?"

Für diesen frommen Sinn wurde er von einem untergegangenen Geschlechte belohnt, indem eine Erderhöhung mitten im Forste, welche ihm verdächtig erschien und die er aufgrub, das Grab eines keltischen Kriegsmannes enthüllte. Ein langes Gerippe mit Schmuck und Waffen zeigte sich vor seinen Blicken. Aber er baute das Grab sorgfältig wieder auf, ohne jemand davon zu sagen, weil er nicht aus seiner Verborgenheit treten mochte. Indessen durchforschte er den Wald aufmerksam, entdeckte noch mehrere solche Erhöhungen mit darauf zerstreuten Steinen und behielt sich vor, in späterer Zeit davon Anzeige zu machen. Die gefundenen Schmuck- und Waffensachen fügte er den Merkwürdigkeiten seiner Einsiedelei bei.

Auf diese Weise erfuhr er, wie das grüne Erdreich Trost und Kurzweil hat für den Verlassenen und die Einsamkeit eine gesegnete Schule ist für jeden, der nicht ganz roh und leer.

Um so schneller machte er sich unsichtbar, wenn der Tuchscherer etwa mit großer Gesellschaft heraufkam, um sie in dem luftigen Winzerhäuschen zu bewirten und auf den Matten herumspringen zu lassen. Insbesondere die lustigen Damen suchten neugierig des einsiedlerischen Jünglings ansichtig zu werden, der sich so gut anschickte und in Freiheit, Sonne und Bergluft ein hübscher brauner Gesell geworden. Es schien auf einmal der Mühe wert, den Flüchtling nicht zu unabhängig von der Macht ihrer Augen werden zu lassen. Auch einzeln dehnte dann und wann eine Vorwitzige ihre Spaziergänge bis zu dieser Höhe aus und spukte wie von ungefähr um das Häuschen herum. Allein Wilhelm war wie umgewandelt. Anstatt die Augen niederzuschlagen und heimlich verliebt zu sein, blickte er die Streifzüglerinnen ruhig und halb spöttisch an und ging seiner Wege ohne alle Anfechtung. Das war ein neues Wunder und vermehrte das Gerede über ihn in der Stadt.

Der Tuchscherer war zufrieden über seinen Besitz. In der Ebene, wo er auch ein Stück Land besaß, hatte er eine geräumige Stallung und eine Scheune gebaut. Dort stand das Vieh, dessen Zucht und Verkauf Wilhelm mit gutem Verstande beriet. Die zweimalige Heuernte brachte er ebenfalls glücklich unter Dach, und die Weinlese, welche darauf folgte, zeigte, daß der Berg trefflich besorgt war.

Als der Tuchscherer nun seine Rechnung machte, fand er, daß er für die Zukunft wohl bestehen würde, wenn es so fortginge, und statt nur seinen vorübergehenden Spaß an der Sache zu haben, wie es am Orte Sitte war, entschloß er sich, mit Ernst dabei auszuharren und zu trachten, daß er ein gutes Ende gewänne. Obgleich er auch ein lustiger Tuchscherer war, barg er doch eine gute Anlage in sich von irgendeinem Äderchen her, weshalb er durch die frische Arbeitslust, Verständigkeit und Ausdauer Wilhelms aufmerksam wurde, besonders da er sah, daß der träumende und verliebte Schulmeister ganz plötzlich diese Tugenden hervorgekehrt, als wenn er sie auf der Straße gefunden hätte. Was ein anderer könne, dachte er, das werde er auch imstande sein; und so wurde er in ehrgeiziger Laune ein sorgfältiger und wachsamer Mann. Er stand früh auf und nahm seine Geschäfte der Ordnung nach an die Hand. Statt in seiner Tuchschererei alles den Arbeitern zu überlassen, sah er selbst dazu und förderte die Arbeit, daß sie gut getan wurde und rasch vor sich ging, und er gewann noch hinlängliche Zeit für seine Landwirtschaft. Den Aufenthalt in den Versammlungen und Wirtshäusern, wo die Spottvögel saßen, kürzte er immer mehr ab und gewöhnte sich, zu jeder beliebigen Zeit aufzubrechen und sich loszureißen, ohne gerade ein sogenannter Leimsieder zu werden. Er bemerkte, daß die rechte Lustigkeit erst nach getaner Arbeit entsteht, und daß Leute, welche immer in derselben Wirtshausluft, bei denselben Manieren sitzen, zur schönsten Krähwinkelei gedeihen; daß der liederliche Spießbürger um kein Haar geistreicher ist als der solide, und daß überhaupt Männer, die sich immerwährend und täglich mehrmals sehen, einander zuletzt dumm schwatzen. Dennoch stieß seine Bekehrung auf große Schwierigkeiten, und er mußte die tapfersten Anstrengungen machen, um nicht zurückzufallen. Aber wenn die Verlockung und das Geräusch zu stark wurden, verließ er die Stadt und floh zu Wilhelm hinauf, den er liebgewonnen und zu seinem Vertrauten machte. Hierdurch wurde dieser wiederum angefeuert, daß er in seinem löblichen Wesen nicht mürbe wurde. Allein der Teufel suchte abermals Unkraut zu säen, indem des Tuchscherers Frau nicht von der alten Weise lassen wollte und den Verkehr mit den Müßigen und Lustigmachern stets erneuerte. Der Mann klagte dem Einsiedler seine Not; Wilhelm dachte nach und riet ihm dann, der Frau das Haar dicht am Kopfe wegzuschneiden, damit sie ein Jahr lang nicht ausgehen könne. Denn er hielt sich für einen Weiberfeind und freute sich, einer eine Buße anzutun. Doch der Tuchscherer sagte, das ginge nicht an, das Haar seiner Frau sei zu schön und, da sie sonst nicht viel tauge, ein Hauptstück seines Inventars. Da besann sich Wilhelm aufs neue und riet ihm dann, der Frau den Milchverkauf zu übergeben und ihr einen Teil des Gewinns zu lassen. Dadurch würde ihre Habsucht gereizt, sie werde nicht verfehlen, Wasser unter die Milch zu mischen, sich deshalb mit der ganzen Stadt verfeinden und in eine wohltätige Isolierung geraten. Dieser Plan ward nicht übel befunden und bewährte sich auch so ziemlich. Die Frau fand Freude an dem Gewinn und war, besonders des Abends, ans Haus gebunden, um das Melken der Kühe zu überwachen und zu sehen, daß sie nicht zu kurz käme.

Inzwischen war der Herbst gekommen und für Wilhelm nichts weiter zu tun, als das Vieh zu hüten, welches jetzt auf die Weide getrieben wurde. Er ließ sich das demütige Amt nicht nehmen und wollte wenigstens einen Herbst lang mit den schönen Tieren allein auf der Weide sein. Allein gerade diese Übertreibung, da er den Dienst eines kleinen Hirtenbuben verrichtete, bekam ihm übel und beraubte ihn plötzlich wieder der Freiheit und Gemütsruhe, welche er sich erarbeitet hatte. Denn als er so da saß auf den sonnigen Hügeln, beim Getön der Herdenglocken, und die Stadt im goldenen Herbstrauch liegen sah, tauchte die Gestalt Gritlis immer deutlicher wieder empor, fast nach dem Sprichworte: Müßiggang ist aller Laster Anfang! Im Grunde war es eine von den unfertigen und abgebrochenen Geschichten, welche wie ein abgeschossenes Bein mit der Veränderung der Jahreszeiten und des Wetters sich immer bemerklich machen. Jedes zurückgebliebene Restchen von Hoffnung auf ein verlorenes Glück erneut tausend Schmerzen, sobald die Seele müßig wird und die Sonne durchscheinen läßt.

Als er eines Tages, da es in den Tälern Mittag läutete, nach seinem Häuschen ging, um sein einfaches Essen zu bereiten, entdeckte er plötzlich eine zierliche Frau, welche unter dem Vordache stand und in die Ferne hinaussah. Er war kaum noch zweihundert Schritte entfernt und glaubte Gritli zu erkennen. Heftig erschreckend stand er still und sagte: „Was will sie hier? Was sucht sie da?"

Er verbarg sich hinter einem wilden Birnbaum und wagte wohl fünf Minuten lang nicht mehr hinzusehen. Als er es aber endlich tat, hatte sich die Erscheinung umgekehrt, guckte durch das Fenster in das Innere des Winzerhäuschens und schien die kleine Stube aufmerksam zu betrachten, darauf setzte sie sich auf die oberste Treppenstufe, zog, wie es schien, ein Brötchen oder dergleichen aus der Tasche und fing an es zu essen, und es war keine Aussicht, daß die Dame so bald wieder abziehen wolle. Wilhelm machte kehrtum und ging ohne Umsehen und ohne gegessen zu haben zu seiner Herde zurück, da er seine Behausung solchergestalt bewacht fand. In großer Aufregung blieb er bis zum Abend fort, aber endlich trieb ihn der Hunger wieder hin; vorsichtig näherte er sich seiner Klause und fand den Platz geräumt. Der Engel mit dem feurigen Schwert war abgezogen vor der Pforte. Wilhelm betrachtete alles wohl, das Fenster und die Treppe, und fand alles, wie es gewesen, still und unverfänglich. Doch seine Ruhe war dahin, wenngleich er nicht einmal bestimmt wußte, ob es Gritli gewesen sei.

Ohne es sich gestehen zu wollen, kleidete er sich von dem Tage an sorgfältiger, daß er für einen Rinderhirten fast zu gut aussah, und näherte sich nicht selten behutsam dem Häuschen; aber die Erscheinung kehrte nicht wieder. Dafür bevölkerte sich der ganze Berg mit ihrem Bilde, auf Weg und Steg trat es ihm entgegen und guckte ihm durch die runden Scheiben; es schien ihm unerträglich, so nahe bei ihr zu wohnen, und doch hätte er nicht wegziehen mögen; denn der Umstand, daß sie jetzt frei und einsam war, vermehrte die Unordnung seiner Gedanken. Doch zuletzt wurde er nochmals Meister über dies Wesen und stellte sich wieder steif auf die Beine.

Als der erste Schnee fiel, war es mit dem Hirtenleben vorbei; der Tuchscherer wollte Wilhelm nun zu sich ins Haus nehmen. Der aber sträubte sich dagegen und bat, ihn auf dem Berge zu lassen; jener mochte ihn in seiner Laune nicht hindern, schaffte ihm einen kleinen Ofen hinauf und versah ihn mit allerhand Arbeit von sich und andern. Auch kaufte sich Wilhelm für den Lohn, den er erhielt, einige Bücher, die ihm der Tuchscherer besorgte, damit er der Pflege seiner Geisteskräfte obliegen könne, und so wurde er bald eingeschneit und sah sich einsamer als je.

Eigentlich nur so einsam, als ein rechter Einsiedel sein kann, denn ein solcher hat noch allerlei Zuspruch. So bekam auch Wilhelm jetzt eine wunderliche Kundschaft. Die Bauern der Umgegend, mehrere Stunden in die Runde, sprachen von ihm als von einem halben Weisen und Propheten, was hauptsächlich von seinem Treiben im Walde und der seltsamen Ausstaffierung seiner Wohnung herrührte. Sobald die Bauern einen solchen Heiligen aufspüren, der von Reue über irgendeinen geheimnisvollen Fehltritt ergriffen, sich auf außerordentlichem Wege zu helfen sucht, in die Einsamkeit geht und ein ungewöhnliches Leben führt, so wird alsobald ihre Phantasie aufgeregt und sie schreiben dem Sonderling besondere Einsichten und Kräfte zu, welche zu nutznießen sie eine unüberwindliche Lust verspüren, im Gegensatze zu den Städtern und Aufgeklärten, so ihren Rat bei denen holen, die niemals von der goldenen Mittelstraße abweichen und nie über die Schnur gehauen haben.

Zuerst kam eine bedrängte Witwe mit einem ungeratenen Kinde, welches in der Schule nichts lernen wollte und sonst allerlei Streiche verübte, und bat ihn um Rat, indem sie vor dem Kinde ihre bittere Klage vorbrachte. Wilhelm sprach freundlich mit dem Sünder, fragte, warum es dies und jenes tue und nicht tue, und ermahnte es zum Guten, indem es sich besser dabei befinden werde. Der weite Gang, die feierliche Klage der Mutter, die abenteuerliche Einrichtung des Propheten und dessen freundlich-ernste Worte machten einen solchen Eindruck auf das Kind, daß es sich in der Tat besserte, und die Witwe verbreitete den Ruhm Wilhelms.

Bald darauf kam eine andere Frau, welche über eine böse Nachbarin klagte; dann kam ein alter Bauer, der sich das Schnupfen abgewöhnen wollte, weil er es für Sünde hielt; Wilhelm sagte, er solle nur fortschnupfen, es sei keine Sünde, und dieser lobte und pries den Ratgeber, wo er hinkam. Endlich verging kaum ein Tag, wo er nicht solchen Besuch empfing, und alle möglichen moralischen und häuslichen Gebrechen enthüllten sich vor ihm. Am meisten besuchten ihn Mädchen und Weiber, um geheime Briefe von ihm schreiben zu lassen, welchen sie eine besondere Wirkung zutrauten, und sogar abergläubische Leute kamen, denen er gestohlene oder verlorene Sachen wieder verschaffen oder geheimnisvolle Mittel gegen körperliche Übel oder am Ende gar weissagen sollte. Das wurde ihm denn doch lästig und bedenklich, und er suchte die Bittsteller mit Scherzen oder barschen Worten abzuweisen. Allein nun hieß es erst recht, er habe seine Mucken und stehe nicht jedem Rede, woran er ganz recht tue. Am liebsten verkehrte er mit Kindern, die in der Schule nicht fortkamen und deren man ihm häufig brachte, so daß sie nachher allein kommen konnten. Mit diesen gab er sich liebevoll ab und war froh, öfter eines oder mehrere um sich zu haben. Er brachte fast alle ins Geleise und erwarb sich dadurch Dank und Ansehen und unter den Kleinen eine große Anhängerschaft, die ihn an schönen Sonntagen manchmal in ganzen Scharen besuchte und ihm kindliche Geschenke brachte, zum Beispiel jedes einen schönen Apfel, so daß alle zusammen ein Körbchen voll gaben, oder jedes zehn Nüsse, so daß sich eine Lade damit füllte. Sie mußten dann singen und er geleitete sie eine Strecke weit heimwärts.

Von diesen Taten hörte auch Frau Gritli häufig erzählen, und sie nahm lebendigen Anteil, ohne es merken zu lassen. Sie war sehr neugierig und wünschte eifrig, seine Wirtschaft selbst einmal zu sehen und ihn sprechen zu hören. Als eine auswärtige vertraute Freundin sie für einige Zeit besuchte, um ihr die Tage verbringen zu helfen, beschlossen die beiden zu dem Einsiedel zu gehen. Sie verkleideten sich in junge Bäuerinnen, färbten ihre Gesichter mit vieler Kunst und verhüllten überdies die Köpfe mit großen Tüchern. So machten sie sich an einem hellen Wintermorgen auf den Weg und bestiegen den Berg, der in seiner weißen Decke blendend vom blauen Himmel abstach. Als sie vor dem Rebhäuschen anlangten, standen sie still und betrachteten es neugierig und mit erstaunten Blicken. Denn es glitzerte und leuchtete wie lauter Kristall und Silber. Vom Dache hingen ringsherum große Eiszacken nieder mit feinen Spitzen, manche beinahe bis auf den Boden. Die Wetterfahne, die eisernen Verzierungen des Geländers, noch aus der Zopfzeit, und die Geißblattranken waren mit Reif besetzt, und das alles wurde von der Sonne mit siebenfarbigen Strahlen umsäumt. Unter dem Vordache auf den Steinplatten wimmelte es von größeren und kleineren Waldvögeln, die da ihr Futter pickten und lustig durcheinander hüpften; sie waren so zahm, daß sie kaum Platz machten vor den Füßen der Pilgerinnen und sich der Reihe nach auf das Geländer und vor das Fenster setzten. Jede der Frauen stieß die andere an, daß sie anklopfen sollte; die eine hustete, die andere kicherte, aber keine wollte klopfen. Doch wagte es endlich die Freundin, pochte nun so stark wie ein Bauer und öffnete zugleich die Tür, mit patzigen Schritten eintretend.

Wilhelm saß über einem großen Buche mit Pflanzenbildern; er war nicht sehr erfreut über die frühe Störung, zumal er zwei junge frische Weibsbilder ankommen sah. Aber Ännchen, die Freundin, begann sogleich ein geläufiges Kauderwelsch, in welchem sie eine Anzahl Fragen und Anliegen bunt durcheinander vorbrachte. Sie wollte eine Rechnung über verkauftes Stroh berichtigt haben, gegen welches sie eine Zeitkuh eingetauscht, zog ein Papier voll gegossenen Bleies hervor und forderte die Erklärung desselben; dann sollte er aus ihrer Hand wahrsagen, Auskunft geben, wann es am besten Hafer zu säen sei, ob man im gleichen Jahre zweimal die Ehe versprechen dürfe, ob er nicht eine verhexte Kaffeemühle herstellen könne, in welcher ein Kobold sitze; ferner brachte sie ein dickes Bündel Hühner-, Enten- und Gänsefedern zutage und bat ihn, dieselben zu schneiden für Geld und gute Worte, sie wolle sie dann schon gelegentlich abholen; denn sie schreibe für ihr Leben gern, habe aber keine Federn; und endlich verlangte sie zu wissen, ob das neue Jahr gedeihlich zum Heiraten sein würde für eine ehrbare junge Bäuerin. Dies alles, Stroh, Zeitkuh, Hafer, Blei, Kaffeemühle, Kobold, Federn und Heirat, warf sie so behend und verworren untereinander, daß kein Mensch darauf antworten konnte, und wenn Wilhelm den Mund auftat, unterbrach sie ihn sogleich, widersprach ihm, sie habe nicht das, sondern jenes gemeint, und machte den ergötzlichsten Auftritt. In der Zeit stand Gritli da, die Hände unter der Schürze, und rührte sich nicht, aus Furcht, sich zu verraten. Sie beschaute sich eifrig Wilhelms sonderliche Behausung, welche inwendig noch märchenhafter aussah als von außen. Die Wände waren mit bemooster Baumrinde, mit Ammonshörnern, Vogelnestern, glänzenden Quarzen ganz bekleidet, die Decke mit wunderbar gewachsenen Baumästen und Wurzeln, und allerhand Waldfrüchte, Tannzapfen, blaue und rote Beerenbüschel hingen dazwischen. Die Fenster waren herrlich gefroren; jedes der runden Gläser zeigte ein anderes Bild, eine Landschaft, eine Blume, eine schlanke Baumgruppe, einen Stern oder ein silbernes Damastgewebe; es waren wohl hundert solcher Scheiben, und keine glich der andern, gleich dem Werk eines gotischen Baumeisters, der einen Kreuzgang baut und für die hundert Spitzbogen immer neues Maßwerk erfindet.

Das alles gefiel der Frau, welche von Viggi und seiner Kätter als eine platte und prosaische Natur verschrien wurde, über die Maßen wohl; doch ließ sie zuweilen auch einen Blick über den Bewohner dieses Raumes gleiten, und derselbe gefiel ihr nicht minder. Er war in einen rötlichen Fuchspelz gehüllt, den ihm der Tuchscherer für den Winter gegeben; sein dunkles Haar war dicht und lang gewachsen, ein dunkles Bärtchen war auf seiner Oberlippe erstanden, und der ganze Gesell hatte an selbstbewußter und freier Haltung gewonnen. Ein langes rotes Tuch, welches er lose um den Hals geschlungen trug, vermehrte noch die kecke Wirkung seines Aussehens, welche freilich kaum so keck gewesen wäre, wenn er gewußt hätte, wen er vor sich habe.

Ännchen machte aber ihre Sache so gut, daß er keinen Verdacht schöpfte und ein tolles Weibsstück zu sehen glaubte, begleitet von einer blöden und schüchternen Person. Als ihm der Handel endlich zu bunt wurde, unterbrach er die Schwätzerin gewaltsam und sagte: „Eure Rechnung über Stroh und Kuh beträgt soundso viel, alles übrige ist dummes Zeug, das Ihr anderwärts anbringen mögt, liebe Frau!“

„So!“ sagte Ännchen in köstlichem Tone, und Wilhelm: „Ja, so! Geht in Gottes Namen und laßt mich in Ruhe!“

„Auf die Weise!“ erwiderte Ännchen, „aha! So so! Nun, so habt denn Dank, Herr Hexenmeister, und nichts für ungut! Behüt' Euch Gott wohl und zürnet nicht! Komm, Frau Barbel!“

Doch als sie bereits unter der Tür war, kehrte sie nochmals um und rief: „Ei, so hätte ich bald vergessen, Euch den Gruß auszurichten! Oder hab' ich's schon getan?“ — „Nein! von wem?“ — „Ei, von einer gar feinen und hübschen Frau, Ihr werdet sie besser kennen als ich, denn ich weiß ihren Namen nicht zu sagen!“ — „Ich weiß nicht, ich kenne keine solche Frau!“ — „He, so besinnt Euch nur, sie wohnt an der Stadtmauer, ist nicht gar groß, aber ebenmäßig gewachsen und trägt den Kopf voll brauner Haarlocken wie ein Pudel! Da, die Barbel und ich haben ihr Eier gebracht, wir sagten, daß wir da hinaufgehen wollten, um uns wahrsagen zu lassen, und da war's, daß sie uns den Gruß bestellte!“

Wilhelm wurde hochrot, rief hastig: „Ich weiß nicht, wen Ihr meint!“ und wandte sich stracks zu seinem Buche, ohne die Frauen weiter eines Blickes zu würdigen. So trollten sich diese davon und polterten in ihren schweren Schuhen mutwillig die Stufen hinunter.

Kaum waren sie außer dem Bereiche des Häusleins, so sagte Ännchen: „Höre, wenn ich nicht schon einen Mann hätte, so würde ich dir den wegfangen! Das ist ja ein netter Kerl, obgleich er ein grober Lümmel ist!“

„Ach, er gefällt mir nur gar zu wohl,“ seufzte Gritli, „aber ich trau' ihm nicht! Er könnte trotz der soliden Manier, die er angenommen hat, leicht wieder ein verliebter Zeisig werden oder noch sein, der sich in alle Welt vergafft, und dann käme ich vom Regen in die Traufe. Man müßte ihn auf irgendeine Art auf die Probe stellen!“

„Nun, das kann man ja tun!" sagte die Freundin; sie berieten sich über den Weg, den sie einschlagen wollten, und Ännchen versprach, die Sache auszuführen, sobald der Winter vorüber sei. Da seufzte Gritli abermals und meinte: „Ach, das ist noch lange hin und im Frühling sollte es schon getan sein!"

Lachend erwiderte Ännchen: „Da kann ich nicht helfen, meine Liebe! Ich muß jetzt wieder zu meinem Mann; auch habe ich doch nicht Lust, durch diesen Schnee öfter in die Wildemannshütte zu klettern, so hübsch eingefroren sie auch ist! Also Geduld! Sobald die Veilchen blühen, werde ich wieder kommen und deine Bergamsel probieren, aber auf deine Gefahr hin!"

Gritli fügte sich darein; sie verbrachte den Rest des Winters in größter Stille; aber der Schnee schien ihr nicht weichen zu wollen, und sie schwankte manchmal, ob sie die Probe überhaupt anstellen und nicht lieber die Sache gleich zu Ende führen wolle. Da kam endlich der gewaltige Südwind und goß seine warmen Regenfluten schief über Berg und Tal hin. In eilender Flucht schmolzen die Schneemassen und Wasser sprangen von allen Abhängen, lachend, redend und singend mit tausend Zungen. Gritli lauschte dem Klingen, als ob es ein Hochzeitsgeläute wäre. Sobald die nächste Wiese trocken war, lief sie hinaus, um nach den Veilchen zu sehen; sie fand keines, dafür aber einige Schneeglöckchen, und als sie zurückkam, war dennoch die Freundin angekommen mit einem großen Koffer, worin sie das nötige Handwerkszeug für ihr Vorhaben mitbrachte.

Es war die vollständige stattliche Sonntagstracht einer Landfrau mit mehreren Stücken zum Wechseln, alles neu und zierlich, beinahe köstlich gemacht. Am ersten Sonntag in aller Frühe kleidete sich Ännchen mit Gritlis Hilfe sorgfältig darein und ließ ihrer Schönheit, die nicht gering war, mit übermütiger Berechnung den Zügel schießen. Über eine kurze Scharlachjuppe wurde eine genau so lange schwarze angezogen, so daß der Scharlach nur bei einer raschen Bewegung sichtbar wurde und das blendende Weiß der Strümpfe um so reizender erscheinen ließ. Rükken, Schultern und die runden Arme zeichnete eine knappe, braune seidene Jacke vortrefflich und ließ die Brust frei, welche dafür mit einem Brustlatz von schwarzem Sammet bedeckt und mit dergleichen Bändern eingeschnürt war, die durch silberne Haken gingen. Über der Stirn wurden einige kokette bäuerliche Löcklein gebrannt; das übrige Haar hing in dicken Zöpfen fast bis auf die Erde und endigte in breiten, mit Spitzen besetzten Sammetbändern. Mit jedem Stück, das sie der lachenden Freundin nesteln half, wurde Frau Gritli ernsthafter und besorgter, und als endlich die Übermütige ganz geschmückt war und sich in bewußter Schönheit spiegelte, bereute jene die ganze Erfindung und erhob allerlei Bedenklichkeiten. Doch sie wurde nur ausgelacht und Ännchen rief: „Was man tun will, das soll man recht tun! Willst du deinen Waldbruder mit einer Vogelscheuche versuchen? Dergleichen Heilige hatten von je einen besseren Geschmack!“

Da meinte Gritli, sie sollte wenigstens die weißen Strümpfe mit schwarzen wollenen vertauschen, es sei noch kühl und feucht! „Dafür hab' ich starke Schuhe,“ sagte Ännchen, „die Waden erkältet keine Frau, das weißt du wohl, mein Schatz!“ — „Jedenfalls mußt du den Hals besser verwahren!“ bat die Besorgte noch kläglich, und die Unverbesserliche antwortete: „Da hast du recht! Gib mir jenes seidene Tüchlein, ich kann es nachher in die Tasche stecken, sobald ich an die warme Sonne komme!“

Dann öffnete sie das Fenster und guckte in die Sonntagsfrühe hinaus; es war noch alles still und die Zeit schien günstig, rasch hinwegzuhuschen. Allein Gritli hielt sie mit dem Frühstück so lange als möglich auf und brockte ihr alle möglichen Lieblingsbissen vor, um den Augenblick hinauszuschieben; dennoch erschien er, und als Ännchen nun ging, brach die Bekümmerte in Tränen aus. Da kehrte jene mit großen Augen um und sagte ernsthaft: „Nun, du närrisches Ding! Wenn du wirklich meinst, es sei nicht zu trauen, so lassen wir's einfach bleiben! Entscheide dich! Ich bin bald wieder umgekleidet!"

Gritli weinte heftiger, aber sie kämpfte mit sich und rief dann entschlossen: „Nein, geh nur und tu, was du für gut findest! Es muß ja sein!"

Frau Ännchen ging also wohlgemut durch das Frühlingsland und badete unternehmungslustig ihre Gestalt in der glänzenden Luft. Ihre Röcke schwangen sich hin und wider, daß der rote Scharlachsaum bei jedem Schritt aufleuchtete; im Arme trug sie einen frisch gebackenen Eierzopf und eine Schiefertafel in ein weiß und blau gewürfeltes Tuch gewickelt. Dergestalt erreichte sie das Rebhäuschen; diesmal klopfte sie nur mittelmäßig stark an die Tür und trat mit gutem Anstande in die Stube. Wilhelm erkannte sie nicht sogleich, war aber betroffen über die anmutvolle Erscheinung. Er kochte eben seinen Sonntagskaffee, welcher angenehm durch den Raum duftete. Ännchen machte einen zierlichen Knicks und sagte: „Da komme ich gerade recht! Habt Ihr meine Federn geschnitten, Herr Hexenmeister? Ich will sie abholen; und hier habt Ihr auch eine kleine Gabe für Eure Mühe, nur um den guten Willen zu zeigen!" Damit entwickelte sie das Gebäck, das sie trug, und legte es auf den Tisch. „So könnt Ihr das Geschenk wieder mitnehmen," erwiderte Wilhelm, „denn Eure Federn sind nicht zum Schreiben und ich habe sie weggeworfen!" — „So? Nun, da muß ich mir Federn in der Stadt kaufen; aber das tut nichts, ich lasse den Zopf dennoch hier und esse selbst einen Zipfel davon, wenn Ihr mir eine Tasse Kaffee dazu gebt! Das tut Ihr doch, nicht wahr?" Sie setzte sich ohne Umstände zum Tische und fing an, das feine Brot zu schneiden. Wilhelm wußte nicht, was er daraus machen sollte, es war ihm zumute, wie wenn da ein gefährlicher Geist durch sein stilles Häuschen wehte, und die Frühlingssonne funkelte gar seltsam durch die klaren Fenster und über die schöne Bäuerin her. Doch fügte er sich, holte eine von des Tuchscherers Porzellantassen, welche dieser hier aufbewahrte, und teilte seinen Kaffee ehrlich mit dem Eindringling.

„Ihr könnt wahrlich guten Kaffee machen, Herr Hexenmeister," sagte sie, „wo habt Ihr's nur gelernt?" — „Freut mich, wenn er Euch schmeckt!" sagte Wilhelm, „doch bitte ich Euch, mich nicht immer Hexenmeister zu nennen, denn ich kann leider nicht hexen!" — „Nicht? Ich hab's geglaubt!" sagte sie lächelnd, indem sie einen glänzenden Blick zu ihm hinüber schoß, „wenigstens habt Ihr mir es schon ein weniges angetan, obgleich Ihr nicht der Höflichste seid! Aber ein hübscher Mensch seid Ihr! Ist es Euch nicht langweilig so ganz allein?" — „Es scheint nicht so!" erwiderte Wilhelm errötend, „sonst würde ich wohl unter die Leute gehen; Ihr scheint aber gut aufgelegt, schöne Frau!"

„Schöne Frau? Ei seht, das tönt schon besser! Ihr solltet noch ein wenig in die Schule gehen, ich glaube, es könnte doch noch gut mit Euch kommen! Aber leider muß ich selbst in die Schule gehen. Da habe ich noch ein Anliegen, daß ich es nicht vergesse, das ist die Hauptsache, warum ich gekommen bin, wenn's erlaubt ist! Die Rechnung, die Ihr mir neulich so schnell gemacht, daß ich es nicht einmal merkte, hat mir guten Dienst geleistet. Ich habe aber einen großen Hof, und kein Mann ist da, der das Wesen in Ordnung hält und rechnet; ich selbst habe als Schulkind niemals aufgemerkt und nichts gelernt, wie ich denn auch sonst nicht viel taugte. Nun muß ich es erst büßen und bereuen, denn ich weiß nie, wie ich stehe und ob ich betrogen werde oder nicht? Gut! dacht' ich, du bist noch nicht zu alt zum Lernen, ein Jahr fünf- oder sechsundzwanzig, du gehst also zum Hexenmeister und bittest ihn, daß er dir zeige, wie man dies und jenes ausrechnet. Für guten Lohn wird er's gewiß tun, ein Sack Erdäpfel oder eine halbe Speckseite sollen mich nicht reuen, wenn er's zurecht bringt, daß ich mit den verwünschten Zahlen umgehen kann. Seht, da habe ich schon eine Tafel mitgebracht und auch eine Kreide, nun, wo hab' ich die Kreide?"

Sie legte die Tafel auf den Tisch, fuhr mit der Hand in die Rocktasche und klapperte ungeduldig darin. Dann zog sie eine Handvoll Zeug heraus und warf es auf den Tisch, ein geringes Taschenmesser, einen eisernen Fingerhut, einige Geldstücke, Brotkrumen, eine Hundepfeife, eine gedörrte Birne und ein kleines Stück Kreide. Die Birne steckte sie schnell in den Mund und rief kauend: „Da ist die Teufelskreide! Jetzt fangt nur an!" Zugleich rückte sie mit ihrem Stuhle ihm dicht zur Seite und schaute ihm erwartungsvoll ins Gesicht.

„So große Schülerinnen bin ich eigentlich nicht gewöhnt," sagte Wilhelm verlegen und rückte ein bißchen zur Seite, „doch wenn Ihr gut aufmerken wollt, so will ich wohl sehen, was zu machen ist!" Hierauf begann er, der Frau die vier Spezies vorzumachen, und sie stellte sich, als ob sie nagelneue Dinge hörte. Sie rückte ihm wieder näher, nahm ihm alle Augenblicke die Kreide aus der Hand, verdarb die Rechnung und trieb tausend schnackische Dinge, über welchen sie zuweilen plötzlich die Augen voll zu ihm aufschlug. Er sah sie dann verwundert und nicht ohne Wohlgefallen an, ohne jedoch aus der Fassung zu geraten, und auch wenn sie auf die Tafel blickte, betrachtete er ruhig den hübschen Kopf, wie man etwa ein edles Gewächs betrachtet. Indessen wurde er dabei still und vergaß ein paarmal zu antworten. Unversehens stand sie auf und sagte: „Für heute muß es gut sein, sonst werde ich zu gelehrt! Übermorgen auf den Abend komm' ich wieder, wenn Ihr dann Zeit habt; behüt' Euch Gott, Herr!"

Womit sie, ohne seine Antwort abzuwarten, sich entfernte, so unerwartet, als sie gekommen war.

Wilhelm sah ihr nach, ohne von seinem Stuhle aufzustehen. Dann grübelte er etwas in seinen Gedanken herum und sagte schließlich: „Am Ende werde ich hier auch fortgetrieben; es scheint mir mit dieser Person nicht ganz richtig zu sein!"

Frau Ännchen gefiel sich so gut in der ländlichen Tracht, daß sie auf einsamen Feldwegen herumspazierte, bis es Mittag läutete. Sie betrachtete gedankenvoll bald die junge Saat, bald den emsigen Lauf eines Bächleins; doch sie bedachte weder die Saat noch das Wasser, sondern erwog, wie weit sie die Probe mit dem jungen Manne treiben wolle; sie glaubte den Erfolg in ihrer Gewalt zu haben und war nur unschlüssig, ob sie denselben erst ein wenig zu ihrer eigenen Lustbarkeit lenken oder ob sie als ehrliche Frau und Freundin handeln solle. Denn der Einsiedler schien ihr wie geschaffen zu einer ersprießlichen Zerstreuung und zu einem Lustspiel für eigene Rechnung. Wenn Wilhelm sich verlocken ließ, so war ja ihrer Freundin von einem unbeständigen Mann geholfen und trefflich gedient und er selbst wurde durch einen lustigen Betrug gehörig bestraft. Sie stand eben vor einer stillen Ansammlung eines Wässerleins und beschaute darin ihr Spiegelbild. Sie kam sich fast zu schön vor für ihren eigenen teilnahmlosen Mann; auf der andern Seite aber schien das Abenteuer doch bedenklich und konnte ihr zuletzt übel bekommen und ihre behagliche Ruhe in die Luft sprengen; auch war der Freundin ein freundliches Los zu gönnen und sie wußte wohl, daß Gritli den Vogel festhalten würde, wenn sie ihn nur erst unversehrt in der Hand hielte. So schwebten ihre ernsten Erwägungen im Gleichgewicht; sie stellte die Entscheidung endlich auf ein welkes Blatt, das in der Wasserstille langsam kreiste und einen Ausweg suchte. Legte es sich ans rechte Bord, so wollte sie der Freundin dienen, wenn ans linke, für sich selbst sorgen. Allein das Blatt schwamm plötzlich abwärts und ins Weite, und sie beschloß, der Sache den Lauf zu lassen, wie es gehen möge. Da erklang die Mittagsglocke, und Ännchen schritt, von keinem menschlichen Auge gesehen, nach der Hintertür in der Stadtmauer; denn es war die Zeit, da in der alten Welt der große Pan schlief und in der neuen die Seldwyler mit Kind und Kegel so vollzählig um den Sonntagsbraten saßen, daß die Straßen stiller waren als in dunkler Mitternacht.

Mit ängstlicher Erwartung verschlangen Gritlis Augen die mutwillige Freundin, als sie lachend in die Stube trat. Diese umarmte und küßte sie sogleich, indem sie rief: „Komm, es ist mir ganz küsserlich zumute geworden bei deinem Schatz!" — „O! sei nicht so häßlich!" rief jene vorwurfsvoll, „du hast doch nicht so tolles Zeug getrieben! Wie ist es gegangen? Wie hat er sich gehalten!" — „Sei ruhig, wie ein Stück Holz hat er sich gehalten!" sagte Ännchen, und Gritli rief: „Gott sei Dank! So wollen wir es denn dabei bewenden lassen!" — „Bewenden lassen? Das wäre eine schöne Geschichte!" fuhr Ännchen dazwischen, „da wüßten wir erst recht nichts! Er war wie ein Stück Holz, aber nun kommt erst die Hauptsache, wo er sich immer noch zum Schlimmen wenden kann, freilich auch zum Guten! Nun, wie er sich bettet, so wird er liegen!"

Da ermannte sich Gretchen abermals und sagte: „Ja, es muß durchgeführt sein! Wenn er deinen Teufeleien entrinnt, so hat er sich gründlich gebessert und wird um so preiswürdiger sein!"

Also machte sich die Versucherin am zweiten Tage wieder auf den Weg, und zwar in der Abenddämmerung. Sie trug dieselbe Tracht, nur mit einiger Abwechslung und größerer Einfachheit, wie eine Bäuerin etwa während der Woche zu tragen pflegt, wenn sie über Land geht. Sie trug aber Sorge, daß nichtsdestoweniger alles gut und reizend saß. Die Haare waren merkwürdigerweise städtisch geflochten und mit einem Tuche bedeckt.

Wilhelm war absichtlich weggegangen und dachte die sonderbare Schöne, wenn sie wirklich wiederkommen sollte, einen vergeblichen Gang tun zu lassen. Als es aber dunkelte, beschleunigte er mehr als notwendig seine Schritte, die Wohnung zu erreichen, sei es aus Neugier oder aus dem Bedürfnisse, sich an der scherzhaften Dame zu erheitern. Er traf richtig mit ihr an der Tür zusammen, als sie eben vergeblich gepocht hatte. „Ach, da kommt Ihr!“ sagte sie sanft, „ich habe schon geglaubt, Ihr hättet mich im Stich gelassen! Nun, da bin ich wieder, wenn's erlaubt ist, ich konnte den Tag über nicht abkommen.“ Er zündete das Licht an und sagte: „Wie steht's? Habt Ihr noch was behalten vom neulichen Unterricht oder habt Ihr's schon wieder vergessen?“ — „Ich weiß es selber kaum,“ erwiderte sie bescheidentlich und schien überhaupt in einer weichen Stimmung zu sein, so daß der Lehrer wieder nicht aus ihr klug wurde.

Als sie zu rechnen begannen, war die Frau still und zerstreut und in der Zerstreuung machte sie nicht nur keinen Fehler, sondern rechnete die Aufgaben wie aus Versehen rasch und richtig zu Ende und machte von selbst die Proben dazu. Sie konnte plötzlich so gut rechnen wie der Schulmeister selbst, schien es aber durchaus nicht zu wissen. Er sah ihr eine geraume Weile zu, während es ihm pricklig im Gemüt wurde. Da fiel es ihm endlich auf, welch weiße Hand die Bauersfrau besaß, und ihr künstlich geflochtenes Haar duftete nicht weit von seiner Nase. Einesmals sagte er: „Sie sind keine Bäuerin! Woher kommen Sie? Was wollen Sie hier?"

Sie legte erschrocken die Kreide hin, sah ihn furchtsam an und dann vor sich nieder, indem sie die Hände ineinander legte. Es herrschte eine große Stille. Endlich begann sie mit einem leichten Seufzer und leise: „Ich bin eine junge Witfrau, die aus Langerweile schon mehr als eine Torheit begonnen hat. Neulich wurde ich mit einer Freundin einig, den weisen Einsiedler zu beschauen, der so viel von sich reden macht. Sie haben gesehen, wie wir unsern Vorsatz ausführten; aber die Neugierde ist mir nicht gut bekommen!"

„Und warum nicht?" fragte Wilhelm lachend, obgleich es ihm anfing, schwül zu werden. Da sagte sie noch leiser: „Ich habe mich leider in Sie verliebt!" und zugleich schlug sie lächelnd die Augen zu ihm empor. Es war freilich kein echter und ursprünglicher Blick, sondern einer aus der Fabrik, ein böhmischer Brillant, das fühlte Wilhelm wohl; dennoch war er feurig genug, in ihm eine Reihe von Gefühlen und Gedanken zu erwecken, welche sich schnell wie der Blitz aneinander entzündeten.

„Man muß am Ende die Weiber nehmen wie die Skorpione, den Stich des einen heilt man mit dem Safte, den man dem andern ausquetscht! Was nützt es, die Süßigkeit der Frauen zu verschmähen, weil sie schwach und betrüglich sind? Pflücke die Rosen vorsichtig oben weg, und lasse den Stock unberührt, so wirst du nicht gestochen! Trinke den Wein und stelle den Becher dahin, so wirst du in Frieden leben! Wer durch die Wüste wandelt, der trinke vom Brunnen der Gelegenheit, und wer einsam ist, der locke die Amsel! Sieh! die eine geht, die andere kommt, die ist braun und jene golden; gut ist nur die, so dich küßt!"

Nicht diese ausführlichen Worte, aber deren frevelhafter Sinn drängte sich in Wilhelms Empfindung zusammen, als er Ännchens Hand ergriff und sie unschlüssig, aber lächelnd ansah. Freilich waren seine Handlungen viel zaghafter als seine Gedanken, und so kam es, daß nach einer Minute nicht er die Schöne, sondern sie ihn im Arme hielt und ihm eben einen Kuß aufdrücken wollte, als abermals eine Reihe von Gedanken und Vorstellungen sich in dem Augenblick und in Wilhelms Gemüte zusammendrängte.

„Das ist also", dachte er ungefähr, „das vielgewünschte Glück in Frauenarmen! Nun, schön genug ist's und gar nicht unangenehm! Gott sei Dank, daß ich mal eine dicht bei mir habe! Was würde wohl Gritli dazu sagen, wenn sie mich so sähe?"

Zugleich sah er Gritli im Geiste auf der Treppe vor dem Häuschen stehen und dann sitzen. „Wie," dachte er, „wenn sie dich gesucht, wenn sie dich doch lieb hätte?" Ein großes Mitleiden mit ihr ergriff ihn, er erschrak ordentlich über seine Hartherzigkeit; kurz, zerstreut und in Gedanken verloren fuhr er zurück und entzog damit plötzlich und unerwartet seinen Mund dem Kusse, den Ännchen eben darauf absetzen wollte. Er starrte ins Blaue hinaus und sah immer deutlicher Frau Gritlis vermeinte Gestalt, wie sie still vor seiner Tür saß und auf ihn zu warten schien. Dann besann er sich und sagte unversehens zu Ännchen: „Was hatte es denn für eine Bewandtnis mit dem Gruße, den Sie mir das erstemal, da Sie hier waren, von jener Frau gebracht haben? Und was macht sie, wie geht es ihr?"

„Welche Frau, welcher Gruß?" fragte sie etwas betroffen und verlegen, und als er sich genauer erklärt, sagte sie kalt: „Ach, das war nur eine Neckerei von mir! Ich kenne die Frau gar nicht!" Diese schnöde und kühle Antwort gefiel ihm nicht und kränkte ihn; unwillkürlich machte er sich frei und trat ans Fenster, öffnete es und guckte verstimmt hinaus in die Nacht.

Der gestirnte Himmel spannte sich über das Tal, in welchem die Lichter von Seldwyla in einem dichten Haufen glänzten; darüber vergaß er, was in der Stube war, seine Gedanken irrten um die dunkle Stadtmauer in der Tiefe, und eben tat er einen ordentlichen Seufzer, als dicht unter seinem Fenster eine weibliche Gestalt vorüberging mit den Worten: „Gute Nacht, Herr Hexenmeister!" Es war Frau Ännchen, welche unbemerkt aus dem Häuschen gehuscht war und lachend den Berg hinuntersprang. Er machte eine Bewegung und eine Stimme rief in ihm: „Laß sie nicht entwischen!" Aber dennoch wich er nicht von der Stelle, und seine Sehnsucht flog über die spukhafte Bäuerin hinweg in das Tal, wo Gritli war. Alle Geister der Leidenschaft waren nun aufgeweckt und taumelten wie trunken in seinem Herzen umher, und er verbrachte die Nacht schlaflos und aufgeregt.

„Dem wollen wir abhelfen!" rief er, als die Sonne schon hoch am Himmel stand und er aus dem unruhigen Morgenschlaf erwachte, „ich will für einige Zeit den Platz räumen und andere Luft suchen!" Gesagt, getan! Er hing zum zweitenmal die Reisetasche um, ergriff einen Stecken, schloß Fensterladen und Tür und machte sich auf den Weg, dem Tuchscherer den Schlüssel zu bringen und sich bei ihm zu beurlauben.

Ein leichter und rascher Schritt weckte ihn aus dem Brüten, in dem er alles getan hatte. Er kannte den Schritt und lauschte ihm einige Augenblicke, eh' er aufzuschauen wagte. Schon warf die Morgensonne den leichten Schatten eines Schleiers auf den glänzenden Weg, dicht unter seine Augen; der Florschatten umflatterte ein paar rund gezeichnete Schultern. Wilhelm war plötzlich wie in ein Fegefeuer gesteckt und bemerkte dennoch in aller Verwirrung, daß der wohlklingende Schritt fast unmerklich zögerte. Endlich blickte er in die Höhe und sah Frau Gritli nahe vor sich, welche ihrerseits errötete und verlegen lächelnd vor sich hinsah. Beide Personen beschleunigten in der Verwirrung ihren Gang und eilten sich vorüber, wahrscheinlich um sich nie wieder zu treffen. Da zog Wilhelm doch noch seinen Hut, und Gritli erwiderte den Gruß mit einer raschen Verbeugung. Wie an einem Drahte gezogen sah jedes zurück, stand still und wendete sich mit mehr oder weniger langsamer Bewegung; endlich schossen sie zusammen wie zwei Hölzchen, die auf einem Wasserspiegel dahintreiben, und stehenden Fußes gingen sie eilig nebeneinander fort. „Sie wollen doch nicht verreisen, weil Sie Tasche und Stab tragen?" sagte Gritli. Wilhelm erwiderte, er wolle allerdings fortgehen, und als sie fragte, warum und wohin, erzählte er von Geschäften, von schönem Wetter, von diesem und jenem, und Gritli flocht ebenso inhaltlose Dinge dazwischen, aber alles in tiefster Bewegung. Sie gingen rasch, atmeten schnell und sahen sich abwechselnd an; so waren sie, ohne es zu sehen, auf einen Waldpfad geraten und gingen schon tief in den Bäumen, als Gritli endlich rief: „Wo sind wir denn hingekommen? Ist das Ihr Weg?" — „Meiner?" sagte Wilhelm ernsthaft, „nein!" — „Nun, das ist gut!" meinte sie lachend, „so müssen wir nur sehen, daß wir bald wieder hinauskommen!" Er sagte: „Da wollen wir hier quer durchgehen!" und wanderte auf einem schmalen Seitenpfade voran durch den Forst. Nach einer Weile kamen sie auf eine kleine Lichtung, die von hohen Föhren eingeschlossen war, deren Kronen sich ineinander bauten. Unter den Föhren lagen große rötliche Steine übereinander, denn es war das Grab des keltischen Mannes, und ringsherum war der Platz von den weißen Sternen der Anemonen bedeckt.

„Hier ist's schön!" rief Gritli, „hier muß ich ein wenig ausruhen, ich bin müde geworden!" Sie setzte sich auf die Steine, und Wilhelm blieb vor ihr stehen. „Machen Sie nicht, daß der aufwacht, der da unten liegt!" sagte er; erschreckt fragte sie, was er meine, und er erzählte ihr die Geschichte von dem Grabe. Nach einer Weile bemerkte sie: „Wo mag wohl seine Frau liegen? Gewiß nicht weit!" — „Das kann man freilich nicht wissen!" antwortete Wilhelm lachend, „vielleicht liegt sie auf einem Schlachtfelde in Gallien, vielleicht auf einem andern Berge in dieser Gegend, vielleicht hier ganz in der Nähe, und vielleicht hat er gar keine gehabt!"

Hierauf trat eine Stille zwischen die zwei Leute, und jedes schien in eigentümliche Gedanken vertieft. Gritli hatte ihren Hut abgelegt und zeigte plötzlich statt der Locken, die dem Schulmeister sonst in die Augen gestochen, ein glänzend glattgekämmtes Haar, einen schlichten runden Kopf. Das verblüffte und verblendete ihn gänzlich, denn durch die ungewohnte Veränderung erschien sie ihm schöner als je. Auch war sie außerordentlich fein und anmutig gekleidet, obschon einfach, aber alles frisch und wohlgemacht; nichts einzelnes fiel auf, und doch machte alles einen angenehmen Eindruck, der sich wieder der Herrschaft des schlichten blühenden Kopfes durchaus unterordnete. Diese Frau war in ihren Kleidern und bei sich selbst zu Hause, und wer da einkehrte, befand sich in keiner Marktbude. Das alles versetzte Wilhelm in tiefe Melancholie, und er sah die schöne Frau vor sich, wie man in die frühlingsblaue Ferne sieht, in die man nicht hinein kann.

Als die tiefe Stille einige Minuten gedauert, während Gritlis Busen unruhig wallte, rief der Kuckuck aus der Tiefe des Waldes, und zwar nur ein einziges Mal, aber hell und widerhallend. Beide sahen sich an, und ohne weitere Zeit zu verlieren, sagte Gritli mit einem freundlichen Lächeln: „Es ist mir lieb, Sie noch getroffen zu haben; denn halb und halb hatte ich die Absicht, Sie in Ihrem Häuschen aufzusuchen!"

Wilhelm sah sie mit großen Augen an; diese Worte weckten ihn aus seiner Vergessenheit und machten ihm das Verhältnis gegenwärtig, in welchem er eigentlich zu der Frau stand. Er brachte deswegen nur ein mißtrauisches und kurzes „Warum?“ hervor und glaubte sich mit heißen Wangen einer neuen Komödie ausgesetzt. Sie aber sagte: „Ich wollte Sie gern fragen, ob Sie mir noch zürnen wegen der Geschichte mit den Liebesbriefen?“

„Ich habe Ihnen nie gezürnt,“ erwiderte er, „sondern nur mir selbst; dennoch war das, was Sie vor Gericht von mir sagten, nicht gut und auch undankbar; denn ich habe Ihre Schönheit und Lieblichkeit so hoch gehalten, daß ich mir nicht anders zu helfen wußte, als an einen Gott zu glauben, der Sie geschaffen und mir geschenkt habe, was freilich ein eitler und eigennütziger Gedanke war!“

Eine prächtige Röte überflog Gritlis Gesicht. „Ich war nicht undankbar!“ sagte sie, indem sie die Handschuhe auszog und ihre Fingerspitzen betrachtete, „als ich jene Worte sprach, dachte ich —“ sie stockte, und Wilhelm sagte mit fast tonloser Stimme: „Nun, was dachten Sie?“ — „Ich dachte,“ flüsterte sie, die Augen niederschlagend, „nun, ich dachte in meinem Herzen, daß dafür meine Person, wie sie ist, Ihnen für immer angehören solle, wenn die Zeit gekommen sei! Und da bin ich nun!“

Zugleich reichte sie beide Hände hin und schlug die Augen zu ihm auf. Es war kein so blitzender Blick, wie sie ihm einst über die Hecke zugeworfen, aber doch viel tiefer und klarer. Er ergriff ihre Hände, sie stand auf; doch wußte der gute Pascha, der in seinen Gedanken eine ganze Stadt voll Weiber beherrscht hatte, mit dieser einzigen sogleich nichts anzufangen, als daß er wie betäubt mit ihr auf der Lichtung hin und her ging und sie anlachte, ohne ihre Hand loszulassen. Endlich setzten sie den Weg wieder fort, Wilhelm ging voraus, sah sich aber von Zeit zu Zeit wieder um, ob sie ihm auch folge auf dem schmalen Pfade, und immer war sie lächelnd hinter ihm. Da trat sie einesmals hinter eine dicke Buche und verbarg sich dort, und als er wieder rückwärts blickte, fand er sie nicht mehr. Ungewiß und erschrocken stand er still, und als er nichts mehr von ihr hörte und sah, ging er langsam etwa zwanzig Schritte zurück, und mit jedem Schritte stieg schwärzer der betrübte Verdacht in ihm auf, daß er abermals der Gegenstand einer Posse geworden sei, so abenteuerlich das auch gewesen wäre; denn er konnte sich kaum in seine Stellung als beglückter Liebhaber finden. Da hustete es schalkhaft hinter der Buche, und als er näher trat, breitete die Vermißte die Arme nach ihm aus. Jetzt endlich umschlang er sie, bedeckte sie mit Küssen, die mit jeder Sekunde besser gelangen, und sie hielt ihm schweigend still und fand, daß sie bis jetzt auch nicht viel von Liebe gewußt habe.

Nachdem Wilhelm sich fürs erste in etwas beruhigt, ließ er sich mit der Geliebten auf eine mächtige bemooste Wurzel der Buche nieder, streichelte ihr die Wangen und fragte, ob sie nicht einmal eines Mittags im Herbste schon vor seinem Häuschen gewesen sei? „Hast du mich also doch gesehen?" erwiderte sie und bejahte seine Frage. Er erzählte ihr das Abenteuer und offenherzig auch dasjenige mit der Frau Ännchen und wie nur die Erinnerung an jenen Anblick, da Gritli auf seiner Treppe gesessen, ihn vor dem Abfalle bewahrt habe.

Gritli streichelte ihn hinwieder, küßte ihn und sagte: „So bist du also einer von den Rechten, bei denen keine Mühe verloren ist!"

Als der Mai gekommen, hielten sie unter blühenden Bäumen eine fröhliche Hochzeit. Während sie die Reise machten, suchte der Tuchscherer in der Gegend für sie ein beträchtliches Landgut, welches sie nach ihrer Rückkehr kauften und bezogen. Wilhelm baute den Besitz mit Fleiß und Umsicht und mehrte ihn, so daß er ein angesehener und wohlberatener Mann wurde, während seine Frau in gesegneter Anmut sich immer gleich blieb. Wenn ein Schatten des Unmutes über ihren Mann kam oder ein kleiner Streit entstand, so entrollte sie ihre Locken, und wenn deren Macht nicht mehr vorhalten wollte, so strich sie dieselben wieder hinter die Ohren, worauf Wilhelm aufs neue geschlagen war. Sie hatten wohlerzogene Kinder, welche sich, als sie erwachsen waren, andere Wohlerzogene zur Ehe herbeiholten. Auch der Tuchscherer blieb in der Freundschaft und erhielt sich als ein geborgener Mann, so daß nach und nach eine kleine Kolonie von Gutbestehenden anwuchs, welche, ohne einem heiteren Lebensgenusse zu entsagen, dennoch Maß hielten und gediehen. Sie wurden von den Seldwylern ironisch „die halblustigen Gutbestehenden" oder die „Schlauköpfe" genannt, waren aber wohlgelitten, weil sie in manchen Dingen nützlich waren und dem Orte zum Ansehen gereichten.

Viktor Störteler aber und seine Kätter waren samt jenen Liebesbriefen, welche sie aus Hunger und Not doch wieder hergestellt, auf sich bezogen und unter vielem Gezänke vermehrt hatten, längst vergessen und verschollen.

Diese Geschichte zu erzählen, würde eine müßige Nachahmung sein, wenn sie nicht auf einem wirklichen Vorfall beruhte, zum Beweise, wie tief im Menschenleben jede jener Fabeln wurzelt, auf welche die großen alten Werke gebaut sind. Die Zahl solcher Fabeln ist mäßig; aber stets treten sie in neuem Gewande wieder in die Erscheinung und zwingen alsdann die Hand, sie festzuhalten.

An dem schönen Flusse, der eine halbe Stunde entfernt an Seldwyl vorüberzieht, erhebt sich eine weitgedehnte Erdwelle und verliert sich, selber wohlbebaut, in der fruchtbaren Ebene. Fern an ihrem Fuße liegt ein Dorf, welches manche große Bauernhöfe enthält, und über die sanfte Anhöhe lagen vor Jahren drei prächtige, lange Äcker weithingestreckt, gleich drei riesigen Bändern nebeneinander. An einem sonnigen Septembermorgen pflügten zwei Bauern auf zweien dieser Äcker, und zwar auf jedem der beiden äußersten; der mittlere schien seit langen Jahren brach und wüst zu liegen, denn er war mit Steinen und hohem Unkraut bedeckt und eine Welt von geflügelten Tierchen summte ungestört über ihm. Die Bauern aber, welche zu beiden Seiten hinter ihrem Pfluge gingen, waren lange, knochige Männer von ungefähr vierzig Jahren und verkündeten auf den ersten Blick den sichern, gutbesorgten Bauersmann. Sie trugen kurze Kniehosen von starkem Zwillich, an dem jede Falte ihre unveränderliche Lage hatte und wie in Stein gemeißelt aussah. Wenn sie, auf ein Hindernis stoßend, den Pflug fester faßten, so zitterten die groben Hemdärmel von der leichten Erschütterung, indessen die wohlrasierten Gesichter ruhig und aufmerksam, aber ein wenig blinzelnd in den Sonnenschein vor sich hinschauten, die Furche bemaßen oder auch wohl zuweilen sich umsahen, wenn ein fernes Geräusch die Stille des Landes unterbrach. Langsam und mit einer gewissen natürlichen Zierlichkeit setzten sie einen Fuß um den andern vorwärts, und keiner sprach ein Wort, ausser wenn er etwa dem Knechte, der die stattlichen Pferde antrieb, eine Anweisung gab. So glichen sie einander vollkommen in einiger Entfernung; denn sie stellten die ursprüngliche Art dieser Gegend dar, und man hätte sie auf den ersten Blick nur daran unterscheiden können, daß der eine den Zipfel seiner weißen Kappe nach vorn trug, der andere aber hinten im Nacken hängen hatte. Aber das wechselte zwischen ihnen ab, indem sie in der entgegengesetzten Richtung pflügten; denn wenn sie oben auf der Höhe zusammentrafen und aneinander vorüberkamen, so schlug dem, welcher gegen den frischen Ostwind ging, die Zipfelkappe nach hinten über, während sie bei dem andern, der den Wind im Rücken hatte, sich nach vorn sträubte. Es gab auch jedesmal einen mittleren Augenblick, wo die schimmernden Mützen aufrecht in der Luft schwankten und wie zwei weiße Flammen gen Himmel züngelten. So pflügten beide ruhevoll, und es war schön anzusehen in der stillen, goldenen Septembergegend, wenn sie so auf der Höhe aneinander vorbeizogen, still und langsam, und sich mählich voneinander entfernten, immer weiter auseinander, bis beide wie zwei untergehende Gestirne hinter die Wölbung des Hügels hinabgingen und verschwanden, um eine gute Weile darauf wieder zu erscheinen. Wenn sie einen Stein in ihren Furchen fanden, so warfen sie denselben auf den wüsten Acker in der Mitte mit lässig kräftigem Schwunge, was aber nur selten geschah, da derselbe schon fast mit allen Steinen belastet war, welche überhaupt auf den Nachbaräckern zu finden gewesen. So war der lange Morgen zum Teil vergangen, als von dem Dorfe her ein kleines artiges Fuhrwerklein sich näherte, welches kaum zu sehen war, als es begann, die gelinde Höhe heranzukommen. Das war ein grün bemaltes Kinderwägelchen, in welchem die Kinder der beiden Pflüger, ein Knabe und ein kleines Ding von Mädchen, gemeinschaftlich den Vormittagsimbiß heranfuhren. Für jeden Teil lag ein schönes Brot, in eine Serviette gewickelt, eine Kanne Wein mit Gläsern und noch irgendein Zutätchen in dem Wagen, welches die zärtliche Bäuerin für den fleißigen Meister mitgesandt, und außerdem waren da noch verpackt allerlei seltsam gestaltete, angebissene Äpfel und Birnen, welche die Kinder am Wege aufgelesen, und eine völlig nackte Puppe mit nur einem Bein und einem verschmierten Gesicht, welche wie ein Fräulein zwischen den Broten saß und sich behaglich fahren ließ. Dies Fuhrwerk hielt nach manchem Anstoß und Aufenthalt endlich auf der Höhe im Schatten eines jungen Lindengebüsches, welches da am Rande des Feldes stand, und nun konnte man die beiden Fuhrleute näher betrachten. Es war ein Junge von sieben Jahren und ein Dirnchen von fünfen, beide gesund und munter, und weiter war nichts Auffälliges an ihnen, als daß beide sehr hübsche Augen hatten und das Mädchen dazu noch eine bräunliche Gesichtsfarbe und ganz krause dunkle Haare, welche ihm ein feuriges und treuherziges Ansehen gaben. Die Pflüger waren jetzt auch wieder oben angekommen, steckten den Pferden etwas Klee vor und ließen die Pflüge in der halb vollendeten Furche stehen, während sie als gute Nachbarn sich zu dem gemeinschaftlichen Imbiß begaben und sich da zuerst begrüßten; denn bislang hatten sie sich noch nicht gesprochen an diesem Tage.

Wie nun die Männer mit Behagen ihr Frühstück einnahmen und mit zufriedenem Wohlwollen den Kindern mitteilten, die nicht von der Stelle wichen, solange gegessen und getrunken wurde, ließen sie ihre Blicke in der Nähe und Ferne herumschweifen und sahen das Städtchen räucherig glänzend in seinen Bergen liegen; denn das reichliche Mittagsmahl, welches die Seldwyler alle Tage bereiteten, pflegte ein weithin scheinendes Silbergewölk über ihre Dächer emporzutragen, welches lachend an ihren Bergen hinschwebte.

„Die Lumpenhunde zu Seldwyl kochen wieder gut!" sagte Manz, der eine der Bauern, und Marti, der andere, erwiderte: „Gestern war einer bei mir wegen des Ackers hier." — „Aus dem Bezirksrat? bei mir ist er auch gewesen!" sagte Manz. „So? und meinte wahrscheinlich auch, du solltest das Land benutzen und den Herren die Pacht zahlen?" — „Ja, bis es sich entschieden habe, wem der Acker gehöre und was mit ihm anzufangen sei. Ich habe mich aber bedankt, das verwilderte Wesen für einen andern herzustellen, und sagte, sie sollten den Acker nur verkaufen und den Ertrag aufheben, bis sich ein Eigentümer gefunden, was wohl nie geschehen wird; denn was einmal auf der Kanzlei zu Seldwyl liegt, hat da gute Weile, und überdem ist die Sache schwer zu entscheiden. Die Lumpen möchten indessen gar zu gern etwas zu naschen bekommen durch den Pachtzins, was sie freilich mit der Verkaufssumme auch tun könnten; allein wir würden uns hüten, dieselbe zu hoch hinaufzutreiben, und wir wüßten dann doch, was wir hätten und wem das Land gehört!"

„Ganz so meine ich auch und habe dem Steckleinspringer eine ähnliche Antwort gegeben!"

Sie schwiegen eine Weile, dann fing Manz wiederum an: „Schad ist es aber doch, daß der gute Boden so daliegen muß, es ist nicht zum Ansehen, das geht nun schon in die zwanzig Jahre so, und keine Seele fragt danach; denn hier im Dorf ist niemand, der irgendeinen Anspruch auf den Acker hat, und niemand weiß auch, wo die Kinder des verdorbenen Trompeters hingekommen sind."

„Hm!" sagte Marti, „das wäre so eine Sache! Wenn ich den schwarzen Geiger ansehe, der sich bald bei den Heimatlosen aufhält, bald in den Dörfern zum Tanz aufspielt, so möchte ich darauf schwören, daß er ein Enkel des Trompeters ist, der freilich nicht weiß, daß er noch einen Acker hat. Was täte er aber damit? Einen Monat lang sich besaufen und dann nach wie vor! Zudem, wer dürfte da einen Wink geben, da man es doch nicht sicher wissen kann!"

„Da könnte man eine schöne Geschichte anrichten!" antwortete Manz, „wir haben so genug zu tun, diesem Geiger das Heimatsrecht in unserer Gemeinde abzustreiten, da man uns den Fetzel fortwährend aufhalsen will. Haben sich seine Eltern einmal unter die Heimatlosen begeben, so mag er auch da bleiben und dem Kesselvolk das Geigelein streichen. Wie in aller Welt können wir wissen, daß er des Trompeters Sohnessohn ist? Was mich betrifft, wenn ich den Alten auch in dem dunklen Gesicht vollkommen zu erkennen glaube, so sage ich: irren ist menschlich, und das geringste Fetzchen Papier, ein Stücklein von einem Taufschein würde meinem Gewissen besser tun als zehn sündhafte Menschengesichter!"

„Eia, sicherlich!" sagte Marti, „er sagt zwar, er sei nicht schuld, daß man ihn nicht getauft habe! Aber sollen wir unseren Taufstein tragbar machen und in den Wäldern herumtragen? Nein, er steht fest in der Kirche, und dafür ist die Totenbahre tragbar, die draußen an der Mauer hängt. Wir sind schon übervölkert im Dorf und brauchen bald zwei Schulmeister!"

Hiermit war die Mahlzeit und das Zwiegespräch der Bauern geendet, und sie erhoben sich, den Rest ihrer heutigen Vormittagsarbeit zu vollbringen. Die beiden Kinder hingegen, welche schon den Plan entworfen hatten, mit den Vätern nach Hause zu ziehen, zogen ihr Fuhrwerk unter den Schutz der jungen Linden und begaben sich dann auf einen Streifzug in dem wilden Acker, da derselbe mit seinen Unkräutern, Stauden und Steinhaufen eine ungewohnte und merkwürdige Wildnis darstellte. Nachdem sie in der Mitte dieser grünen Wildnis einige Zeit hingewandert, Hand in Hand, und sich daran belustigt, die verschlungenen Hände über die hohen Distelstauden zu schwingen, ließen sie sich endlich im Schatten einer solchen nieder, und das Mädchen begann seine Puppe mit den langen Blättern des Wegekrautes zu bekleiden, so daß sie einen schönen grünen und ausgezackten Rock bekam; eine einsame rote Mohnblume, die da noch blühte, wurde ihr als Haube über den Kopf gezogen und mit einem Grase festgebunden, und nun sah die kleine Person aus wie eine Zauberfrau, besonders nachdem sie noch ein Halsband und einen Gürtel von kleinen roten Beerchen erhalten. Dann wurde sie hoch in die Stengel der Distel gesetzt und eine Weile mit vereinten Blicken angeschaut, bis der Knabe sie genugsam besehen und mit einem Steine herunterwarf. Dadurch geriet aber ihr Putz in Unordnung, und das Mädchen entkleidete sie schleunigst, um sie aufs neue zu schmücken; doch als die Puppe eben wieder nackt und bloß war und nur noch der roten Haube sich erfreute, entriß der wilde Junge seiner Gefährtin das Spielzeug und warf es hoch in die Luft. Das Mädchen sprang klagend danach, allein der Knabe fing die Puppe zuerst wieder auf, warf sie aufs neue empor, und indem das Mädchen sie vergeblich zu haschen bemühte, neckte er es auf diese Weise eine gute Zeit. Unter seinen Händen aber nahm die fliegende Puppe Schaden, und zwar am Knie ihres einzigen Beines, allwo ein kleines Loch einige Kleiekörner durchsickern ließ. Kaum bemerkte der Peiniger dies Loch, so verhielt er sich mäuschenstill und war mit offenem Munde eifrig beflissen, das Loch mit seinen Nägeln zu vergrößern und dem Ursprung der Kleie nachzuspüren. Seine Stille erschien dem armen Mädchen höchst verdächtig und es drängte sich herzu und mußte mit Schrecken sein böses Beginnen gewahren. „Sieh mal!“ rief er und schlenkerte ihr das Bein vor der Nase herum, daß ihr die Kleie ins Gesicht flog, und wie sie danach langen wollte und schrie und flehte, sprang er wieder fort und ruhte nicht eher, bis das ganze Bein dürr und leer herabhing als eine traurige Hülse. Dann warf er das mißhandelte Spielzeug hin und stellte sich höchst frech und gleichgültig, als die Kleine sich weinend auf die Puppe warf und dieselbe in ihre Schürze hüllte. Sie nahm sie aber wieder hervor und betrachtete wehselig die Ärmste, und als sie das Bein sah, fing sie abermals an laut zu weinen, denn dasselbe hing an dem Rumpfe nicht anders denn das Schwänzchen an einem Molche. Als sie gar so unbändig weinte, ward es dem Missetäter endlich etwas übel zumut und er stand in Angst und Reue vor der Klagenden, und als sie dies merkte, hörte sie plötzlich auf und schlug ihn einigemale mit der Puppe, und er tat, als ob es ihm weh täte und schrie au! so natürlich, daß sie zufrieden war und nun mit ihm gemeinschaftlich die Zerstörung und Zerlegung fortsetzte. Sie bohrten Loch auf Loch in den Marterleib und ließen aller Enden die Kleie entströmen, welche sie sorgfältig auf einem flachen Steine zu einem Häufchen sammelten, umrührten und aufmerksam betrachteten. Das einzige Feste, was noch an der Puppe bestand, war der Kopf und mußte jetzt vorzüglich die Aufmerksamkeit der Kinder erregen; sie trennten ihn sorgfältig los von dem ausgequetschten Leichnam und guckten erstaunt in sein hohles Innere. Als sie die bedenkliche Höhlung sahen und auch die Kleie sahen, war es der nächste und natürlichste Gedankensprung, den Kopf mit der Kleie auszufüllen, und so waren die Fingerchen der Kinder nun beschäftigt, um die Wette Kleie in den Kopf zu tun, so daß zum erstenmal in seinem Leben etwas in ihm steckte. Der Knabe mochte es aber immer noch für ein totes Wissen halten, weil er plötzlich eine große blaue Fliege fing und, die summende zwischen beiden hohlen Händen haltend, dem Mädchen gebot, den Kopf von der Kleie zu entleeren. Hierauf wurde die Fliege hineingesperrt und das Loch mit Gras verstopft. Die Kinder hielten den Kopf an die Ohren und setzten ihn dann feierlich auf einen Stein; da er noch mit der roten Mohnblume bedeckt war, so glich der Tönende jetzt einem weissagenden Haupte, und die Kinder lauschten in tiefer Stille seinen Kunden und Märchen, indessen sie sich umschlungen hielten. Aber jeder Prophet erweckt Schrecken und Undank; das wenige Leben in dem dürftig geformten Bilde erregte die menschliche Grausamkeit in den Kindern, und es wurde beschlossen, das Haupt zu begraben. So machten sie ein Grab und legten den Kopf, ohne die gefangene Fliege um ihre Meinung zu befragen, hinein, und errichteten über dem Grabe ein ansehnliches Denkmal von Feldsteinen. Dann empfanden sie einiges Grauen, da sie etwas Geformtes und Belebtes begraben hatten, und entfernten sich ein gutes Stück von der unheimlichen Stätte. Auf einem ganz mit grünen Kräutern bedeckten Plätzchen legte sich das Dirnchen auf den Rücken, da es müde war, und begann in eintöniger Weise einige Worte zu singen, immer die nämlichen, und der Junge kauerte daneben und half, indem er nicht wußte, ob er auch vollends umfallen solle, so lässig und müßig war er. Die Sonne schien dem singenden Mädchen in den geöffneten Mund, beleuchtete dessen blendendweiße Zähnchen und durchschimmerte die runden Purpurlippen. Der Knabe sah die Zähne, und dem Mädchen den Kopf haltend und dessen Zähnchen neugierig untersuchend, rief er: „Rate, wieviel Zähne hat man?“ Das Mädchen besann sich einen Augenblick, als ob es reiflich nachzählte, und sagte dann auf Geratewohl: „Hundert!“ — „Nein, zweiunddreißig!“ rief er, „wart, ich will einmal zählen!“ Da zählte er die Zähne des Kindes, und weil er nicht zweiunddreißig herausbrachte, so fing er immer wieder von neuem an. Das Mädchen hielt lange still, als aber der eifrige Zähler nicht zu Ende kam, raffte es sich auf und rief: „Nun will ich deine zählen!“ Nun legte sich der Bursche hin ins Kraut, das Mädchen über ihn, umschlang seinen Kopf, er sperrte das Maul auf, und es zählte: „Eins, zwei, sieben, fünf, zwei, eins“; denn die kleine Schöne konnte noch nicht zählen. Der Junge verbesserte sie und gab ihr Anweisung, wie sie zählen solle, und so fing auch sie unzähligemal von neuem an, und das Spiel schien ihnen am besten zu gefallen von allem, was sie heut unternommen. Endlich aber sank das Mädchen ganz auf den kleinen Rechenmeister nieder, und die Kinder schliefen ein in der hellen Mittagssonne.

Inzwischen hatten die Väter ihre Äcker fertig gepflügt und in frischduftende braune Fläche umgewandelt. Als nun, mit der letzten Furche zu Ende gekommen, der Knecht des einen halten wollte, rief sein Meister: „Was hältst du? Kehr noch einmal um!“ — „Wir sind ja fertig!“ sagte der Knecht. „Halt's Maul und tu, wie ich dir sage!“ der Meister. Und sie kehrten um und rissen eine tüchtige Furche in den mittleren herrenlosen Acker hinein, daß Kraut und Steine flogen. Der Bauer hielt sich aber nicht mit der Beseitigung derselben auf, er mochte denken, hierzu sei noch Zeit genug vorhanden, und er begnügte sich, für heute die Sache nur aus dem Gröbsten zu tun. So ging es rasch die Höhe empor in sanftem Bogen, und als man oben angelangt und das liebliche Windeswehen eben wieder den Kappenzipfel des Mannes zurückwarf, pflügte auf der andern Seite der Nachbar vorüber, mit dem Zipfel nach vorn, und schnitt ebenfalls eine ansehnliche Furche vom mittleren Acker, daß die Schollen nur so zur Seite flogen. Jeder sah wohl, was der andere tat, aber keiner schien es zu sehen, und sie entschwanden sich wieder, indem jedes Sternbild still am anderen vorüberging und hinter diese runde Welt hinabtauchte. So gehen die Weberschiffchen des Geschickes aneinander vorbei, und „was er webt, das weiß kein Weber!“

*

Es kam eine Ernte um die andere, und jede sah die Kinder größer und schöner und den herrenlosen Acker schmäler zwischen seinen breit gewordenen Nachbaren. Mit jedem Pflügen verlor er hüben und drüben eine Furche, ohne daß ein Wort darüber gesprochen worden wäre und ohne daß ein Menschenauge den Frevel zu sehen schien. Die Steine wurden immer mehr zusammengedrängt und bildeten schon einen ordentlichen Grat auf der ganzen Länge des Ackers, und das wilde Gesträuch darauf war schon so hoch, daß die Kinder, obgleich sie gewachsen waren, sich nicht mehr sehen konnten, wenn eines dies- und das andere jenseits ging. Denn sie gingen nun nicht mehr gemeinschaftlich auf das Feld, da der zehnjährige Salomon oder Sali, wie er genannt wurde, sich schon wacker auf Seite der größeren Burschen und der Männer hielt; und das braune Vrenchen, obgleich es ein feuriges Dirnchen war, mußte bereits unter der Obhut seines Geschlechts gehen, sonst wäre es von den andern als ein Bubenmädchen ausgelacht worden. Dennoch nahmen sie während jeder Ernte, wenn alles auf den Äckern war, einmal Gelegenheit, den wilden Steinkamm, der sie trennte, zu besteigen und sich gegenseitig von demselben herunterzustoßen. Wenn sie auch sonst keinen Verkehr mehr miteinander hatten, so schien diese jährliche Zeremonie um so sorglicher gewahrt zu werden, als sonst nirgends die Felder ihrer Väter zusammenstießen.

Indessen sollte der Acker doch endlich verkauft und der Erlös einstweilen amtlich aufgehoben werden. Die Versteigerung fand an Ort und Stelle statt, wo sich aber nur einige Gaffer einfanden außer den Bauern Manz und Marti, da niemand Lust hatte, das seltsame Stückchen zu erstehen und zwischen den zwei Nachbaren zu bebauen. Denn obgleich diese zu den besten Bauern des Dorfes gehörten und nichts weiter getan hatten, als was zwei Drittel der übrigen unter diesen Umständen auch getan haben würden, so sah man sie doch jetzt stillschweigend darum an, und niemand wollte zwischen ihnen eingeklemmt sein mit dem geschmälerten Waisenfelde. Die meisten Menschen sind fähig oder bereit, ein in den Lüften umgehendes Unrecht zu verüben, wenn sie mit der Nase daraufstoßen; sowie es aber von einem begangen ist, sind die übrigen froh, daß sie es doch nicht gewesen sind, daß die Versuchung sie nicht betroffen hat, und sie machen nun den Auserwählten zu dem Schlechtigkeitsmesser ihrer Eigenschaften und behandeln ihn mit zarter Scheu als einen Ableiter des Übels, der von den Göttern gezeichnet ist, während ihnen zugleich noch der Mund wässert nach den Vorteilen, die er dabei genossen. Manz und Marti waren also die einzigen, welche ernstlich auf den Acker boten; nach einem ziemlich hartnäckigen Überbieten erstand ihn Manz, und er wurde ihm zugeschlagen. Die Beamten und die Gaffer verloren sich vom Felde; die beiden Bauern, welche sich auf ihren Äckern noch zu schaffen gemacht, trafen beim Weggehen wieder zusammen, und Marti sagte: „Du wirst nun dein Land, das alte und das neue, wohl zusammenschlagen und in zwei gleiche Stücke teilen? Ich hätte es wenigstens so gemacht, wenn ich das Ding bekommen hätte." — „Ich werde es allerdings auch tun," antwortete Manz, „denn als *ein* Acker würde mir das Stück zu groß sein. Doch was ich sagen wollte: Ich habe bemerkt, daß du neulich noch am unteren Ende dieses Ackers, der jetzt mir gehört, schräg hineingefahren bist und ein gutes Dreieck abgeschnitten hast. Du hast es vielleicht getan in der Meinung, du werdest das ganze Stück an dich bringen und es sei dann sowieso dein. Da es nun aber mir gehört, so wirst du wohl einsehen, daß ich eine solche ungehörige Einkrümmung nicht brauchen noch dulden kann, und wirst nichts dagegen haben, wenn ich den Strich wieder grad mache! Streit wird das nicht abgeben sollen!"

Marti erwiderte ebenso kaltblütig als ihn Manz angeredet hatte: „Ich sehe auch nicht, wo Streit herkommen soll! Ich denke, du hast den Acker gekauft, wie er da ist, wir haben ihn alle gemeinschaftlich besehen, und er hat sich seit einer Stunde nicht um ein Haar verändert!"

„Larifari!" sagte Manz, „was früher geschehen, wollen wir nicht aufrühren! Was aber zuviel ist, ist zuviel, und alles muß zuletzt eine ordentliche grade Art haben; diese drei Äcker sind von jeher so grade nebeneinander gelegen, wie nach dem Richtscheit gezeichnet; es ist ein ganz absonderlicher Spaß von dir, wenn du nun einen solchen lächerlichen und unvernünftigen Schnörkel dazwischenbringen willst, und wir beide würden einen Übernamen bekommen, wenn wir den krummen Zipfel da bestehen ließen. Er muß durchaus weg!"

Marti lachte und sagte: „Du hast ja auf einmal eine merkwürdige Furcht vor dem Gespötte der Leute! Das läßt sich aber ja wohl machen; mich geniert das Krumme gar nicht; ärgert es dich, gut, so machen wir es grad, aber nicht auf meiner Seite, das geb' ich dir schriftlich, wenn du willst!"

„Rede doch nicht so spaßhaft," sagte Manz, „es wird wohl grad gemacht, und zwar auf deiner Seite, darauf kannst du Gift nehmen!"

„Das werden wir ja sehen und erleben!" sagte Marti, und beide Männer gingen auseinander, ohne sich weiter anzublicken; vielmehr starrten sie nach verschiedener

Richtung ins Blaue hinaus, als ob sie da wunder was für Merkwürdigkeiten im Auge hätten, die sie betrachten müßten mit Aufbietung aller ihrer Geisteskräfte.

Schon am nächsten Tage schickte Manz einen Dienstbuben, ein Tagelöhnermädchen und sein eigenes Söhnchen Sali auf den Acker hinaus, um das wilde Unkraut und Gestrüpp auszureuten und auf Haufen zu bringen, damit nachher die Steine um so bequemer weggefahren werden könnten. Dies war eine Änderung in seinem Wesen, daß er den kaum elfjährigen Jungen, der noch zu keiner Arbeit angehalten worden, nun mit hinaussandte, gegen die Einsprache der Mutter. Es schien, da er es mit ernsthaften und gesalbten Worten tat, als ob er mit dieser Arbeitsstrenge gegen sein eigenes Blut das Unrecht betäuben wollte, in dem er lebte und welches nun begann, seine Folgen ruhig zu entfalten. Das ausgesandte Völklein jätete inzwischen lustig an dem Unkraut und hackte mit Vergnügen an den wunderlichen Stauden und Pflanzen aller Art, die da seit Jahren wucherten. Denn da es eine außerordentliche, gleichsam wilde Arbeit war, bei der keine Regel und keine Sorgfalt erheischt wurde, so galt sie als eine Lust. Das wilde Zeug, an der Sonne gedörrt, wurde aufgehäuft und mit großem Jubel verbrannt, daß der Qualm weithin sich verbreitete und die jungen Leutchen darin herumsprangen wie besessen. Dies war das letzte Freudenfest auf dem Unglücksfelde, und das junge Vrenchen, Martis Tochter, kam auch hinausgeschlichen und half tapfer mit. Das Ungewöhnliche dieser Begebenheit und die lustige Aufregung gaben einen guten Anlaß, sich seinem kleinen Jugendgespielen wieder einmal zu nähern, und die Kinder waren recht glücklich und munter bei ihrem Feuer. Es kamen noch andere Kinder hinzu und es sammelte sich eine ganz vergnügte Gesellschaft; doch immer, sobald sie getrennt wurden, suchte Sali alsobald wieder neben Vrenchen zu gelangen, und dieses wußte desgleichen immer vergnügt lächelnd zu ihm zu schlüpfen, und es war beiden Kreaturen, wie wenn dieser herrliche Tag nie enden müßte und könnte. Doch der alte Manz kam gegen Abend herbei, um zu sehen, was sie ausgerichtet, und obgleich sie fertig waren, so schalt er doch ob dieser Lustbarkeit und scheuchte die Gesellschaft auseinander. Zuletzt zeigte sich Marti auf seinem Grund und Boden, und seine Tochter gewahrend, pfiff er derselben schrill und gebieterisch durch den Finger, daß sie erschrocken hineilte, und er gab ihr, ohne zu wissen warum, einige Ohrfeigen, also daß beide Kinder in großer Traurigkeit und weinend nach Hause gingen, und sie wußten jetzt eigentlich so wenig, warum sie so traurig waren, als warum sie vorhin so vergnügt gewesen; denn die Rauheit der Väter, an sich ziemlich neu, war von den arglosen Geschöpfen noch nicht begriffen und konnte sie nicht tiefer bewegen.

Die nächsten Tage war es schon eine härtere Arbeit, zu welcher Mannsleute gehörten, als Manz die Steine aufnehmen und wegfahren ließ. Es wollte kein Ende nehmen und alle Steine der Welt schienen da beisammen zu sein. Er ließ sie aber nicht ganz vom Felde wegbringen, sondern jede Fuhre auf jenem streitigen Dreiecke abwerfen, welches von Marti schon säuberlich umgepflügt war. Er hatte vorher einen graden Strich gezogen als Grenzscheide und belastete nun dies Fleckchen Erde mit allen Steinen, welche beide Männer seit unvordenklichen Zeiten herübergeworfen, so daß eine gewaltige Pyramide entstand, die wegzubringen sein Gegner bleiben lassen würde, dachte er. Marti hatte dies am wenigsten erwartet; er glaubte, der andere werde nach alter Weise mit dem Pfluge zu Werke gehen wollen, und hatte daher abgewartet, bis er ihn als Pflüger ausziehen sähe. Erst als die Sache schon beinahe fertig, hörte er von dem schönen Denkmal, welches Manz da errichtet, rannte voll Wut hinaus, sah die Bescherung, rannte zurück und holte den Gemeindeammann, um vorläufig gegen den Steinhaufen zu protestieren und den Fleck gerichtlich in Beschlag nehmen zu lassen, und von diesem Tage an lagen die zwei Bauern im Prozeß miteinander und ruhten nicht, ehe sie beide zugrunde gerichtet waren.

Die Gedanken der sonst so wohlweisen Männer waren nun so kurzgeschnitten wie Häcksel; der beschränkteste Rechtssinn von der Welt erfüllte jeden von ihnen, indem keiner begreifen konnte noch wollte, wie der andere so offenbar unrechtmäßig und willkürlich den fraglichen unbedeutenden Ackerzipfel an sich reißen könne. Bei Manz kam noch ein wunderbarer Sinn für Symmetrie und parallele Linien hinzu, und er fühlte sich wahrhaft gekränkt durch den aberwitzigen Eigensinn, mit welchem Marti auf dem Dasein des unsinnigsten und mutwilligsten Schnörkels beharrte. Beide aber trafen zusammen in der Überzeugung, daß der andere, den anderen so frech und plump übervorteilend, ihn notwendig für einen verächtlichen Dummkopf halten müsse, da man dergleichen etwa einem armen haltlosen Teufel, nicht aber einem aufrechten, klugen und wehrhaften Manne gegenüber sich erlauben könne, und jeder sah sich in seiner wunderlichen Ehre gekränkt und gab sich rückhaltlos der Leidenschaft des Streites und dem daraus erfolgenden Verfalle hin, und ihr Leben glich fortan der träumerischen Qual zweier Verdammten, welche, auf einem schmalen Brette einen dunkeln Strom hinabtreibend, sich befehden, in die Luft hauen und sich selber anpacken und vernichten, in der Meinung, sie hätten ihr Unglück gefaßt. Da sie eine faule Sache hatten, so gerieten beide in die allerschlimmsten Hände von Tausendkünstlern, welche ihre verdorbene Phantasie auftrieben zu ungeheuren Blasen, die mit den nichtsnutzigsten Dingen angefüllt wurden. Vorzüglich waren es die Spekulanten aus der Stadt Seldwyla, welchen dieser Handel ein gefundenes Essen war, und bald hatte jeder der Streitenden einen Anhang von Unterhändlern, Zuträgern und Ratgebern hinter sich, die alles bare Geld auf hundert Wegen abzuziehen wußten. Denn das Fleckchen Erde mit dem Steinhaufen darüber, auf welchem bereits wieder ein Wald von Nesseln und Disteln blühte, war nur noch der erste Keim oder der Grundstein einer verworrenen Geschichte und Lebensweise, in welcher die zwei Fünfzigjährigen noch neue Gewohnheiten und Sitten, Grundsätze und Hoffnungen annahmen, als sie bisher geübt. Je mehr Geld sie verloren, desto sehnsüchtiger wünschten sie welches zu haben, und je weniger sie besaßen, desto hartnäckiger dachten sie reich zu werden und es dem andern zuvorzutun. Sie ließen sich zu jedem Schwindel verleiten und setzten auch jahraus jahrein in alle fremden Lotterien, deren Lose massenhaft in Seldwyla zirkulierten. Aber nie bekamen sie einen Taler Gewinn zu Gesicht, sondern hörten nur immer vom Gewinnen anderer Leute und wie sie selbst beinahe gewonnen hätten, indessen diese Leidenschaft ein regelmäßiger Geldabfluß für sie war. Bisweilen machten sich die Seldwyler den Spaß, beide Bauern, ohne ihr Wissen, am gleichen Lose teilnehmen zu lassen, so daß beide die Hoffnung auf Unterdrückung und Vernichtung des andern auf ein und dasselbe Los setzten. Sie brachten die Hälfte ihrer Zeit in der Stadt zu, wo jeder in einer Spelunke sein Hauptquartier hatte, sich den Kopf heiß machen und zu den lächerlichsten Ausgaben und einem elenden und ungeschickten Schlemmen verleiten ließ, bei welchem ihm heimlich doch selber das Herz blutete, also daß beide, welche eigentlich nur in diesem Hader lebten, um für keine Dummköpfe zu gelten, nun solche von der besten Sorte darstellten und von jedermann dafür angesehen wurden. Die andere Hälfte der Zeit lagen sie verdrossen zu Hause oder gingen ihrer Arbeit nach, wobei sie dann durch ein tolles böses Überhasten und Antreiben das Versäumte einzuholen suchten und damit jeden ordentlichen und zuverlässigen Arbeiter verscheuchten. So ging es gewaltig rückwärts mit ihnen, und ehe zehn Jahre vorüber, steckten sie beide von Grund aus in Schulden und standen wie die Störche auf einem Beine auf der Schwelle ihrer Besitztümer, von der jeder Lufthauch sie herunterwehte. Aber wie es ihnen auch erging, der Haß zwischen ihnen wurde täglich größer, da jeder den andern als den Urheber seines Unsterns betrachtete, als seinen Erbfeind und ganz unvernünftigen Widersacher, den der Teufel absichtlich in die Welt gesetzt habe, um ihn zu verderben. Sie spien aus, wenn sie sich nur von weitem sahen; kein Glied ihres Hauses durfte mit Frau, Kind oder Gesinde des andern ein Wort sprechen, bei Vermeidung der gröbsten Mißhandlung. Ihre Weiber verhielten sich verschieden bei dieser Verarmung und Verschlechterung des ganzen Wesens. Die Frau des Marti, welche von guter Art war, hielt den Verfall nicht aus, härmte sich ab und starb, ehe ihre Tochter vierzehn Jahre alt war. Die Frau des Manz hingegen bequemte sich der veränderten Lebensweise an, und um sich als eine schlechte Genossin zu entfalten, hatte sie nichts zu tun, als einigen weiblichen Fehlern, die ihr von jeher angehaftet, den Zügel schießen zu lassen und dieselben zu Lastern auszubilden. Ihre Naschhaftigkeit wurde zu wilder Begehrlichkeit, ihre Zungenfertigkeit zu einem grundfalschen und verlogenen Schmeichel- und Verleumdungswesen, mit welchem sie jeden Augenblick das Gegenteil von dem sagte, was sie dachte, alles hintereinander hetzte und ihrem eigenen Manne ein X für ein U vormachte; ihre ursprüngliche Offenheit, mit der sie sich der unschuldigeren Plauderei erfreut, ward nun zur abgehärteten Schamlosigkeit, mit der sie jenes falsche Wesen betrieb, und so, statt unter ihrem Manne zu leiden, drehte sie ihm eine Nase; wenn er es arg trieb, so machte sie es bunt, ließ sich nichts abgehen und gedieh zu der dicksten Blüte einer Vorsteherin des zerfallenden Hauses.

So war es nun schlimm bestellt um die armen Kinder, welche weder eine gute Hoffnung für ihre Zukunft fassen konnten, noch sich auch nur einer lieblich frohen Jugend erfreuten, da überall nichts als Zank und Sorge war. Vrenchen hatte anscheinend einen schlimmeren Stand als Sali, da seine Mutter tot und es einsam in einem wüsten Hause der Tyrannei eines verwilderten Vaters anheimgegeben war. Als es sechzehn Jahre zählte, war es schon ein schlankgewachsenes, ziervolles Mädchen; seine dunkelbraunen Haare ringelten sich unablässig fast bis über die blitzenden braunen Augen, dunkelrotes Blut durchschimmerte die Wangen des bräunlichen Gesichtes und glänzte als tiefer Purpur auf den frischen Lippen, wie man es selten sah und was dem dunklen Kinde ein eigentümliches Ansehen und Kennzeichen gab. Feurige Lebenslust und Fröhlichkeit zitterte in jeder Fiber dieses Wesens; es lachte und war aufgelegt zu Scherz und Spiel, wenn das Wetter nur im mindesten lieblich war, d. h. wenn es nicht zu sehr gequält wurde und nicht zuviel Sorgen ausstand. Diese plagten es aber häufig genug; denn nicht nur hatte es den Kummer und das wachsende Elend des Hauses mit zu tragen, sondern es mußte noch sich selber in acht nehmen und mochte sich gern halbwegs ordentlich und reinlich kleiden, ohne daß der Vater ihm die geringsten Mittel dazu geben wollte. So hatte Vrenchen die größte Not, ihre anmutige Person einigermaßen auszustaffieren, sich ein allerbescheidenstes Sonntagskleid zu erobern und einige bunte, fast wertlose Halstüchelchen zusammenzuhalten. Darum war das schöne, wohlgemute junge Blut in jeder Weise gedemütigt und gehemmt und konnte am wenigsten der Hoffart anheimfallen. Überdies hatte es bei schon erwachendem Verstande das Leiden und den Tod seiner Mutter gesehen, und dies Andenken war ein weiterer Zügel, der seinem lustigen und feurigen Wesen angelegt war, so daß es nun höchst lieblich, unbedenklich und rührend sich ansah, wenn trotz alledem das gute Kind bei jedem Sonnenblick sich ermunterte und zum Lächeln bereit war.

Sali erging es nicht so hart auf den ersten Anschein; denn er war nun ein hübscher und kräftiger junger Bursche, der sich zu wehren wußte und dessen äußere Haltung wenigstens eine schlechte Behandlung von selbst unzulässig machte. Er sah wohl die üble Wirtschaft seiner Eltern und glaubte sich erinnern zu können, daß es einst nicht so gewesen; ja er bewahrte noch das frühere Bild seines Vaters wohl in seinem Gedächtnisse als eines festen, klugen und ruhigen Bauers, desselben Mannes, den er jetzt als einen grauen Narren, Händelführer und Müßiggänger vor sich sah, der mit Toben und Prahlen auf hundert törichten und verfänglichen Wegen wandelte und mit jeder Stunde rückwärts ruderte wie ein Krebs. Wenn ihm nun dies mißfiel und ihn oft mit Scham und Kummer erfüllte, während es seiner Unerfahrenheit nicht klar war, wie die Dinge so gekommen, so wurden seine Sorgen wieder betäubt durch die Schmeichelei, mit der ihn die Mutter behandelte. Denn um in ihrem Unwesen ungestörter zu sein und einen guten Parteigänger zu haben, auch um ihrer Großtuerei zu genügen, ließ sie ihm zukommen, was er wünschte, kleidete ihn sauber und prahlerisch und unterstützte ihn in allem, was er zu seinem Vergnügen vornahm. Er ließ sich dies gefallen ohne viel Dankbarkeit, da ihm die Mutter viel zuviel dazu schwatzte und log; und indem er so wenig Freude daran empfand, tat er lässig und gedankenlos, was ihm gefiel, ohne daß dies jedoch etwas Übles war, weil er für jetzt noch unbeschädigt war von dem Beispiele der Alten und das jugendliche Bedürfnis fühlte, im ganzen einfach, ruhig und leidlich tüchtig zu sein. Er war ziemlich genau so, wie sein Vater in diesem Alter gewesen war, und dieses flößte demselben eine unwillkürliche Achtung vor dem Sohne ein, in welchem er mit verwirrtem Gewissen und gepeinigter Erinnerung seine eigene Jugend achtete. Trotz dieser Freiheit, welche Sali genoß, ward er seines Lebens doch nicht froh und fühlte wohl, wie er nichts Rechtes vor sich hatte und ebensowenig etwas Rechtes lernte, da von einem zusammenhängenden und vernunftgemäßen Arbeiten in Manzens Hause längst nicht mehr die Rede war. Sein bester Trost war daher, stolz auf seine Unabhängigkeit und einstweilige Unbescholtenheit zu sein, und in diesem Stolze ließ er die Tage trotzig verstreichen und wandte die Augen von der Zukunft ab.

Der einzige Zwang, dem er unterworfen, war die Feindschaft seines Vaters gegen alles, was Marti hieß und an diesen erinnerte. Doch wußte er nichts anderes, als daß Marti seinem Vater Schaden zugefügt und daß man in dessen Hause ebenso feindlich gesinnt sei, und es fiel ihm daher nicht schwer, weder den Marti noch seine Tochter anzusehen und seinerseits auch einen angehenden, doch ziemlich zahmen Feind vorzustellen. Vrenchen hingegen, welches mehr erdulden mußte als Sali und in seinem Hause viel verlassener war, fühlte sich weniger zu einer förmlichen Feindschaft aufgelegt und glaubte sich nur verachtet von dem wohlgekleideten und scheinbar glücklicheren Sali; deshalb verbarg sie sich vor ihm, und wenn er irgendwo nur in der Nähe war, so entfernte sie sich eilig, ohne daß er sich die Mühe gab, ihr nachzublicken. So kam es, daß er das Mädchen schon seit ein paar Jahren nicht mehr in der Nähe gesehen und gar nicht wußte, wie es aussah, seit es herangewachsen. Und doch wunderte es ihn zuweilen ganz gewaltig, und wenn überhaupt von den Martis gesprochen wurde, so dachte er unwillkürlich nur an die Tochter, deren jetziges Aussehen ihm nicht deutlich und deren Andenken ihm gar nicht verhaßt war.

Doch war sein Vater Manz nun der erste von den beiden Feinden, der sich nicht mehr halten konnte und von Haus und Hof springen mußte. Dieser Vortritt rührte daher, daß er eine Frau besaß, die ihm geholfen, und einen Sohn, der doch auch einiges mit brauchte, während Marti der einzige Verzehrer war in seinem wackeligen Königreich, und seine Tochter durfte wohl arbeiten wie ein Haustierchen, aber nichts gebrauchen. Manz aber wußte nichts anderes anzufangen, als auf den Rat seiner Seldwyler Gönner in die Stadt zu ziehen und da sich als Wirt aufzutun. Es ist immer betrüblich anzusehen, wenn ein ehemaliger Landmann, der auf dem Felde alt geworden ist, mit den Trümmern seiner Habe in eine Stadt zieht und da eine Schenke oder Kneipe auftut, um als letzten Rettungsanker den freundlichen und gewandten Wirt zu machen, während es ihm nichts weniger als freundlich zumute ist. Als die Manzen vom Hof zogen, sah man erst, wie arm sie bereits waren; denn sie luden lauter alten und zerfallenden Hausrat auf, dem man es ansah, daß seit vielen Jahren nichts erneuert und angeschafft worden war. Die Frau legte aber nichtsdestominder ihren besten Staat an, als sie sich oben auf die Gerümpelfuhre setzte, und machte ein Gesicht voller Hoffnungen, als künftige Stadtfrau schon mit Verachtung auf die Dorfgenossen herabsehend, welche voll Mitleid hinter den Hecken hervor dem bedenklichen Zuge zuschauten. Denn sie nahm sich vor, mit ihrer Liebenswürdigkeit und Klugheit die ganze Stadt zu bezaubern, und was ihr versimpelter Mann nicht machen könne, das wolle sie schon ausrichten, wenn sie nur erst einmal als Frau Wirtin in einem stattlichen Gasthofe säße. Dieser Gasthof bestand aber in einer trübseligen Winkelschenke in einem abgelegenen schmalen Gäßchen, auf der eben ein anderer zugrunde gegangen war und welche die Seldwyler dem Manz verpachteten, da er noch einige hundert Taler einzuziehen hatte. Sie verkauften ihm auch ein paar Fäßchen angemachten Weines und das Wirtschaftsmobiliar, das aus einem Dutzend weißen geringen Flaschen, ebensoviel Gläsern und einigen tannenen Tischen und Bänken bestand, welche einst blutrot angestrichen gewesen und jetzt vielfältig abgescheuert waren. Vor dem Fenster knarrte ein eiserner Reifen in einem Haken, und in dem Reifen schenkte eine blecherne Hand Rotwein aus einem Schöppchen in ein Glas. Überdies hing ein verdorrter Busch von Stechpalmen über der Haustüre, was Manz alles mit in die Pacht bekam. Um deswillen war er nicht so wohlgemut wie seine Frau, sondern trieb mit schlimmer Ahnung und voll Ingrimm die mageren Pferde an, welche er vom neuen Bauern geliehen. Das letzte schäbige Knechtchen, das er gehabt, hatte ihn schon seit einigen Wochen verlassen. Als er solcherweise abfuhr, sah er wohl, wie Marti voll Hohn und Schadenfreude sich unfern der Straße zu schaffen machte, fluchte ihm und hielt denselben für den alleinigen Urheber seines Unglückes. Sali aber, sobald das Fuhrwerk im Gange war, beschleunigte seine Schritte, eilte voraus und ging allein auf Seitenwegen nach der Stadt.

„Da wären wir!" sagte Manz, als die Fuhre vor dem Spelunkelein anhielt. Die Frau erschrak darüber, denn das war in der Tat ein trauriger Gasthof. Die Leute traten eilfertig unter die Fenster und vor die Häuser, um sich den neuen Bauernwirt anzusehen, und machten mit ihrer Seldwyler Überlegenheit mitleidig spöttische Gesichter. Zornig und mit nassen Augen kletterte die Manzin vom Wagen herunter und lief, ihre Zunge vorläufig wetzend, in das Haus, um sich heute vornehm nicht wieder blicken zu lassen; denn sie schämte sich des schlechten Gerätes und der verdorbenen Betten, welche nun abgeladen wurden. Sali schämte sich auch, aber er mußte helfen und machte mit seinem Vater einen seltsamen Verlag in dem Gäßchen, auf welchem alsbald die Kinder der Falliten herumsprangen und sich über das verlumpte Bauernpack lustig machten. Im Hause aber sah es noch trübseliger aus und es glich einer vollkommenen Räuberhöhle. Die Wände waren schlecht geweißtes, feuchtes Mauerwerk, außer der dunklen, unfreundlichen Gaststube mit ihren ehemals blutroten Tischen waren nur noch ein paar schlechte Kämmerchen da, und überall hatte der ausgezogene Vorgänger den trostlosesten Schmutz und Kehricht zurückgelassen.

So war der Anfang und so ging es auch fort. Während der ersten Wochen kamen, besonders am Abend, wohl hin und wieder ein Tisch voll Leute aus Neugierde, den Bauernwirt zu sehen, und ob es da vielleicht einigen Spaß absetzte. Am Wirt hatten sie nicht viel zu betrachten, denn Manz war ungelenk, starr, unfreundlich und melancholisch und wußte sich gar nicht zu benehmen, wollte es auch nicht wissen. Er füllte langsam und ungeschickt die Schöppchen, stellte sie mürrisch vor die Gäste und versuchte etwas zu sagen, brachte aber nichts heraus. Desto eifriger warf sich nun seine Frau ins Geschirr und hielt die Leute wirklich einige Tage zusammen, aber in einem ganz anderen Sinne, als sie meinte. Die ziemlich dicke Frau hatte sich eine eigene Haustracht zusammengesetzt, in der sie unwiderstehlich zu sein glaubte. Zu einem leinenen ungefärbten Landrock trug sie einen alten grünseidenen Spenser, eine baumwollene Schürze und einen schlimmen weißen Halskragen. Von ihrem nicht mehr dichten Haar hatte sie an den Schläfen possierliche Schnecken gewickelt und in das Zöpfchen hinten einen hohen Kamm gesteckt. So schwänzelte und tänzelte sie mit angestrengter Anmut herum, spitzte lächerlich das Maul, daß es süß aussehen sollte, hüpfte elastisch an die Tische hin, und das Glas oder den Teller mit gesalzenem Käse hinsetzend, sagte sie lächelnd: „So so? so soli! herrlich, herrlich, ihr Herren!“ und solches dummes Zeug mehr; denn obwohl sie sonst eine geschliffene Zunge hatte, so wußte sie jetzt doch nichts Gescheites vorzubringen, da sie fremd war und die Leute nicht kannte. Die Seldwyler von der schlechtesten Sorte, die da hockten, hielten die Hand vor den Mund, wollten vor Lachen ersticken, stießen sich unter dem Tisch mit den Füßen und sagten: „Potz tausig! Das ist ja eine Herrliche!“ — „Eine Himmlische!“ sagte ein anderer, „beim ewigen Hagel! Es ist der Mühe wert, hierherzukommen, so eine haben wir lange nicht gesehen!“ Ihr Mann bemerkte das wohl mit finsterem Blicke; er gab ihr einen Stoß in die Rippen und flüsterte: „Du alte Kuh! Was machst du denn?“ — „Störe mich nicht,“ sagte sie unwillig, „du alter Tolpatsch! Siehst du nicht, wie ich mir Mühe gebe und mit den Leuten umzugehen weiß? Das sind aber nur Lumpen von deinem Anhang! Laß mich nur machen, ich will bald fürnehmere Kundschaft hier haben!“ Dies alles war beleuchtet von einem oder zwei dünnen Talglichtern; Sali, der Sohn, aber ging hinaus in die dunkle Küche, setzte sich auf den Herd und weinte über Vater und Mutter.

Die Gäste hatten aber das Schauspiel bald satt, welches ihnen die gute Frau Manz gewährte, und blieben wieder, wo es ihnen wohler war und sie über die wunderliche Wirtschaft lachen konnten; nur dann und wann erschien ein einzelner, der ein Glas trank und die Wände angähnte, oder es kam ausnahmsweise eine ganze Bande, die armen Leute mit einem vorübergehenden Trubel und Lärm zu täuschen. Es ward ihnen angst und bange in dem engen Mauerwinkel, wo sie kaum die Sonne sahen, und Manz, welcher sonst gewohnt war, tagelang in der Stadt zu liegen, fand es jetzt unerträglich zwischen diesen Mauern. Wenn er an die freie Weite der Felder dachte, so stierte er finster brütend an die Decke oder auf den Boden, lief unter die enge Haustüre und wieder zurück, da die Nachbarn den bösen Wirt, wie sie ihn schon nannten, angafften. Nun dauerte es aber nicht mehr lange und sie verarmten gänzlich und hatten gar nichts mehr in der Hand; sie mußten, um etwas zu essen, warten, bis einer kam und für ein wenig Geld etwas von dem noch vorhandenen Wein verzehrte, und wenn er eine Wurst oder dergleichen begehrte, so hatten sie oft die größte Angst und Sorge, dieselbe beizutreiben. Bald hatten sie auch den Wein nur noch in einer großen Flasche verborgen, die sie heimlich in einer anderen Kneipe füllen ließen, und so sollten sie nun die Wirte machen ohne Wein und Brot und freundlich sein, ohne ordentlich gegessen zu haben. Sie waren beinahe froh, wenn nur niemand kam, und hockten so in ihrem Kneipchen, ohne leben noch sterben zu können. Als die Frau diese traurigen Erfahrungen machte, zog sie den grünen Spenser wieder aus und nahm abermals eine Veränderung vor, indem sie nun, wie früher die Fehler, so nun einige weibliche Tugenden aufkommen ließ und mehr ausbildete, da Not an den Mann ging. Sie übte Geduld und suchte den Alten aufrechtzuhalten und den Jungen zum Guten anzuweisen; sie opferte sich vielfältig in allerlei Dingen, kurz, sie übte in ihrer Weise eine Art von wohltätigem Einfluß, der zwar nicht weit reichte und nicht viel besserte, aber immerhin besser war als gar nichts oder als das Gegenteil und die Zeit wenigstens verbringen half, welche sonst viel früher hätte brechen müssen für diese Leute. Sie wußte manchen Rat zu geben nunmehr in erbärmlichen Dingen, nach ihrem Verstande, und wenn der Rat nichts zu taugen schien und fehlschlug, so ertrug sie willig den Grimm der Männer, kurzum, sie tat jetzt alles, da sie alt war, was besser gedient hätte, wenn sie es früher geübt.

Um wenigstens etwas Beißbares zu erwerben und die Zeit zu verbringen, verlegten sich Vater und Sohn auf die Fischerei, d. h. mit der Angelrute, soweit es für jeden erlaubt war, sie in den Fluß zu hängen. Dies war auch eine Hauptbeschäftigung der Seldwyler, nachdem sie falliert hatten. Bei günstigem Wetter, wenn die Fische gern anbissen, sah man sie dutzendweise hinauswandern mit Rute und Eimer, und wenn man an den Ufern des Flusses wandelte, hockte alle Spanne lang einer, der angelte, der eine in einem langen braunen Bürgerrock, die bloßen Füße im Wasser, der andere in einem spitzen blauen Frack auf einer alten Weide stehend, den alten Filz schief auf dem Ohre; weiterhin angelte gar einer im zerrissenen großblumigen Schlafrock, da er keinen andern mehr besaß, die lange Pfeife in der einen, die Rute in der andern Hand, und wenn man um eine Krümmung des Flusses bog, stand ein alter kahlköpfiger Dickbauch faselnackt auf einem Stein und angelte; dieser hatte, trotz des Aufenthaltes am Wasser, so schwarze Füße, daß man glaubte, er habe die Stiefel anbehalten. Jeder hatte ein Töpfchen oder ein Schächtelchen neben sich, in welchem Regenwürmer wimmelten, nach denen sie zu anderen Stunden zu graben pflegten. Wenn der Himmel mit Wolken bezogen und es ein schwüles dämmeriges Wetter war, welches Regen verkündete, so standen diese Gestalten am zahlreichsten an dem ziehenden Strome, regungslos gleich einer Galerie von Heiligen- oder Prophetenbildern. Achtlos zogen die Landleute mit Vieh und Wagen an ihnen vorüber, und die Schiffer auf dem Flusse sahen sie nicht an, während sie leise murrten über die störenden Schiffe.

Wenn man Manz vor zwölf Jahren, als er mit einem schönen Gespann pflügte auf dem Hügel über dem Ufer, geweissagt hätte, er würde sich einst zu diesen wunderlichen Heiligen gesellen und gleich ihnen Fische fangen, so wäre er nicht übel aufgefahren. Auch eilte er jetzt hastig an ihnen vorüber hinter ihrem Rücken und eilte stromaufwärts gleich einem eigensinnigen Schatten der Unterwelt, der sich zu seiner Verdammnis ein bequemes einsames Plätzchen sucht an den dunkeln Wassern. Mit der Angelrute zu stehen, hatten er und sein Sohn indessen keine Geduld, und sie erinnerten sich der Art, wie die Bauern auf manche andere Weise etwa Fische fangen, wenn sie übermütig sind, besonders mit den Händen in den Bächen; daher nahmen sie die Ruten nur zum Schein mit und gingen an den Borden der Bäche hinauf, wo sie wußten, daß es teuere und gute Forellen gab.

Dem auf dem Lande zurückgebliebenen Marti ging es inzwischen auch immer schlimmer und es war ihm höchst langweilig dabei, so daß er, anstatt auf seinem vernachlässigten Felde zu arbeiten, ebenfalls auf das Fischen verfiel und tagelang im Wasser herumplätscherte. Vrenchen durfte nicht von seiner Seite und mußte ihm Eimer und Geräte nachtragen durch nasse Wiesengründe, durch Bäche und Wassertümpel aller Art, bei Regen und Sonnenschein, indessen sie das Notwendigste zu Hause liegen lassen mußte. Denn es war sonst keine Seele mehr da und wurde auch keine gebraucht, da Marti das meiste Land schon verloren hatte und nur noch wenige Äcker besaß, die er mit seiner Tochter liederlich genug oder gar nicht bebaute.

So kam es, daß, als er eines Abends einen ziemlich tiefen und reißenden Bach entlang ging, in welchem die Forellen fleißig sprangen, da der Himmel voll Gewitterwolken hing, er unverhofft auf seinen Feind Manz traf, der an dem andern Ufer daherkam. Sobald er ihn sah, stieg ein schrecklicher Groll und Hohn in ihm auf; sie waren sich seit Jahren nicht so nahe gewesen, ausgenommen vor den Gerichtsschranken, wo sie nicht schelten durften, und Marti rief jetzt voll Grimm: „Was tust du hier, du Hund?

Kannst du nicht in deinem Lotterneste bleiben, du Seldwyler Lumpenhund?"

„Wirst nächstens wohl auch ankommen, du Schelm!" rief Manz. „Fische fängst du ja auch schon und wirst deshalb nicht viel mehr zu versäumen haben!"

„Schweig, du Galgenhund!" schrie Marti, da hier die Wellen des Baches stärker rauschten, „du hast mich ins Unglück gebracht!" Und da jetzt auch die Weiden am Bache gewaltig zu rauschen anfingen im aufgehenden Wetterwind, so mußte Manz noch lauter schreien: „Wenn dem nur so wäre, so wollte ich mich freuen, du elender Tropf!" — „O du Hund!" schrie Marti herüber und Manz hinüber: „O du Kalb, wie dumm tust du!" Und jener sprang wie ein Tiger den Bach entlang und suchte herüberzukommen. Der Grund, warum er der Wütendere war, lag in seiner Meinung, daß Manz als Wirt wenigstens genug zu essen und zu trinken hätte und gewissermaßen ein kurzweiliges Leben führe, während es ungerechterweise ihm so langweilig wäre auf seinem zertrümmerten Hofe. Manz schritt indessen auch grimmig genug an der andern Seite hin; hinter ihm sein Sohn, welcher, statt auf den bösen Streit zu hören, neugierig und verwundert nach Vrenchen hinübersah, welche hinter ihrem Vater ging, vor Scham in die Erde sehend, daß ihr die braunen krausen Haare ins Gesicht fielen. Sie trug einen hölzernen Fischeimer in der einen Hand, in der andern hatte sie Schuhe und Strümpfe getragen und ihr Kleid der Nässe wegen aufgeschürzt. Seit aber Sali auf der andern Seite ging, hatte sie es schamhaft sinken lassen und war nun dreifach belästigt und gequält, da sie alle das Zeug tragen, den Rock zusammenhalten und des Streites wegen sich grämen mußte. Hätte sie aufgesehen und nach Sali geblickt, so würde sie entdeckt haben, daß er weder vornehm noch sehr stolz mehr aussah und selbst bekümmert genug war. Während Vrenchen so ganz beschämt und verwirrt auf die Erde sah und Sali nur diese in allem Elende schlanke und anmutige Gestalt im Auge hatte, die so verlegen und demütig dahinschritt, beachteten sie dabei nicht, wie ihre Väter still geworden, aber mit verstärkter Wut einem hölzernen Stege zueilten, der in kleiner Entfernung über den Bach führte und eben sichtbar wurde. Es fing an zu blitzen und erleuchtete seltsam die dunkle melancholische Wassergegend; es donnerte auch in den grauschwarzen Wolken mit dumpfem Grolle, und schwere Regentropfen fielen, als die verwilderten Männer gleichzeitig auf die schmale, unter ihren Tritten schwankende Brücke stürzten, sich gegenseitig packten und die Fäuste in die vor Zorn und ausbrechendem Kummer bleichen zitternden Gesichter schlugen. Es ist nichts Anmutiges und nichts weniger als artig, wenn sonst gesetzte Menschen noch in den Fall kommen, aus Übermut, Unbedacht oder Notwehr unter allerhand Volk, das sie nicht näher berührt, Schläge auszuteilen oder welche zu bekommen; allein dies ist eine harmlose Spielerei gegen das tiefe Elend, das zwei alte Menschen überwältigt, die sich wohl kennen und seit lange kennen, wenn diese aus innerster Feindschaft und aus dem Gange einer ganzen Lebensgeschichte heraus sich mit nackten Händen anfassen und mit Fäusten schlagen. So taten jetzt diese beiden ergrauten Männer; vor fünfzig Jahren vielleicht hatten sie sich als Buben zum letzten Male gerauft, dann aber fünfzig lange Jahre mit keiner Hand mehr berührt, ausgenommen in ihrer guten Zeit, wo sie sich etwa zum Gruße die Hände geschüttelt, und auch dies nur selten bei ihrem trockenen und sicheren Wesen. Nachdem sie ein- oder zweimal geschlagen, hielten sie inne und rangen still zitternd miteinander, nur zuweilen aufstöhnend und elendiglich knirschend, und einer suchte den andern über das knackende Geländer ins Wasser zu werfen. Jetzt waren aber auch ihre

Kinder nachgekommen und sahen den erbärmlichen Auftritt. Sali sprang eines Satzes heran, um seinem Vater beizustehen und ihm zu helfen, dem gehaßten Feinde den Garaus zu machen, der ohnehin der schwächere schien und eben zu unterliegen drohte. Aber auch Vrenchen sprang, alles wegwerfend, mit einem langen Aufschrei herzu und umklammerte ihren Vater, um ihn zu schützen, während sie ihn dadurch nur hinderte und beschwerte. Tränen strömten aus ihren Augen, und sie sah flehend den Sali an, der im Begriff war, ihren Vater ebenfalls zu fassen und vollends zu überwältigen. Unwillkürlich legte er aber seine Hand an seinen eigenen Vater und suchte denselben mit festem Arm von seinem Gegner loszubringen und zu beruhigen, so daß der Kampf eine kleine Weile ruhte oder vielmehr die ganze Gruppe unruhig hin und her drängte, ohne auseinander zu kommen. Darüber waren die jungen Leute, sich mehr zwischen die Alten schiebend, in dichte Berührung gekommen, und in diesem Augenblicke erhellte ein Wolkenriß, der den grellen Abendschein durchließ, das nahe Gesicht des Mädchens und Sali sah in dies ihm so wohlbekannte und doch so viel anders und schöner gewordene Gesicht. Vrenchen sah in diesem Augenblicke auch sein Erstaunen und es lächelte ganz kurz und geschwind mitten in seinem Schrecken und seinen Tränen ihn an. Doch ermannte sich Sali, geweckt durch die Anstrengungen seines Vaters, ihn abzuschütteln, und brachte ihn mit eindringlich bittenden Worten und fester Haltung endlich ganz von seinem Feinde weg. Beide alten Gesellen atmeten hoch auf und begannen jetzt wieder zu schelten und zu schreien, sich voneinander abwendend; ihre Kinder aber atmeten kaum und waren still wie der Tod, gaben sich aber im Wegwenden und Trennen, ungesehen von den Alten, schnell die Hände, welche vom Wasser und von den Fischen feucht und kühl waren.

Als die grollenden Parteien ihrer Wege gingen, hatten die Wolken sich wieder geschlossen, es dunkelte mehr und mehr und der Regen goß nun in Bächen durch die Luft. Manz schlenderte voraus auf den dunklen nassen Wegen, er duckte sich, beide Hände in den Taschen, unter den Regengüssen, zitterte noch in seinen Gesichtszügen und mit den Zähnen, und ungesehene Tränen rieselten ihm in den Stoppelbart, die er fließen ließ, um sie durch das Wegwischen nicht zu verraten. Sein Sohn hatte aber nichts gesehen, weil er in glückseligen Bildern verloren daherging. Er merkte weder Regen noch Sturm, weder Dunkelheit noch Elend; sondern leicht, hell und warm war es ihm innen und außen, und er fühlte sich so reich und wohlgeborgen wie ein Königssohn. Er sah fortwährend das sekundenlange Lächeln des nahen schönen Gesichtes und erwiderte dasselbe erst jetzt, eine gute halbe Stunde nachher, indem er voll Liebe in Nacht und Wetter hinein und das liebe Gesicht anlachte, das ihm allerwegen aus dem Dunkel entgegentrat, so daß er glaubte, Vrenchen müsse auf seinen Wegen dies Lachen notwendig sehen und seiner innewerden.

*

Sein Vater war des andern Tags wie zerschlagen und wollte nicht aus dem Hause. Der ganze Handel und das vieljährige Elend nahm heute eine neue, deutlichere Gestalt an und breitete sich dunkel aus in der drückenden Luft der Spelunke, also daß Mann und Frau matt und scheu um das Gespenst herumschlichen, aus der Stube in die dunklen Kämmerchen, von da in die Küche und aus dieser wieder sich in die Stube schleppten, in welcher kein Gast sich sehen ließ. Zuletzt hockte jedes in einem Winkel und begann den Tag über ein müdes, halbtotes Zanken und Vorhalten mit dem andern, wobei sie zeitweise einschliefen, von unruhigen Tagträumen geplagt, welche aus dem Gewissen kamen und sie wieder weckten. Nur Sali sah und hörte nichts davon, denn er dachte nur an Vrenchen. Es war ihm immer noch zumute, nicht nur als ob er unsäglich reich wäre, sondern auch was Rechts gelernt hätte und unendlich viel Schönes und Gutes wüßte, da er nun so deutlich und bestimmt um das wußte, was er gestern gesehen. Diese Wissenschaft war ihm wie vom Himmel gefallen und er war in einer unaufhörlichen glücklichen Verwunderung darüber; und doch war es ihm, als ob er es eigentlich von jeher gewußt und gekannt hätte, was ihn jetzt mit so wundersamer Süßigkeit erfüllte. Denn nichts gleicht dem Reichtum und der Unergründlichkeit eines Glückes, das an den Menschen herantritt in einer so klaren und deutlichen Gestalt, vom Pfäfflein getauft und wohl versehen mit einem eigenen Namen, der nicht tönt wie andere Namen.

Sali fühlte sich an diesem Tage weder müßig noch unglücklich, weder arm noch hoffnungslos; vielmehr war er vollauf beschäftigt, sich Vrenchens Gesicht und Gestalt vorzustellen, unaufhörlich eine Stunde wie die andere; über dieser aufgeregten Tätigkeit aber verschwand ihm der Gegenstand derselben fast vollständig, das heißt, er bildete sich endlich ein, nun doch nicht zu wissen, wie Vrenchen recht genau aussehe, er habe wohl ein allgemeines Bild von ihr im Gedächtnis, aber wenn er sie beschreiben sollte, so könnte er das nicht. Er sah fortwährend dies Bild, als ob es vor ihm stände, und fühlte seinen angenehmen Eindruck, und doch sah er es nur wie etwas, das man eben nur einmal gesehen, in dessen Gewalt man liegt und das man doch noch nicht kennt. Er erinnerte sich genau der Gesichtszüge, welche das kleine Dirnchen einst gehabt, mit großem Wohlgefallen, aber nicht eigentlich derjenigen, welche er gestern gesehen. Hätte er Vrenchen nie wieder zu sehen bekommen, so hätten sich seine Erinnerungskräfte schon behelfen müssen und das liebe Gesicht säuberlich wieder zusammengetragen, daß nicht ein Zug daran fehlte. Jetzt aber versagten sie schlau und hartnäckig ihren Dienst, weil die Augen nach ihrem Recht und ihrer Lust verlangten, und als am Nachmittage die Sonne warm und hell die oberen Stockwerke der schwarzen Häuser beschien, strich Sali aus dem Tore und seiner alten Heimat zu, welche ihm jetzt erst ein himmlisches Jerusalem zu sein schien mit zwölf glänzenden Pforten, und die sein Herz klopfen machte, als er sich ihr näherte.

Er stieß auf dem Wege auf Vrenchens Vater, welcher nach der Stadt zu gehen schien. Der sah sehr wild und liederlich aus, sein grau gewordener Bart war seit Wochen nicht geschoren, und er sah aus wie ein recht böser verlorener Bauersmann, der sein Feld verscherzt hat und nun geht, um andern Übles zuzufügen. Dennoch sah ihn Sali, als sie sich vorübergingen, nicht mehr mit Haß, sondern voll Furcht und Scheu an, als ob sein Leben in dessen Hand stände und er es lieber von ihm erflehen als ertrotzen möchte. Marti aber maß ihn mit einem bösen Blicke von oben bis unten und ging seines Weges. Das war indessen dem Sali recht, welchem es nun, da er den Alten das Dorf verlassen sah, deutlicher wurde, was er eigentlich da wolle, und er schlich sich auf altbekannten Pfaden so lange um das Dorf herum und durch dessen verdeckte Gäßchen, bis er sich Martis Haus und Hof gegenüber befand. Seit mehreren Jahren hatte er diese Stätte nicht mehr so nahe gesehen; denn auch als sie noch hier wohnten, hüteten sich die verfeindeten Leute gegenseitig, sich ins Gehege zu kommen. Deshalb war er nun erstaunt über das, was er doch an seinem eigenen Vaterhause erlebt, und starrte voll Verwunderung in die Wüstenei, die er vor sich sah. Dem Marti war ein Stück Ackerland um das andere abgepfändet worden, er besaß nichts mehr als das Haus und den Platz davor nebst etwas Garten und dem Acker auf der Höhe am Flusse, von welchem er hartnäckig am längsten nicht lassen wollte.

Es war aber keine Rede mehr von einer ordentlichen Bebauung, und auf dem Acker, der einst so schön im gleichmäßigen Korne gewogt, wenn die Ernte kam, waren jetzt allerhand abfällige Samenreste gesäet und aufgegangen, aus alten Schachteln und zerrissenen Tüten zusammengekehrt, Rüben, Kraut und dergleichen und etwas Kartoffeln, so daß der Acker aussah wie ein recht übel gepflegter Gemüseplatz, und eine wunderliche Musterkarte war, dazu angelegt, um von der Hand in den Mund zu leben, hier eine Handvoll Rüben auszureißen, wenn man Hunger hatte und nichts Besseres wußte, dort eine Tracht Kartoffeln oder Kraut, und das übrige fortwuchern oder verfaulen zu lassen, wie es mochte. Auch lief jedermann darin herum, wie es ihm gefiel, und das schöne breite Stück Feld sah beinahe so aus, wie einst der herrenlose Acker, von dem alles Unheil herkam. Deshalb war um das Haus nicht eine Spur von Ackerwirtschaft zu sehen. Der Stall war leer, die Türe hing nur in einer Angel, und unzählige Kreuzspinnen, den Sommer hindurch halb groß geworden, ließen ihre Fäden in der Sonne glänzen vor dem dunklen Eingang. An dem offen stehenden Scheunentor, wo einst die Früchte des festen Landes eingefahren, hing schlechtes Fischergeräte, zum Zeugnis der verkehrten Wasserpfuscherei; auf dem Hofe war nicht ein Huhn und nicht eine Taube, weder Katze noch Hund zu sehen; nur der Brunnen war noch als etwas Lebendiges da, aber er floß nicht mehr durch die Röhre, sondern sprang durch einen Riß nahe am Boden über diesen hin und setzte überall kleine Tümpel an, so daß er das beste Sinnbild der Faulheit abgab. Denn während mit wenig Mühe des Vaters das Loch zu verstopfen und die Röhre herzustellen gewesen wäre, mußte sich Vrenchen nun abquälen, selbst das lautere Wasser dieser Verkommenheit abzugewinnen und seine Wäscherei in den seichten Sammlungen am Boden vorzunehmen, statt in dem vertrockneten und zerspellten Troge. Das Haus selbst war ebenso kläglich anzusehen; die Fenster waren vielfältig zerbrochen und mit Papier verklebt, aber doch waren sie das Freundlichste an dem Verfall; denn sie waren, selbst die zerbrochenen Scheiben, klar und sauber gewaschen, ja förmlich poliert und glänzten so hell wie Vrenchens Augen, welche ihm in seiner Armut ja auch allen übrigen Staat ersetzen mußten. Und wie die krausen Haare und die rotgelben Kattunhalstücher zu Vrenchens Augen, stand zu diesen blinkenden Fenstern das wilde grüne Gewächs, was da durcheinander rankte um das Haus, flatternde Bohnenwäldchen und eine ganze duftende Wildnis von rotgelbem Goldlack. Die Bohnen hielten sich, so gut sie konnten, hier an einem Harkenstiel oder an einem verkehrt in die Erde gesteckten Stumpfbesen, dort an einer von Rost zerfressenen Hellebarde oder Sponton, wie man es nannte, als Vrenchens Großvater das Ding als Wachtmeister getragen, welches es jetzt aus Not in die Bohnen gepflanzt hatte; dort kletterten sie wieder lustig eine verwitterte Leiter empor, die am Hause lehnte seit undenklichen Zeiten, und hingen von da an in die klaren Fensterchen hinunter wie Vrenchens Kräuselhaare in seine Augen. Dieser mehr malerische als wirtliche Hof lag etwas beiseite und hatte keine näheren Nachbarhäuser, auch ließ sich in diesem Augenblicke nirgends eine lebendige Seele wahrnehmen; Sali lehnte daher in aller Sicherheit an einem alten Scheunchen, etwa dreißig Schritt entfernt, und schaute unverwandt nach dem stillen wüsten Hause hinüber. Eine geraume Zeit lehnte und schaute er so, als Vrenchen unter die Haustür kam und lange vor sich hin blickte, wie mit allen ihren Gedanken an einem Gegenstande hängend. Sali rührte sich nicht und wandte kein Auge von ihr. Als sie endlich zufällig in dieser Richtung hinsah, fiel er ihr in die Augen. Sie sahen sich eine Weile an, herüber und hinüber, als ob sie eine Lufterscheinung betrachteten, bis sich Sali endlich aufrichtete und langsam über die Straße und über den Hof ging auf Vrenchen los. Als er dem Mädchen nahe war, streckte es seine Hände gegen ihn aus und sagte : „Sali!“ Er ergriff die Hände und sah ihr immerfort ins Gesicht. Tränen stürzten aus ihren Augen, während sie unter seinen Blicken vollends dunkelrot wurde, und sie sagte: „Was willst Du hier?“ — „Nur dich sehen!“ erwiderte er, „wollen wir nicht wieder gute Freunde sein?“ — „Und unsere Eltern?“ fragte Vrenchen, sein weinendes Gesicht zur Seite neigend, da es die Hände nicht frei hatte, um es zu bedecken. — „Sind wir schuld an dem, was sie getan und geworden sind?“ sagte Sali, „vielleicht können wir das Elend nur gut machen, wenn wir zwei zusammenhalten und uns recht lieb sind!“ — „Es wird nie gut kommen,“ antwortete Vrenchen mit einem tiefen Seufzer, „geh in Gottes Namen deiner Wege, Sali!“ — „Bist du allein?“ fragte dieser, „kann ich einen Augenblick hineinkommen?“ — „Der Vater ist zur Stadt, wie er sagte, um deinem Vater irgend etwas anzuhängen; aber hereinkommen kannst du nicht, weil du später vielleicht nicht so ungesehen weggehen kannst wie jetzt. Noch ist alles still und niemand um den Weg, ich bitte dich, geh jetzt!“ — „Nein, so geh' ich nicht! Ich mußte seit gestern immer an dich denken, und ich geh' nicht so fort, wir müssen miteinander reden, wenigstens eine halbe Stunde lang oder eine Stunde, das wird uns gut tun!“ Vrenchen besann sich ein Weilchen und sagte dann: „Ich geh' gegen Abend auf unsern Acker hinaus, du weißt welchen, wir haben nur noch den, und hole etwas Gemüse. Ich weiß, daß niemand weiter dort sein wird, weil die Leute anderswo schneiden; wenn du willst, so komm dorthin, aber jetzt geh und nimm dich in acht, daß dich niemand sieht! Wenn auch kein Mensch hier mehr mit uns umgeht, so würden sie doch ein solches Gerede machen, daß es der Vater sogleich vernähme." Sie ließen sich jetzt die Hände frei, ergriffen sie aber auf der Stelle wieder, und beide sagten gleichzeitig: „Und wie geht es dir auch?" Aber statt sich zu antworten, fragten sie das gleiche aufs neue, und die Antwort lag nur in den beredten Augen, da sie nach Art der Verliebten die Worte nicht mehr zu lenken wußten, und ohne sich weiter etwas zu sagen, endlich halb selig und halb traurig auseinander huschten. „Ich komme recht bald hinaus, geh nur gleich hin!" rief Vrenchen noch nach.

Sali ging auch alsobald auf die stille schöne Anhöhe hinaus, über welche die zwei Äcker sich erstreckten, und die prächtige stille Julisonne, die fahrenden weißen Wolken, welche über das reife wallende Kornfeld wegzogen, der glänzende blaue Fluß, der unten vorüberwallte, alles dies erfüllte ihn zum ersten Male seit langen Jahren wieder mit Glück und Zufriedenheit, statt mit Kummer, und er warf sich der Länge nach in den durchsichtigen Halbschatten des Kornes, wo dasselbe Martis wilden Acker begrenzte, und guckte glückselig in den Himmel.

Obgleich es kaum eine Viertelstunde währte, bis Vrenchen nachkam, und er an nichts anderes dachte als an sein Glück und dessen Namen, stand es doch plötzlich und unverhofft vor ihm, auf ihn niederlächelnd, und froh erschreckt sprang er auf. „Vreeli!" rief er, und dieses gab ihm still und lächelnd beide Hände, und Hand in Hand gingen sie nun das flüsternde Korn entlang bis gegen den Fluß hinunter und wieder zurück, ohne viel zu reden; sie legten zwei- oder dreimal den Hin- und Herweg zurück, still, glückselig und ruhig, so daß dieses einige Paar nun auch einem Sternbilde glich, welches über die sonnige

Rundung der Anhöhe und hinter derselben niederging, wie einst die sichergehenden Pflugzüge ihrer Väter. Als sie aber einsmals die Augen von den blauen Kornblumen aufschlugen, an denen sie gehaftet, sahen sie plötzlich einen andern dunklen Stern vor sich her gehen, einen schwärzlichen Kerl, von dem sie nicht wußten, woher er so unversehens gekommen. Er mußte im Korne gelegen haben; Vrenchen zuckte zusammen, und Sali sagte erschreckt: „Der schwarze Geiger!" In der Tat trug der Kerl, der vor ihnen her strich, eine Geige mit dem Bogen unter dem Arm und sah übrigens schwarz genug aus; neben einem schwarzen Filzhütchen und einem schwarzen rußigen Kittel, den er trug, war auch sein Haar pechschwarz, so wie der ungeschorene Bart, das Gesicht und die Hände aber ebenfalls geschwärzt; denn er trieb allerlei Handwerk, meistens Kesselflicken, half auch den Kohlenbrennern und Pechsiedern in den Wäldern und ging mit der Geige nur auf einen guten Schick aus, wenn die Bauern irgendwo lustig waren und ein Fest feierten. Sali und Vrenchen gingen mäuschenstill hinter ihm drein und dachten, er würde vom Felde gehen und verschwinden, ohne sich umzusehen, und so schien es auch zu sein, denn er tat, als ob er nichts von ihnen merkte. Dazu waren sie in einem seltsamen Bann, daß sie nicht wagten, den schmalen Pfad zu verlassen, und dem unheimlichen Gesellen unwillkürlich folgten, bis an das Ende des Feldes, wo jener ungerechte Steinhaufen lag, der das immer noch streitige Ackerzipfelchen bedeckte. Eine zahllose Menge von Mohnblumen oder Klatschrosen hatte sich darauf angesiedelt, weshalb der kleine Berg feuerrot aussah zurzeit. Plötzlich sprang der schwarze Geiger mit einem Satze auf die rotbekleidete Steinmasse hinauf, kehrte sich und sah ringsum. Das Pärchen blieb stehen und sah verlegen zu dem dunklen Burschen hinauf; denn vorbei konnten sie nicht gehen, weil der Weg in das Dorf führte, und umkehren mochten sie auch nicht vor seinen Augen. Er sah sie scharf an und rief: „Ich kenne euch, ihr seid die Kinder derer, die mir den Boden hier gestohlen haben! Es freut mich zu sehen, wie gut ihr gefahren seid, und werde gewiß noch erleben, daß ihr vor mir den Weg alles Fleisches geht! Seht mich nur an, ihr zwei Spatzen! Gefällt euch meine Nase, wie?" In der Tat besaß er eine schreckbare Nase, welche wie ein großes Winkelmaß aus dem dürren schwarzen Gesicht ragte oder eigentlich mehr einem tüchtigen Knebel oder Prügel glich, welcher in dies Gesicht geworfen worden war, und unter dem ein kleines rundes Löchelchen von einem Munde sich seltsam stutzte und zusammenzog, aus dem er unaufhörlich pustete, pfiff und zischte. Dazu stand das kleine Filzhütchen ganz unheimlich, welches nicht rund und nicht eckig und so sonderlich geformt war, daß es alle Augenblicke seine Gestalt zu verändern schien, obgleich es unbeweglich saß, und von den Augen des Kerls war fast nichts als das Weiße zu sehen, da die Sterne unaufhörlich auf einer blitzschnellen Wanderung begriffen waren und wie zwei Hasen im Zickzack umhersprangen. „Seht mich nur an," fuhr er fort, „eure Väter kennen mich wohl, und jedermann in diesem Dorfe weiß, wer ich bin, wenn er nur meine Nase ansieht. Da haben sie vor Jahren ausgeschrien, daß ein Stück Geld für den Erben dieses Ackers bereit liege; ich habe mich zwanzigmal gemeldet, aber ich habe keinen Taufschein und keinen Heimatschein, und meine Freunde, die Heimatlosen, die meine Geburt gesehen, haben kein gültiges Zeugnis, und so ist die Frist längst verlaufen und ich bin um den blutigen Pfennig gekommen, mit dem ich hätte auswandern können! Ich habe eure Väter angefleht, daß sie mir bezeugen möchten, sie müßten mich nach ihrem Gewissen für den rechten Erben halten; aber sie haben mich von ihren Höfen gejagt, und nun sind sie selbst zum Teufel gegangen! Item, das ist der Welt Lauf, mir kann's recht sein, ich will euch doch geigen, wenn ihr tanzen wollt!" Damit sprang er auf der andern Seite von den Steinen hinunter und machte sich dem Dorfe zu, wo gegen Abend der Erntesegen eingebracht wurde und die Leute guter Dinge waren. Als er verschwunden, ließ sich das Paar ganz mutlos und betrübt auf die Steine nieder; sie ließen ihre verschlungenen Hände fahren und stützten die traurigen Köpfe darauf; denn die Erscheinung des Geigers und seine Worte hatten sie aus der glücklichen Vergessenheit gerissen, in welcher sie wie zwei Kinder auf und ab gewandelt, und wie sie nun auf dem harten Grund ihres Elendes saßen, verdunkelte sich das heitere Lebenslicht und ihre Gemüter wurden so schwer wie Steine.

Da erinnerte sich Vrenchen unversehens der wunderlichen Gestalt und der Nase des Geigers, es mußte plötzlich hell auflachen und rief: „Der arme Kerl sieht gar zu spaßhaft aus! Was für eine Nase!" und eine allerliebste sonnenhelle Lustigkeit verbreitete sich über des Mädchens Gesicht, als ob sie nur geharrt hätte, bis des Geigers Nase die trüben Wolken wegstieße. Sali sah Vrenchen an und sah diese Fröhlichkeit. Es hatte die Ursache aber schon wieder vergessen und lachte nur noch auf eigene Rechnung dem Sali ins Gesicht. Dieser, verblüfft und erstaunt, starrte unwillkürlich mit lachendem Munde auf die Augen, gleich einem Hungrigen, der ein süßes Weizenbrot erblickt, und rief: „Bei Gott, Vreeli, wie schön bist du!" Vrenchen lachte ihn nur noch mehr an und hauchte dazu aus klangvoller Kehle einige kurze mutwillige Lachtöne, welche dem armen Sali nicht anders dünkten als der Gesang einer Nachtigall. „O du Hexe!" rief er, „wo hast du das gelernt? Welche Teufelskünste treibst du da?" — „Ach du lieber Gott!" sagte Vrenchen mit schmeichelnder Stimme und nahm Salis Hand, „das sind keine Teufelskünste! Wie lange hätte ich gern einmal gelacht! Ich habe wohl zuweilen, wenn ich ganz allein war, über irgend etwas lachen müssen, aber es war nichts Rechts dabei; jetzt aber möchte ich dich immer und ewig anlachen, wenn ich dich sehe, und ich möchte dich wohl immer und ewig sehen! Bist du mir auch ein bißchen recht gut?" — „O Vreeli!" sagte er und sah ihr ergeben und treuherzig in die Augen, „ich habe noch nie ein Mädchen angesehen, es war mir immer, als ob ich dich einst liebhaben müßte, und ohne daß ich wollte oder wußte, hast du mir doch immer im Sinn gelegen!" — „Und du mir auch," sagte Vrenchen, „und das noch viel mehr; denn du hast mich nie angesehen und wußtest nicht, wie ich geworden bin; ich aber habe dich zuzeiten aus der Ferne und sogar heimlich aus der Nähe recht gut betrachtet und wußte immer, wie du aussiehst! Weißt du noch, wie oft wir als Kinder hierhergekommen sind? Denkst du noch des kleinen Wagens? Wie kleine Leute sind wir damals gewesen und wie lang ist es her! Man sollte denken, wir wären recht alt." — „Wie alt bist du jetzt?" fragte Sali voll Vergnügen und Zufriedenheit, „du mußt ungefähr siebzehn sein?" — „Siebzehn und ein halbes Jahr bin ich alt!" erwiderte Vrenchen, „und wie alt bist du? Ich weiß aber schon, du bist bald zwanzig." — „Woher weißt du das?" fragte Sali. „Gelt, wenn ich es sagen wollte!" — „Du willst es nicht sagen?" — „Nein!" — „Gewiß nicht?" — „Nein, nein!" — „Du sollst es sagen!" — „Willst du mich etwa zwingen?" — „Das wollen wir sehen!" Diese einfältigen Reden führte Sali, um seine Hände zu beschäftigen und mit ungeschickten Liebkosungen, welche wie eine Strafe aussehen sollten, das schöne Mädchen zu bedrängen. Sie führte auch, sich wehrend, mit vieler Langmut den albernen Wortwechsel fort, der trotz seiner Leerheit beide witzig und süß genug dünkte, bis Sali erbost und kühn genug war, Vrenchens Hände zu bezwingen und es in die Mohnblumen zu drükken. Da lag es nun und zwinkerte in der Sonne mit den Augen; seine Wangen glühten wie Purpur, und sein Mund war halb geöffnet und ließ zwei Reihen weiße Zähne durchschimmern. Fein und schön flossen die dunklen Augenbrauen ineinander, und die junge Brust hob und senkte sich mutwillig unter sämtlichen vier Händen, welche sich kunterbunt darauf streichelten und bekriegten. Sali wußte sich nicht zu lassen vor Freuden, das schlanke schöne Geschöpf vor sich zu sehen, es sein eigen zu wissen, und es dünkte ihm ein Königreich. „Alle deine weißen Zähne hast du noch!" lachte er, „weißt du noch, wie oft wir sie einst gezählt haben? Kannst du jetzt zählen?" — „Das sind ja nicht die gleichen, du Kind!" sagte Vrenchen, „jene sind längst ausgefallen!" Sali wollte nun in seiner Einfalt jenes Spiel wieder erneuern und die glänzenden Zahnperlen zählen; aber Vrenchen verschloß plötzlich den roten Mund, richtete sich auf und begann einen Kranz von Mohnrosen zu winden, den es sich auf den Kopf setzte. Der Kranz war voll und breit und gab der bräunlichen Dirne ein fabelhaftes reizendes Ansehen, und der arme Sali hielt in seinem Arm, was reiche Leute teuer bezahlt hätten, wenn sie es nur gemalt an ihren Wänden hätten sehen können. Jetzt sprang sie aber empor und rief: „Himmel, wie heiß ist es hier! Da sitzen wir wie die Narren und lassen uns versengen! Komm, mein Lieber! Laß uns ins hohe Korn sitzen!" Sie schlüpften hinein so geschickt und sachte, daß sie kaum eine Spur zurückließen, und bauten sich einen engen Kerker in den goldenen Ähren, die ihnen hoch über den Kopf ragten, als sie drin saßen, so daß sie nur den tiefblauen Himmel über sich sahen und sonst nichts von der Welt. Sie umhalsten sich und küßten sich unverweilt und so lange, bis sie einstweilen müde waren, oder wie man es nennen will, wenn das Küssen zweier Verliebter auf eine oder zwei Minuten sich selbst überlebt und die Vergänglichkeit alles Lebens mitten im Rausche der Blütezeit ahnen läßt. Sie hörten die Lerchen singen hoch über sich und suchten dieselben mit ihren scharfen Augen, und wenn sie glaubten, flüchtig eine in der Sonne aufblitzen zu sehen, gleich einem plötzlich aufleuchtenden oder hinschießenden Stern am blauen Himmel, so küßten sie sich wieder zur Belohnung und suchten einander zu übervorteilen und zu täuschen, soviel sie konnten. „Siehst du, dort blitzt eine!" flüsterte Sali, und Vrenchen erwiderte ebenso leise: „Ich höre sie wohl, aber ich sehe sie nicht!" — „Doch, paß nur auf, dort wo das weiße Wölkchen steht, ein wenig rechts davon!" Und beide sahen eifrig hin und sperrten vorläufig ihre Schnäbel auf, wie die jungen Wachteln im Neste, um sie unverzüglich aufeinander zu heften, wenn sie sich einbildeten, die Lerche gesehen zu haben. Auf einmal hielt Vrenchen inne und sagte: „Dies ist also eine ausgemachte Sache, daß jedes von uns einen Schatz hat, dünkt es dich nicht so?" — „Ja," sagte Sali, „es scheint mir auch so!" — „Wie gefällt dir denn dein Schätzchen," sagte Vrenchen, „was ist es für ein Ding, was hast du von ihm zu melden?" — „Es ist ein gar feines Ding," sagte Sali, „es hat zwei braune Augen, einen roten Mund und läuft auf zwei Füßen; aber seinen Sinn kenn' ich weniger als den Papst zu Rom! Und was kannst du von deinem Schatz berichten?" — „Er hat zwei blaue Augen, einen nichtsnutzigen Mund und braucht zwei verwegene starke Arme; aber seine Gedanken sind mir unbekannter als der türkische Kaiser!" — „Es ist eigentlich wahr," sagte Sali, „daß wir uns weniger kennen, als wenn wir uns nie gesehen hätten, so fremd hat uns die lange Zeit gemacht, seit wir groß geworden sind! Was ist alles vorgegangen in deinem Köpfchen, mein liebes Kind?"

— „Ach, nicht viel! Tausend Narrenspossen haben sich wollen regen, aber es ist mir immer so trübselig ergangen, daß sie nicht aufkommen konnten!“ — „Du armes Schätzchen,“ sagte Sali, „ich glaube aber, du hast es hinter den Ohren, nicht?“ — „Das kannst du ja nach und nach erfahren, wenn du mich recht liebhast!“ — „Wenn du einst meine Frau bist?“ Vrenchen zitterte leis bei diesem letzten Worte und schmiegte sich tiefer in Salis Arme, ihn von neuem lange und zärtlich küssend. Es traten ihr dabei Tränen in die Augen, und beide wurden auf einmal traurig, da ihnen ihre hoffnungsarme Zukunft in den Sinn kam und die Feindschaft ihrer Eltern. Vrenchen seufzte und sagte: „Komm, ich muß nun gehen!“ und so erhoben sie sich und gingen Hand in Hand aus dem Kornfeld, als sie Vrenchens Vater spähend vor sich sahen. Mit dem kleinlichen Scharfsinn des müßigen Elends hatte dieser, als er dem Sali begegnet, neugierig gegrübelt, was der wohl allein im Dorfe zu suchen ginge, und sich des gestrigen Vorfalles erinnernd, verfiel er, immer nach der Stadt zu schlendernd, endlich auf die richtige Spur, rein aus Groll und unbeschäftigter Bosheit, und nicht so bald gewann der Verdacht eine bestimmte Gestalt, als er mitten in den Gassen von Seldwyla umkehrte und wieder in das Dorf hinaustrollte, wo er seine Tochter in Haus und Hof und rings in den Hecken vergeblich suchte. Mit wachsender Neugier rannte er auf den Acker hinaus, und als er da Vrenchens Korb liegen sah, in welchem es die Früchte zu holen pflegte, das Mädchen selbst aber nirgends erblickte, spähte er eben am Korne des Nachbars herum, als die erschrockenen Kinder herauskamen.

Sie standen wie versteinert, und Marti stand erst auch da und beschaute sie mit bösen Blicken, bleich wie Blei; dann fing er fürchterlich an zu toben in Gebärden und Schimpfworten und langte zugleich grimmig nach dem jungen Burschen, um ihn zu würgen; Sali wich aus und floh einige Schritte zurück, entsetzt über den wilden Mann, sprang aber sogleich wieder zu, als er sah, daß der Alte statt seiner nun das zitternde Mädchen faßte, ihm eine Ohrfeige gab, daß der rote Kranz herunterflog, und seine Haare um die Hand wickelte, um es mit sich fortzureißen und weiter zu mißhandeln. Ohne sich zu besinnen, raffte er einen Stein auf und schlug mit demselben den Alten gegen den Kopf, halb in Angst um Vrenchen und halb im Jähzorn. Marti taumelte erst ein wenig, sank dann bewußtlos auf den Steinhaufen nieder und zog das erbärmlich aufschreiende Vrenchen mit. Sali befreite noch dessen Haare aus der Hand des Bewußtlosen und richtete es auf; dann stand er da wie eine Bildsäule, ratlos und gedankenlos. Das Mädchen, als es den wie tot daliegenden Vater sah, fuhr sich mit den Händen über das erbleichende Gesicht, schüttelte sich und sagte: „Hast du ihn erschlagen?" Sali nickte lautlos, und Vrenchen schrie: „O Gott, du lieber Gott! Es ist mein Vater! Der arme Mann!" und sinnlos warf es sich über ihn und hob seinen Kopf auf, an welchem indessen kein Blut floß. Es ließ ihn wieder sinken; Sali ließ sich auf der andern Seite des Mannes nieder, und beide schauten, still wie das Grab und mit erlahmten reglosen Händen in das leblose Gesicht. Um nur etwas anzufangen, sagte endlich Sali: „Er wird doch nicht gleich tot sein müssen? Das ist gar nicht ausgemacht!" Vrenchen riß ein Blatt von einer Klatschrose ab und legte es auf die erblaßten Lippen, und es bewegte sich schwach. „Er atmet noch," rief es, „so lauf doch ins Dorf und hol Hilfe." Als Sali aufsprang und laufen wollte, streckte es ihm die Hand nach und rief ihn zurück: „Komm aber nicht mit zurück und sage nichts, wie es zugegangen, ich werde auch schweigen, man soll nichts aus mir herausbringen!" sagte es, und sein Gesicht, das es dem armen ratlosen Burschen zuwandte, überfloß von schmerzlichen Tränen. „Komm, küß mich noch einmal! Nein, geh, mach dich fort! Es ist aus, es ist ewig aus, wir können nicht zusammenkommen!" Es stieß ihn fort, und er lief willenlos dem Dorfe zu. Er begegnete einem Knäblein, das ihn nicht kannte; diesem trug er auf, die nächsten Leute zu holen, und beschrieb ihm genau, wo die Hilfe nötig sei. Dann machte er sich verzweifelt fort und irrte die ganze Nacht im Gehölze herum. Am Morgen schlich er in die Felder, um zu erspähen, wie es gegangen sei, und hörte von frühen Leuten, welche miteinander sprachen, daß Marti noch lebe, aber nichts von sich wisse, und wie das eine seltsame Sache wäre, da kein Mensch wisse, was ihm zugestoßen. Erst jetzt ging er in die Stadt zurück und verbarg sich in dem dunklen Elend des Hauses.

*

Vrenchen hielt ihm Wort; es war nichts aus ihm herauszufragen, als daß es selbst den Vater so gefunden habe, und da er am andern Tage sich wieder tüchtig regte und atmete, freilich ohne Bewußtsein, und überdies kein Kläger da war, so nahm man an, er sei betrunken gewesen und auf die Steine gefallen, und ließ die Sache auf sich beruhen. Vrenchen pflegte ihn und ging nicht von seiner Seite, außer um die Arzneimittel zu holen beim Doktor und etwa für sich selbst eine schlechte Suppe zu kochen; denn es lebte beinahe von nichts, obgleich es Tag und Nacht wach sein mußte und niemand ihm half. Es dauerte beinahe sechs Wochen, bis der Kranke allmählich zu seinem Bewußtsein kam, obgleich er vorher schon wieder aß und in seinem Bette ziemlich munter war. Aber es war nicht das alte Bewußtsein, das er jetzt erlangte, sondern es zeigte sich immer deutlicher, je mehr er sprach, daß er blödsinnig geworden, und zwar auf die wunderlichste Weise. Er erinnerte sich nur dunkel an das Geschehene und wie an etwas sehr Lustiges, was ihn nicht weiter berühre, lachte immer wie ein Narr und war guter Dinge. Noch im Bette liegend, brachte er hundert närrische, sinnlos mutwillige Redensarten und Einfälle zum Vorschein, schnitt Gesichter und zog sich die schwarzwollene Zipfelmütze in die Augen und über die Nase herunter, daß diese aussah wie ein Sarg unter einem Bahrtuch. Das bleiche und abgehärmte Vrenchen hörte ihm geduldig zu, Tränen vergießend über das törichte Wesen, welches die arme Tochter noch mehr ängstigte als die frühere Bosheit; aber wenn der Alte zuweilen etwas gar zu Drolliges anstellte, so mußte es mitten in seiner Qual laut auflachen, da sein unterdrücktes Wesen immer zur Lust aufzuspringen bereit war, wie ein gespannter Bogen, worauf dann eine um so tiefere Betrübnis erfolgte. Als der Alte aber aufstehen konnte, war gar nichts mehr mit ihm anzustellen; er machte nichts als Dummheiten, lachte und stöberte um das Haus herum, setzte sich in die Sonne und streckte die Zunge heraus oder hielt lange Reden in die Bohnen hinein.

Um die gleiche Zeit aber war es auch aus mit den wenigen Überbleibseln seines ehemaligen Besitzes und die Unordnung so weit gediehen, daß auch sein Haus und der letzte Acker, seit geraumer Zeit verpfändet, nun gerichtlich verkauft wurden. Denn der Bauer, welcher die zwei Äcker des Manz gekauft, benutzte die gänzliche Verkommenheit Martis und seine Krankheit und führte den alten Streit wegen des streitigen Steinfleckes kurz und entschlossen zu Ende, und der verlorene Prozeß trieb Martis Faß vollends den Boden aus, indessen er in seinem Blödsinne nichts mehr von diesen Dingen wußte. Die Versteigerung fand statt; Marti wurde von der Gemeinde in einer Stiftung für dergleichen arme Tröpfe auf öffentliche Kosten untergebracht. Diese Anstalt befand sich in der Hauptstadt des Ländchens; der gesunde und eßbegierige

Blödsinnige wurde noch gut gefüttert, dann auf ein mit Ochsen bespanntes Wägelchen geladen, das ein ärmlicher Bauersmann nach der Stadt führte, um zugleich einen oder zwei Säcke Kartoffeln zu verkaufen, und Vrenchen setzte sich zu dem Vater auf das Fuhrwerk, um ihn auf diesem letzten Gange zu dem lebendigen Begräbnis zu begleiten. Es war eine traurige und bittere Fahrt, aber Vrenchen wachte sorgfältig über seinen Vater und ließ es ihm an nichts fehlen, und es sah sich nicht um und ward nicht ungeduldig, wenn durch die Kapriolen des Unglücklichen die Leute aufmerksam wurden und dem Wägelchen nachliefen, wo sie durchfuhren. Endlich erreichten sie das weitläufige Gebäude in der Stadt, wo die langen Gänge, die Höfe und ein freundlicher Garten von einer Menge ähnlicher Tröpfe belebt waren, die alle in weiße Kittel gekleidet waren und dauerhafte Lederkäppchen auf den harten Köpfen trugen. Auch Marti wurde noch vor Vrenchens Augen in diese Tracht gekleidet, und er freute sich wie ein Kind darüber und tanzte singend umher. „Gott grüß' euch, ihr geehrten Herren!" rief er seine neuen Genossen an, „ein schönes Haus habt ihr hier! Geh heim, Vrenggel, und sag der Mutter, ich komme nicht mehr nach Haus, hier gefällt's mir bei Gott! Juchhei! Es kreucht ein Igel über den Hag, ich hab' ihn hören bellen! O Maidli, küß kein' alten Knab', küß nur die jungen Gesellen! Alle die Wässerlein laufen in Rhein, die mit dem Pflaumenaug', die muß es sein! Gehst du schon, Vreeli? Du siehst ja aus wie der Tod im Häfelein, und es geht mir doch so erfreulich! Die Füchsin schreit im Felde: Halleo, halleo! das Herz tut ihr weho! hoho!" Ein Aufseher gebot ihm Ruhe und führte ihn zu einer leichten Arbeit, und Vrenchen ging das Fuhrwerk aufzusuchen. Es setzte sich auf den Wagen, zog ein Stückchen Brot hervor und aß dasselbe; dann schlief es, bis der Bauer kam und mit ihm nach dem Dorfe zurückfuhr. Sie kamen erst in der Nacht an. Vrenchen ging nach dem Hause, in dem es geboren und nur zwei Tage bleiben durfte, und es war jetzt zum erstenmal in seinem Leben ganz allein darin. Es machte ein Feuer, um das letzte Restchen Kaffee zu kochen, das es noch besaß, und setzte sich auf den Herd, denn es war ihm ganz elendiglich zumute. Es sehnte sich und härmte sich ab, den Sali nur ein einziges Mal zu sehen, und dachte inbrünstig an ihn; aber die Sorgen und der Kummer verbitterten seine Sehnsucht, und diese machte die Sorgen wieder viel schwerer. So saß sie und stützte den Kopf in die Hände, als jemand durch die offen stehende Tür hereinkam. „Sali!" rief Vrenchen, als es aufsah, und fiel ihm um den Hals; dann sahen sich aber beide erschrocken an und riefen: „Wie siehst du elend aus!" Denn Sali sah nicht minder als Vrenchen bleich und abgezehrt aus. Alles vergessend, zog es ihn zu sich auf den Herd und sagte: „Bist du krank gewesen oder ist es dir auch so schlimm ergangen?" Sali antwortete: „Nein, ich bin gerade nicht krank, außer vor Heimweh nach dir! Bei uns geht es jetzt hoch und herrlich zu; der Vater hat einen Einzug und Unterschleif von auswärtigem Gesindel, und ich glaube, soviel ich merke, ist er ein Diebshehler geworden. Deshalb ist jetzt einstweilen Hülle und Fülle in unserer Taverne, solange es geht und bis es ein Ende mit Schrecken nimmt. Die Mutter hilft dazu, aus bitterlicher Gier, nur etwas im Hause zu sehen, und glaubt den Unfug noch durch eine gewisse Aufsicht und Ordnung annehmlich und nützlich zu machen! Mich fragt man nicht, und ich konnte mich nicht viel darum kümmern; denn ich kann nur an dich denken Tag und Nacht. Da allerhand Landstreicher bei uns einkehren, so haben wir alle Tage gehört, was bei euch vorgeht, worüber mein Vater sich freut wie ein kleines Kind. Daß dein Vater heute nach dem Spittel gebracht wurde, haben wir auch vernommen; ich habe gedacht, du werdest jetzt allein sein, und bin gekommen, um dich zu sehen!" Vrenchen klagte ihm jetzt auch alles, was sie drückte und was sie erlitt, aber mit so leichter und zutraulicher Zunge, als ob sie ein großes Glück beschriebe, weil sie glücklich war, Sali neben sich zu sehen. Sie brachte inzwischen notdürftig ein Becken voll warmen Kaffee zusammen, welchen mit ihr zu teilen sie den Geliebten zwang. „Also übermorgen mußt du hier weg?" sagte Sali, „was soll denn um's Himmels willen werden?" — „Das weiß ich nicht," sagte Vrenchen, „ich werde dienen müssen und in die Welt hinaus! Ich werde es aber nicht aushalten ohne dich, und doch kann ich dich nie bekommen, auch wenn alles andere nicht wäre, bloß weil du meinen Vater geschlagen und um den Verstand gebracht hast! Dies würde immer ein schlechter Grundstein unserer Ehe sein und wir beide nie sorglos werden, nie!" Sali seufzte und sagte: „Ich wollte auch schon hundertmal Soldat werden oder mich in einer fremden Gegend als Knecht verdingen, aber ich kann noch nicht fortgehen, solange du hier bist, und hernach wird es mich aufreiben. Ich glaube, das Elend macht meine Liebe zu dir stärker und schmerzhafter, so daß es um Leben und Tod geht! Ich habe von dergleichen keine Ahnung gehabt!" Vrenchen sah ihn liebevoll lächelnd an; sie lehnten sich an die Wand zurück und sprachen nichts mehr, sondern gaben sich schweigend der glückseligen Empfindung hin, die sich über allen Gram erhob, daß sie sich im größten Ernste gut wären und geliebt wüßten. Darüber schliefen sie friedlich ein auf dem unbequemen Herde, ohne Kissen und Pfühl, und schliefen so sanft und ruhig wie zwei Kinder in einer Wiege. Schon graute der Morgen, als Sali zuerst erwachte; er weckte Vrenchen, so sacht er konnte; aber es duckte sich immer wieder an ihn, schlaftrunken, und wollte sich nicht ermuntern. Da küßte er es heftig auf den Mund, und Vrenchen fuhr empor, machte die Augen weit auf, und als es Sali erblickte, rief es: „Herrgott! Ich habe eben noch von dir geträumt! Es träumte mir, wir tanzten miteinander auf unserer Hochzeit, lange, lange Stunden, und waren so glücklich, sauber geschmückt und es fehlte uns an nichts. Da wollten wir uns endlich küssen und dürsteten danach, aber immer zog uns etwas auseinander, und nun bist du es selbst gewesen, der uns gestört und gehindert hat! Aber wie gut, daß du gleich da bist!" Gierig fiel es ihm um den Hals und küßte ihn, als ob es kein Ende nehmen sollte. „Und was hast du denn geträumt?" fragte sie und streichelte ihm Wangen und Kinn. „Mir träumte, ich ginge endlos auf einer langen Straße durch einen Wald und du in der Ferne immer vor mir her; zuweilen sahest du nach mir um, winktest mir und lachtest, und dann war ich wie im Himmel. Das ist alles!" Sie traten unter die offen gebliebene Küchentüre, die unmittelbar ins Freie führte, und mußten lachen, als sie sich ins Gesicht sahen. Denn die rechte Wange Vrenchens und die linke Salis, welche im Schlafe aneinander gelehnt hatten, waren von dem Drucke ganz rot gefärbt, während die Blässe der andern durch die kühle Nachtluft noch erhöht war. Sie rieben sich zärtlich die kalte bleiche Seite ihrer Gesichter, um sie auch rot zu machen; die frische Morgenluft, der tauige stille Frieden, der über der Gegend lag, das junge Morgenrot machten sie fröhlich und selbstvergessen, und besonders in Vrenchen schien ein freundlicher Geist der Sorglosigkeit gefahren zu sein. „Morgen abend muß ich also aus diesem Hause fort", sagte es, „und ein anderes Obdach suchen. Vorher aber möchte ich einmal, nur einmal recht lustig sein, und zwar mit dir; ich möchte recht herzlich und fleißig mit dir tanzen irgendwo, denn das Tanzen aus dem Traume steckt mir immerfort im Sinn!" — „Jedenfalls will ich dabeisein und sehen, wo du unterkommst," sagte Sali, „und tanzen wollte ich auch gerne mit dir, du herziges Kind, aber wo?" — „Es ist morgen Kirchweih an zwei Orten nicht sehr weit von hier," erwiderte Vrenchen, „da kennt und beachtet man uns weniger; draußen am Wasser will ich auf dich warten, und dann können wir gehen, wohin es uns gefällt, um uns lustig zu machen, einmal, einmal nur! Aber je, wir haben ja gar kein Geld!" setzte es traurig hinzu, „da kann nichts daraus werden!" — „Laß nur," sagte Sali, „ich will schon etwas mitbringen!" — „Doch nicht von deinem Vater, von — von dem Gestohlenen?" — „Nein, sei nur ruhig! Ich habe noch meine silberne Uhr bewahrt bis dahin, die will ich verkaufen." — „Ich will dir nicht abraten," sagte Vrenchen errötend, „denn ich glaube, ich müßte sterben, wenn ich nicht morgen mit dir tanzen könnte." — „Es wäre das beste, wir beide könnten sterben!" sagte Sali; sie umarmten sich wehmütig und schmerzlich zum Abschied, und als sie voneinander ließen, lachten sie sich doch freundlich an in der sicheren Hoffnung auf den nächsten Tag. „Aber wann willst du denn kommen?" rief Vrenchen noch. „Spätestens um elf Uhr mittags," erwiderte er, „wir wollen recht ordentlich zusammen Mittag essen!" — „Gut, gut! Komm lieber um halb elf schon!" Doch als Sali schon im Gehen war, rief sie ihn noch einmal zurück und zeigte ein plötzlich verändertes, verzweiflungsvolles Gesicht. „Es wird doch nichts daraus," sagte sie bitterlich weinend, „ich habe keine Sonntagsschuhe mehr. Schon gestern habe ich diese groben hier anziehen müssen, um nach der Stadt zu kommen! Ich weiß keine Schuhe aufzubringen!" Sali stand ratlos und verblüfft. „Keine Schuhe!" sagte er, „da mußt du halt in diesen kommen!" — „Nein, nein, in denen kann ich nicht tanzen!" — Nun, so müssen wir welche kaufen!" — „Wo, mit was?" — „Ei, in Seldwyl da gibt es Schuhläden genug! Geld werde ich in minder als zwei Stunden haben." — „Aber ich kann doch nicht mit dir in Seldwyl herumgehen, und dann wird das Geld nicht langen, auch noch Schuhe zu kaufen!" — „Es muß! Und ich will die Schuhe kaufen und morgen mitbringen! — „O du Närrchen, sie werden ja nicht passen, die du kaufst!" — „So gib mir einen alten Schuh mit, oder halt, noch besser, ich will dir das Maß nehmen, das wird doch kein Hexenwerk sein!" — „Das Maß nehmen? Wahrhaftig, daran hab' ich nicht gedacht! Komm, komm, ich will dir ein Schnürchen suchen!" Sie setzte sich wieder auf den Herd, zog den Rock etwas zurück und streifte den Schuh vom Fuße, der noch von der gestrigen Reise her mit einem weißen Strumpfe bekleidet war. Sali kniete nieder und nahm, so gut er es verstand, das Maß, indem er den zierlichen Fuß der Länge und Breite nach umspannte mit dem Schnürchen und sorgfältig Knoten in dasselbe knüpfte. „Du Schuhmacher!" sagte Vrenchen und lachte errötend und freundschaftlich zu ihm nieder. Sali wurde aber auch rot und hielt den Fuß fest in seinen Händen, länger als nötig war, so daß Vrenchen ihn noch tiefer errötend zurückzog, den verwirrten Sali aber noch einmal stürmisch umhalste und küßte, dann aber fortschickte.

Sobald er in der Stadt war, trug er seine Uhr zu einem Uhrmacher, der ihm sechs oder sieben Gulden dafür gab; für die silberne Kette bekam er auch einige Gulden, und er dünkte sich nun reich genug, denn er hatte, seit er groß war, nie so viel Geld besessen auf einmal. Wenn nur erst der Tag vorüber und der Sonntag angebrochen wäre, um das Glück damit zu erkaufen, das er sich von dem Tage versprach, dachte er; denn wenn das Übermorgen auch um so dunkler und unbekannter hereinragte, so gewann die ersehnte Lustbarkeit von morgen nur einen seltsameren erhöhten Glanz und Schein. Indessen brachte er die Zeit noch leidlich hin, indem er ein Paar Schuhe für Vrenchen suchte, und dies war ihm das vergnügteste Geschäft, das er je betrieben. Er ging von einem Schuhmacher zum andern, ließ sich alle Weiberschuhe zeigen, die vorhanden waren, und endlich handelte er ein leichtes und feines Paar ein, so hübsch, wie sie Vrenchen noch nie getragen. Er verbarg die Schuhe unter seiner Weste und tat sie die übrige Zeit des Tages nicht mehr von sich; er nahm sie sogar mit ins Bett und legte sie unter das Kopfkissen. Da er das Mädchen heute früh noch gesehen und morgen wieder sehen sollte, so schlief er fest und ruhig, war aber in aller Frühe munter und begann seinen dürftigen Sonntagsstaat zurechtzumachen und auszuputzen, so gut es gelingen wollte. Es fiel seiner Mutter auf und sie fragte verwundert, was er vorhabe, da er sich schon lange nicht mehr so sorglich angezogen. Er wollte einmal über Land gehen und sich ein wenig umtun, erwiderte er, er werde sonst krank in diesem Hause. „Das ist mir die Zeit her ein merkwürdiges Leben," murrte der Vater, „und ein Herumschleichen!" — „Laß ihn nur gehen," sagte aber die Mutter, „es tut ihm vielleicht gut, es ist ja ein Elend, wie er aussieht!" — „Hast du Geld zum Spazierengehen? Woher hast du es?" sagte der Alte. „Ich brauche keines!" sagte Sali. „Da hast du einen Gulden!" versetzte der Alte und warf ihm denselben hin. „Du kannst im Dorf ins Wirtshaus gehen und ihn dort verzehren, damit sie nicht glauben, wir seien hier so übel dran." — „Ich will nicht ins Dorf und brauche den Gulden nicht, behaltet ihn nur!" — „So hast du ihn gehabt, es wäre schade, wenn du ihn haben müßtest, du Starrkopf!" rief Manz und schob seinen Gulden wieder in die Tasche. Seine Frau aber, welche nicht wußte, warum sie heute ihres Sohnes wegen so wehmütig und gerührt war, brachte ihm ein großes schwarzes Mailänder Halstuch mit rotem Rande, das sie nur selten getragen und er schon früher gern gehabt hätte. Er schlang es um den Hals und ließ die langen Zipfel fliegen; auch stellte er zum ersten Male den Hemdkragen, den er sonst immer umgeschlagen, ehrbar und männlich in die Höhe, bis über die Ohren hinauf, in einer Anwandlung ländlichen Stolzes, und machte sich dann, seine Schuhe in der Brusttasche des Rockes, schon nach sieben Uhr auf den Weg. Als er die Stube verließ, drängte ihn ein seltsames Gefühl, Vater und Mutter die Hand zu geben, und auf der Straße sah er sich noch einmal nach dem Hause um. „Ich glaube am Ende," sagte Manz, „der Bursche streicht irgendeinem Weibsbild nach; das hätten wir gerade noch nötig!" Die Frau sagte: „O wollte Gott, daß er vielleicht ein Glück machte! Das täte dem armen Buben gut!" — „Richtig!" sagte der Mann, „das fehlt nicht! Das wird ein himmlisches Glück geben, wenn er nur erst an eine solche Maultasche zu geraten das Unglück hat! Das täte dem armen Bübchen gut, natürlich!"

Sali richtete seinen Schritt erst nach dem Flusse zu, wo er Vrenchen erwarten wollte; aber unterwegs ward er andern Sinnes und ging geradezu ins Dorf, um Vrenchen im Hause selbst abzuholen, weil es ihm zu lang währte bis halb elf. „Was kümmern uns die Leute!" dachte er. „Niemand hilft uns, und ich bin ehrlich und fürchte niemand!" So trat er unerwartet in Vrenchens Stube, und ebenso unerwartet fand er es schon vollkommen angekleidet und geschmückt dasitzen und der Zeit harren, wo es gehen könne, nur die Schuhe fehlten ihm noch. Aber Sali stand mit offenem Munde still in der Mitte der Stube, als er das Mädchen erblickte, so schön sah es aus. Es hatte nur ein einfaches Kleid an von blaugefärbter Leinwand, aber dasselbe war frisch und sauber und saß ihm sehr gut um den schlanken Leib. Darüber trug es ein schneeweißes Musselinhalstuch, und dies war der ganze Anzug. Das braune gekräuselte Haar war sehr wohl geordnet, und die sonst so wilden Löckchen lagen nun fein und lieblich um den Kopf; da Vrenchen seit vielen Wochen fast nicht aus dem Hause gekommen, so war seine Farbe zarter und durchsichtiger geworden, so wie auch vom Kummer; aber in diese Durchsichtigkeit goß jetzt die Liebe und die Freude ein Rot um das andere, und an der Brust trug es einen schönen Blumenstrauß von Rosmarin, Rosen und prächtigen Astern. Es saß am offenen Fenster und atmete still und hold die frisch durchsonnte Morgenluft; wie es aber Sali erscheinen sah, streckte es ihm beide hübsche Arme entgegen, welche vom Ellenbogen an bloß waren, und rief: „Wie recht hast du, daß du schon jetzt und hierher kommst! Aber hast du mir Schuhe gebracht? Gewiß? Nun steh' ich nicht auf, bis ich sie anhabe!" Er zog die Ersehnten aus der Tasche und gab sie dem begierigen schönen Mädchen; es schleuderte die alten von sich, schlüpfte in die neuen, und sie paßten sehr gut. Erst jetzt erhob es sich vom Stuhl, wiegte sich in den neuen Schuhen und ging eifrig einige Male auf und nieder. Es zog das lange blaue Kleid etwas zurück und beschaute wohlgefällig die roten wollenen Schleifen, welche die Schuhe zierten, während Sali unaufhörlich die feine reizende Gestalt betrachtete, welche da in lieblicher Aufregung vor ihm sich regte und freute. „Du beschaust meinen Strauß?" sagte Vrenchen, „hab' ich nicht einen schönen zusammengebracht? Du mußt wissen, dies sind die letzten Blumen, die ich noch aufgefunden in dieser Wüstenei. Hier war noch ein Röschen, dort eine Aster, und wie sie nun gebunden sind, würde man es ihnen nicht ansehen, daß sie aus einem Untergange zusammengesucht sind! Nun ist es aber Zeit, daß ich fortkomme, nicht ein Blümchen mehr im Garten und das Haus auch leer!" Sali sah sich um und bemerkte erst jetzt, daß alle Fahrhabe, die noch dagewesen, weggebracht war. „Du armes Vreeli!" sagte er, „haben sie dir schon alles genommen?" — „Gestern," erwiderte es, „haben sie's weggeholt, was sich von der Stelle bewegen ließ, und mir kaum mehr mein Bett gelassen. Ich hab's aber auch gleich verkauft und hab' jetzt auch Geld, sieh!" Es holte einige neu glänzende Talerstücke aus der Tasche seines Kleides und zeigte sie ihm. „Damit," fuhr es fort, „sagte der Waisenvogt, der auch hier war, solle ich mir einen Dienst suchen in einer Stadt, und ich solle mich heute gleich auf den Weg machen!" — „Da ist aber auch gar nichts mehr vorhanden," sagte Sali, nachdem er in die Küche geguckt hatte, „ich sehe kein Hölzchen, kein Pfännchen, kein Messer! Hast du denn auch nicht zu Morgen gegessen?" — „Nichts!" sagte Vrenchen, „ich hätte mir etwas holen können, aber ich dachte, ich wolle lieber hungrig bleiben, damit ich recht viel essen könne mit dir zusammen, denn ich freue mich so sehr darauf, du glaubst nicht, wie ich mich freue!" — „Wenn ich dich nur anrühren dürfte," sagte Sali, „so wollte ich dir zeigen, wie es mir ist, du schönes, schönes Ding!" — „Du hast recht, du würdest meinen ganzen Staat verderben, und wenn wir die Blumen ein bißchen schonen, so kommt es zugleich meinem armen Kopf zugute, den du mir übel zuzurichten pflegst!" — „So komm, jetzt wollen wir ausrücken!" — „Noch müssen wir warten, bis das Bett abgeholt wird; denn nachher schließe ich das leere Haus zu und gehe nicht mehr hierher zurück! Mein Bündelchen gebe ich der Frau aufzuheben, die das Bett gekauft hat." Sie setzten sich daher einander gegenüber und warteten; die Bäuerin kam bald, eine vierschrötige Frau mit lautem Mundwerk, und hatte einen Burschen bei sich, welcher die Bettstelle tragen sollte. Als diese Frau Vrenchens Liebhaber erblickte und das geputzte Mädchen selbst, sperrte sie Maul und Augen auf, stemmte die Arme unter und schrie: „Ei sieh da, Vreeli! Du treibst es ja schon gut! Hast einen Besucher und bist gerüstet wie eine Prinzeß?“ — „Gelt aber!“ sagte Vrenchen freundlich lachend, „wißt Ihr auch, wer das ist?“ — „Ei, ich denke, das ist wohl der Sali Manz? Berg und Tal kommen nicht zusammen, sagt man, aber die Leute! Aber nimm dich doch in acht, Kind, und denk, wie es Euren Eltern ergangen ist!“ — „Ei, das hat sich jetzt gewendet und alles ist gut geworden,“ erwiderte Vrenchen lächelnd und freundlich mitteilsam, ja beinahe herablassend, „seht, Sali ist mein Hochzeiter!“ — „Dein Hochzeiter? Was du sagst!“ — „Ja, und er ist ein reicher Herr, er hat hunderttausend Gulden in der Lotterie gewonnen! Denket einmal, Frau!“ Diese tat einen Sprung, schlug ganz erschrocken die Hände zusammen und schrie: „Hund — hunderttausend Gulden!“ — „Hunderttausend Gulden!“ versicherte Vrenchen ernsthaft. — „Herr du meines Lebens! Es ist aber nicht wahr, du lügst mich an, Kind!“ — „Nun, glaubt was Ihr wollt!“ — „Aber wenn es wahr ist und du heiratest ihn, was wollt ihr denn machen mit dem Gelde? Willst du wirklich eine vornehme Frau werden?“ — „Versteht sich, in drei Wochen halten wir die Hochzeit!“ — „Geh mir weg, du bist eine häßliche Lügnerin!“ — „Das schönste Haus hat er schon gekauft in Seldwyl mit einem großen Garten und Weinberg; Ihr müßt mich auch besuchen, wenn wir eingerichtet sind, ich zähle darauf!“ — „Allweg, du Teufelshexlein, was du bist!“ — „Ihr werdet sehen, wie schön es da ist! Einen herrlichen Kaffee werde ich machen und Euch mit feinem Eierbrot aufwarten, mit Butter und Honig!“ — „O du Schelmenkind, zähl drauf, daß ich komme!“ rief die Frau mit lüsternem Gesicht, und der Mund wässerte ihr. „Kommt Ihr aber um die Mittagszeit und seid ermüdet vom Markt, so soll Euch eine kräftige Fleischbrühe und ein Glas Wein immer parat stehen!“ — „Das wird mir baß tun!“ — „Und an etwas

Zuckerwerk oder weißen Wecken für die lieben Kinder zu Hause soll es Euch auch nicht fehlen!" — „Es wird mir ganz schmachtend!" — „Ein artiges Halstüchelchen oder ein Restchen Seidenzeug oder ein hübsches altes Band für Eure Röcke oder ein Stück Zeug zu einer neuen Schürze wird gewiß auch zu finden sein, wenn wir meine Kisten und Kasten durchmustern in einer vertrauten Stunde!" Die Frau drehte sich auf den Hacken herum und schüttelte jauchzend ihre Röcke. „Und wenn Euer Mann ein vorteilhaftes Geschäft machen könnte mit einem Land- oder Viehhandel und er mangelt des Geldes, so wißt Ihr, wo Ihr anklopfen sollt. Mein lieber Sali wird froh sein, jederzeit ein Stück Bares sicher und erfreulich anzulegen! Ich selbst werde auch etwa einen Sparpfennig haben, einer vertrauten Freundin beizustehen!" Jetzt war der Frau nicht mehr zu helfen, sie sagte gerührt: „Ich habe immer gesagt, du seist ein braves und gutes und schönes Kind! Der Herr wolle es dir wohl ergehen lassen immer und ewiglich und es dir gesegnen, was du an mir tust!" — „Dagegen verlange ich aber auch, daß Ihr es gut mit mir meint!" — „Allweg kannst du das verlangen!" — „Und daß Ihr jederzeit Eure Ware, sei es Obst, seien es Kartoffeln, sei es Gemüse, erst zu mir bringet und mir anbietet, ehe Ihr auf den Markt gehet, damit ich sicher sei, eine rechte Bäuerin an der Hand zu haben, auf die ich mich verlassen kann! Was irgendeiner gibt für die Ware, werde ich gewiß auch geben mit tausend Freuden, Ihr kennt mich ja! Ach, es ist nichts Schöneres, als wenn eine wohlhabende Stadtfrau, die so ratlos in ihren Mauern sitzt und doch so vieler Dinge benötigt ist, und eine rechtschaffene ehrliche Landfrau, erfahren in allem Wichtigen und Nützlichen, eine gute und dauerhafte Freundschaft zusammen haben! Es kommt einem zugut in hundert Fällen, in Freud' und Leid, bei Gevatterschaften und Hochzeiten, wenn die Kinder unterrichtet werden und konfirmiert, wenn sie in die Lehre kommen und wenn sie in die Fremde sollen! Bei Mißwachs und Überschwemmungen, bei Feuersbrünsten und Hagelschlag, wofür uns Gott behüte!" – „Wofür uns Gott behüte!" sagte die gute Frau schluchzend und trocknete mit ihrer Schürze die Augen; „welch ein verständiges und tiefsinniges Bräutlein bist du, ja, dir wird es gut gehen, da müßte keine Gerechtigkeit in der Welt sein! Schön, sauber, klug und weise bist du, arbeitsam und geschickt zu allen Dingen! Keine ist feiner und besser als du, in und außer dem Dorfe, und wer dich hat, der muß meinen, er sei im Himmelreich, oder er ist ein Schelm und hat es mit mir zu tun. Hör, Sali! Daß du nur recht artlich bist mit meinem Vreeli, oder ich will dir den Meister zeigen, du Glückskind, das du bist, ein solches Röslein zu brechen!" – „So nehmt jetzt auch hier noch mein Bündel mit, wie Ihr mir versprochen habt, bis ich es abholen lassen werde! Vielleicht komme ich aber selbst in der Kutsche und hole es ab, wenn Ihr nichts dagegen habt! Ein Töpfchen Milch werdet Ihr mir nicht abschlagen alsdann, und etwa eine schöne Mandeltorte dazu werde ich schon selbst mitbringen!" – „Tausendskind! Gib her den Bündel!" Vrenchen lud ihr auf das zusammengebundene Bett, das sie schon auf dem Kopfe trug, einen langen Sack, in welchem es sein Plunder und Habseliges gestopft, so daß die arme Frau mit einem schwankenden Turme auf dem Haupte dastand. „Es wird mir doch fast zu schwer auf einmal," sagte sie, „könnte ich nicht zweimal dran machen?" – „Nein, nein! Wir müssen jetzt augenblicklich gehen, denn wir haben einen weiten Weg, um vornehme Verwandte zu besuchen, die sich jetzt gezeigt haben, seit wir reich sind! Ihr wißt ja, wie es geht!" – „Weiß wohl! So behüt' dich Gott und denk an mich in deiner Herrlichkeit!"

Die Bäuerin zog ab mit ihrem Bündelturme, mit Mühe das Gleichgewicht behauptend, und hinter ihr drein ging ihr Knechtchen, das sich in Vrenchens einst buntbemalte Bettstatt hineinstellte, den Kopf gegen den mit verblichenen Sternen bedeckten Himmel derselben stemmte und, ein zweiter Simson, die zwei vorderen zierlich geschnitzten Säulen faßte, welche diesen Himmel trugen. Als Vrenchen, an Sali gelehnt, dem Zuge nachschaute und den wandelnden Tempel zwischen den Gärten sah, sagte es: „Das gäbe noch ein artiges Gartenhäuschen oder eine Laube, wenn man's in einen Garten pflanzte, ein Tischchen und ein Bänklein dreinstellte und Winden drum herum säete! Wolltest du mit darin sitzen, Sali?" — „Ja, Vreeli, besonders wenn die Winden aufgewachsen wären!" — „Was stehen wir noch?" sagte Vrenchen, „nichts hält uns mehr zurück!" — „So komm und schließ das Haus zu!" — „Wem willst du denn den Schlüssel übergeben?" Vrenchen sah sich um. „Hier an die Hellebarde wollen wir ihn hängen; sie ist über hundert Jahr in diesem Hause gewesen, habe ich den Vater oft sagen hören, nun steht sie da als der letzte Wächter!" Sie hingen den rostigen Hausschlüssel an einen rostigen Schnörkel der alten Waffe, an welcher die Bohnen rankten, und gingen davon. Vrenchen wurde aber bleicher und verhüllte ein Weilchen die Augen, daß Sali es führen mußte, bis sie ein Dutzend Schritte entfernt waren. Es sah aber nicht zurück. „Wo gehen wir nun zuerst hin?" fragte es. „Wir wollen ordentlich über Land gehen," erwiderte Sali, „wo es uns freut den ganzen Tag, uns nicht übereilen, und gegen Abend werden wir dann schon einen Tanzplatz finden!" — „Gut!" sagte Vrenchen, „den ganzen Tag werden wir beisammen sein und gehen, wo wir Lust haben. Jetzt ist mir aber elend, wir wollen gleich im andern Dorf einen Kaffee trinken!" — „Versteht sich!" sagte Sali, „mach nur, daß wir aus diesem Dorf wegkommen!"

Bald waren sie auch im freien Felde und gingen still nebeneinander durch die Fluren; es war ein schöner Sonntagmorgen im September, keine Wolke stand am Himmel, die Höhen und die Wälder waren mit einem zarten Duftgewebe bekleidet, welches die Gegend geheimnisvoller und feierlicher machte, und von allen Seiten tönten die Kirchenglocken herüber, hier das harmonische tiefe Geläute einer reichen Ortschaft, dort die geschwätzigen zwei Bimmelglöcklein eines kleinen armen Dörfchens. Das liebende Paar vergaß, was am Ende dieses Tages werden sollte, und gab sich einzig der hoch aufatmenden wortlosen Freude hin, sauber gekleidet und frei, wie zwei Glückliche, die sich von Rechts wegen angehören, in den Sonntag hineinzuwandeln. Jeder in der Sonntagsstille verhallende Ton oder ferne Ruf klang ihnen erschütternd durch die Seele; denn die Liebe ist eine Glocke, welche das Entlegenste und Gleichgültigste widertönen läßt und in eine besondere Musik verwandelt. Obgleich sie hungrig waren, dünkte sie die halbe Stunde Weges bis zum nächsten Dorfe nur ein Katzensprung lang zu sein, und sie betraten zögernd das Wirtshaus am Eingang des Ortes. Sali bestellte ein gutes Frühstück, und während es bereitet wurde, sahen sie mäuschenstill der sicheren und freundlichen Wirtschaft in der großen reinlichen Gaststube zu. Der Wirt war zugleich ein Bäcker, das eben Gebackene durchduftete angenehm das ganze Haus, und Brot aller Art wurde in gehäuften Körben herbeigetragen, da nach der Kirche die Leute hier ihr Weißbrot holten oder ihren Frühschoppen tranken. Die Wirtin, eine artige und saubere Frau, putzte gelassen und freundlich ihre Kinder heraus, und so wie eines entlassen war, kam es zutraulich zu Vrenchen gelaufen, zeigte ihm seine Herrlichkeiten und erzählte von allem, dessen es sich erfreute und rühmte. Wie nun der wohlduftende starke Kaffee kam, setzten sich die zwei Leutchen schüchtern an den Tisch, als ob sie da zu Gast gebeten wären. Sie ermunterten sich jedoch bald und flüsterten bescheiden, aber glückselig miteinander. Ach, wie schmeckte dem aufblühenden Vrenchen der gute Kaffee, der fette Rahm, die frischen, noch warmen Brötchen, die schöne Butter und der Honig, der Eierkuchen und was alles noch für Leckerbissen da waren! Sie schmeckten ihm, weil es den Sali dazu ansah, und es aß so vergnügt, als ob es ein Jahr lang gefastet hätte. Dazu freute es sich über das feine Geschirr; über die silbernen Kaffeelöffelchen; denn die Wirtin schien sie für rechtliche junge Leutchen zu halten, die man anständig bedienen müsse, und setzte sich auch ab und zu plaudernd zu ihnen, und die beiden gaben ihr verständigen Bescheid, welches ihr gefiel. Es war dem guten Vrenchen so wohlig zumute, daß es nicht wußte, mochte es lieber wieder ins Freie, um allein mit seinem Schatz herumzuschweifen durch Auen oder Wälder, oder mochte es lieber in der gastlichen Stube bleiben, um wenigstens auf Stunden sich an einem stattlichen Orte zu Hause zu träumen. Doch Sali erleichterte die Wahl, indem er ehrbar und geschäftig zum Aufbruch mahnte, als ob sie einen bestimmten und wichtigen Weg zu machen hätten. Die Wirtin und der Wirt begleiteten sie bis vor das Haus und entließen sie auf das wohlwollendste wegen ihres guten Benehmens, trotz der durchscheinenden Dürftigkeit, und das arme junge Blut verabschiedete sich mit den besten Manieren von der Welt und wandelte sittig und ehrbar von hinnen. Aber auch als sie schon wieder im Freien waren und einen stundenlangen Eichwald betraten, gingen sie noch in dieser Weise nebeneinander her, in angenehme Träume vertieft, als ob sie nicht aus zank- und elenderfüllten vernichteten Häusern herkämen, sondern guter Leute Kinder wären, welche in lieblicher Hoffnung wandelten. Vrenchen senkte das Köpfchen tiefsinnig gegen seine blumengeschmückte Brust und ging, die Hände sorglich an das Gewand gelegt, einher auf dem glatten feuchten

Waldboden; Sali dagegen schritt schlank aufgerichtet, rasch und nachdenklich, die Augen auf die festen Eichenstämme geheftet, wie ein Bauer, der überlegt, welche Bäume er am vorteilhaftesten fällen soll. Endlich erwachten sie aus diesen vergeblichen Träumen, sahen sich an und entdeckten, daß sie immer noch in der Haltung gingen, in welcher sie das Gasthaus verlassen, erröteten und ließen traurig die Köpfe hängen. Aber Jugend hat keine Tugend, der Wald war grün, der Himmel blau und sie allein in der weiten Welt, und sie überließen sich alsbald wieder diesem Gefühle. Doch blieben sie nicht lange mehr allein, da die schöne Waldstraße sich belebte mit lustwandelnden Gruppen von jungen Leuten, sowie mit einzelnen Paaren, welche schäkernd und singend die Zeit nach der Kirche verbrachten. Denn die Landleute haben so gut ihre ausgesuchten Promenaden und Lustwälder wie die Städter, nur mit dem Unterschied, daß dieselben keine Unterhaltung kosten und noch schöner sind; sie spazieren nicht nur mit einem besonderen Sinn des Sonntags durch ihre blühenden und reifenden Felder, sondern sie machen sehr gewählte Gänge durch Gehölze und an grünen Halden entlang, setzen sich hier auf eine anmutige, fernsichtige Höhe, dort an einen Waldrand, lassen ihre Lieder ertönen und die schöne Wildnis ganz behaglich auf sich einwirken; und da sie dies offenbar nicht zu ihrer Pönitenz tun, sondern zu ihrem Vergnügen, so ist wohl anzunehmen, daß sie Sinn für die Natur haben, auch abgesehen von ihrer Nützlichkeit. Immer brechen sie was Grünes ab, junge Bursche wie alte Mütterchen, welche die alten Wege ihrer Jugend aufsuchen, und selbst steife Landmänner in den besten Geschäftsjahren, wenn sie über Land gehen, schneiden sich gern eine schlanke Gerte, sobald sie durch einen Wald gehen, und schälen die Blätter ab, von denen sie nur ein grünes Büschel stehen lassen. Solche Rute tragen sie wie ein Zepter vor sich hin; wenn sie in eine Amtsstube oder Kanzlei treten, so stellen sie die Gerte ehrerbietig in einen Winkel, vergessen aber auch nach den ernstesten Verhandlungen nie, dieselbe säuberlich wieder mitzunehmen und unversehrt nach Hause zu tragen, wo es erst dem kleinsten Söhnchen gestattet ist, sie zugrunde zu richten. — Als Sali und Vrenchen die vielen Spaziergänger sahen, lachten sie ins Fäustchen und freuten sich, auch gepaart zu sein, schlüpften aber seitwärts auf engere Waldpfade, wo sie sich in tiefen Einsamkeiten verloren. Sie hielten sich auf, wo es sie freute, eilten vorwärts und ruhten wieder, und wie keine Wolke am reinen Himmel stand, trübte auch keine Sorge in diesen Stunden ihr Gemüt; sie vergaßen, woher sie kamen und wohin sie gingen, und benahmen sich so fein und ordentlich dabei, daß trotz aller frohen Erregung und Bewegung Vrenchens niedlicher einfacher Aufputz so frisch und unversehrt blieb, wie er am Morgen gewesen war. Sali betrug sich auf diesem Wege nicht wie ein beinahe zwanzigjähriger Landbursche oder der Sohn eines verkommenen Schenkwirtes, sondern wie wenn er einige Jahre jünger und sehr wohlerzogen wäre, und es war beinahe komisch, wie er nur immer sein feines lustiges Vrenchen ansah, voll Zärtlichkeit, Sorgfalt und Achtung. Denn die armen Leutchen mußten an diesem einen Tage, der ihnen vergönnt war, alle Manieren und Stimmungen der Liebe durchleben und sowohl die verlorenen Tage der zarteren Zeit nachholen, als das leidenschaftliche Ende vorausnehmen mit der Hingabe ihres Lebens.

So liefen sie sich wieder hungrig und waren erfreut, von der Höhe eines schattenreichen Berges ein glänzendes Dorf vor sich zu sehen, wo sie Mittag halten wollten. Sie stiegen rasch hinunter, betraten dann aber ebenso sittsam diesen Ort, wie sie den vorigen verlassen. Es war niemand um den Weg, der sie erkannt hätte; denn besonders Vrenchen war die letzten Jahre hindurch gar nicht unter die Leute und noch weniger in andere Dörfer gekommen. Deshalb stellten sie ein wohlgefälliges ehrsames Pärchen vor, das irgendeinen angelegentlichen Gang tut. Sie gingen ins erste Wirtshaus des Dorfes, wo Sali ein erkleckliches Mahl bestellte; ein eigener Tisch wurde ihnen sonntäglich gedeckt, und sie saßen wieder still und bescheiden daran und beguckten die schön getäfelten Wände von gebohntem Nußbaumholz, das ländliche, aber glänzende und wohlbestellte Büfett von gleichem Holze und die klaren weißen Fenstervorhänge. Die Wirtin trat zutunlich herzu und setzte ein Geschirr voll frischer Blumen auf den Tisch. „Bis die Suppe kommt," sagte sie, „könnt ihr, wenn es euch gefällig ist, einstweilen die Augen sättigen an dem Strauße. Allem Anschein nach, wenn es erlaubt ist, zu fragen, seid ihr ein junges Brautpaar, das gewiß nach der Stadt geht, um sich morgen kopulieren zu lassen?" Vrenchen wurde rot und wagte nicht aufzusehen, Sali sagte auch nichts, und die Wirtin fuhr fort: „Nun, ihr seid freilich beide noch wohl jung, aber jung geheiratet lebt lang, sagt man zuweilen, und ihr seht wenigstens hübsch und brav aus und braucht euch nicht zu verbergen. Ordentliche Leute können etwas zuwege bringen, wenn sie so jung zusammenkommen und fleißig und treu sind. Aber das muß man freilich sein, denn die Zeit ist kurz und doch lang, und es kommen viele Tage, viele Tage! Je nun, schön genug sind sie und amüsant dazu, wenn man gut Haus hält damit! Nichts für ungut, aber es freut mich, euch anzusehen, so ein schmuckes Pärchen seid ihr!" Die Kellnerin brachte die Suppe, und da sie einen Teil dieser Worte noch gehört und lieber selbst geheiratet hätte, so sah sie Vrenchen mit scheelen Augen an, welches nach ihrer Meinung so gedeihliche Wege ging. In der Nebenstube ließ die unliebliche Person ihren Unmut frei und sagte zur

Wirtin, welche dort zu schaffen hatte, so laut, daß man es hören konnte: „Das ist wieder ein rechtes Hudelvölkchen, das, wie es geht und steht, nach der Stadt läuft und sich kopulieren läßt, ohne einen Pfennig, ohne Freunde, ohne Aussteuer und ohne Aussicht als auf Armut und Bettelei! Wo soll das noch hinaus, wenn solche Dinger heiraten, die die Jüppe noch nicht allein anziehen und keine Suppe kochen können? Ach, der hübsche junge Mensch kann mich nur dauern, der ist schön petschiert mit seiner jungen Gungeline!" — „Bscht! Willst du wohl schweigen, du hässiges Ding!" sagte die Wirtin, „denen lasse ich nichts geschehen! Das sind gewiß zwei recht ordentliche Leutlein aus den Bergen, wo die Fabriken sind; dürftig sind sie gekleidet, aber sauber, und wenn sie sich nur gern haben und arbeitsam sind, so werden sie weiter kommen als du mit deinem bösen Maul! Du kannst freilich wohl lang warten, bis dich einer abholt, wenn du nicht freundlicher bist, du Essighafen!"

So genoß Vrenchen alle Wonnen einer Braut, die zur Hochzeit reiset: die wohlwollende Ansprache und Aufmunterung einer sehr vernünftigen Frau, den Neid einer heiratslustigen bösen Person, welche aus Ärger den Geliebten lobte und bedauerte, und ein leckeres Mittagsmahl an der Seite ebendieses Geliebten. Es glühte im Gesicht wie eine rote Nelke, das Herz klopfte ihm, aber es aß und trank nichtsdestominder mit gutem Appetit und war mit der aufwartenden Kellnerin um so artiger, konnte aber nicht unterlassen, dabei den Sali zärtlich anzusehen und mit ihm zu lispeln, so daß es diesem auch ganz kraus im Gemüt wurde. Sie saßen indessen lang und gemächlich am Tische, wie wenn sie zögerten und sich scheuten, aus der holden Täuschung herauszugehen. Die Wirtin brachte zum Nachtisch süßes Backwerk, und Sali bestellte feineren und stärkeren Wein dazu, welcher Vrenchen feurig durch die Adern rollte, als es ein wenig davon trank; aber es nahm sich in acht, nippte bloß zuweilen und saß so züchtig und verschämt da wie eine wirkliche Braut. Halb spielte es aus Schalkheit diese Rolle und aus Lust, zu versuchen, wie es tue, halb war es ihm in der Tat so zumute, und vor Bangigkeit und heißer Liebe wollte ihm das Herz brechen, so daß es ihm zu eng ward innerhalb der vier Wände und es zu gehen begehrte. Es war, als ob sie sich scheuten, auf dem Wege wieder so abseits und allein zu sein; denn sie gingen unverabredet auf der Hauptstraße weiter, mitten durch die Leute und sahen weder rechts noch links. Als sie aber aus dem Dorfe waren und auf das nächstgelegene zugingen, wo Kirchweih war, hing sich Vrenchen an Salis Arm und flüsterte mit zitternden Worten: „Sali, warum sollen wir uns nicht haben und glücklich sein!" — „Ich weiß auch nicht warum!" erwiderte er und heftete seine Augen an den milden Herbstsonnenschein, der auf den Auen webte, und er mußte sich bezwingen und das Gesicht ganz sonderbar verziehen. Sie standen still, um sich zu küssen; aber es zeigten sich Leute, und sie unterließen es und zogen weiter. Das große Kirchdorf, in dem Kirchweih war, belebte sich schon von der Lust des Volkes; aus dem stattlichen Gasthofe tönte eine pomphafte Tanzmusik, da die jungen Dörfler bereits um Mittag den Tanz angehoben, und auf dem Platz vor dem Wirtshause war ein kleiner Markt aufgeschlagen, bestehend aus einigen Tischen mit Süßigkeiten und Backwerk und ein paar Buden mit Flitterstaat, um welche sich die Kinder und dasjenige Volk drängten, welches sich einstweilen mehr mit Zusehen begnügte. Sali und Vrenchen traten auch zu den Herrlichkeiten und ließen ihre Augen darüber fliegen; denn beide hatten zugleich die Hand in der Tasche und jedes wünschte dem andern etwas zu schenken, da sie zum ersten und einzigen Male miteinander zu Markt waren; Sali kaufte ein großes Haus von Lebkuchen, das mit Zuckerguß freundlich geweißt war, mit einem grünen Dach, auf welchem weiße Tauben saßen und aus dessen Schornstein ein Amörchen guckte als Kaminfeger; an den offenen Fenstern umarmten sich pausbäckige Leutchen mit winzig kleinen roten Mündchen, die sich recht eigentlich küßten, da der flüchtige praktische Maler mit einem Kleckschen gleich zwei Mündchen gemacht, die so ineinander verflossen. Schwarze Pünktchen stellten muntere Äuglein vor. Auf der rosenroten Haustür aber waren diese Verse zu lesen:

Tritt in mein Haus, o Liebste!
Doch sei dir unverhehlt:
Drin wird allein nach Küssen
Gerechnet und gezählt.

Die Liebste sprach: „O Liebster,
Mich schrecket nichts zurück!
Hab' alles wohl erwogen:
In dir nur lebt mein Glück!

Und wenn ich's recht bedenke,
Kam ich deswegen auch!"
Nun denn, spazier mit Segen
Herein und üb' den Brauch!

Ein Herr in einem blauen Frack und eine Dame mit einem sehr hohen Busen komplimentierten sich diesen Versen gemäß in das Haus hinein, links und rechts an die Mauer gemalt. Vrenchen schenkte Sali dagegen ein Herz, auf dessen einer Seite ein Zettelchen klebte mit den Worten:

Ein süßer Mandelkern steckt in dem Herze hier,
Doch süßer als der Mandelkern ist meine Lieb' zu dir!

Und auf der anderen Seite:

Wenn du dies Herz gegessen, vergiß dies Sprüchlein nicht!
Viel eh'r als meine Liebe mein braunes Auge bricht!

Sie lasen eifrig die Sprüche, und nie ist etwas Gereimtes und Gedrucktes schöner befunden und tiefer empfunden worden als diese Pfefferkuchensprüche; sie hielten, was sie lasen, in besonderer Absicht auf sich gemacht, so gut schien es ihnen zu passen. „Ach," seufzte Vrenchen, „du schenkst mir ein Haus! Ich habe dir auch eines und erst das wahre geschenkt; denn unser Herz ist jetzt unser Haus, darin wir wohnen, und wir tragen so unsere Wohnung mit uns, wie die Schnecken! Andere haben wir nicht!" — „Dann sind wir aber zwei Schnecken, von denen jede das Häuschen der andern trägt!" sagte Sali, und Vrenchen erwiderte: „Desto weniger dürfen wir voneinander gehen, damit jedes seiner Wohnung nahe bleibt!" Doch wußten sie nicht, daß sie in ihren Reden ebensolche Witze machten, als auf den vielfach geformten Lebkuchen zu lesen waren, und fuhren fort, diese süße einfache Liebesliteratur zu studieren, die da ausgebreitet lag und besonders auf vielfach verzierte kleine und große Herzen geklebt war. Alles dünkte sie schön und einzig zutreffend; als Vrenchen auf einem vergoldeten Herzen, das wie eine Lyra mit Saiten bespannt war, las: Mein Herz ist wie ein Zitherspiel, rührt man es viel, so tönt es viel! ward ihm so musikalisch zumute, daß es glaubte, sein eigenes Herz klingen zu hören. Ein Napoleonsbild war da, welches aber auch der Träger eines verliebten Spruches sein mußte, denn es stand darunter geschrieben: Groß war der Held Napoleon, sein Schwert von Stahl, sein Herz von Ton: meine Liebe trägt ein Röslein frei, doch ist ihr Herz wie Stahl so treu! — Während sie aber beiderseitig in das Lesen vertieft schienen, nahm jedes die Gelegenheit wahr, einen heimlichen Einkauf zu machen. Sali kaufte für Vrenchen ein vergoldetes Ringelchen mit einem grünen Glassteinchen, und Vrenchen einen Ring von schwarzem Gemshorn, auf welchem ein goldenes Vergißmeinnicht eingelegt war. Wahrscheinlich hatten sie die gleichen Gedanken, sich diese armen Zeichen bei der Trennung zu geben.

Während sie in diese Dinge sich versenkten, waren sie so vergessen, daß sie nicht bemerkten, wie nach und nach ein weiter Ring sich um sie gebildet hatte von Leuten, die sie aufmerksam und neugierig betrachteten. Denn da viele junge Bursche und Mädchen aus ihrem Dorfe hier waren, so waren sie erkannt worden, und alles stand jetzt in einiger Entfernung um sie herum und sah mit Verwunderung auf das wohlgeputzte Paar, welches in andächtiger Innigkeit die Welt um sich her zu vergessen schien. „Ei seht!" hieß es, „das ist ja wahrhaftig das Vrenchen Marti und der Sali aus der Stadt! Die haben sich ja säuberlich gefunden und verbunden! Und welche Zärtlichkeit und Freundschaft, seht doch, seht! Wo die wohl hinauswollen?" Die Verwunderung dieser Zuschauer war ganz seltsam gemischt aus Mitleid mit dem Unglück, aus Verachtung der Verkommenheit und Schlechtigkeit der Eltern und aus Neid gegen das Glück und die Einigkeit des Paares, welches auf eine ganz ungewöhnliche und fast vornehme Weise verliebt und aufgeregt war und in dieser rückhaltlosen Hingebung und Selbstvergessenheit dem rohen Völkchen ebenso fremd erschien wie in seiner Verlassenheit und Armut. Als sie daher endlich aufwachten und um sich sahen, erschauten sie nichts als gaffende Gesichter von allen Seiten; niemand grüßte sie, und sie wußten nicht, sollten sie jemand grüßen, und diese Verfremdung und Unfreundlichkeit war von beiden Seiten mehr Verlegenheit als Absicht. Es wurde Vrenchen bang und heiß, es wurde bleich und rot, Sali nahm es aber bei der Hand und führte das arme Wesen hinweg, das ihm mit seinem Haus in der Hand willig folgte, obgleich die Trompeten im Wirtshause lustig schmetterten und Vrenchen so gern tanzen wollte. „Hier können wir nicht tanzen!" sagte Sali, als sie sich etwas entfernt hatten, „wir würden hier wenig Freude haben, wie es scheint!" — „Jedenfalls," sagte Vrenchen traurig, „es wird auch am besten sein, wir lassen es ganz bleiben, und ich sehe, wo ich ein Unterkommen finde!" — „Nein," rief Sali, „du sollst einmal tanzen, ich habe dir darum Schuhe gebracht! Wir wollen gehen, wo das arme Volk sich lustig macht, zu dem wir jetzt auch gehören, da werden sie uns nicht verachten; im Paradiesgärtchen wird jedesmal auch getanzt, wenn hier Kirchweih ist, da es in die Kirchgemeinde gehört, und dorthin wollen wir gehen, dort kannst du zur Not auch übernachten." Vrenchen schauerte zusammen bei dem Gedanken, nun zum ersten Male an einem unbekannten Ort zu schlafen; doch folgte es willenlos seinem Führer, der jetzt alles war, was es in der Welt hatte. Das Paradiesgärtlein war ein schön gelegenes Wirtshaus an einer einsamen Berghalde, das weit über das Land wegsah, in welchem aber an solchen Vergnügungstagen nur das ärmere Volk, die Kinder der ganz kleinen Bauern und Tagelöhner und sogar mancherlei fahrendes Gesinde verkehrte. Vor hundert Jahren war es als ein kleines Landhaus von einem reichen Sonderling gebaut worden, nach welchem niemand mehr da wohnen mochte, und da der Platz sonst zu nichts zu gebrauchen war, so geriet der wunderliche Landsitz in Verfall und zuletzt in die Hände eines Wirtes, der da sein Wesen trieb. Der Name und die demselben entsprechende Bauart waren aber dem Hause geblieben. Es bestand nur aus einem Erdgeschoß, über welchem ein offener Estrich gebaut war, dessen Dach an den vier Ecken von Bildern aus Sandstein getragen wurde, so die vier Erzengel vorstellten und gänzlich verwittert waren. Auf dem Gesimse des Daches saßen ringsherum kleine musizierende Engel mit dicken Köpfen und Bäuchen, den Triangel, die Geige, die Flöte, Zimbel und Tamburin spielend, ebenfalls aus Sandstein, und die Instrumente waren ursprünglich vergoldet gewesen. Die Decke inwendig sowie die Brustwehr des Estrichs und das übrige Gemäuer des Hauses waren mit verwaschenen Freskomalereien bedeckt, welche lustige Engelscharen sowie singende und tanzende Heilige darstellten. Aber alles war verwischt und undeutlich wie ein Traum und überdies reichlich mit Weinreben übersponnen, und blaue reifende Trauben hingen überall in dem Laube. Um das Haus herum standen verwilderte Kastanienbäume, und knorrige starke Rosenbüsche, auf eigene Hand fortlebend, wuchsen da und dort so wild herum wie anderswo die Holunderbäume. Der Estrich diente zum Tanzsaal; als Sali mit Vrenchen daherkam, sahen sie schon von weitem die Paare unter dem offenen Dache sich drehen, und rund um das Haus zechten und lärmten eine Menge lustiger Gäste. Vrenchen, welches andächtig und wehmütig sein Liebeshaus trug, glich einer heiligen Kirchenpatronin auf alten Bildern, welche das Modell eines Domes oder Klosters auf der Hand hält, so sie gestiftet; aber aus der frommen Stiftung, die ihr im Sinne lag, konnte nichts werden. Als es aber die wilde Musik hörte, welche vom Estrich ertönte, vergaß es sein Leid und verlangte endlich nichts, als mit Sali zu tanzen. Sie drängten sich durch die Gäste, die vor dem Hause saßen und in der Stube, verlumpte Leute aus Seldwyla, die eine billige Landpartie machten, armes Volk von allen Enden, und stiegen die Treppe hinauf, und sogleich drehten sie sich im Walzer herum, keinen Blick voneinander abwendend. Erst als der Walzer zu Ende, sahen sie sich um, Vrenchen hatte sein Haus zerdrückt und zerbrochen und wollte eben betrübt darüber werden, als es noch mehr erschrak über den schwarzen Geiger, in dessen Nähe sie standen. Er saß auf einer Bank, die auf einem Tische stand, und sah so schwarz aus wie gewöhnlich; nur hatte er heute einen grünen Tannenbusch auf sein Hütchen gesteckt, zu seinen Füßen hatte er eine Flasche Rotwein und ein Glas stehen, welches er nie umstieß, obgleich er fortwährend mit den Beinen strampelte, wenn er geigte, und so eine Art von Eiertanz damit vollbrachte. Neben ihm saß noch ein schöner, aber trauriger junger Mensch mit einem Waldhorn, und ein Buckliger stand an einer Baßgeige. Sali erschrak auch, als er den Geiger erblickte; dieser grüßte sie aber auf das freundlichste und rief: „Ich habe doch gewußt, daß ich euch noch einmal aufspielen werde! So macht euch nur recht lustig, ihr Schätzchen, und tut mir Bescheid!“ Er bot Sali das volle Glas, und Sali trank und tat ihm Bescheid. Als der Geiger sah, wie erschrocken Vrenchen war, suchte er ihm freundlich zuzureden und machte einige fast anmutige Scherze, die es zum Lachen brachten. Es ermunterte sich wieder, und nun waren sie froh, hier einen Bekannten zu haben und gewissermaßen unter dem besonderen Schutze des Geigers zu stehen. Sie tanzten nun ohne Unterlaß, sich und die Welt vergessend in dem Drehen, Singen und Lärmen, welches in und außer dem Hause rumorte und vom Berge weit in die Gegend hinausschallte, welche sich allmählich in den silbernen Duft des Herbstabends hüllte. Sie tanzten, bis es dunkelte und der größere Teil der lustigen Gäste sich schwankend und johlend nach allen Seiten entfernte. Was noch zurückblieb, war das eigentliche Hudelvölkchen, welches nirgends zu Hause war und sich zum guten Tag auch noch eine gute Nacht machen wollte. Unter diesen waren einige, welche mit dem Geiger gut bekannt schienen und fremdartig aussahen in ihrer zusammengewürfelten Tracht. Besonders ein junger Bursche fiel auf, der eine grüne Manchesterjacke trug und einen zerknitterten Strohhut, um den er einen Kranz von Ebereschen oder Vogelbeerbüscheln gebunden hatte. Dieser führte eine wilde Person mit sich, die einen Rock von kirschrotem, weißgetüpfeltem Kattun trug und sich einen Reifen von Rebenschossen um den Kopf gebunden, so daß an jeder Schläfe eine blaue Traube hing. Dies Paar war das ausgelassenste von allen, tanzte und sang unermüdlich und war in allen Ecken zugleich. Dann war noch ein schlankes hübsches Mädchen da, welches ein schwarzseidenes abgeschossenes Kleid trug und ein weißes Tuch um den Kopf, daß der Zipfel über den Rücken fiel. Das Tuch zeigte rote, eingewobene Streifen und war eine gute leinene Handzwehle oder Serviette. Darunter leuchteten aber ein Paar veilchenblaue Augen hervor. Um den Hals und auf der Brust hing eine sechsfache Kette von Vogelbeeren auf einen Faden gezogen und ersetzte die schönste Korallenschnur. Diese Gestalt tanzte fortwährend allein mit sich selbst und verweigerte hartnäckig, mit einem der Gesellen zu tanzen. Nichtsdestominder bewegte sie sich anmutig und leicht herum und lächelte jedesmal, wenn sie sich an dem traurigen Waldhornbläser vorüberdrehte, wozu dieser immer den Kopf abwandte. Noch einige andere vergnügte Frauensleute waren da mit ihren Beschützern, alle von dürftigem Aussehen, aber sie waren um so lustiger und in bester Eintracht untereinander. Als es gänzlich dunkel war, wollte der Wirt keine Lichter anzünden, da er behauptete, der Wind lösche sie aus, auch ginge der Vollmond sogleich auf, und für das, was ihm diese Herrschaften einbrächten, sei das Mondlicht gut genug. Diese Eröffnung wurde mit großem Wohlgefallen aufgenommen; die ganze Gesellschaft stellte sich an die Brüstung des luftigen Saales und sah dem Aufgange des Gestirnes entgegen, dessen Röte schon am Horizonte stand; und sobald der Mond aufging und sein Licht quer durch den Estrich des Paradiesgärtels warf, tanzten sie im Mondschein weiter, und zwar so still, artig und seelenvergnügt, als ob sie im Glanze von hundert Wachskerzen tanzten. Das seltsame Licht machte alle vertrauter, und so konnten Sali und Vrenchen nicht umhin, sich unter die gemeinsame Lustbarkeit zu mischen und auch mit andern zu tanzen. Aber jedesmal, wenn sie ein Weilchen getrennt gewesen, flogen sie zusammen und feierten ein Wiedersehen, als ob sie sich jahrelang gesucht und endlich gefunden. Sali machte ein trauriges und unmutiges Gesicht, wenn er mit einer andern tanzte, und drehte fortwährend das Gesicht nach Vrenchen hin, welches ihn nicht ansah, wenn es vorüberschwebte, glühte wie eine Purpurrose und überglücklich schien, mit wem es auch tanzte. „Bist du eifersüchtig, Sali?“ fragte es ihn, als die Musikanten müde waren und aufhörten. „Gott bewahre!“ sagte er, „ich wüßte nicht, wie ich es anfangen sollte!“ — „Warum bist du denn so bös, wenn ich mit andern tanze?“ — „Ich bin nicht darüber bös, sondern weil ich mit andern tanzen muß! Ich kann kein anderes Mädchen ausstehen, es ist mir, als wenn ich ein Stück Holz im Arm habe, wenn du es nicht bist! Und du? Wie geht es dir?“ — „O, ich bin immer wie im Himmel, wenn ich nur tanze und weiß, daß du zugegen bist! Aber ich glaube, ich würde sogleich tot umfallen, wenn du weggingest und mich daließest!“ Sie waren hinabgegangen und standen vor dem Hause; Vrenchen umschloß ihn mit beiden Armen, schmiegte seinen schlanken zitternden Leib an ihn, drückte seine glühende Wange, die von heißen Tränen feucht war, an sein Gesicht und sagte schluchzend: „Wir können nicht zusammen sein, und doch kann ich nicht von dir lassen, nicht einen Augenblick mehr, nicht eine Minute!“ Sali umarmte und drückte das Mädchen heftig an sich und bedeckte es mit Küssen. Seine verwirrten Gedanken rangen nach einem Ausweg, aber er sah keinen. Wenn auch das Elend und die Hoffnungslosigkeit seiner Herkunft zu überwinden gewesen wären, so war seine Jugend und unerfahrene Leidenschaft nicht beschaffen, sich eine lange Zeit der Prüfung und Entsagung vorzunehmen und zu überstehen, und dann wäre erst noch Vrenchens Vater dagewesen, welchen er zeitlebens elend gemacht. Das Gefühl, in der bürgerlichen Welt nur in einer ganz ehrlichen und gewissenfreien Ehe glücklich sein zu können, war in ihm ebenso lebendig wie in Vrenchen, und in beiden verlassenen Wesen war es die letzte Flamme der Ehre, die in früheren Zeiten in ihren Häusern geglüht hatte und welche die sich sicher fühlenden Väter durch einen unscheinbaren Mißgriff ausgeblasen und zerstört hatten, als sie, ebendiese Ehre zu äufnen wähnend durch Vermehrung ihres Eigentums, so gedankenlos sich das Gut eines Verschollenen aneigneten, ganz gefahrlos, wie sie meinten. Das geschieht nun freilich alle Tage; aber zuweilen stellt das Schicksal ein Exempel auf und läßt zwei solche Äufner ihrer Hausehre und ihres Gutes zusammentreffen, die sich dann unfehlbar aufreiben und auffressen wie zwei wilde Tiere. Denn die Mehrer des Reiches verrechnen sich nicht nur auf den Thronen, sondern zuweilen auch in den niedersten Hütten, und langen ganz am entgegengesetzten Ende an, als wohin sie zu kommen trachteten, und der Schild der Ehre ist im Umsehen eine Tafel der Schande. Sali und Vrenchen hatten aber noch die Ehre ihres Hauses gesehen in zarten Kinderjahren und erinnerten sich, wie wohlgepflegte Kinderchen sie gewesen und daß ihre Väter ausgesehen wie andere Männer, geachtet und sicher. Dann waren sie auf lange getrennt worden, und als sie sich wiederfanden, sahen sie in sich zugleich das verschwundene Glück des Hauses, und beider Neigung klammerte sich nur um so heftiger ineinander. Sie mochten so gern fröhlich und glücklich sein, aber nur auf einem guten Grund und Boden, und dieser schien ihnen unerreichbar, während ihr wallendes Blut am liebsten gleich zusammengeströmt wäre. „Nun ist es Nacht,“ rief Vrenchen, „und wir sollen uns trennen!" — „Ich soll nach Hause gehen und dich allein lassen?" rief Sali, „nein, das kann ich nicht!" — „Dann wird es Tag werden und nicht besser um uns stehen!"

„Ich will euch einen Rat geben, ihr närrischen Dinger!" tönte eine schrille Stimme hinter ihnen, und der Geiger trat vor sie hin. „Da steht ihr," sagte er, „wißt nicht wo hinaus und hättet euch gern. Ich rate euch, nehmt euch, wie ihr seid und säumet nicht. Kommt mit mir und meinen guten Freunden in die Berge, da brauchet ihr keinen Pfarrer, kein Geld, keine Schriften, keine Ehre, kein Bett, nichts als eueren guten Willen! Es ist gar nicht so übel bei uns, gesunde Luft und genug zu essen, wenn man tätig ist; die grünen Wälder sind unser Haus, wo wir uns liebhaben, wie es uns gefällt, und im Winter machen wir uns die wärmsten Schlupfwinkel oder kriechen den Bauern ins warme Heu. Also kurz entschlossen, haltet gleich hier Hochzeit und kommt mit uns, dann seid ihr aller Sorgen los und habt euch für immer und ewiglich, solang es euch gefällt wenigstens; denn alt werdet ihr bei unserem freien Leben, das könnt ihr glauben! Denkt nicht etwa, daß ich euch nachtragen will, was eure Alten an mir getan! Nein; es macht mir zwar Vergnügen, euch da angekommen zu sehen, wo ihr seid; allein damit bin ich zufrieden und werde euch behilflich und dienstfertig sein, wenn ihr mir folgt." Er sagte das wirklich in einem aufrichtigen und gemütlichen Tone. „Nun, besinnt euch ein bißchen, aber folget mir, wenn ich euch gut zum Rat bin! Laßt fahren die Welt und nehmet euch und fraget niemandem was nach! Denkt an das lustige Hochzeitbett im tiefen Wald oder auf einem Heustock, wenn es euch zu kalt ist!" Damit ging er ins Haus. Vrenchen zitterte in Salis Armen, und dieser sagte: „Was meinst du dazu? Mich dünkt, es wäre nicht übel, die ganze Welt in den Wind zu schlagen und uns dafür zu lieben ohne Hindernis und Schranken!" Er sagte es aber mehr als einen verzweifelten Scherz denn im Ernst. Vrenchen aber erwiderte ganz treuherzig und küßte ihn: „Nein, dahin möchte ich nicht gehen, denn da geht es auch nicht nach meinem Sinne zu. Der junge Mensch mit dem Waldhorn und das Mädchen mit dem seidenen Rocke gehören auch so zueinander und sollen sehr verliebt gewesen sein. Nun sei letzte Woche die Person ihm zum ersten Male untreu geworden, was ihm nicht in den Kopf wolle, und deshalb sei er so traurig und schmolle mit ihr und mit den andern, die ihn auslachen. Sie aber tut eine mutwillige Buße, indem sie allein tanzt und mit niemandem spricht, und lacht ihn auch nur aus damit. Dem armen Musikanten sieht man es jedoch an, daß er sich noch heute mit ihr versöhnen wird. Wo es aber so hergeht, möchte ich nicht sein, denn nie möcht' ich dir untreu werden, wenn ich auch sonst noch alles ertragen würde, um dich zu besitzen!" Indessen aber fieberte das arme Vrenchen immer heftiger an Salis Brust; denn schon seit dem Mittag, wo jene Wirtin es für eine Braut gehalten und es eine solche ohne Widerrede vorgestellt, lohte ihm das Brautwesen im Blute, und je hoffnungsloser es war, um so wilder und unbezwinglicher. Dem Sali ging es ebenso schlimm, da die Reden des Geigers, so wenig er ihnen folgen mochte, dennoch seinen Kopf verwirrten, und er sagte mit ratlos stockender Stimme: „Komm herein, wir müssen wenigstens noch was essen und trinken." Sie gingen in die Gaststube, wo niemand mehr war als die kleine Gesellschaft der Heimatlosen, welche bereits um einen Tisch saß und eine spärliche Mahlzeit hielt. „Da kommt unser Hochzeitspaar!" rief der Geiger, „jetzt seid lustig und fröhlich und laßt euch zusammengeben!" Sie wurden an den Tisch genötigt und flüchteten sich vor sich selbst an denselben hin; sie waren froh, nur für den Augenblick unter Leuten zu sein. Sali bestellte Wein und reichlichere Speisen, und es begann eine große Fröhlichkeit. Der Schmollende hatte sich mit der Untreuen versöhnt, und das Paar liebkoste sich in begieriger Seligkeit; das andere wilde Paar sang und trank und ließ es ebenfalls nicht an Liebesbezeugungen fehlen, und der Geiger nebst dem buckligen Baßgeiger lärmten ins Blaue hinein. Sali und Vrenchen waren still und hielten sich umschlungen; auf einmal gebot der Geiger Stille und führte eine spaßhafte Zeremonie auf, welche eine Trauung vorstellen sollte. Sie mußten sich die Hände geben, und die Gesellschaft stand auf und trat der Reihe nach zu ihnen, um sie zu beglückwünschen und in ihrer Verbrüderung willkommen zu heißen. Sie ließen es geschehen, ohne ein Wort zu sagen, und betrachteten es als einen Spaß, während es sie doch kalt und heiß durchschauerte.

Die kleine Versammlung wurde jetzt immer lauter und aufgeregter, angefeuert durch den stärkeren Wein, bis plötzlich der Geiger zum Aufbruch mahnte. „Wir haben weit," rief er, „und Mitternacht ist vorüber! Auf! Wir wollen dem Brautpaar das Geleit geben, und ich will vorausgeigen, daß es eine Art hat!" Da die ratlosen Verlassenen nichts Besseres wußten und überhaupt ganz verwirrt waren, ließen sie abermals geschehen, daß man sie voranstellte und die übrigen zwei Paare einen Zug hinter ihnen formierten, welchen der Bucklige abschloß mit seiner Baßgeige über der Schulter. Der Schwarze zog voraus und spielte auf seiner Geige wie besessen den Berg hinunter, und die andern lachten, sangen und sprangen hintendrein. So strich der tolle nächtliche Zug durch die stillen Felder und durch das Heimatdorf Salis und Vrenchens, dessen Bewohner längst schliefen.

Als sie durch die stillen Gassen kamen und an ihren verlorenen Vaterhäusern vorüber, ergriff sie eine schmerzhaft wilde Laune, und sie tanzten mit den andern um die Wette hinter dem Geiger her, küßten sich, lachten und weinten. Sie tanzten auch den Hügel hinauf, über welchen der Geiger sie führte, wo die drei Äcker lagen, und oben strich der schwärzliche Kerl die Geige noch einmal so wild, sprang und hüpfte wie eine Gespenst, und seine Gefährten blieben nicht zurück in der Ausgelassenheit, so daß es ein wahrer Blocksberg war auf der stillen Höhe; selbst der Bucklige sprang keuchend mit seiner Last herum, und keines schien mehr das andere zu sehen. Sali faßte Vrenchen fester in den Arm und zwang es stillzustehen; denn er war zuerst zu sich gekommen. Er küßte es, damit es schweige, heftig auf den Mund, da es sich ganz vergessen hatte und laut sang. Es verstand ihn endlich, und sie standen still und lauschend, bis ihr tobendes Hochzeitgeleite das Feld entlang gerast war und, ohne sie zu vermissen, am Ufer des Stromes hinauf sich verzog. Die Geige, das Gelächter der Mädchen und die Jauchzer der Burschen tönten aber noch eine gute Zeit durch die Nacht, bis zuletzt alles verklang und still wurde.

„Diesen sind wir entflohen," sagte Sali, „aber wie entfliehen wir uns selbst? Wie meiden wir uns?"

Vrenchen war nicht imstande zu antworten und lag hochaufatmend an seinem Halse. „Soll ich dich nicht lieber ins Dorf zurückbringen und Leute wecken, daß sie dich aufnehmen? Morgen kannst du ja dann deines Weges ziehen, und gewiß wird es dir wohl gehen, du kommst überall fort!"

„Fortkommen, ohne dich!"

„Du mußt mich vergessen!"

„Das werde ich nie! Könntest denn du es tun?"

„Darauf kommt's nicht an, mein Herz!" sagte Sali und streichelte ihm die heißen Wangen, je nachdem es sie leidenschaftlich an seiner Brust herumwarf, „es handelt sich jetzt nur um dich; du bist noch so ganz jung und es kann dir noch auf allen Wegen gut gehen!"

„Und dir nicht auch, du alter Mann?“

„Komm!“ sagte Sali und zog es fort. Aber sie gingen nur einige Schritte und standen wieder still, um sich bequemer zu umschlingen und zu herzen. Die Stille der Welt sang und musizierte ihnen durch die Seelen, man hörte nur den Fluß unten sacht und lieblich rauschen im langsamen Ziehen.

„Wie schön ist es da ringsherum! Hörst du nicht etwas tönen, wie ein schöner Gesang und ein Geläute!“

„Es ist das Wasser, das rauscht! Sonst ist alles still.“

„Nein, es ist noch etwas anderes, hier, dort hinaus, überall tönt's!“

„Ich glaube, wir hören unser eigenes Blut in unseren Ohren rauschen!“

Sie horchten ein Weilchen auf diese eingebildeten oder wirklichen Töne, welche von der großen Stille herrührten oder welche sie mit den magischen Wirkungen des Mondlichtes verwechselten, welches nah und fern über die weißen Herbstnebel wallte, welche tief auf den Gründen lagen. Plötzlich fiel Vrenchen etwas ein; es suchte in seinem Brustgewand und sagte: „Ich habe dir noch ein Andenken gekauft, das ich dir geben wollte!“ Und es gab ihm den einfachen Ring und steckte ihm denselben selbst an den Finger. Sali nahm sein Ringlein auch hervor und steckte ihn an Vrenchens Hand, indem er sagte: „So haben wir die gleichen Gedanken gehabt!“ Vrenchen hielt seine Hand in das bleiche Silberlicht und betrachtete den Ring. „Ei, wie ein feiner Ring!“ sagte es lachend; „nun sind wir aber doch verlobt und versprochen, du bist mein Mann und ich deine Frau, wir wollen es einmal einen Augenblick lang denken, nur bis jener Nebelstreif am Mond vorüber ist oder bis wir zwölf gezählt haben! Küsse mich zwölfmal!“

Sali liebte gewiß ebenso stark als Vrenchen, aber die Heiratsfrage war in ihm doch nicht so leidenschaftlich lebendig als ein bestimmtes Entweder — Oder, als ein unmittelbares Sein oder Nichtsein, wie in Vrenchen, welches nur das eine zu fühlen fähig war und mit leidenschaftlicher Entschiedenheit unmittelbar Tod oder Leben darin sah. Aber jetzt ging ihm endlich ein Licht auf, und das weibliche Gefühl des jungen Mädchens ward in ihm auf der Stelle zu einem wilden und heißen Verlangen, und eine glühende Klarheit erhellte ihm die Sinne. So heftig er Vrenchen schon umarmt und liebkost hatte, tat er es jetzt doch ganz anders und stürmischer und übersäete es mit Küssen. Vrenchen fühlte trotz aller eigenen Leidenschaft auf der Stelle diesen Wechsel, und ein heftiges Zittern durchfuhr sein ganzes Wesen, aber ehe jener Nebelstreif am Monde vorüber war, war es auch davon ergriffen. Im heftigen Schmeicheln und Ringen begegneten sich ihre ringgeschmückten Hände und faßten sich fest, wie von selbst eine Trauung vollziehend, ohne den Befehl eines Willens. Salis Herz klopfte bald wie mit Hämmern, bald stand es still, er atmete schwer und sagte leise: „Es gibt eines für uns, Vrenchen, wir halten Hochzeit zu dieser Stunde und gehen dann aus der Welt — dort ist das tiefe Wasser — dort scheidet uns niemand mehr und wir sind zusammen gewesen — ob kurz oder lang, das kann uns dann gleich sein."

Vrenchen sagte sogleich: „Sali — was du da sagst, habe ich schon lang bei mir gedacht und ausgemacht, nämlich, daß wir sterben könnten und dann alles vorbei wäre — so schwör mir es, daß du es mit mir tun willst!"

„Es ist schon so gut wie getan, es nimmt dich niemand mehr aus meiner Hand als der Tod!" rief Sali außer sich. Vrenchen aber atmete hoch auf, Tränen der Freude entströmten seinen Augen; es raffte sich auf und sprang leicht wie ein Vogel über das Feld gegen den Fluß hinunter. Sali eilte ihm nach, denn er glaubte, es wolle ihm entfliehen, und Vrenchen glaubte, er wolle es zurückhalten, so sprangen sie einander nach, und Vrenchen lachte wie ein Kind, welches sich nicht will fangen lassen. „Bereuest du es schon?“ rief eines zum andern, als sie am Flusse angekommen waren und sich ergriffen; „nein, es freut mich immer mehr!“ erwiderte ein jedes. Aller Sorgen ledig gingen sie am Ufer hinunter und überholten die eilenden Wasser, so hastig suchten sie eine Stätte, um sich niederzulassen; denn ihre Leidenschaft sah jetzt nur den Rausch der Seligkeit, der in ihrer Vereinigung lag, und der ganze Wert und Inhalt des übrigen Lebens drängte sich in diesem zusammen; was danach kam, Tod und Untergang, war ihnen ein Hauch, ein Nichts, und sie dachten weniger daran, als ein Leichtsinniger denkt, wie er den anderen Tag leben will, wenn er seine letzte Habe verzehrt.

„Meine Blumen gehen mir voraus,“ rief Vrenchen, „sieh, sie sind ganz dahin und verwelkt!“ Es nahm sie von der Brust, warf sie ins Wasser und sang laut dazu: „Doch süßer als ein Mandelkern ist meine Lieb' zu dir!“

„Halt!“ rief Sali, „hier ist dein Brautbett!“

Sie waren an einen Fahrweg gekommen, der vom Dorfe her an einen Fluß führte, und hier war eine Landungsstelle, wo ein großes Schiff, hoch mit Heu beladen, angebunden lag. In wilder Laune begann er unverweilt die starken Seile loszubinden. Vrenchen fiel ihm lachend in den Arm und rief: „Was willst du tun? Wollen wir den Bauern ihr Heuschiff stehlen zu guter Letzt?“ — „Das soll die Aussteuer sein, die sie uns geben, eine schwimmende Bettstelle und ein Bett, wie noch keine Braut gehabt! Sie werden überdies ihr Eigentum unten wiederfinden, wo es ja doch hin soll, und werden nicht wissen, was damit geschehen ist. Sieh, schon schwankt es und will hinaus!“

Das Schiff lag einige Schritte vom Ufer entfernt im tieferen Wasser. Sali hob Vrenchen mit seinen Armen hoch empor und schritt durch das Wasser gegen das Schiff; aber es liebkoste ihn so heftig ungebärdig und zappelte wie ein Fisch, daß er im ziehenden Wasser keinen Stand halten konnte. Es strebte Gesicht und Hände ins Wasser zu tauchen und rief: „Ich will auch das kühle Wasser versuchen! Weißt du noch, wie kalt und naß unsere Hände waren, als wir sie uns zum ersten Male gaben? Fische fingen wir damals, jetzt werden wir selber Fische sein, und zwei schöne große!" — „Sei ruhig, du lieber Teufel!" sagte Sali, der Mühe hatte, zwischen dem tobenden Liebchen und den Wellen sich aufrecht zu erhalten, „es zieht mich sonst fort!" Er hob seine Last in das Schiff und schwang sich nach; er hob sie auf die hochgebettete weiche und duftende Ladung und schwang sich auch hinauf, und als sie oben saßen, trieb das Schiff allmählich in die Mitte des Stromes hinaus und schwamm dann, sich langsam drehend, zu Tal.

Der Fluß zog bald durch hohe dunkle Wälder, die ihn überschatteten, bald durch offenes Land; bald an stillen Dörfern vorbei, bald an einzelnen Hütten; hier geriet er in eine Stille, daß er einem ruhigen See glich und das Schiff beinahe stillhielt, dort strömte er um Felsen und ließ die schlafenden Ufer schnell hinter sich; und als die Morgenröte aufstieg, tauchte zugleich eine Stadt mit ihren Türmen aus dem silbergrauen Strome. Der untergehende Mond, rot wie Gold, legte eine glänzende Bahn den Strom hinauf, und auf dieser kam das Schiff langsam überquer gefahren. Als es sich der Stadt näherte, glitten im Froste des Herbstmorgens zwei bleiche Gestalten, die sich fest umwanden, von der dunklen Masse herunter in die kalten Fluten.

Das Schiff legte sich eine Weile nachher unbeschädigt an eine Brücke und blieb da stehen. Als man später unterhalb der Stadt die Leichen fand und ihre Herkunft ausgemittelt hatte, war in den Zeitungen zu lesen, zwei junge Leute, die Kinder zweier blutarmen zugrunde gegangenen

Familien, welche in unversöhnlicher Feindschaft lebten, hätten im Wasser den Tod gesucht, nachdem sie einen ganzen Nachmittag herzlich miteinander getanzt und sich belustigt auf einer Kirchweih. Es sei dies Ereignis vermutlich in Verbindung zu bringen mit einem Heuschiff aus jener Gegend, welches ohne Schiffleute in der Stadt gelandet sei, und man nehme an, die jungen Leute haben das Schiff entwendet, um darauf ihre verzweifelte und gottverlassene Hochzeit zu halten, abermals ein Zeichen von der um sich greifenden Entsittlichung und Verwilderung der Leidenschaften.

Das Fähnlein der sieben Aufrechten

Der Schneidermeister Hediger in Zürich war in dem Alter, wo der fleißige Handwerksmann schon anfängt, sich nach Tisch ein Stündchen Ruhe zu gönnen. So saß er denn an einem schönen Märztage nicht in seiner leiblichen Werkstatt, sondern in seiner geistigen, einem kleinen Sonderstübchen, welches er sich seit Jahren zugeteilt hatte. Er freute sich, dasselbe ungeheizt wieder behaupten zu können; denn weder seine alten Handwerkssitten, noch seine Einkünfte erlaubten ihm, während des Winters sich ein besonderes Zimmer erwärmen zu lassen, nur um darin zu lesen. Und das zu einer Zeit, wo es schon Schneider gab, welche auf die Jagd gehen und täglich zu Pferde sitzen, so eng verzahnen sich die Übergänge der Kultur ineinander.

Meister Hediger durfte sich aber sehen lassen in seinem wohlaufgeräumten Hinterstübchen. Er sah fast eher einem amerikanischen Squatter, als einem Schneider ähnlich; ein kräftiges und verständiges Gesicht mit starkem Backenbart, von einem mächtigen kahlen Schädel überwölbt, neigte sich über die Zeitung „Der schweizerische Republikaner" und las mit kritischem Ausdruck den Hauptartikel. Von diesem Republikaner standen wenigstens fünfundzwanzig Foliobände, wohlgebunden, in einem kleinen Glasschranke von Nußbaum, und sie enthielten fast nichts, das Hediger seit fünfundzwanzig Jahren nicht mit erlebt und durchgekämpft hatte. Außerdem stand ein „Rotteck" in dem Schranke, eine Schweizergeschichte von Johannes Müller und eine Handvoll politischer Flugschriften und dergleichen; ein geographischer Atlas und ein Mäppchen voll Karikaturen und Pamphlete, die Denkmäler bitter leidenschaftlicher Tage, lagen auf dem untersten Brette. Die Wand des Zimmerchens war geschmückt mit den Bildnissen von Kolumbus, von Zwingli, von Hutten, Washington und Robespierre; denn er verstand keinen Spaß und billigte nachträglich die Schreckenszeit. Außer diesen Welthelden schmückten die Wand noch einige schweizerische Fortschrittsleute mit der beigefügten Handschrift in höchst erbaulichen und weitläufigen Denkschriften, ordentlichen kleinen Aufsätzchen. Am Bücherschrank aber lehnte eine gut im Stand erhaltene, blanke Ordonnanzflinte, behängt mit einem kurzen Seitengewehr und einer Patrontasche, worin zu jeder Zeit dreißig scharfe Patronen steckten. Das war *sein* Jagdgewehr, womit er nicht auf Hasen und Rebhühner, sondern auf Aristokraten und Jesuiten, auf Verfassungsbrecher und Volksverräter Jagd machte. Bis jetzt hatte ihn ein freundlicher Stern bewahrt, daß er noch kein Blut vergossen, aus Mangel an Gelegenheit; dennoch hatte er die Flinte schon mehr als einmal ergriffen und war damit auf den Platz geeilt, da es noch die Zeit der Putsche war, und das Gewehr mußte unverrückt zwischen Bett und Schrank stehen bleiben; „denn", pflegte er zu sagen, „keine Regierung und keine Bataillone vermögen Recht und Freiheit zu schützen, wo der Bürger nicht imstande ist, selber vor die Haustüre zu treten und nachzusehen, was es gibt!"

Als der wackere Meister mitten in seinem Artikel vertieft war, bald zustimmend nickte und bald den Kopf schüttelte, trat sein jüngster Sohn Karl herein, ein angehender Beamter auf einer Regierungskanzlei. „Was gibt's?" fragte er barsch; denn er liebte nicht in seinem Stübchen gestört zu werden. Karl fragte, etwas unsicher über den Erfolg seiner Bitte, ob er des Vaters Gewehr und Patrontasche für den Nachmittag haben könne, da er auf den Drillplatz gehen müsse.

„Keine Rede, wird nichts daraus!" sagte Hediger kurz.
„Und warum denn nicht? Ich werde ja nichts daran

verderben!" fuhr der Sohn kleinlaut fort und doch beharrlich, weil er durchaus ein Gewehr haben mußte, wenn er nicht in den Arrest spazieren wollte. Allein der Alte versetzte nur um so lauter: „Wird nichts daraus! Ich muß mich nur wundern über die Beharrlichkeit meiner Herren Söhne, die doch in andern Dingen so unbeharrlich sind, daß keiner von allen bei dem Berufe blieb, den ich ihn nach freier Wahl habe lernen lassen! Du weißt, daß deine drei älteren Brüder der Reihe nach, so wie sie zu exerzieren anfangen mußten, das Gewehr haben wollten und daß es keiner bekommen hat! Und doch kommst du nun auch noch angeschlichen! Du hast deinen schönen Verdienst, für niemand zu sorgen — schaff dir deine Waffen an, wie es einem Ehrenmanne geziemt! Dies Gewehr kommt nicht von der Stelle, außer wenn ich es selbst brauche!"

„Aber es ist ja nur für einige Male! Ich werde doch nicht ein Infanteriegewehr kaufen sollen, da ich nachher doch zu den Scharfschützen gehen und mir einen Stutzen zutun werde!"

„Scharfschützen! Auch schön! Woher erklärst du dir nur die Notwendigkeit, zu den Scharfschützen zu gehen, da du noch nie eine Kugel abgefeuert hast? Zu meiner Zeit mußte einer schon tüchtig Pulver verbrannt haben, eh' er sich dazu melden durfte; jetzt wird man auf Geratwohl Schütz, und Kerle stecken in dem grünen Rock, welche keine Katze vom Dach schießen, dafür aber freilich Zigarren rauchen und Halbherren sind! Geht mich nichts an!"

„Ei," sagte der Junge fast weinerlich, „so gebt es mir nur dies eine Mal; ich werde morgen für ein anderes sorgen, heut kann ich unmöglich mehr!"

„Ich gebe", versetzte der Meister, „meine Waffe niemand, der nicht damit umgehen kann; wenn du regelrecht das Schloß dieser Flinte abnehmen und auseinander legen kannst, so magst du sie nehmen, sonst aber bleibt sie hier!"

Und er suchte aus einer Lade einen Schraubenzieher hervor, gab ihn dem Sohn und wies ihm die Flinte an. Der versuchte in der Verzweiflung sein Heil und begann die Schloßschrauben loszumachen. Der Vater schaute ihm spöttisch zu; es dauerte nicht lange, so rief er: „Laß mir den Schraubenzieher nicht so ausglitschen, du verdirbst mir die ganze Geschichte! Mach die Schrauben eine nach der andern halb los und dann erst ganz, so geht's leichter! So, endlich!" Nun hielt Karl das Schloß in der Hand, wußte aber nichts mehr damit anzufangen und legte es seufzend hin, sich im Geiste schon im Strafkämmerchen sehend. Der alte Hediger aber, einmal im Eifer, nahm jetzt das Schloß, dem Sohn eine Lektion zu halten, indem er es erklärend auseinandernahm.

„Siehst du," sagte er, „zuerst nimmst du die Schlagfeder weg mittels dieses Federhakens — auf diese Weise; dann kommt die Stangenfederschraube, die schraubt man nur halb aus, schlägt so auf die Stangenfeder, daß der Stift hier aus dem Loch geht; jetzt nimmst du die Schraube ganz weg. Jetzt die Stangenfeder, dann die Stangenschraube, die Stange; jetzo die Studelschraube und hier die Studel; ferner die Nußschraube, den Hahn und endlich die Nuß; dies ist die Nuß! Reiche mir das Klauenfett aus dem Schränklein dort, ich will die Schrauben gleich ein bißchen einschmieren!"

Er hatte die benannten Gegenstände alle auf das Zeitungsblatt gelegt, Karl sah ihm eifrig zu, reichte ihm auch das Fläschchen und meinte, das Wetter habe sich günstig geändert. Als aber sein Vater die Bestandteile des Schlosses abgewischt und mit dem Öle frisch befeuchtet hatte, setzte er sie nicht wieder zusammen, sondern warf sie in den Deckel einer kleinen Schachtel durcheinander und sagte: „Nun, wir wollen das Ding am Abend wieder einrichten; jetzt will ich die Zeitung fertig lesen!"

Getäuscht und wild ging Karl hinaus, sein Leid der Mutter zu klagen; er fühlte einen gewaltigen Respekt vor der öffentlichen Macht, in deren Schule er nun ging als Rekrut. Seit er der Schule entwachsen, war er nicht mehr bestraft worden, und auch dort in den letzten Jahren nicht mehr; nun sollte das Ding auf einer höheren Stufe wieder angehen, bloß weil er sich auf des Vaters Gewehr verlassen hatte.

Die Mutter sagte: „Der Vater hat eigentlich ganz recht! Alle vier Buben habt ihr einen besseren Erwerb, als er selbst, und das vermöge der Erziehung, die er euch gegeben hat; aber nicht nur braucht ihr den letzten Heller für euch selbst, sondern ihr kommt immer noch den Alten zu plagen mit Entlehnen von allen möglichen Dingen: schwarzer Frack, Perspektiv, Reißzeug, Rasiermesser, Hut, Flinte und Säbel; was er sich sorglich in Ordnung hält, das holt ihr ihm weg und bringt es verdorben zurück. Es ist, als ob ihr das ganze Jahr nur studiertet, was man noch von ihm entlehnen könne; er hingegen verlangt nie etwas von euch, obgleich ihr das Leben und alles ihm zu danken habt. Ich will dir für heut noch einmal helfen!"

Sie ging hierauf zum Meister Hediger hinein und sagte: „Lieber Mann, ich habe vergessen, dir zu sagen, daß der Zimmermeister Frymann hat berichten lassen, die Siebenmännergesellschaft komme heut zusammen und es seien Verhandlungen, ich glaube etwas Politisches!" — „So?" sagte er sogleich angenehm erregt, stand auf und ging hin und her; „es nimmt mich wunder, daß Frymann nicht selbst gekommen ist, um vorläufig mit mir zu reden, Rücksprache zu nehmen?" Nach einigen Minuten kleidete er sich rasch an, setzte den Hut auf und entfernte sich mit den Worten: „Frau, ich gehe gleich jetzt fort, ich muß wissen, was es gibt! Bin auch dieses Frühjahr noch keinen Tritt im Freien gewesen, und heut ist's so schön! Also adieu denn!"

„So! nun kommt er vor zehn nachts nicht mehr!" lachte Frau Hediger und forderte Karl auf, das Gewehr zu nehmen, Sorg' zu tragen, und es rechtzeitig wieder zu bringen. „Ja nehmen!" klagte der Sohn, „er hat ja das Schloß auseinander getan, ich kann es nicht herstellen." — „So kann ich es!" rief die Mutter und ging mit dem Sohn in das Stübchen. Sie kippte den Deckel um, in welchem das zerlegte Schloß lag, las die Federn und Schrauben auseinander und begann sehr gewandt sie zusammenzufügen.

„Wo zum Teufel habt Ihr das gelernt, Mutter?" rief Karl ganz verblüfft. „Das hab' ich gelernt", sagte sie, „in meinem väterlichen Hause! Dort hatten der Vater und meine sieben Brüder mich abgerichtet, ihnen ihre sämtlichen Büchsen und Gewehre zu putzen, wenn sie geschossen hatten. Ich tat es oft unter Tränen, aber am Ende konnte ich mit dem Zeug umgehen wie ein Büchsenmachergesell. Auch hieß man mich im Dorfe nur die Büchsenschmiedin, und ich hatte fast immer schwarze Hände und einen schwarzen Nasenzipfel. Die Brüder verschossen und verjubelten Haus und Hof, so daß ich armes Kind froh sein mußte, daß mich der Schneider, dein Vater, geheiratet hat."

Während dieser Erzählung hatte die geschickte Frau wirklich das Schloß zusammengesetzt und am Schafte befestigt. Karl hing die glänzende Patrontasche um, nahm das Gewehr und eilte spornstreichs auf den Exerzierplatz, wo er noch mit knapper Not anlangte, ohne zu spät zu kommen. Nach sechs Uhr brachte er die Sachen wieder zurück, versuchte nun selbst das Schloß auseinander zu nehmen und legte dessen Bestandteile wieder in den Schachteldeckel, wohl durcheinander gerüttelt.

Nachdem er ein Abendbrot verzehrt und es darüber dunkel geworden, ging er an die Schifflände, mietete ein Schiffchen und fuhr längs den Ufern hin, bis er vor die

Plätze am See gelangte, welche teils von Zimmerleuten, teils von Steinmetzen benutzt wurden. Es war ein ganz herrlicher Abend; ein lauer Südwind kräuselte leicht das Wasser, der Vollmond erleuchtete dessen ferne Flächen und blitzte hell auf den kleinen Wellen in der Nähe, und am Himmel standen die Sterne in glänzend klaren Bildern; die Schneeberge aber schauten wie bleiche Schatten in den See herunter, fast mehr geahnt als gesehen; der industriöse Schnickschnack, das Kleinliche und Unruhige der Bauart hingegen verschwand in der Dunkelheit und wurde durch das Mondlicht in größere ruhige Massen gebracht, kurz das Landschaftliche war für die kommende Szene würdig vorbereitet.

Karl Hediger fuhr rasch dahin, bis er in die Nähe eines großen Zimmerplatzes kam; dort sang er mit halblauter Stimme ein paarmal den ersten Vers eines Liedchens und fuhr dann langsam und gemächlich in den See hinaus. Von den Bauhölzern aber erhob sich ein schlankes Mädchen, das dort gesessen, band ein Schiffchen los, stieg hinein und fuhr allmählich, mit einigen Wendungen, dem leise singenden Schiffer nach. Als sie ihm zur Seite war, grüßten sich die jungen Leute und fuhren ohne weiteren Aufenthalt, Bord an Bord, in das flüssige Silber hinaus, weit auf den See hin. Sie beschrieben in jugendlicher Kraft einen mächtigen Bogen mit mehreren Schneckenlinien, welche das Mädchen angab und der Jüngling mit leisem Ruderdrucke mitmachte, ohne von ihrer Seite zu kommen, und man sah, daß das Paar nicht ungeübt war im Zusammenfahren. Als sie recht in die Stille und Einsamkeit geraten, zog das junge Frauenzimmer die Ruder ein und hielt still. Das heißt, sie legte nur das eine Ruder nieder, das andere hielt sie wie spielend über dem Rande, jedoch nicht ohne Zweck; denn als Karl, ebenfalls stillhaltend, sich ihr ganz nähern, ja ihr Schiffchen förmlich entern wollte, wußte sie sein Fahrzeug mit dem Ruder sehr gewandt abzuhalten, indem sie ihm jeweilig einen einzigen Stoß gab. Auch diese Übung schien nicht neu zu sein, da sich der junge Mensch bald ergab und in seinem Schifflein stillsaß.

Nun fingen sie an zu plaudern und Karl sagte: „Liebe Hermine! Ich kann jetzt das Sprichwort umkehren und rufen: was ich in der Jugend die Fülle hatte, das wünsch' ich im Alter, aber vergeblich! Als ich zehn Jahre alt war und du sieben, wie oft haben wir uns da geküßt, und nun ich zwanzig bin, bekomme ich nicht einmal deine Fingerspitzen zu küssen."

„Ich will ein für allemal von diesen unverschämten Lügen nichts mehr hören!" antwortete das Mädchen halb zornig, halb lachend, „alles ist erfunden und erlogen, ich erinnere mich durchaus nicht an solche Vertraulichkeiten!"

„Leider!" rief Karl, „aber ich um so besser! Und zwar bist du gerade die Tonangeberin und Verführerin gewesen!"

„Karl, wie häßlich!" unterbrach ihn Hermine; aber er fuhr unerbittlich fort: „Erinnere dich doch nur, wie oft, wenn wir müde waren, den armen Kindern ihre zerrissenen Körbe mit Zimmerspänen füllen zu helfen, zum steten Verdrusse eurer Polierer, wie oft mußt' ich dann zwischen den großen Holzvorräten, ganz im verborgenen, aus kleinen Hölzern und Brettern ein Hüttlein bauen mit einem Dach, einer Türe und einem Bänklein darin! Und wenn wir dann auf dem Bänkchen saßen, bei geschlossener Türe, und ich meine Hände endlich in den Schoß legte, wer fiel mir dann um den Hals und küßte mich, daß es kaum zu zählen war?"

Bei diesen Worten wäre er fast ins Wasser gestürzt; denn da er während seiner Reden sich unvermerkt wieder zu nähern gesucht hatte, gab sie seinem Schifflein plötzlich einen so heftigen Stoß, daß es beinahe umschlug. Hellauf lachte sie, als er den linken Arm bis zum Ellbogen ins Wasser tauchte und darüber fluchte.

„Wart nur," sagte er, „es kommt gewiß die Stunde, wo ich dir's eintränken werde!"

„Hat noch alle Zeit," erwiderte sie, „bitte, übereilen Sie sich nicht, mein schöner Herr!" Dann fuhr sie etwas ernster fort: „Der Vater hat unsere Geschichte erfahren; ich habe sie nicht geleugnet, was die Hauptsache betrifft; er will nichts davon wissen, er verbietet uns alle ferneren Gedanken daran; so stehn wir also!"

„Und gedenkst du dem Ausspruche deines Herrn Vaters dich so fromm und unwiderruflich zu fügen, wie du dich anstellst?"

„Wenigstens werde ich nie das erklärte Gegenteil von seinen Wünschen tun und noch weniger mich in ein feindliches Verhältnis zu ihm wagen; denn du weißt, daß er die Dinge lang nachträgt und eines tief um sich fressenden Grolles fähig ist. Du weißt auch, daß er, schon seit fünf Jahren Witwer, meinetwegen nicht wieder geheiratet hat; ich glaube, das kann eine Tochter immer berücksichtigen! Und weil wir einmal dabei sind, so muß ich dir auch sagen, daß ich es unter diesen Umständen für unschicklich halte, uns so oft zu sehen; es ist genug, wenn ein Kind inwendig mit seinem Herzen nicht gehorcht; mit äußern Handlungen täglich zu tun, was die Eltern nicht gern sähen, wenn sie's wüßten, hat etwas Gehässiges, und darum wünsche ich, daß wir uns höchstens alle Monat einmal allein treffen, wie bisher fast alle Tage, und im übrigen die Zeit über uns ergehen lassen."

„Ergehen lassen! Und du kannst und willst wirklich die Dinge so gehen lassen?"

„Warum nicht? Sind sie so wichtig? Es ist dennoch möglich, daß wir uns bekommen, es ist möglich, auch nicht! Und die Welt wird doch bestehen, wir vergessen uns vielleicht von selbst, denn wir sind noch jung; und in keinem Fall scheint mir groß Aufhebens zu machen!"

Diese Rede hielt die siebzehnjährige Schöne mit scheinbarer Trockenheit und Kälte, indem sie die Ruder wieder ergriff und landwärts steuerte. Karl fuhr neben ihr, voll Sorgen und Furcht, und nicht minder voll Ärger über Herminens Worte. Sie freute sich halb und halb, den Wildfang in Sorgen zu wissen, war aber doch auch nachdenklich über den Inhalt des Gespräches und besonders über die vierwöchentliche Trennung, welche sie sich auferlegt hatte.

So gelang es ihm, sie endlich zu überraschen und sein Schiff mit einem Rucke an das ihre zu drücken. Augenblicklich hielt er ihren schlanken Oberkörper in den Armen und zog ihre Gestalt zur Hälfte zu sich hinüber, so daß sie beide halb über dem tiefen Wasser schwebten, die Schiffchen ganz schief lagen und jede Bewegung das völlige Umschlagen mit sich brachte. Die Jungfrau fühlte sich daher wehrlos und mußte es erdulden, daß Karl ihr sieben oder acht heftige Küsse auf die Lippen drückte. Dann richtete er sie samt ihrem Fahrzeug wieder sanft und sorglich in die Höhe; sie strich die Locken aus dem Gesicht, ergriff die Ruder, atmete heftig auf und rief, mit Tränen in den Augen, zornig und drohend: „Wart nur, du Schlingel, bis ich dich unter dem Pantoffel habe! Du sollst es, weiß Gott im Himmel, verspüren, daß du eine Frau hast!" Damit fuhr sie, ohne sich weiter nach ihm umzusehen, mit raschen Ruderschlägen nach ihres Vaters Grundstück und Heimwesen. Karl dagegen, voll Triumph und Glückseligkeit, rief ihr nach: „Gute Nacht, Fräulein Hermine Frymann! Es hat gut geschmeckt!"

Frau Hediger hatte ihren Mann indessen nicht mit Unwahrheiten berichtet, als sie ihn zum Ausgehen veranlaßte. Die Nachricht, die sie ihm mitgeteilt, war nur zu beliebigem Gebrauche noch aufgespart und dann im rechten Augenblicke benutzt worden. Es fand in der Tat eine Versammlung statt, nämlich der Gesellschaft der sieben Männer, oder der Festen, oder der Aufrechten, oder der Freiheitliebenden, wie sie sich abwechselnd nannten. Dies war einfach ein Kreis von sieben alten bewährten Freunden, alle Handwerksmeister, Vaterlandsfreunde, Erzpolitiker und strenge Haustyrannen nach dem Musterbilde Meister Hedigers. Stück für Stück noch im vorigen Jahrhundert geboren, hatten sie als Kinder noch den Untergang der alten Zeit gesehen und dann viele Jahre lang die Stürme und Geburtswehen der neuen Zeit erlebt, bis diese gegen das Ende der Vierzigerjahre sich abklärte und die Schweiz wieder zu Kraft und Einigkeit führte. Einige von ihnen stammten aus den gemeinen Herrschaften, dem ehemaligen Untertanenland der Eidgenossen, und sie erinnerten sich, wie sie als Bauernkinder am Wege hatten hinknien müssen, wenn eine Kutsche mit eidgenössischen Standesherren und dem Weibel gefahren kam; andere standen in irgendeinem Verwandtschaftsgrade zu eingekerkerten oder hingerichteten Revoluzzern, kurz, alle waren von einem unauslöschlichen Haß gegen alle Aristokratie erfüllt, welcher sich seit deren Untergang nur in einen bitteren Hohn verwandelt hatte. Als dieselbe aber später nochmals auftauchte in demokratischem Gewande und mit den alten Machtvermietern, den Priestern, verbunden einen mehrjährigen Kampf aufwühlte, da kam zu dem Aristokratenhaß noch derjenige gegen die „Pfaffen“ hinzu; ja nicht nur gegen Herren und Priester, sondern gegen ihresgleichen, gegen ganze aufgeregte Volksmassen mußte ihre streitbare Gesinnung sich nun wenden, was ihnen auf ihre alten Tage eine unerwartete, zusammengesetzte Kraftübung verursachte, die sie aber tapfer bestanden.

Die sieben Männer waren nichts weniger als unbeträchtlich; in allen Volksversammlungen, Vereinigungen und dergleichen halfen sie einen festen Kern bilden, waren unermüdlich bei der Spritze und Tag und Nacht bereit, für die Partei Gänge und Geschäfte zu tun, welche man keinen bezahlten Leuten, sondern nur ganz Zuverlässigen anvertrauen konnte. Oft wurden sie von den Parteihäuptern beraten und ins Vertrauen gezogen, und wenn es ein Opfer galt, da waren die sieben Männer mit ihrem Scherflein zuerst bei der Hand. Für alles dies begehrten sie keinen andern Lohn, als den Sieg ihrer Sache und ihr gutes Bewußtsein; nie drängte sich einer von ihnen vor oder strebte nach einem Vorteil oder nach einem Amte, und ihre größte Ehre setzten sie darein, gelegentlich einem oder dem andern „berühmten Eidgenossen" schnell die Hand zu drücken; aber es mußte schon ein rechter sein und „sauber übers Nierenstück", wie sie zu sagen pflegten.

Diese Wackern hatten sich seit Jahrzehnten aneinander gewöhnt, nannten sich nur beim Vornamen und bildeten endlich eine feste geschlossene Gesellschaft, aber ohne alle andern Satzungen als die, welche sie im Herzen trugen. Wöchentlich zweimal kamen sie zusammen, und zwar, da auch in diesem kleinen Vereine zwei Gastwirte waren, abwechselnd bei diesen. Da ging es dann sehr kurzweilig und gemütlich her; so still und ernst die Männer in größern Versammlungen sich zeigten, so laut und munter taten sie, wenn sie unter sich waren; keiner zierte sich und keiner nahm ein Blatt vor den Mund; manchmal sprachen alle zusammen, manchmal horchten sie andächtig einem einzelnen, je nach ihrer Stimmung und Laune. Nicht nur die Politik war der Gegenstand ihrer Gespräche, sondern auch ihr häusliches Schicksal. Hatte einer Kummer und Sorge, so trug er, was ihn drückte, der Gesellschaft vor; die Sache wurde beraten und die Hilfe zur gemeinen Angelegenheit gemacht; fühlte sich einer von dem andern verletzt, so brachte er seine Klage vor die sieben Männer, es wurde Gericht gehalten und der Unrechthabende zur Ordnung verwiesen. Dabei waren sie abwechselnd sehr leidenschaftlich oder sehr ruhig und würdevoll, oder auch ironisch. Schon zweimal hatten sich Verräter, unsaubere Subjekte unter ihnen eingeschlichen, waren erkannt und in feierlicher Verhandlung verurteilt und ausgestoßen, das heißt durch die Fäuste der wehrbaren Greise jämmerlich zerbläut worden. Traf ein Hauptunglück die Partei, welcher sie anhingen, so ging ihnen das über alles häusliche Unglück, sie verbargen sich einzeln in der Dunkelheit und vergossen bittere Tränen.

Der Wohlredendste und Wohlhabendste unter ihnen war Frymann, der Zimmermeister, ein wahrer Krösus mit einem stattlichen Hauswesen. Der Unbemitteltste war Hediger, der Schneider, dagegen im Worte gleich der zweite nach Frymann. Er hatte wegen politischer Leidenschaftlichkeit schon längst seine besten Kunden verloren, dennoch seine Söhne sorgfältig erzogen, und so besaß er keine übrigen Mittel. Die andern fünf Männer waren gutversorgte Leute, welche in der Gesellschaft mehr zuhörten als sprachen, wenn es sich um große Dinge handelte, dafür aber in ihrem Hause und unter ihren Nachbaren um so gewichtigere Worte hören ließen.

Heute lagen wirklich bedeutende Verhandlungen vor, über welche sich Frymann und Hediger vorläufig besprochen hatten. Die Zeit der Unruhe, des Streites und der politischen Mühe war für diese Wackern vorüber und ihre langen Erfahrungen schienen mit den errungenen Zuständen für einmal abgeschlossen. Ende gut, alles gut! konnten sie sagen, und sie fühlten sich siegreich und zufrieden. So wollten sie sich denn an ihrem politischen Lebensabend ein rechtes Schlußvergnügen gönnen und als die sieben Männer vereint das Eidgenössische Freischießen besuchen, welches im nächsten Sommer zu Aarau stattfinden sollte, das erste nach der Einführung der neuen Bundesverfassung vom Jahr 1848. Nun waren die meisten schon längst Mitglieder des Schweizerischen Schützenvereines, auch besaß jeder, mit Ausnahme Hedigers, der sich mit seiner Rollflinte begnügte, eine gute Büchse, mit welcher sie in früheren Jahren zuweilen des Sonntags geschossen. Ebenso hatten sie einzeln schon Feste besucht, so daß die Sache gerade nicht absonderlich schien. Allein es war ein Geist des äußeren Pompes in einige gefahren und es handelte sich um nichts Geringeres, als in Aarau mit eigener Fahne aufzutreten und eine stattliche Ehrengabe zu überbringen.

Als die kleine Versammlung einige Gläser Wein getrunken und die gute Laune im Zuge war, rückten Frymann und Hediger mit dem Vorschlage heraus, welcher dennoch die bescheidenen Männer etwas überraschte, so daß sie einige Minuten unentschlossen schwankten. Denn es wollte ihnen nicht recht einleuchten, ein solches Aufsehen zu erregen und mit einer Fahne auszuziehen. Da sie aber schon lange verlernt hatten, einem Aufschwung und einer körnigen Unternehmung ihre Stimme zu versagen, so widerstanden sie nicht länger, als die Redner ihnen ausmalten, wie die Fahne ein Sinnbild und der Auszug ein Triumph der bewährten Freundschaft sein und wie das Erscheinen von solch sieben alten Krachern mit einem Freundschaftsfähnchen gewiß einen fröhlichen Spaß abgeben würde. Es sollte nur ein kleines Fähnchen angefertigt werden von grüner Seide, mit dem Schweizerwappen und einer guten Inschrift.

Nachdem die Fahnenfrage erledigt, wurde die Ehrengabe vorgenommen; der Wert derselben wurde ziemlich schnell festgesetzt, er sollte etwa zweihundert alte Franken betragen. Die Auswahl des Gegenstandes jedoch verursachte eine längere und fast schwierige Verhandlung. Frymann eröffnete die Umfrage und lud Kuser, den Silberschmied, ein, als ein Mann von Geschmack sich zu äußern. Kuser trank ernsthaft einen guten Schluck, hustete dann, besann sich und meinte, es füge sich gut, daß er just einen schönen silbernen Becher im Laden habe, welchen er, falls es den Mannen genehm wäre, bestens empfehlen und auf das billigste berechnen könnte. Hierauf erfolgte eine allgemeine Stille, nur unterbrochen durch kurze Äußerungen, wie: „Das läßt sich hören!" oder: „Nun ja!" Dann fragte Hediger, ob ein weiterer Antrag gestellt werden wolle? Worauf Syfrig, der kunstreiche Schmied, einen Schluck nahm, einen Mut faßte und sprach: „Wenn es den Mannen recht ist, so will ich hiermit auch einen Gedanken aussprechen! Ich habe einen ganz eisernen sinnreichen Pflug geschmiedet, der, wie ihr wißt, mir an der Landwirtschaftlichen Ausstellung gelobt worden ist. Ich bin erbötig, das fein gearbeitete Stück für die zweihundert Franken abzutreten, obgleich die Arbeit damit nicht bezahlt wird; aber ich bin der Ansicht, daß dieses Werkzeug und Sinnbild des Ackerbaues eine echt volksmäßige Ehrengabe darstellen würde! Ohne im übrigen einem anderen Vorschlage zunahetreten zu wollen!"

Während dieses Spruches hatte Bürgi, der listige Schreiner, sich das Ding auch überlegt, und als abermals eine kleine Stille herrschte und der Silberschmied schon ein längeres Gesicht machte, eröffnete sich der Schreiner also: „Auch mir ist ein Gedanke aufgestoßen, liebe Freunde, der vielleicht zum großen Spaße gereichen dürfte. Ich habe vor Jahr und Tag für ein fremdes Brautpaar ein zweischläfiges Himmelbett bauen müssen vom schönsten Nußbaumholz, mit Maserfurnieren; täglich steckte mir das Pärchen in der Werkstatt, maß Länge und Breite und schnäbelte sich vor Gesellen und Lehrburschen, weder deren Witze noch Anspielungen scheuend. Allein als es zur Hochzeit kommen sollte, da fuhren sie plötzlich auseinander wie Hund und Katz, kein Mensch wußte warum, das eine verschwand dahin, das andere dorthin, und meine Bettstatt blieb mir stehen, wie ein Fels. Sie ist unter Brüdern hundertundachtzig Franken wert; ich will aber gern achtzig verlieren und gebe sie für hundert. Dann lassen wir ein Bett dazu machen und stellen es vollständig aufgerüstet in den Gabensaal mit der Aufschrift: Für einen ledigen Eidgenossen zur Aufmunterung! Wie?"

Ein fröhliches Gelächter belohnte diesen Gedanken; nur der Silber- und der Eisenschmied lächelten kühl und säuerlich; doch alsbald erhob Pfister, der Wirt, seine starke Stimme und sprach mit seiner gewohnten Offenheit: „Wenn es gilt, ihr Herren, daß jeder sein eigenes Korn zu Markte bringt, so wüßte ich denn etwas Besseres, als alles bisher Angetragene! Im Keller liegt mir wohlverspundet ein Faß vierunddreißiger Rotwein, sogenanntes Schweizerblut, das ich vor mehr als zwölf Jahren selbst in Basel gekauft habe. Bei eurer Mäßigkeit und Bescheidenheit wagte ich noch nie, den Wein anzustechen, und doch liegt er mir im Zins um die zweihundert Franken, die er gekostet hat; denn es sind gerade hundert Maß. Ich gebe euch den Wein zum Ankaufspreis, das Fäßchen werde ich so billig als möglich anschlagen, froh, wenn ich nur Platz gewinne für verkäuflichere Ware, und ich will nicht mehr von hinnen kommen, wenn wir nicht Ehre einlegen mit der Gabe!"

Diese Rede, während welcher die drei früheren Antragsteller bereits gemurrt hatten, war nicht so bald beendigt, als Erismann, der andere Wirt, das Wort ergriff und sagte: „Wenn es so geht, so will ich auch nicht dahinten bleiben und erkläre, daß ich das Beste zu haben glaube für unsere

Absicht, und das wäre meine junge Milchkuh von reiner Oberländer-Rasse, die mir gerade feil ist, wenn ich einen anständigen Käufer finde. Bindet dem Prachttiere eine Glocke um den Hals, einen Melkstuhl zwischen die Hörner, putzt es mit Blumen auf —"

„Und stellt es unter eine Glasglocke in den Gabentempel!" unterbrach ihn der gereizte Pfister, und damit platzte eines jener Gewitter los, welche die Sitzungen der sieben Festen zuweilen stürmisch machten, aber nur um desto hellerem Sonnenscheine zu rufen. Alle sprachen zugleich, verteidigten ihre Vorschläge, griffen diejenigen der andern an und warfen sich eigennützige Gesinnungen vor. Denn sie sagten sich stets rundheraus, was sie dachten, und bewältigten die Dinge mit offener Wahrheit und nicht durch hinterhaltiges Verwischen, wie es eine Art unechter Bildung tut.

Als nun ein Heidenlärm entstanden war, klingelte Hediger kräftig mit dem Glase und redete mit erhobener Stimme: „Ihr Mannen! Erhitzt euch nicht, sondern laßt uns ruhig zum Ziele gelangen! Es sind also vorgeschlagen ein Pokal, ein Pflug, ein aufgerüstetes Himmelbett, ein Faß Wein und eine Kuh! Es sei mir vergönnt, euere Anträge näher zu betrachten. Deinen alten Ladenhüter, den Pokal, lieber Ruedi, kenn' ich wohl, er steht schon seit vielen Jahren hinter deinem Schaufenster, ich glaube sogar, er ist einst dein Meisterstück gewesen. Dennoch erlaubt seine veraltete Form nicht, daß wir ihn wählen und für ein neues Stück ausgeben. Dein Pflug, Chüeri Syfrig, scheint doch nicht ganz zweckmäßig erfunden zu sein, sonst hättest du ihn seit drei Jahren gewiß verkauft! Wir müssen aber darauf denken, daß der Gewinner unserer Gabe auch eine unverstellte Freude an derselben haben kann. Dein Himmelbett dagegen, Heinrich, ist ein neuer und gewiß ergötzlicher Einfall, und sicher würde er zu den volkstümlichsten Redensarten Veranlassung geben. Allein zu seiner schicklichen Ausführung wäre eine Ausrüstung in feinem und hinreichendem Bettzeug erforderlich und das überschritte die festgesetzte Summe zu stark für nur sieben Köpfe. Dein Schweizerblut, Lienert Pfister, ist gut und es wird noch besser sein, wenn du einen billigeren Preis ansetzest und das Faß endlich für uns selber anstichst, auf daß wir es an unseren Ehrentagen trinken! Deiner Kuh endlich, Felix Erismann, ist nichts nachzusagen, als daß sie beim Melken regelmäßig den Kübel umschlägt. Darum willst du sie verkaufen; denn allerdings ist diese Untugend nicht erfreulich. Aber wie? Wäre es recht, wenn nun ein braves Bäuerlein das Tier gewänne, es voll Freuden seiner Frau heimbrächte, die voll Freuden melken würde und dann die süße, schäumende Milch auf den Boden gegossen sähe? Stelle dir doch den Verdruß, den Unwillen und die Täuschung der guten Frau vor und die Verlegenheit des guten Schützen, nachdem der Spektakel sich zwei- oder dreimal wiederholt! Ja, liebe Freunde! nehmt es mir nicht übel! aber gesagt muß es sein: Alle unsere Vorschläge haben den gemeinsamen Fehler, daß sie die Ehrensache des Vaterlandes unbedacht und vorschnell zum Gegenstande des Gewinnes und der Berechnung gemacht haben. Mag dies tausendfältig geschehen von groß und klein, wir in unserem Kreise haben es bis jetzt nicht getan und wollen es ferner so halten! Also trage jeder gleichmäßig die Kosten der Gabe ohne allen Nebenzweck, damit es eine wirkliche Ehrengabe sei!“

Die fünf Gewinnlustigen, welche beschämt die Köpfe hatten hängen lassen, riefen jetzt einmütig: „Gut gesprochen! Der Chäpper hat gut gesprochen!“ und sie forderten ihn auf, selbst einen Vorschlag zu tun. Aber Frymann ergriff das Wort und sagte: „Zu einer Ehrengabe scheint sich mir ein silberner Becher immer noch am besten zu eignen. Er behält seinen gleichen Wert, wird nicht verbraucht und bleibt ein schönes Erinnerungszeichen an frohe Tage und an wehrbare Männer des Hauses. Ein Haus, in welchem ein Becher aufbewahrt wird, kann nie ganz verfallen, und wer vermag zu sagen, ob nicht um eines solchen Denkmals willen noch manches miterhalten bleibt? Und wird nicht der Kunst Gelegenheit gegeben, durch stets neue und schöne Formen Mannigfaltigkeit in die Menge der Gefäße zu bringen und so sich in der Erfindung zu üben und einen Strahl der Schönheit in das entlegenste Tal zu tragen, so daß sich nach und nach ein mächtiger Schatz edler Ehrengeschirre im Vaterlande anhäuft, edel an Gestalt und im Metall! Und wie zutreffend, daß dieser Schatz, über das ganze Land verbreitet, nicht zum gemeinen Nießbrauch des täglichen Lebens verwendet werden kann, sondern in seinem reinen Glanze, in seinen geläuterten Formen fort und fort das Höhere vor Augen stellt, den Gedanken des Ganzen und die Sonne der ideal verlebten Tage festzuhalten scheint! Fort daher mit dem Jahrmarktströdel, der sich in unsern Gabentempeln anzuhäufen beginnt, ein Raub der Motten und des gemeinsten Gebrauches! und festgehalten am alten ehrbaren Trinkgefäß! Wahrhaftig, wenn ich in der Zeit lebte, wo die schweizerischen Dinge einst ihrem Ende nahen, so wüßte ich mir kein erhebenderes Schlußfest auszudenken, als die Geschirre aller Körperschaften, Vereine und Einzelbürger, von aller Gestalt und Art, zu Tausenden und aber Tausenden zusammenzutragen in all ihrem Glanz der verschwundenen Tage, mit all ihrer Erinnerung, und den letzten Trunk zu tun dem sich neigenden Vaterland –"

„Schweig! du grober Gast! Was sind das für nichtswürdige Gedanken!" riefen die Aufrechten und Festen und schüttelten sich ordentlich. Aber Frymann fuhr fort: „Wie es dem Manne geziemt, in kräftiger Lebensmitte zuweilen an den Tod zu denken, so mag er auch in beschaulicher Stunde das sichere Ende seines Vaterlandes ins Auge fassen, damit er die Gegenwart desselben um so inbrünstiger liebe; denn alles ist vergänglich und dem Wechsel unterworfen auf dieser Erde. Oder sind nicht viel größere Nationen untergegangen, als wir sind? Oder wollt ihr einst ein Dasein dahinschleppen wie der ewige Jude, der nicht sterben kann, dienstbar allen neu aufgeschossenen Völkern, er, der die Ägypter, die Griechen und Römer begraben hat? Nein! ein Volk, welches weiß, daß es einst nicht mehr sein wird, nützt seine Tage um so lebendiger, lebt um so länger und hinterläßt ein rühmliches Gedächtnis; denn es wird sich keine Ruhe gönnen, bis es die Fähigkeiten, die in ihm liegen, ans Licht und zur Geltung gebracht hat, gleich einem rastlosen Manne, der sein Haus bestellt, ehe denn er dahinscheidet. Dies ist nach meiner Meinung die Hauptsache. Ist die Aufgabe eines Volkes gelöst, so kommt es auf einige Tage längerer oder kürzerer Dauer nicht mehr an, neue Erscheinungen harren schon an der Pforte ihrer Zeit! So muß ich denn gestehen, daß ich alljährlich einmal in schlafloser Nacht oder auf stillen Wegen solchen Gedanken anheimfalle und mir vorzustellen suche, welches Völkerbild einst nach uns in diesen Bergen walten möge? Und jedesmal gehe ich mit um so größerer Hast an meine Arbeit, wie wenn ich dadurch die Arbeit meines Volkes beschleunigen könnte, damit jenes künftige Völkerbild mit Respekt über unsere Gräber gehe! Aber weg mit diesen Gedanken und zu unserer fröhlichen Sache zurück! Ich dächte nun, wir bestellen bei unserm Meister Silberschmied einen neuen Becher, an dem er keinen Gewinn zu nehmen verspricht, sondern ihn so wertvoll als möglich liefert. Dazu lassen wir von einem Künstler eine gute Zeichnung entwerfen, welche vom gedankenlosen Schlendrian abweicht; doch soll er, wegen der beschränkten Mittel, mehr auf die Verhältnisse, auf einen schönen Umriß und Schwung des Ganzen sehen, als auf reichen Zierat, und der Meister Kuser wird danach eine saubere und solide Arbeit herstellen!"

Dieser Vorschlag wurde angenommen und die Verhandlungen geschlossen. Sogleich aber nahm Frymann von neuem die Rede und trug vor: „Nachdem wir nun das Allgemeine erledigt, werte Freunde, so erlaubt mir, noch eine besondere Sache anzubringen und eine Klage zu führen, deren freundliche Beilegung wir nach alter Weise gemeinsam betreiben wollen. Ihr wißt, wie unser lieber Mann, der Chäpper Hediger, vier Stück hübsche muntere Buben in die Welt gestellt hat, welche mit ihrer frühen Heiratslust die Gegend unsicher machen! Drei haben denn auch richtig schon Weib und Kind, obgleich der älteste noch nicht siebenundzwanzig Jahre zählt. Nun ist noch der jüngste da, eben zwanzigjährig, und was tut der? Er stellt meiner einzigen Tochter nach und verdreht ihr den Kopf! So sind diese besessenen Heiratsteufel allbereits in den Kreis der engeren Freundschaft eingedrungen und drohen, dieselbe zu trüben! Abgesehen von der zu großen Jugend der Kinder gestehe ich hier mit Offenheit, daß eine solche Heirat gegen meine Wünsche und Absichten geht. Ich habe ein umfangreiches Geschäft und ein beträchtliches Vermögen; darum suche ich mir, wenn es Zeit ist, einen Tochtermann, welcher Geschäftsmann ist, ein entsprechendes Kapital hinzubringt und die großen Bauten, welche ich im Sinn habe, fortführt; denn ihr wißt, daß ich weitläufige Bauplätze angekauft habe und der Überzeugung bin, daß sich Zürich bedeutend vergrößern wird. Dein Sohn aber, guter Chäpper, ist ein Regierungsschreiber und hat nichts, als das spärliche Einkommen, und wenn er auch höher steigt, so wird dies nie viel größer werden, und seine Rechnung ist ein für allemal gemacht.

Mag er dabei bleiben, er ist versorgt, wenn er gut haushält; aber eine reiche Frau braucht er nicht, ein reicher Beamter ist ein Unsinn, der einem andern das Brot vor dem Maul wegnimmt; zum Faulenzen aber oder zum Pröbeln eines Unerfahrenen gebe ich mein Geld vollends nicht her! Dazu kommt noch, daß es gegen mein Gefühl geht, das alte bewährte Freundesverhältnis mit Chäpper in ein Verwandtschaftswesen umzuwandeln! Was? wir sollen uns mit Familienverdrießlichkeiten und gegenseitiger Abhängigkeit beladen? Nein, ihr Mannen, bleiben wir bis zum Tode innig verbunden, aber unabhängig voneinander, frei und unverantwortlich in unsern Handlungen, und nichts da von Schwäher und Gegenschwäher und dergleichen Titeln! So fordere ich dich denn auf, Chäpper, im Schoße der Freundschaft zu erklären, daß du mich in meinen Absichten unterstützen und dem Beginnen deines Sohnes entgegentreten willst! Und nichts für ungut, wir kennen uns alle!"

„Wir kennen uns, das ist wohl gesprochen!" sagte Hediger feierlich, nachdem er eine lange Prise geschnupft; „ihr wißt alle, welchen Unstern ich mit meinen Söhnen hatte, obgleich es rührige und aufgeweckte Bursche sind! Ich ließ sie lernen, alles was ich wünsche selber gelernt zu haben. Jeder kannte etwas Sprachen, machte seinen guten Aufsatz, rechnete vortrefflich und besaß in übrigen Kenntnissen hinreichende Anfangsgründe, um bei einigem Streben nie mehr in völlige Unwissenheit zurückzusinken. Gott sei Dank, dachte ich, daß wir imstande sind, endlich unsere Buben zu Bürgern zu erziehen, denen man kein X mehr für ein U vormachen kann. Und ich ließ darauf jeden das Handwerk lernen, das er sich wünschte. Aber was geschieht? Kaum hatten sie den Lehrbrief in der Tasche und sich ein wenig umgesehen, so wurde ihnen der Hammer zu schwer, sie dünkten sich zu gescheit für das Handwerk und fingen an den Schreiberstellen nachzulaufen. Weiß der Teufel, wie sie es nur machten, die Schlingel gingen ab wie frische Wecken! Nun, man kann sie, scheint's, brauchen! Einer ist auf der Post, zwei sind bei Eisenbahngesellschaften angestellt, und der vierte hockt auf einer Kanzlei und behauptet ein Verwaltungsbeamter zu sein. Kann mir am Ende gleich sein! Wer nicht Meister sein will, muß eben Gesell bleiben und Vorgesetzte haben sein Leben lang! Allein da ihnen Geldsachen durch die Hände gehen, mußten die sämtlichen jungen Herren Schreiber Bürgen stellen; ich selbst habe kein Vermögen, also habt ihr alle wechselsweise meinen Buben Bürgschaft geleistet, die sich ineinander gerechnet auf vierzigtausend Franken beläuft, dazu waren die alten Handwerker, die Freunde des Vaters, gut genug! Und wie meint ihr nun, daß mir zumute sei? Wie stehe ich euch gegenüber da, wenn nur einer von allen vieren einmal einen Fehltritt, einen Leichtsinn, eine Unvorsichtigkeit begeht?"

„Papperlapapp!" riefen die Alten, „schlag dir doch dergleichen Mucken aus dem Sinn! Wenn die Burschen nicht brav wären, so hätten wir nicht gebürgt, da sei ruhig!"

„Das weiß ich alles!" erwiderte Hediger; „aber das Jahr ist lang, und wenn es vorbei ist, kommt wieder ein anderes. Ich kann euch versichern, ich erschrecke jedesmal, wenn einer mit einer feineren Zigarre mir ins Haus kommt! Wird er nicht dem Luxus und der Genußsucht anheimfallen? denke ich. Sehe ich eine der jungen Frauen mit einem neuen Kleid einherziehen, so fürchte ich, sie stürze den Mann in üble Umstände und Schulden; spricht einer auf der Straße mit einem verschuldeten Menschen, so ruft es in mir: Wird der ihn nicht zu einer Unbesonnenheit verführen? Kurz, ihr seht, daß ich mich demütig und abhängig genug fühle und weit entfernt bin, mich noch einem reichen Gegenschwäher gegenüber in Dienstbarkeit zu versetzen und aus einem Freunde einen Herren und Gönner zu schaffen! Und warum soll ich wünschen, daß mein junger Schnaufer von Sohn sich reich und geborgen fühle und mir mit dem Hochmut eines solchen vor der Nase herumlaufe, er, der noch nichts erfahren? Sollte ich helfen, ihm die Schule des Lebens zu verschließen, daß er schon bei jungen Jahren ein Hartherziger, ein Flegel und ein Lümmel wird, der nicht weiß, wie das Brot wächst, und noch wunder meint, was er für Verdienste besitze! Nein, sei ruhig, mein Freund! hier meine Hand darauf! Nichts von Schwäherschaft, fort mit dem Gegenschwäher!"

Die beiden Alten schüttelten sich die Hand, die übrigen lachten und Bürgi sagte: „Wer würde nun glauben, daß ihr zwei, die in der Vaterlandssache erst so weise Worte geredet und uns die Köpfe gewaschen habt, nun im Umsehen so törichtes Zeug beginnen würdet! Gott sei Dank! So habe ich also doch noch Aussicht, meine zweischläfige Bettstelle an den Mann zu bringen, und ich schlage vor, daß wir sie dem jungen Pärchen zum Hochzeitsgeschenk machen!"

„Angenommen!" riefen die andern vier, und Pfister, der Wirt, fügte hinzu: „Und ich verlange, daß mein Faß Schweizerblut an der Hochzeit getrunken werde, der wir alle beiwohnen!"

„Und ich werde es bezahlen, wenn sie stattfindet," schrie Frymann zornig, „aber wenn nichts daraus wird, wie ich sicher weiß, so bezahlt ihr das Faß, und wir trinken es in unsern Sitzungen, bis wir fertig sind!" — „Die Wette ist angenommen!" hieß es; doch Frymann und Hediger schlugen mit den Fäusten auf den Tisch und wiederholten in einem fort: „Nichts von Schwäherschaft! Wir wollen keine Gegenschwäher sein, sondern unabhängige gute Freunde!"

Mit diesem Ausruf war die inhaltsreiche Sitzung endlich geschlossen und die Freiheitsliebenden wandelten fest und aufrecht nach Hause.

*

Beim nächsten Mittagessen eröffnete Hediger, als die Gesellen fort waren, seinem Sohne und seiner Frau den feierlichen Beschluß von gestern, daß zwischen Karl und des Zimmermanns Tochter fortan kein Verhältnis mehr geduldet würde. Frau Hediger, die Büchsenschmiedin, wurde durch diesen Gewaltspruch so zum Lachen gereizt, daß ihr das Restchen Wein, welches sie eben austrinken wollte, in die Luftröhre geriet und ein gewaltiges Husten verursachte.

„Was ist da zu lachen?“ sprach ärgerlich der Meister; seine Frau erwiderte: „Ach, ich muß nur lachen, daß das Sprichwort: Schuster bleib beim Leist! auch auf euern Verein anzuwenden ist! Was bleibt ihr nicht bei der Politik, statt euch in Liebeshändel zu mischen?“

„Du lachst wie ein Weib und sprichst wie ein Weib!“ versetzte Hediger mit großem Ernst, „eben in der Familie beginnt die wahre Politik; freilich sind wir politische Freunde; aber um es zu bleiben, wollen wir nicht die Familien durcheinander werfen und Kommunismus treiben mit dem Reichtum der einen. Ich bin arm und Frymann ist reich, und so soll es bleiben; um so mehr gereicht uns die innere Gleichheit zur Freude. Soll ich nun durch eine Heirat meine Hand in sein Haus und in seine Angelegenheiten stecken und den Eifer und die Befangenheit wachrufen? Das sei ferne!“

„Ei ei ei! das sind doch wunderbare Grundsätze!“ antwortete Frau Hediger; „schöne Freundschaft, wenn ein Freund dem Sohne des andern seine Tochter nicht geben mag! Und seit wann heißt es denn Kommunismus, wenn durch Heirat Wohlhabenheit in eine Familie gebracht wird? Ist das eine verwerfliche Politik, wenn ein glücklicher Sohn ein schönes und reiches Mädchen zu gewinnen weiß, daß er dadurch zu Besitz und Ansehen gelangt, seinen betagten Eltern und seinen Brüdern zur Hand sein und ihnen helfen kann, daß sie auch auf einen grünen Zweig kommen? Denn wo einmal das Glück eingekehrt ist, da greift es leicht um sich, und ohne daß dem einen Abbruch geschieht, können die andern in seinem Schatten mit Geschick ihre Angel auswerfen. Nicht, daß ich es auf ein Schlaraffenleben absehe! Aber es gibt gar viele Fälle, wo mit Anstand und Recht ein reich gewordener Mann von seinen unbemittelten Verwandten mag zu Rat gezogen werden. Wir Alten werden nichts mehr bedürfen; dagegen könnte vielleicht die Zeit kommen, wo dieser oder jener von Karls Brüdern eine gute Unternehmung, eine glückliche Veränderung wagen möchte, wenn ihm jemand die Mittel anvertraute. Auch wird der ein' und andere einen begabten Sohn haben, der sich in die Höhe schwingen würde, wenn das Vermögen da wäre, ihn studieren zu lassen. Der würde vielleicht ein beliebter Arzt werden, der ein angesehener Advokat oder gar ein Richter, der ein Ingenieur oder ein Künstler, und allen diesen würde es dann, einmal so weit gekommen, wiederum ein leichtes sein, sich gut zu verheiraten und so zuletzt eine angesehene, zahlreiche und glückliche Familie zu bilden. Was wäre nun menschlicher, als daß ein begüterter Oheim da wäre, der, ohne sich Schaden zu tun, seinen rührigen, aber armen Verwandten die Welt auftäte? Denn wie oft kommt es nicht vor, daß um eines Glücklichen willen, der in einem Hause ist, auch alle andern etwas von der Welt erschnappen und klug werden? Und alledem willst du den Zapfen vorstecken und das Glück an der Quelle verstopfen?"

Hediger lachte voll Verdruß und rief: „Luftschlösser! Du sprichst wie die Bäuerin mit dem Milchtopf! Ich sehe ein anderes Bild von dem reich Gewordenen unter armen Verwandten! Der läßt sich allerdings nichts abgehen und hat immer tausend Einfälle und Begierden, die ihn zu tausend Ausgaben veranlassen und die er befriedigt. Kommen aber seine Eltern und seine Brüder zu ihm, geschwind setzt er sich wichtig und verdrießlich über sein Zinsbuch, die Feder quer im Munde, seufzt und spricht: ‚Danket Gott, daß ihr nicht den Verdruß und die Last einer solchen Vermögensverwaltung habt! Lieber wollt' ich eine Herde Ziegen bewachen, als ein Rudel böswilliger und saumseliger Schuldner! Nirgends geht Geld ein, überall suchen sie auszubrechen und durchzuschlüpfen, Tag und Nacht muß man in Sorgen sein, daß man nicht gröblich betrogen wird! Und kriegt man einen Schuft beim Kragen, so hebt er ein solches Gewinsel an, daß man ihn nur schnell wieder muß laufen lassen, wenn man nicht als ein Wucherer und Unmensch will verschrien werden. Alle Amtsblätter, alle Tagfahrten, alle Ausschreibungen, alle Inserate muß man lesen und wieder lesen, um nicht eine Eingabe zu versäumen und einen Termin zu übersehen. Und nie ist Geld in der Kasse! Zahlt einer ein Darlehen zurück, so stellt er sein Geldsäckchen in allen Schenken auf den Tisch und tut dick mit seiner Abzahlung, und eh' er aus dem Hause ist, stehen drei da, die das Geld haben wollen, einer davon sogar ohne Unterpfand! Und dann die Ansprüche der Gemeinde, der Wohltätigkeitsanstalten, der öffentlichen Unternehmungen, der Subskriptionslisten aller Art — man kann nicht ausweichen, die Stellung erfordert es; aber ich sage euch, man weiß oft nicht, wo einem der Kopf steht! Dies Jahr bin ich gar in der Klemme, ich habe meinen Garten verschönern lassen und einen Balkon gebaut, die Frau hat es schon lange gewünscht, nun sind die Rechnungen da! Mir ein Reitpferd zu halten, wie der Arzt schon hundertmal geraten, daran darf ich gar nicht denken, denn immer kommen neue Ausgaben dazwischen. Seht, da hab' ich mir auch eine kleine Kelter bauen lassen von neuester Konstruktion, um den Muskateller zu pressen, den ich an den Spalieren ziehe — hol mich der Teufel, wenn ich sie dies Jahr bezahlen kann! Nun, ich habe gottlob noch Kredit!' So spricht er und schüchtert, indem er noch eine grausame Prahlerei damit zu verbinden weiß, seine armen Brüder, seinen alten Vater ein, daß sie ihr Anliegen verschweigen und sich nur wieder fortmachen, nachdem sie seinen Garten und seinen Balkon und seine sinnreiche Kelter bewundert. Und sie gehen zu fremden Leuten, um Hilfe zu suchen, und bezahlen gern höhere Zinsen, um nur nicht so viel Geschwätz hören zu müssen. Seine Kinder sind fein und köstlich gekleidet und gehen elastisch über die Straßen; sie bringen den armen Vetterchen und Bäschen kleine Geschenke und holen sie alljährlich zweimal zum Essen, und es ist dies den reichen Kindern ein großer Jux; aber wenn die Gäste ihre Schüchternheit verlieren und auch laut werden, so füllt man ihre Taschen mit Äpfeln und schickt sie nach Hause. Dort erzählen sie alles, was sie gesehen und was sie zu essen bekommen haben, und alles wird getadelt; denn Groll und Neid erfüllt die armen Schwägerinnen, welche nichtsdestoweniger der wohlhabenden Person schmeicheln und deren Staat rühmen mit beredten Zungen. Endlich kommt ein Unglück über den Vater oder über die Brüder, und der reiche Mann muß nun wohl oder übel, des Gerüchtes wegen, vor den Riß stehen. Er tut es auch, ohne sich lange bitten zu lassen; aber nun ist das Band brüderlicher Gleichheit und Liebe ganz zerrissen! Die Brüder und ihre Kinder sind nun die Knechte und Untertanenkinder des Herren; jahraus und -ein werden sie geschulmeistert und zurechtgewiesen, in grobes Tuch müssen sie sich kleiden und schwarzes Brot essen, um einen kleinen Teil des Schadens wieder einzubringen, und die

Kinder werden in Waisenhäuser und Armenschulen gesteckt, und wenn sie stark genug sind, müssen sie arbeiten im Hause des Herren und unten an seinem Tische sitzen, ohne zu sprechen."

„Hu!" rief die Frau, „was sind das für Geschichten! Und willst du wirklich deinen eigenen Sohn hier für einen solchen Schubiak halten? Und ist es denn geschrieben, daß gerade seine Brüder ein solches Unglück treffen sollte, das sie zu seinen Knechten machte? Sie, die sich schon selbst zu helfen wußten bis jetzt? Nein, da glaube ich doch zur Ehre unseres eigenen Blutes, daß wir durch eine reiche Heirat nicht dergestalt aus dem Häuschen gerieten, vielmehr sich meine bessere Ansicht bestätigen würde!"

„Ich will nicht behaupten," erwiderte Hediger, „daß es gerade bei uns so zuginge; aber auch bei uns würde die äußere und endlich auch die innere Ungleicheit eingeführt; wer nach Reichtum trachtet, der strebt seinesgleichen ungleich zu werden —"

„Larifari!" unterbrach ihn die Frau, indem sie das Tischtuch zusammennahm und zum Fenster hinausschüttelte; „ist denn Frymann, der das Gut in Händen hat, um das wir uns streiten, euch andern ungleich geworden? Seid ihr nicht ein Herz und eine Seele und steckt immer die Köpfe zusammen?"

„Das ist was anderes!" rief der Mann, „was ganz anderes! Der hat sein Gut nicht erschlichen oder in der Lotterie gewonnen, sondern Taler um Taler durch seine Mühe erworben während vierzig Jahren. Und dann sind wir nicht Brüder, ich und er, und gehen einander nichts an und wollen es ferner so halten, das ist der Punkt! Und endlich ist der nicht wie andere Leute, der ist noch ein Fester und Aufrechter! Wir wollen aber nicht immer nur diese kleinen Privatverhältnisse betrachten! Glücklicherweise gibt es bei uns keine ungeheuer reichen Leute, der Wohlstand ist ziemlich verteilt; laß aber einmal Kerle mit vielen

Millionen entstehen, die politische Herrschsucht besitzen, und du wirst sehen, was die für einen Unfug treiben! Da ist der bekannte Spinnerkönig, der hat wirklich schon viele Millionen und man wirft ihm vor, daß er ein schlechter Bürger und ein Geizhals sei, weil er sich nichts ums Allgemeine kümmere. Im Gegenteil, ein guter Bürger ist er, der nach wie vor die andern gehen läßt, sich selbst regiert und lebt wie ein anderer Mann. Laß diesen Kauz ein politisches herrschsüchtiges Genie sein, gib ihm einige Liebenswürdigkeit, Freude an Aufwand und Sinn für allerhand theatralischen Pomp, laß ihn Paläste und gemeinnützige Häuser bauen und dann schau, was er für einen Schaden anrichtet im gemeinen Wesen und wie er den Charakter des Volkes verdirbt. Es wird eine Zeit kommen, wo in unserem Lande, wie anderwärts, sich große Massen Geldes zusammenhängen, ohne auf tüchtige Weise erarbeitet und erspart worden zu sein; dann wird es gelten, dem Teufel die Zähne zu weisen; dann wird es sich zeigen, ob der Faden und die Farbe gut sind an unserem Fahnentuch! Kurz und gut! ich sehe nicht ein, warum einer meiner Söhne nach fremdem Gute die Hand ausstrecken soll, ohne einen Streich darum gearbeitet zu haben. Das ist ein Schwindel wie ein anderer!“

„Es ist ein Schwindel, der da ist, solange die Welt steht,“ sagte die Frau mit Lachen, „daß zwei sich heiraten wollen, die sich gefallen! Hieran werdet ihr mit all euren großen und steifen Worten nichts ändern. Du bist übrigens allein der Narr im Spiele; denn Meister Frymann sucht weislich zu verhüten, daß deine Kinder den seinigen gleich werden. Aber die Kinder werden auch ihre eigene Politik haben und sie durchführen, wenn etwas an dem Handel ist, was ich nicht weiß.“

„Mögen sie“, sagte der Meister, „das ist ihre Sache; die meinige ist, nichts zu begünstigen und solange Karl minderjährig ist, jedenfalls meine Einwilligung zu versagen.“

Mit dieser diplomatischen Erklärung und der neuesten Nummer des „Republikaners“ zog er sich in sein Studierzimmer zurück. Frau Hediger dagegen wollte sich nun hinter den Sohn machen und ihn neugierig zur Rede stellen; doch bemerkte sie erst jetzt, daß er sich aus dem Staube gemacht habe, da ihm die ganze Verhandlung durchaus überflüssig und unzweckmäßig erschien und er sich überhaupt scheute, seine Liebeshändel vor den Eltern auszukramen.

Desto zeitiger bestieg er am Abend das Schiffchen und ruderte hinaus, wo er schon viele Abende gewesen. Allein er sang sein Liedchen einmal und zweimal und sogar bis auf den letzten Vers, ohne daß sich jemand sehen ließ, und nachdem er länger als eine Stunde vergeblich vor dem Zimmerplatze gekreuzt hatte, fuhr er verwirrt und niedergeschlagen zurück und glaubte, seine Sache stände in der Tat schlecht. Die vier oder fünf nächsten Abende ging es ihm ebenso und nun gab er es auf, der Ungetreuen nachzustellen, als wofür er sie hielt; denn obgleich er sich ihres Vorsatzes erinnerte, ihn nur alle vier Wochen sehen zu wollen, so hielt er dies nur für eine Vorbereitung zur gänzlichen Verabschiedung und verfiel in eine zornige Traurigkeit. Es kam ihm deshalb höchst gelegen, daß die Übungszeit für die Scharfschützenrekruten begann, und er ging vorher mit einem Bekannten, der Schütz war, mehrere Nachmittage hindurch auf eine Schießstätte, um sich notdürftig zu üben und die zur Anmeldung erforderliche Anzahl Treffer aufweisen zu können. Sein Vater sah ziemlich spöttisch diesem Treiben zu und kam unversehens selbst hin, um den Sohn noch rechtzeitig von dem törichten Unterfangen abzuhalten, wenn er, wie er vermutete, gar nichts könnte.

Allein er kam eben recht, als Karl sein halbes Dutzend Fehlschüsse schon hinter sich hatte und nun eine Reihe ziemlich guter Schüsse abgab. „Du machst mir nicht weis," sagte er erstaunt, „daß du noch nie geschossen habest; du hast heimlich schon manchen Franken dafür ausgegeben, das steht fest!"

„Heimlich habe ich wohl schon geschossen, aber ohne Kosten. Wißt Ihr wo, Vater?"

„Das hab' ich mir gedacht!"

„Ich habe schon als Junge oft dem Schießen zugesehen, aufgemerkt, was darüber gesprochen wurde, und seit Jahren schon empfand ich eine solche Lust dazu, daß ich davon träumte, und wenn ich noch im Bette lag, in Gedanken die Büchse stundenlang regierte und Hunderte von wohlgezielten Schüssen nach der Scheibe sandte."

„Das ist vortrefflich! Da wird man in Zukunft ganze Schützenkompanien ins Bett konsignieren und solche Gedankenübungen anordnen; das spart Pulver und Schuh'!"

„Das ist nicht so lächerlich, als es aussieht," sagte der erfahrene Schütz, der Karl unterrichtete, „es ist gewiß, daß von zwei Schützen, die an Auge und Hand gleich begabt sind, der, welcher ans Nachdenken gewöhnt ist, Meister werden wird. Es braucht auch einen angeborenen Takt zum Abdrücken, und es gibt gar seltsame Dinge hier, wie in allen Übungen."

Je öfter und je besser Karl traf, desto mehr schüttelte der alte Hediger das Haupt; die Welt schien ihm auf den Kopf gestellt; denn er selbst hatte, was er war und konnte, nur durch Fleiß und angestrengte Übung erreicht; selbst seine Grundsätze, welche die Leute sonst so leicht und zahlreich wie Heringe einzupacken wissen, hatte er nur durch anhaltendes Studium in seinem Hinterstübchen erworben. Doch wagte er nun nicht mehr Einsprache zu tun und begab sich von hinnen, nicht ohne innerliche Zufriedenheit, einen vaterländischen Schützen unter seine Söhne zu zählen; und bis er seine Wohnung erreichte, war er entschlossen, demselben eine gut sitzende Uniform von besserem Tuche zu machen. „Versteht sich, muß er sie bezahlen!“ sagte er sich; aber er konnte schon wissen, daß er seinen Söhnen nie etwas zurückforderte und daß sie ihm nie etwas zu erstatten begehrten. Das ist Eltern gesund und läßt sie zu hohen Jahren kommen, auf daß sie erleben, wie ihre Kinder wiederum von den Enkeln lustig geschröpft werden, und so geht es von Vater auf Sohn und alle bleiben bestehen und haben guten Appetit.

Karl wurde nun auf mehrere Wochen in die Kaserne gesteckt und gedieh zu einem hübschen und gewandten Soldaten, der, obgleich er verliebt war und nichts mehr von seinem Mädchen sah noch hörte, dennoch aufmerksam und munter seinem Dienst oblag, so lange der Tag dauerte; und des Nachts ließen die Reden und Possen, welche die Schlafkameraden aufführten, keine Möglichkeit übrig, seinen Gedanken einsam nachzuhangen. Es war ein Dutzend Leute aus verschiedenen Bezirken, welche ihre heimischen Künste und Witze austauschten und verwerteten, lange nachdem die Lichter gelöscht waren und bis Mitternacht herankam. Aus der Stadt war außer Karl nur noch einer dabei, welchen er von Hörensagen kannte. Der war einige Jahre älter als er und hatte schon als Füsilier gedient. Seines Zeichens ein Buchbinder, arbeitete er seit geraumer Zeit keinen Streich mehr und lebte aus den in die Höhe geschraubten Mietzinsen alter Häuser, die er mit Geschick und ohne Kapital zu kaufen wußte. Manchmal verkaufte er wieder eines an einen Gimpel zu übertriebenem Preise, steckte, wenn der Käufer nicht halten konnte, den Reukauf und die bereits bezahlten Summen in die Tasche und nahm das Haus wieder an sich, indem er den Mietern abermals aufschlug. Auch hatte er's im Griff, durch leichte bauliche Veränderungen die Wohnungen um ein Kämmerlein oder kleines Stübchen zu vergrößern und abermals eine bedeutende Zinserhöhung eintreten zu lassen. Diese Veränderungen waren durchaus nicht zweckmäßig und bequem erdacht, sondern ganz willkürlich und einfältig; ebenso kannte er alle Pfuscher unter den Handwerkern, welche die wohlfeilste und schlechteste Arbeit lieferten, mit denen er machen konnte, was er wollte. Wenn ihm gar nichts anderes mehr einfiel, so ließ er eines seiner alten Gebäude auswendig neu anweißen und erhöhte abermals die Miete. Dergestalt erfreute er sich einer hübschen jährlichen Einnahme, ohne eine Stunde wirklicher Arbeit. Seine Gänge und Verabredungen waren bald besorgt, und ebensolange, als vor seinen Machereien, stellte er sich vor den Bauwerken anderer Leute auf, spielte den Sachverständigen, redete in alles hinein und war im übrigen der dümmste Kerl von der Welt. Daher galt er für einen klugen und wohlhabenden jungen Mann, der es schon früh zu etwas brächte, und er ließ sich nichts abgehen. Er hielt sich nun zu gut für einen Infanteriesoldaten und hatte Offizier werden wollen. Da er aber dafür zu faul und unwissend, hatte man ihn nicht brauchen können, und nun war er durch hartnäckige Aufdringlichkeit zu den Scharfschützen gekommen.

Hier suchte er sich mit Gewalt im Ansehen zu erhalten, ohne sich anzustrengen, lediglich durch seinen Geldbeutel. Er lud die Unterinstruktoren und die Kameraden fortwährend zum Zechen ein und gedachte sich durch plumpe Freigebigkeit Nachsicht und Freiheit zu verschaffen. Doch erreichte er nichts, als daß er gehänselt wurde und allerdings eine Art Nachsicht genoß, indem man es bald aufgab, etwas Rechtes aus ihm zu machen und ihn laufen ließ, solang er die andern nicht störte. Ein einziger Rekrut schloß sich ihm an und machte ihm den Bedienten, putzte ihm Waffen und Zeug und redete zu seinen Gunsten, und das war ein reicher Bauernsohn und junger Geizkragen, welcher stets furchtbare Freß- und Trinklust empfand, sobald er sie auf fremde Kosten befriedigen konnte. Der glaubte sich den Himmel zu verdienen, wenn er seine blanken Taler vollzählig wieder nach Hause tragen und doch sagen konnte, er habe lustig gelebt während des Dienstes und gezecht wie ein wahrer Scharfschütz; er war dabei lustig und guter Dinge und unterhielt seinen Gönner, der bei weitem nicht besaß, was er, mit seiner dünnen Fistelstimme, womit er hinter der Flasche allerlei ländliche Modelieder gar seltsam zu singen wußte; denn er war ein fröhlicher Geizhals. So lebten die beiden, Ruckstuhl, der junge Schnapphahn, und Spörri, der junge Bauernfilz, in herrlicher Freundschaft. Jener hatte immerdar Fleisch und Wein vor sich stehen und tat, was er mochte, und dieser verließ ihn so wenig als möglich, sang und putzte ihm die Stiefel und verschmähte sogar die kleinen Geldgeschenke nicht, die jener abließ.

Die anderen trieben indessen ihren Spott mit ihnen und machten unter sich aus, daß Ruckstuhl in keiner Kompanie sollte geduldet werden. Das galt jedoch für seinen Famulus nicht, denn der war wunderlicherweise ein guter Schütz, und im Heer ist jeder willkommen, der seine Sache versteht, mag er dabei ein Philister oder ein Wildfang sein.

Karl war der erste, wenn man sich über das Paar lustig machte; aber in einer Nacht verging ihm der Spaß, als der weinselige Ruckstuhl, nachdem schon alles still war im Zimmer, seinem Anhänger vorprahlte, was er für ein Herr sei und wie er in Bälde dazu eine reiche Frau zu nehmen gedächte, die Tochter des Zimmermeisters Frymann, die ihm nach allem, was er gemerkt, nicht entgehen könne.

Jetzt war Karls Ruhe dahin, und am nächsten Tage ging er, sobald er eine Stunde frei hatte, zu seinen Eltern, um zu horchen, was es gebe. Da er aber selbst nicht von der

Sache beginnen mochte, so vernahm er nichts von Herminen, bis erst, als er wieder ging, die Mutter ihm einen Gruß von ihr ausrichtete.

„Wo habt Ihr sie denn gesehen?“ fragte er möglichst kaltblütig.

„Ei, sie kommt jetzt alle Tage mit der Magd auf den Markt und lernt einkaufen. Ich muß ihr dabei Anleitung geben, wenn wir uns treffen, und wir gehen dann auf dem ganzen Markt herum und haben viel zu lachen; denn sie ist immer lustig.“

„So?“ sagte der Vater, „darum bleibst du manchmal so lange weg? Und was treibst du da für eine Kuppelei? Schickt sich das für eine Mutter, so zu handeln und mit Personen herumzulaufen, die dem Sohne verboten sind, und ihre Grüße zu bestellen?“

„Was verbotene Personen? Kenne ich das gute Kind nicht von klein auf, habe es noch auf dem Arm getragen und soll nicht mit ihm umgehen? Und soll sie die Leute in unserm Hause nicht grüßen dürfen? Und soll das eine Mutter nicht besorgen? Und sollte eine Mutter ihre Kinder nicht verkuppeln dürfen? Mich dünkt, sie ist gerade die rechte Behörde dazu! Aber von dergleichen Dingen sprechen wir gar nicht, wir Frauensleute sind nicht halb so erpicht auf euch ungezogene Männer, und wenn ich der Hermine zu raten habe, so nimmt sie gar keinen!“

Karl hörte das Gespräch nicht mehr zu Ende, sondern ging seiner Wege; denn er hatte einen Gruß, und von einer verdächtigen Neuigkeit war nicht die Rede gewesen. Nur legte er die Finger an die Nase, warum Hermine wohl so lustig sei, da sie sonst nie viel gelacht habe? Er legte es endlich zu seinen Gunsten aus und nahm an, sie sei nur lustig, weil sie seine Mutter antreffe. So beschloß er, sich still zu halten, dem Mädchen etwas Gutes zuzutrauen und die Dinge geschehen zu lassen.

Einige Tage später kam Hermine mit dem Strickzeug zu Frau Hediger auf Besuch und es herrschte da eine große Freundlichkeit, Gespräch und Lachen, so daß Hediger, der einen feinen Bratenrock zuschnitt, in seiner Werkstatt fast gestört wurde und sich wunderte, was da für eine Gevatterin angekommen sei. Doch achtete er nicht lange darauf, bis er endlich hörte, daß seine Frau über einen Schrank ging und im blauen Kaffeegeschirr klapperte. Die Büchsenschmiedin kochte nämlich einen Kaffee, so gut sie ihn je gekocht; auch nahm sie eine tüchtige Handvoll Salbeiblätter, tauchte sie in einen Eierteig und buk sie in heißer Butter zu sogenannten Mäuschen, da die Stiele der Blätter wie Mausschwänze aussahen. Sie gingen prächtig auf, daß es eine getürmte Schüssel voll gab, deren Duft mit demjenigen des reinen Kaffees zum Meister emporstieg. Als er vollends hörte, wie sie Zucker verklopfte, wurde er höchst ungeduldig, bis man ihn zum „Trinken" rief; aber er wäre keinen Augenblick vorher gegangen, denn er gehörte zu den Festen und Aufrechten. Als er nun in die Stube trat, sah er seine Frau und die ziervolle verbotene Person in dicker Freundschaft hinter der Kanne sitzen, und zwar hinter der blaugeblümten, und außer den Mäuslein stand noch Butter da und die blaugeblümte Büchse voll Honig; es war zwar kein Bienenhonig, sondern nur Kirschmus, ungefähr von der Farbe von Herminens Augen; und dazu war es Sonnabend, ein Tag, wo alle ehrbaren Bürgersfrauen fegen und scheuern, kehren und bohnen und keinen genießbaren Bissen kochen.

Hediger sah sehr kritisch auf die ganze Anstalt und grüßte mit etwas strenger Miene; allein Hermine war so holdselig und dabei resolut, daß er wie aufs Maul geschlagen dasaß und damit endigte, daß er selbst ein „Glas Wein" aus dem Keller holte und sogar aus dem kleinen Fäßchen. Hermine erwiderte diese Gnade dadurch, daß sie behauptete, es müsse für Karl auch ein Teller voll Mäuse aufbewahrt werden, da er in der Kaserne doch nicht viel Gutes hätte. Sie nahm ihren Teller und zog mit den zierlichen Fingern eigenhändig die schönsten Mäuschen an den Schwänzen aus der Schüssel, und so viele, daß die Mutter zuletzt rief, es sei nun genug. Jene stellte aber den Teller neben sich, betrachtete ihn wohlgefällig von Zeit zu Zeit, nahm auch etwa wieder ein Stück daraus und aß es, indem sie sagte, sie sei jetzt bei Karl zu Gaste, und ersetzte den Raub gewissenhaft aus der Schüssel.

Endlich wurde das Ding dem guten Hediger zu bunt; er kratzte sich hinter den Ohren, und so eilig seine Arbeit war, zog er doch schnell den Rock an und rannte fort, den Vater der Sünderin aufzusuchen. „Wir müssen aufpassen!“ sagte er zu ihm, „deine Tochter sitzt in dickster Herrlichkeit bei meiner Alten, und es ist mir ein sehr verdächtiges Getue, du weißt, die Weiber sind des Teufels.“

„Warum jagst du den Aff nicht fort?“ sagte Frymann ärgerlich.

„Ich fortjagen? das werd' ich bleiben lassen, das ist ja eine Staatshexe! Komm du selbst und sieh nach!“

„Gut, ich komme sogleich mit und werde dem Kind angemessen bedeuten, was es zu tun hat!“

Als sie wieder hinkamen, fanden sie statt des Fräuleins den Scharfschützen, der seine grüne Weste aufgeknöpft hatte und sich das aufgehobene Gebäck und den Rest des Weines um so besser schmecken ließ, als ihm die Mutter beiläufig mitgeteilt hatte, Hermine würde diesen Abend wieder einmal auf dem See fahren, da es so schöner Mondschein und schon vier Wochen her sei, seit sie es getan.

Karl fuhr um so zeitiger auf den See hinaus, als er mit dem Zapfenstreich, den die Zürcher Trompeter in himmlischen Harmonien ertönen lassen in schönen Frühlings- und Sommernächten, wieder einrücken mußte. Es war noch nicht völlig dunkel, da er vor den Zimmerplatz kam; aber o weh, des Herrn Frymanns Bootchen schwamm nicht wie sonst im Wasser, sondern lag umgekehrt auf zwei Böcken, wohl zehn Schritte vom Ufer entfernt.

Sollte das eine Fopperei sein oder ein Streich von dem Alten? dachte er und wollte eben betrübt und aufgebracht abfahren, als der große goldene Mond aus den Wäldern des Zürichbergs heraufstieg und zugleich Hermine hinter einer blühenden Weide hervortrat, die ganz voll gelber Kätzchen hing.

„Ich wußte nicht, daß unser Schiff neu angemalt wird," flüsterte sie, „ich muß daher in deines kommen, fahr schnell weg!" Und sie sprang leichten Fußes zu ihm hinein und setzte sich ans andere Ende seines Jagers, der kaum sieben Schuh lang war. Sie fuhren hinaus, bis sie jedem spähenden Blick entschwanden, und Karl stellte unverweilt Hermine wegen Ruckstuhl zur Rede, indem er dessen Worte und Taten erzählte.

„Ich weiß," antwortete sie, „daß dieser Monsieur mich zur Frau begehrt und daß mein Vater sogar nicht abgeneigt ist, ihm zu willfahren; er hat schon davon gesprochen."

„Reitet ihn denn der Teufel, dich diesem Strolch und Tagdieb zu geben? Wo bleiben denn seine gravitätischen Grundsätze?"

Hermine zuckte die Achseln und erwiderte: „Der Vater hat einmal die Idee, eine Anzahl großer Häuser zu bauen und damit zu spekulieren; darum möchte er einen Schwiegersohn haben, der ihm darin zur Hand geht, besonders was das Spekulieren betrifft, und indem er für das Ganze besorgt ist, weiß, daß er seinen eigenen Nutzen fördert. Er denkt sich ein gemeinschaftliches, vergnügtes Schaffen und Spintisieren, wie er es gewünscht hätte mit einem eigenen Sohne zu teilen, und nun scheint ihm dieser Herr das rechte Genie dazu zu sein. ‚Dem fehlt nichts', sagt er,

‚als ein tüchtiges Geschäftsleben, um ein ganzer Praktikus zu werden.‘ Von seiner einfältigen Lebensart weiß der Vater nichts, weil er nicht auf das Tun der Leute sieht und nirgends hinkommt, als zu seinen alten Freunden. Kurz, der Ruckstuhl ist morgen, da es Sonntag ist, bei uns zum Essen eingeladen, um die Bekanntschaft zu befestigen, und ich fürchte, daß er gleich mit der Tür ins Haus fallen wird. Er ist zudem ein schmählicher Wohldiener und frecher Mensch, wie ich gehört habe, wenn er etwas erschnappen will, woran ihm gelegen ist.“

„Ei nun,“ sagte Karl, „so wirst du ihn gehörig abtrumpfen!“

„Das werde ich auch tun; aber besser wäre es, wenn er gar nicht käme und meinen Papa im Stich ließe.“

„Das wäre freilich besser; aber es ist ein frommer Wunsch, er wird sich wohl hüten, wegzubleiben.“

„Ich habe mir einen Plan ausgedacht, der freilich etwas sonderbar ist. Könntest du ihn nicht heute noch oder morgen früh zu einer Dummheit verführen, daß ihr miteinander Arrest erhieltet für vierundzwanzig oder achtundvierzig Stunden?“

„Du bist sehr gütig, mich zwei Tage ins Loch zu schikken, um dir ein Nein zu ersparen! Tust du's nicht billiger?“

„Es ist notwendig, damit unser Gewissen nicht zu sehr leidet, daß du das Leiden mit ihm teilest! Was das Nein betrifft, so wünsche ich gar nicht in die Lage zu kommen, ja oder nein zu dem Menschen sagen zu müssen; es ist schon genug, daß er in den Kasernen von mir spricht. Weiter soll er es nicht einmal bringen.“

„Du hast recht, mein Schätzchen! Dennoch denke ich den Schlingel allein ins Loch spazieren zu lassen, es dämmert mir ein Projekt auf. Doch genug hiervon, es ist schade für die köstliche Zeit und um den goldenen Mondschein! Denkst du dir nichts dabei?“

„Was soll ich mir dabei denken?"

„Daß wir uns vier Wochen nicht gesehen haben und daß du heute nicht wohl ungeküßt das Land betreten dürftest."

„Willst *du* mich etwa küssen?"

„Ja, ich! aber es eilt mir gar nicht, ich habe dich zu sicher in der Hand! Ich will mich noch einige Minuten, vielleicht fünf, höchstens sechs darauf freuen!"

„So so! Ist das nun der Dank für mein Vertrauen, und ist es dir wirklich ernst? Lässest du nicht mit dir unterhandeln?"

„Und wenn du mit Engelszungen redetest, mitnichten! Jetzt ist guter Rat einmal teuer, mein Fräulein!"

„So will ich Ihnen auch etwas vortragen, mein Herr. Wenn du mich heute abend noch nur mit einer Fingerspitze berührst gegen meinen Willen, so ist es aus zwischen uns und ich werde dich nie wieder sehen; das schwöre ich dir bei Gott und bei meiner Ehre! Denn es ist mir ernst."

Ihre Augen funkelten, als sie das sagte. „Das wird sich dann schon geben," erwiderte Karl, „halte dich nur still, ich werde jetzt bald kommen!"

„Tu, was du willst!" sagte Hermine kurz und schwieg. Allein sei es, daß er sie doch für fähig hielt, ihr Wort zu halten, oder daß er selbst nicht wünschte, daß sie ihren Schwur breche, er blieb gehorsam an seinem Platze sitzen und schaute mit blitzenden Augen zu ihr hinüber, im Mondlichte spähend, ob sie nicht mit den Mundwinkeln zucke und ihn auslache.

„Ich muß mich also wieder mit der Vergangenheit trösten und durch meine Erinnerungen entschädigen," begann er nach einer kleinen Stille; „wer sollte es diesem strengen festgeschlossenen Mündchen ansehen, daß es vor vielen Jahren schon so süße Küßchen zu geben wußte?"

„Fängst du wieder an mit deinen unverschämten Erfindungen? Aber wisse, daß ich das ärgerliche Zeug auch nicht länger anhören will!"

„Sei nur ruhig! Nur noch diesmal wollen wir unsere Betrachtungen rückwärts lenken in jene goldene Zeit, und zwar wollen wir reden von dem letzten Kusse, den du mir gegeben hast, ich erinnere mich der Umstände, als ob es heute wäre, deutlich und klar, und ich bin überzeugt, du desgleichen! Ich war schon dreizehn Jahre alt, du etwa zehn, und schon einige Jahre waren verflossen, ohne daß wir uns mehr geküßt hätten, denn wir dünkten uns nun große Leute. Da sollte es doch noch einen angenehmen Schluß geben; oder war es die frühe Lerche, die den neuen Morgen verkündete? Es war an einem schönen Pfingstmontag —"

„Nein, Himmelfahrtstag —" unterbrach ihn Hermine, schwieg jedoch, ohne das Wort ganz auszusprechen.

„Du hast recht, es war ein prachtvoller Himmelfahrtstag im Monat Mai, wir waren mit einer Gesellschaft junger Leute ausgezogen, wir zwei die einzigen Kinder dabei; du hieltest dich an die großen Mädchen und ich mich an die Jünglinge, und wir verschmähten, miteinander zu spielen oder auch nur zu reden. Nachdem man schon weit und breit herumgekommen, ließ man sich in einem hohen und lichten Gehölz nieder und begann ein Pfänderspiel; denn der Abend war nicht mehr fern, und die Gesellschaft wollte nicht ohne einige Küsserei nach Hause kehren. Zwei Leute wurden verurteilt, sich mit Blumen im Munde zu küssen, ohne dieselben fallen zu lassen. Als dieses und die nachfolgenden Paare das Kunststück nicht zustande brachten, kamst du plötzlich ganz unbefangen auf mich zugelaufen, ein Maiglöckchen im Munde, stecktest mir auch ein solches zwischen die Lippen und sagtest: ‚Probier einmal!' Richtig fielen beide Blümchen auf die Erde zu ihren Geschwistern, du setztest aber im Eifer dennoch dein Küßchen ab. Es war, wie wenn ein leichter schöner Schmetterling abgesessen wäre, und ich griff unwillkürlich mit zwei Fingerspitzen darnach, ihn zu haschen. Da glaubte man, ich wolle den Mund abwischen, und lachte mich aus."

„Hier sind wir am Lande!" sagte Hermine und sprang hinaus. Dann kehrte sie sich feundlich noch einmal gegen Karl.

„Weil du dich so still gehalten und meinem Worte die Ehre gegeben hast, die ihm gebührt," sagte sie, „so will ich, wenn es nötig sein sollte, auch vor vier Wochen wieder mit dir fahren und es dir in einem Briefchen anzeigen. Es wird das erste Schriftliche sein, das ich dir anvertraue."

Damit eilte sie nach dem Hause. Karl dagegen fuhr eilig nach dem Hafenplatz, um den Zapfenstreich der biederen Trompeter nicht zu versäumen, der wie ein schartiges Rasiermesser die laue Luft durchschnitt.

Er traf schon auf dem Wege mit Ruckstuhl und Spörri zusammen, die gelind angesäuselt waren; sie freundschaftlich und bieder begrüßend, faßte er den ersten unter den Arm und fing an, ihn zu rühmen und zu loben: „Was Teufels haben Sie wieder getrieben? Was haben Sie wieder für Streiche ausgeheckt, Sie schlimmer Patron? Sie sind doch der splendideste Schütz im ganzen Kanton, was sage ich, in der ganzen Schweiz!"

„Donner!" rief Ruckstuhl, höchst geschmeichelt, daß einmal ein anderer als Spörri sich an ihn machte und ihn rühmte, „Donner, daß wir schon ins Nest müssen! Können wir nicht noch schnell eine Flasche Guten abtun?"

„Bst! das können wir auf dem Zimmer ausrichten! Es ist ohnehin Sitte bei den Scharfschützen, daß man wenigstens einmal während des Dienstes die Offiziere hintergeht und heimlich eine Nacht durch auf dem Zimmer zecht. Und wir wollen als Rekruten zeigen, daß wir der Spezialwaffe würdig sind."

„Das wäre ein Hauptspaß! Ich zahle den Wein, so wahr ich Ruckstuhl heiße! Aber schlau müssen wir sein, listig wie die Schlangen, sonst sind wir geliefert."

„Nur ruhig, wir sind die rechten Leute! Wir wollen nur recht still und scheinheilig einrücken und keinerlei Aufhebens machen."

Als sie in die Kaserne kamen, waren die andern Zimmergenossen alle in der Wirtschaft und nahmen dort den Schlaftrunk. Karl zog einige ins Vertrauen, die teilten es weiter mit, und so versah sich jeder mit ein paar Flaschen, die sie unbemerkt, einer nach dem andern, hinaustrugen und unter den Betten verbargen. Auf dem Zimmer, als es zehn Uhr schlug, legten sie sich ruhig ins Bett, bis nachgesehen war, ob die Lichter gelöscht seien. Dann standen alle wieder auf, verhingen die Fenster mit Mänteln und zündeten die Lichter wieder an, zogen den Wein hervor und begannen zu pokulieren, daß es eine Art hatte, und Ruckstuhl dünkte sich wie in Elysium, da alle ihm zutranken und ihn einen großen Mann sein ließen. Denn der heiße Wunsch, auch beim Militär zu gelten, ohne etwas dafür zu tun, machte ihn dümmer, als er eigentlich war. Als er nebst seinem Trabanten gehörig zugedeckt schien, wurden erst verschiedene Trinkspiele aufgeführt. Der eine mußte auf dem Kopfe stehend eine Gießkelle voll Wein austrinken, die ihm einer vorhielt, der andere auf einen Stuhl sitzen und, während eine an die Decke gehängte und in Umschwung gesetzte Bleikugel seinen Kopf umkreiste, drei Gläser leeren, ehe die Kugel den Kopf berührte, der dritte etwas anderes, und jeder, der es nicht vollbrachte, erhielt irgendeine drollige Strafe. Alles dies wurde in größter Stille vollzogen; wer laut wurde, verfiel ebenfalls in Buße, und alle waren im Hemde, um bei einer Überraschung schnell ins Bett kriechen zu können. Wie nun die Zeit nahte, wo die Runde durch die Gänge strich, wurde den zwei Freunden auch ein Trinkstück aufgegeben. Sie sollten sich gegenseitig zwei auf die flache Klinge gesetzte volle Gläser an den Mund halten und dieselben austrinken, ohne einen Tropfen zu vergießen. Prahlend zogen sie vom Leder und kreuzten die mit Gläsern beschwerten Weidmesser; aber sie zitterten dergestalt, daß die Gläser herabfielen und sie nicht einen Tropfen erschnappten. Sie wurden daher angewiesen, eine Viertelstunde in „kleiner Uniform" vor der Türe Schildwache zu stehen, und solche Unternehmung wurde als das Kühnste gepriesen, was seit Menschengedenken in dieser Kaserne verübt worden sei. Über das bloße Hemd wurde ihnen Weidsack und Weidmesser kreuzweis umgehängt, dazu mußten sie den Tschako aufsetzen und die blauen Überstrümpfe anziehen, aber ohne Schuhe, und so wurden sie, den Stutzen in der Hand, vor die Tür geführt und an beiden Pfosten aufgestellt. Kaum waren sie dort, so schob man den Riegel vor, tilgte alle Spuren des Gelages, enthüllte die Fenster, löschte die Lichter und schlüpfte jeder in sein Bett, als hätte er schon seit Stunden geschlafen. Die beiden Schildwachen gingen indessen im Scheine der Ganglaterne auf und ab, die Büchse auf der Schulter, und schauten mit kühnen Blicken um sich. Spörri, der wegen des Gratisrausches in seligster Stimmung war, wurde ganz übermütig und hub plötzlich an zu singen, und das beschleunigte die Schritte des diensthabenden Offiziers, der schon auf dem Wege war. Als er herannahte, wollten sie rasch ins Zimmer entschlüpfen; aber die Türe ging nicht auf, und ehe sie sich zu helfen wußten, war der Feind da. Jetzt tanzte in ihrem Kopfe alles durcheinander. Sie stellten sich in der Verwirrung jeder vor seinen Pfosten, präsentierten das Gewehr und riefen: „Werda!"

„Was Kreuzsackerment soll das heißen? Was treibt ihr da?" rief die Runde, ohne jedoch eine genügende Antwort zu erhalten, da die beiden Käuze kein vernünftiges Wort hervorbrachten. Der Offizier öffnete rasch die Türe und sah in das Zimmer; denn Karl, der die Ohren gespitzt, war schnell aus dem Bette gesprungen, hatte den Riegel zurückgeschoben und sich ebenso rasch wieder unter die Decke gemacht. Als der Offizier sah, daß alles dunkel und still war, und nichts hörte, als schnaufen und schnarchen, rief er: „Heda, Leute!"

„Geht zum Teufel!" rief Karl, „und legt euch einmal schlafen, ihr Trunkenbolde!" Auch die andern stellten sich, als ob sie geweckt würden, und riefen: „Sind die Bestien noch nicht im Bett? Werft sie hinaus, ruft die Wache!"

„Sie ist schon da, ich bin's!" sagte der Offizier, „mach einer von euch Licht, rasch!" Es geschah, und als die Besessenen beleuchtet wurden, erhob sich ein Gelächter unter allen Bettdecken hervor, wie wenn sämtliche Mannschaft von dem Anblick im höchsten Grade überrascht wäre. Ruckstuhl und Spörri lachten mit, wie die Narren, marschierten herum und hielten sich die Bäuche; denn ihre Geister hatten wieder eine andere Richtung eingeschlagen. Ruckstuhl machte dem Offizier ein Schnippchen ums andere unter die Nase, und Spörri streckte ihm die Zunge heraus. Als der Verhöhnte sah, daß mit dem fröhlichen Paare nichts anzufangen sei, zog er seine Schreibtafel hervor und schrieb ihre Namen auf. Nun traf es sich zum Unglück, daß er gerade in einem von Ruckstuhls Häusern wohnte und, da eben Ostern vorüber war, den Mietzins noch nicht bezahlt hatte, sei es, weil er nicht bei Geld war oder weil er des Dienstes wegen die Sache versäumt. Kurz, Ruckstuhls Genius verfiel urplötzlich auf diesen Gegenstand, und er stotterte lachend, indem er gegen den Offizier torkelte: „Bezahlen – zahlen Sie zuerst Ihre Schu – Schulden, Herr Leutnant, e – eh Sie di – die Leute aufschreiben – schreiben! Wissen Sie wohl?" Spörri aber lachte noch lauter, schwankte und krebste rückwärts, mit dem Kopfe wackelnd, und fistelte: „Be – be be be –

bezahlen Sie Ihre Schulden, Herr Leutnant, da – da das ist gu – gut gesagt, gut gesagt."

„Stehen vier Mann auf", sagte jener ruhig, „und führen die Arrestanten auf die Wache! Man soll sie augenblicklich scharf einsperren; in drei Tagen wollen wir vorläufig sehen, ob sie ausgeschlafen haben. Werft ihnen die Mäntel über und gebt ihnen die Hosen auf den Arm. Marsch!"

„Die Ho Ho Ho – die Ho – Hosen," schrie Ruckstuhl, „die brauchen wir; da – da da fällt noch wa – wa – was raus, wenn man sie schüttelt!"

„Ra – ra raus, wenn man sie sch – schüttelt, Herr Leutnant!" wiederholte Spörri, und beide schwangen die Beinkleider herum, daß die Taler darin erklangen. So zogen sie mit ihrer Begleitung lachend und lärmend durch die Gänge, die Treppe hinunter und verschwanden bald in einem kellerartigen Raume des Erdgeschosses, worauf es stille wurde.

Am folgenden Mittag wurde bei Meister Frymann der Tisch ungewöhnlich reich gedeckt. Hermine füllte die geschliffenen Flaschen mit Sechsundvierziger, stellte die glänzenden Gläser neben die Teller, legte schöne Servietten darauf und zerschnitt ein frisches Brot aus der Bäckerei zur Henne, wo ein altherkömmliches Gastbrot gebacken wurde, das Entzücken aller Kinder und Kaffeeschwestern von Zürich. Auch schickte sie einen sonntäglich geputzten Lehrling zum Pastetenbeck, die Makkaronipastete und den Kaffeekuchen zu holen, und endlich stellte sie auf einem Seitentischchen den Nachtisch zurecht, die Hüpli und Offleten, das Gleichschwer und die Pfaffenmümpfel oder den Gugelhupf. Frymann, der durch die schöne Sonntagsluft angenehm erregt war, entnahm aus diesem Eifer, daß die Tochter seinen Plänen keinen ernstlichen Widerstand leisten wolle, und er sagte vergnügt zu sich selbst: „So sind sie alle! Sobald eine annehmbare und bestimmte Gelegenheit an sie herantritt, so machen sie kurz ab und nehmen sie beim Schopf!“

Nach alter Sitte war Herr Ruckstuhl auf Punkt Zwölf geladen. Als er ein Viertel nach Zwölf nicht da war, sagte Frymann: „Wir wollen essen; man muß den Musjö beizeiten an Ordnung gewöhnen!“ Und als er nach der Suppe immer noch nicht kam, rief der Meister die Lehrlinge und die Magd herbei, welche heut allein essen sollten und teilweise schon fertig waren, und sagte zu ihnen: „Da eßt noch mit, wir wollen das Zeug nicht angaffen. Haut zu und laßt es euch schmecken, wer nicht kommt zur rechten Zeit, der soll haben, was übrigbleibt!“

Das ließen sich die nicht zweimal sagen und waren fröhlich und guter Dinge, und Hermine war am aufgewecktesten und empfand um so besseren Appetit, je verdrießlicher und unlustiger der Vater wurde. „Das scheint ein Flegel zu sein!“ brummte er vor sich hin; sie hörte es aber und sagte: „Gewiß hat er keinen Urlaub bekommen, man muß ihn nicht voreilig verurteilen!“

„Was Urlaub! Verteidigst du ihn schon? Wie wird der keinen Urlaub bekommen, wenn es ihm darum zu tun ist?“

Äußerst unmutig beendigte er die Mahlzeit und ging sogleich und gegen seine Gewohnheit auf ein Kaffeehaus, nur um sich nicht mehr von dem nachlässigen Freier antreffen zu lassen, wenn er endlich käme. Gegen vier Uhr kehrte er, statt wie gewohnt seine Sonntagsgesellschaft, die sieben Männer, aufzusuchen, nochmals zurück, neugierig, ob Ruckstuhl sich nicht gezeigt habe? Als er durch den Garten kam, saß Frau Hediger mit Herminen, da es ein warmer Frühlingstag war, im Gartenhaus, und sie tranken den Kaffee und aßen die Pfaffenmümpfel und den Gugelhupf und schienen sehr aufgeräumt. Er begrüßte die Frau, und obgleich ihr Anblick ihn wurmte, frug er sie sogleich, ob sie nichts aus der Kaserne wüßte, und ob vielleicht die Schützen einen gemeinsamen Ausflug gemacht hätten.

„Ich glaube nicht," sagte Frau Hediger, „am Morgen sind sie in der Kirche gewesen, und nachher ist Karl zum Essen zu uns gekommen; wir hatten Schafbraten, und den läßt er nie im Stich!"

„Hat er nichts von Herrn Ruckstuhl gesagt, wo der hin sei?"

„Von Herrn Ruckstuhl? Ja, der sitzt mit noch einem im scharfen Arrest, weil er einen schrecklichen Rausch trank und sich gegen die Vorgesetzten verging; es soll eine große Komödie gewesen sein."

„Hol' ihn der Teufel!" sagte Frymann und ging stracks hinweg. Eine halbe Stunde später sagte er zu Hediger: „Nun hockt deine Frau bei meiner Tochter im Garten und freut sich mit ihr, daß mir ein Heiratsprojekt gescheitert ist."

„Warum jagst du sie nicht fort? Warum hast du sie nicht angeschnurrt?"

„Wie kann ich, da wir in alter Freundschaft stehen? Siehst du, so verwirren uns diese verdammten Geschichten jetzt schon die Verhältnisse! Darum festgeblieben! Nichts von Schwäherschaft!"

„Nichts von Gegenschwäher!" bekräftigte Hediger und schüttelte seinem Freunde die Hand.

*

Der Juli und das Schützenfest von 1849 standen nun vor der Türe, es dauerte kaum noch vierzehn Tage bis dahin. Die sieben Männer hielten wieder eine Sitzung; denn Becher und Fahne waren fertig und wurden vorgezeigt und für recht befunden. Die Fahne ragte in der Stube aufgepflanzt, und in ihrem Schatten erhob sich nun die schwierigste Verhandlung, welche die Aufrechten je bewegt. Denn plötzlich stellte sich die Wahrheit heraus, daß zu einer Fahne ein Sprecher gehöre, wenn man mit derselben aufziehen wolle, und die Wahl dieses Sprechers war es, die das siebenbemannte Schifflein fast hätte stranden lassen. Dreimal wurde die ganze Mannschaft durchgewählt, und dreimal lehnte sie es der Reihe nach des entschiedensten ab. Alle waren erbost, daß keiner sich unterziehen wollte, und jeder war erzürnt, daß man gerade ihm die Last aufbürdete und das Unerhörte zumutete. So eifrig sich andere herbeidrängen, wo es gilt, das Maul aufzusperren und sich hören zu lassen, so scheu wichen diese vor der Gelegenheit zurück, öffentlich zu reden, und jeder berief sich auf sein Ungeschick und darauf, daß er es noch nie in seinem Leben getan und weder tue noch tun werde. Denn sie hielten noch das Reden für eine ehrwürdige Kunst, die ebensoviel Talent als Studium verlange, und sie hegten noch eine rückhaltlose und ehrliche Achtung vor guten Rednern, die sie zu rühren wußten, und nahmen alles für ausgemacht und heilig, was ein solcher sagte. Sie unterschieden diese Redner scharf von sich selbst und legten sich dabei das Verdienst des aufmerksamen Zuhörens, der gewissenhaften Erwägung, Zustimmung oder Verwerfung bei, welches ihnen eine hinlänglich rühmliche Aufgabe schien.

Als nun auf dem Wege der Abstimmung kein Sprecher erhältlich war, entstand ein Tumult und allgemeiner Lärm, in welchem jeder den andern zu überzeugen suchte, daß er sich opfern müsse. Besonders hatten sie es auf Hediger und Frymann abgesehen und drangen auf sie ein. Die wehrten sich aber gewaltig und schoben es einer auf den andern, bis Frymann Stille gebot und sagte: „Ihr Mannen! Wir haben eine Gedankenlosigkeit begangen und müssen nun einsehen, daß wir am Ende unsere Fahne lieber zu Hause lassen, und so wollen wir uns kurz dazu entschließen und ohne alles Aufsehen das Fest besuchen!"

Eine große Niedergeschlagenheit folgte diesen Worten. „Er hat recht," sagte Kuser, der Silberschmied. „Es wird uns nichts anderes übrigbleiben", Syfrig, der Pflugmacher. Doch Bürgi rief: „Es geht nicht! Schon kennt man unser Vorhaben und daß die Fahne gemacht ist. Wenn wir's unterlassen, so gibt es eine Kalendergeschichte."

„Das ist auch wahr," bemerkte Erismann, der Wirt, „und die Zöpfe, unsere alten Widersacher, werden den Spaß handlich genug ausbeuten."

Ein Schrecken durchrieselte die alten Gebeine bei dieser Vorstellung, und die Gesellschaft drang aufs neue in die beiden begabtesten Mitglieder; die wehrten sich abermals und drohten am Ende sich zurückzuziehen.

„Ich bin ein schlichter Zimmermann und werde mich niemals dem Gespötte aussetzen!" rief Frymann, wogegen Hediger einwarf: „Wie soll erst ich armer Schneider es tun? Ich würde euch alle lächerlich machen und mir selbst schaden ohne allen Zweck. Ich schlage vor, daß einer von den Wirten angehalten werden soll, die sind noch am meisten an die Menge gewöhnt!"

Die verwahrten sich aber aufs heftigste, und Pfister schlug den Schreiner vor, der ein Spaßvogel sei. „Was Spaßvogel?" schrie Bürgi, „ist das etwa ein Spaß, einen eidgenössischen Festpräsidenten anzureden vor tausend Menschen?" – Ein allgemeiner Seufzer beantwortete diesen Ausspruch, der das Schwierige der Aufgabe aufs neue vor die Augen stellte.

Es entstand nun allmählich ein Hinaus- und Hineinlaufen und ein Gemunkel in den Ecken. Frymann und Hediger blieben allein am Tische sitzen und sahen finster drein, denn sie merkten, daß es ihnen am Ende doch wieder an den Kragen ging. Endlich, als alle wieder beisammen waren, trat Bürgi vor jene hin und sprach: „Ihr zwee Mannen, Chäpper und Daniel! Ihr habt beide so oft zu unserer Zufriedenheit unter uns gesprochen, daß jeder von euch, wenn er nur will, recht gut eine kurze öffentliche Anrede halten kann. Es ist der Beschluß der Gesellschaft, daß ihr unter euch das Los zieht, und damit Basta! Ihr werdet euch der Mehrheit fügen zwei gegen fünf!"

Ein neuer Lärm bekräftigte diese Worte; die Angeredeten sahen sich an und fügten sich kleinmütig endlich dem Beschlusse, aber nicht ohne die Hoffnung eines jeden, daß das bittere Los dem anderen zufallen werde. Es fiel auf Frymann, welcher zum ersten Male mit schwerem Herzen die Versammlung der Freiheitsliebenden verließ, während Hediger sich entzückt die Hände rieb; so rücksichtslos macht die Selbstsucht die ältesten Freunde.

Frymanns Freude auf das Fest war ihm nun dahingenommen und seine Tage verdunkelten sich. Jeden Augenblick dachte er an die Rede, ohne daß sich der mindeste Gedanke gestalten wollte, weil er ihn weit in der Ferne herum suchte, anstatt das Nächste zu ergreifen und zu tun, als ob er nur bei seinen Freunden wäre. Die Worte, welche er unter diesen zu sprechen pflegte, erschienen ihm als Geschwätz, und er grübelte nach etwas Absonderlichem und Hochtrabendem herum, nach einem politischen Manifest, und zwar nicht aus Eitelkeit, sondern aus bitterem Pflichtgefühl. Endlich fing er an, ein Blatt Papier zu beschreiben, nicht ohne viele Unterbrechungen, Seufzer und Flüche. Er brachte mit saurer Mühe zwei Seiten zustande, obgleich er nur wenige Zeilen hatte abfassen wollen; denn er konnte den Schluß nicht finden, und die vertrackten Phrasen hingen sich aneinander wie harzige Kletten und wollten den Schreiber nicht aus ihrem zähen Wirrsal entlassen.

Das zusammengefaltete Papierchen in der Westentasche, ging er bekümmert seinen Geschäften nach, stand zuweilen hinter einem Schuppen, las es wieder und schüttelte den Kopf. Zuletzt anvertraute er sich seiner Tochter und trug ihr den Entwurf vor, um die Wirkung zu beobachten. Die Rede war eine Anhäufung von Donnerworten gegen Jesuiten und Aristokraten, und dazwischen waren die Ausdrücke Freiheit, Menschenrecht, Knechtschaft und Verdummung und dergleichen reichlich gespickt, kurz es war eine bittere und geschraubte Kriegserklärung, in welcher von den Alten und ihrem Fähnlein keine Rede war, und dazu verworren und ungeschickt gegeben, während er sonst mündlich wohlgesetzt und richtig zu sprechen verstand.

Hermine sagte, die Rede sei sehr kräftig, doch scheine ihr dieselbe etwas verspätet, da die Jesuiten und Aristokraten für einmal besiegt seien, und sie glaube, eine heitere und vergnügte Kundgebung wäre besser angebracht, da man zufrieden und glücklich sei.

Frymann stutzte etwas, und obgleich die Schärfe der Leidenschaft in ihm, als einem Alten, noch stark genug war, so sagte er doch, sich an der Nase zupfend: „Du magst recht haben, verstehst es aber doch nicht ganz. Man muß kräftig auftreten in der Öffentlichkeit und tüchtig aufsetzen, sozusagen wie die Theatermaler, deren Arbeit in der Nähe ein grobes Geschmier ist. Dennoch läßt sich vielleicht hie und da etwas mildern."

„Das wird gut sein," fuhr Hermine fort, „da so viele ‚also' vorkommen. Zeig einmal! Siehst du, fast jede zweite Zeile steht einmal ‚also'."

„Hier steckt eben der Teufel!" rief er, nahm ihr das Papier aus der Hand und zerriß es in hundert Stücke. „Fertig!" sagte er, „es geht nicht, ich will nicht der Narr sein!" Doch Hermine riet ihm nun, überhaupt gar nichts zu schreiben, es darauf ankommen zu lassen und erst eine Stunde vor dem Aufzug einen Gedanken zu fassen und denselben dann frisch von der Leber weg auszusprechen, wie wenn er zu Hause wäre. „Das wird das beste sein," erwiderte er, „wenn's dann fehlt, so habe ich wenigstens keine falschen Ansprüche gemacht!"

Dennoch konnte er nicht umhin, den bewußten Gedanken schon jetzt fortwährend aufzustören und anzubohren, ohne daß er sich entwickeln wollte; er ging zerstreut und sorgenvoll herum, und Hermine beobachtete ihn mit großem Wohlgefallen.

Unversehens war die Festwoche angebrochen, und in der Mitte derselben fuhren die Sieben in einem eigenen Omnibus mit vier Pferden vor Tagesanbruch nach Aarau. Die neue Fahne flatterte glänzend vom Bocke; in der grünen Seide schimmerten die Worte: *„Freundschaft in der Freiheit!"* und alle die Alten waren vergnügt und lustig, spaßhaft und ernsthaft durcheinander, und nur Frymann zeigte ein gedrücktes und verdächtiges Aussehen.

Hermine befand sich schon in Aarau in einem befreundeten Hause, da ihr Vater sie für musterhaft geführte Wirtschaft dadurch zu belohnen pflegte, daß er sie an allen seinen Fahrten teilnehmen ließ; und schon mehr als einmal hatte sie als ein rosiges Hyazinthchen den fröhlichen Kreis der Alten geziert. Auch Karl war schon dort; obschon durch die Militärschule seine Zeit und seine Gelder genugsam in Anspruch genommen worden, so war er doch auf Herminens Aufforderung zu Fuß hinmarschiert und hatte merkwürdigerweise ganz in ihrer Nähe ein Quartier gefunden; denn sie mußten ihrer Angelegenheit obliegen, und man konnte nicht wissen, ob das Fest nicht günstig zu benutzen wäre. Gelegentlich wollte er auch schießen und führte nach seinen Mitteln fünfundzwanzig Schüsse bei sich; die wollte er versenden und nicht mehr noch weniger.

Er hatte die Ankunft der sieben Aufrechten bald ausgespürt und folgte ihnen in der Entfernung, als sie mit ihrem Fähnlein enggeschlossen nach dem Festplatze zogen. Es war der besuchteste Tag der Woche, die Straßen von ab- und zuströmendem Volke im Sonntagsgewande bedeckt; große und kleine Schützenvereine zogen mit und ohne Musik daher; aber so klein war keiner, wie derjenige der Sieben. Sie mußten sich durch das Gedränge winden, marschierten aber nichtsdestoweniger mit kleinen Schritten im Takt und hielten die Arme stramm mit geschlossenen Fäusten. Frymann trug die Fahne voran mit einem Gesicht, als ob er zur Hinrichtung geführt würde. Zuweilen sah er sich nach allen Seiten um, ob kein Entrinnen wäre; aber seine Gesellen, froh, daß sie nicht in seinen Schuhen gingen, ermutigten ihn und riefen ihm kraftvolle Kernworte zu. Schon näherten sie sich dem Festplatze; das knatternde Schützenfeuer tönte schon nah in die Ohren, und hoch in der Luft wehte die eidgenössische Schützenfahne in sonniger Einsamkeit, und ihre Seide straffte sich bald zitternd aus nach allen vier Ecken, bald schlug sie anmutige Schnippchen über das Volk hin, bald hing sie einen Augenblick scheinheilig an der Stange nieder, kurz, sie trieb alle die Kurzweil, die einer Fahne während acht langen Tagen einfallen kann; doch ihr Anblick gab dem Träger des grünen Fähnleins einen Stich ins Herz.

Karl hatte, indem er die lustige Fahne wehen sah und sie einen Augenblick betrachtete, den kleinen Zug plötzlich aus dem Gesichte verloren, und als er ihn mit den Augen suchte, konnte er ihn nirgends mehr entdecken; es war, als ob ihn die Erde verschlungen hätte. Rasch drängte er sich hin und wieder bis zum Eingange des Platzes und übersah diesen; kein grünes Fähnlein tauchte aus dem Gewühl. Er ging zurück, und um schneller vorwärts zu kommen, lief er auf einem Seitenwege längs der Straße. Dort stand eine kleine Schenke, deren Inhaber einige magere Tännchen vor die Türe gepflanzt, einige Tische und Bänke aufgestellt und ein Stück Leinwand über das Ganze gespannt hatte, gleich einer Spinne, die ihr Netz dicht bei einem großen Honigtopfe ausbreitet, um die ein' und andere Fliege zu fangen. In diesem Häuschen sah Karl zufällig hinter dem trüben Fenster eine goldene Fahnenspitze glänzen; sofort ging er hinein, und siehe da! seine lieben Alten saßen wie von einem Donnerwetter hingehagelt in der niederen Stube, kreuz und quer auf Stühlen und Bänken und hingen die Häupter, und in der Mitte stand Frymann mit der Fahne und sagte: „Punktum! Ich tu's nicht! Ich bin ein alter Mann und will mir nicht für den Rest meiner Jahre den Makel der Torheit und einen Übernamen aufpfeffern lassen!"

Und hiermit stellte er die Fahne mit einem kräftigen Aufstoß in eine Ecke. Keine Antwort erfolgte, bis der vergnügte Wirt kam und den unverhofften Gästen eine mächtige Weinflasche vorsetzte, obgleich im Schrecken noch niemand bestellt hatte. Da goß Hediger ein Glas voll, trat zu Frymann hin und sagte: „Alter Freund! Brudermann! da, trink einen Schluck Wein und ermanne dich!"

Aber Frymann schüttelte den Kopf und sprach kein Wort mehr. In großer Not saßen sie, wie sie noch nie darin gesessen; alle Putsche, Konterrevolutionen und Reaktionen, die sie erlebt, waren Kinderspiel gegen diese Niederlage vor den Toren des Paradieses.

„So kehren wir in Gottes Namen um und fahren wieder heim!" sagte Hediger, welcher befürchtete, daß das Schicksal sich doch noch gegen ihn wenden könnte. Da trat Karl, welcher bislang unter der Türe gestanden, vor und sagte fröhlich: „Ihr Herren, gebt mir die Fahne! Ich trage sie und spreche für euch, ich mache mir nichts daraus!"

Erstaunt sahen alle auf, und ein Strahl der Erlösung und Freude blitzte über alle Gesichter; nur der alte Hediger sagte streng: „Du? Wie kommst du hierher? Und wie willst du Gelbschnabel ohne Erfahrung für uns Alte reden?"

Doch rings erscholl es: „Wohlgetan! Vorwärts unentwegt! Vorwärts mit dem Jungen!" Und Frymann selbst gab ihm die Fahne; denn eine Zentnerlast fiel ihm vom Herzen und er war froh, die alten Freunde aus der Not gerissen zu sehen, in die er sie hineingeführt. Und vorwärts ging es mit erneuter Lust; Karl trug die Fahne hoch und stattlich voran, und hinten sah der Wirt betrübt nach dem entschwindenden Trugbild, das ihn einen Augenblick getäuscht hatte. Nur Hediger war jetzt finster und mutlos, da er nicht zweifelte, sein Sohn werde sie doppelt tief ins Wasser führen. Doch sie hatten schon den Platz betreten; eben zogen die Graubündner ab, ein langer Zug brauner Männer, und an ihnen vorbei und nach dem Klange ihrer Musik marschierten die Alten so taktfest als je durch das Volk. Nochmals mußten sie auf der Stelle marschieren, wie der technische Ausdruck sagt, wenn man auf demselben Flecke die Bewegung des Marsches fortmacht, da drei glückliche Schützen, welche Becher gewonnen hatten, mit Trompetern und Anhang ihren Weg kreuzten; doch das alles, verbunden mit dem heftigen Schießen, erhöhte nur ihre feierliche Berauschung, und endlich entblößten sie ihre Häupter angesichts des Gabentempels, der mit seinen Schätzen schimmerte und auf dessen Zinnen eine dichte Menge Fahnen flatterte in den Farben der Kantone, der Städte, Landschaften und Gemeinden. In ihrem Schatten standen einige schwarze Herren, und einer davon hielt den gefüllten Silberpokal in der Hand, die Angekommenen zu empfangen.

Die sieben alten Köpfe schwammen wie eine von der Sonne beschienene Eisscholle im dunklen Volksmeere, ihre weißen Härlein zitterten in der lieblichen Ostluft und weheten nach der gleichen Richtung, wie hoch oben die rot und weiße Fahne. Sie fielen wegen ihrer kleinen Zahl und wegen ihres Alters allgemein auf, man lächelte nicht ohne Achtung, und alles war aufmerksam, als der jugendliche Fähndrich nun vortrat und frisch und vernehmlich diese Anrede hielt:

„Liebe Eidgenossen!

„Wir sind da unser acht Mannli mit einem Fahnli gekommen, sieben Grauköpfe mit einem jungen Fähndrich! Wie ihr seht, trägt jeder seine Büchse, ohne daß wir den Anspruch erheben, absonderliche Schützen zu sein; zwar fehlt keiner die Scheibe, manchmal trifft auch einer das Schwarze; wenn aber einer von uns einen Zentrumschuß tun sollte, so könnt ihr darauf schwören, daß es nicht mit Fleiß geschehen ist. Wegen des Silbers, das wir aus eurem Gabensaal forttragen werden, hätten wir also ruhig können zu Hause bleiben!

„Und dennoch, wenn wir auch keine ausbündigen Schützen sind, hat es uns nicht hinter dem Ofen gelitten; wir sind gekommen, nicht Gaben zu holen, sondern zu bringen: ein bescheidenes Becherlein, ein fast unbescheiden fröhliches Herz und ein neues Fahnli, das mir in der Hand zittert vor Begierde, auf eurer Fahnenburg zu wehen. Das Fahnli nehmen wir aber wieder mit, es soll nur seine Weihe bei euch holen! Seht, was mit goldener Schrift darauf geschrieben steht: *Freundschaft in der Freiheit!* Ja, es ist sozusagen die Freundschaft in Person, welche wir zum Feste führen, die Freundschaft von Vaterlands wegen, die Freundschaft aus Freiheitsliebe! Sie ist es, welche diese sieben Kahlköpfe, die hier in der Sonne schimmern, zusammengeführt hat vor dreißig, vor vierzig Jahren, und zusammengehalten durch alle Stürme, in guten und schlimmen Zeiten! Es ist ein Verein, der keinen Namen hat, keinen Präsidenten und keine Statuten; seine Mitglieder haben weder Titel noch Ämter, es ist ungezeichnetes Stammholz aus dem Waldesdickicht der Nation, das jetzt für einen Augenblick vor den Wald heraustritt an die Sonne des Vaterlandstages, um gleich wieder zurückzutreten und mitzurauschen und -zubrausen mit den tausend anderen Kronen in der heimeligen Waldnacht des Volkes, wo nur wenige sich kennen und nennen können und doch alle vertraut und bekannt sind.

„Schaut sie an, diese alten Sünder! Sämtlich stehen sie nicht im Geruche besonderer Heiligkeit! Spärlich sieht man einen von ihnen in der Kirche! Auf geistliche Dinge sind sie nicht wohl zu sprechen! Aber ich kann euch, liebe Eidgenossen! hier unter freiem Himmel etwas Seltsames anvertrauen: so oft das Vaterland in Gefahr ist, fangen sie ganz sachte an, an Gott zu glauben; erst jeder leis für sich, dann immer lauter, bis sich einer dem andern verrät und sie dann zusammen eine wunderliche Theologie treiben, deren erster und einziger Hauptsatz lautet: Hilf dir selbst, so hilft dir Gott! Auch an Freudentagen, wie der heutige, wo viel Volk beisammen ist und es lacht ein recht blauer Himmel darüber, verfallen sie wiederum in diese theologischen Gedanken und sie bilden sich dann ein, der liebe Gott habe das Schweizerpanier herausgehängt am hohen Himmel und das schöne Wetter extra für uns gemacht! In beiden Fällen, in der Stunde der Gefahr und in der Stunde der Freude, sind sie dann plötzlich zufrieden mit den Anfangsworten unserer Bundesverfassung: Im Namen Gottes des Allmächtigen! und eine so sanftmütige Duldsamkeit beseelt sie dann, so widerhaarig sie sonst sind, daß sie nicht einmal fragen, ob der katholische oder der reformierte Herr der Heerscharen gemeint sei!

„Kurz, ein Kind, welchem man eine kleine Arche Noe geschenkt hat, angefüllt mit bunten Tierchen, Männlein und Weiblein, kann nicht vergnügter darüber sein, als sie über das liebe Vaterländchen sind mit den tausend guten

Dingen darin vom bemoosten alten Hecht auf dem Grunde seiner Seen bis zum wilden Vogel, der um seine Eisfirnen flattert. Ei! was wimmelt da für verschiedenes Volk im engen Raume, mannigfaltig in seiner Hantierung, in Sitten und Gebräuchen, in Tracht und Aussprache! Welche Schlauköpfe und welche Mondkälber laufen da nicht herum, welches Edelgewächs und welch Unkraut blüht da lustig durcheinander, und alles ist gut und herrlich und ans Herz gewachsen; denn es ist im Vaterland!

„So werden sie nun zu Philosophen, den Wert der irdischen Dinge betrachtend und erwägend; aber sie können über die wunderbare Tatsache des Vaterlandes nicht hinauskommen. Zwar sind sie in ihrer Jugend auch gereist und haben vieler Herren Länder gesehen, nicht voll Hochmut, sondern jedes Land ehrend, in dem sie rechte Leute fanden; doch ihr Wahlspruch blieb immer: Achte jedes Mannes Vaterland, aber das deinige liebe!

„Wie zierlich und reich ist es aber auch gebaut! Je näher man es ansieht, desto reicher ist es gewoben und geflochten, schön und dauerhaft, eine preiswürdige Handarbeit!

„Wie kurzweilig ist es, daß es nicht einen eintönigen Schlag Schweizer, sondern daß es Zürcher und Berner, Unterwaldner und Neuenburger, Graubündner und Basler gibt, und sogar zweierlei Basler! Daß es eine Appenzeller Geschichte gibt und eine Genfer Geschichte; diese Mannigfaltigkeit in der Einheit, welche Gott uns erhalten möge, ist die rechte Schule der Freundschaft, und erst da, wo die politische Zusammengehörigkeit zur persönlichen Freundschaft eines ganzen Volkes wird, da ist das Höchste gewonnen; denn was der Bürgersinn nicht ausrichten sollte, das wird die Freundesliebe vermögen, und beide werden zu *einer* Tugend werden!

„Diese Alten hier haben ihre Jahre in Arbeit und Mühe hingebracht; sie fangen an, die Hinfälligkeit des Fleisches zu empfinden, den einen zwickt es hier, den anderen dort. Aber sie reisen, wenn der Sommer gekommen ist, nicht ins Bad, sie reisen zum Feste. Der eidgenössische Festwein ist der Gesundbrunnen, der ihr Herz erfrischt; das sommerliche Bundesleben ist die Luft, die ihre alten Nerven stärkt, der Wellenschlag eines frohen Volkes ist das Seebad, welches ihre steifen Glieder wieder lebendig macht. Ihr werdet ihre weißen Köpfe alsobald untertauchen sehen in dieses Bad! So gebt uns nun, liebe Eidgenossen, den Ehrentrunk! Es lebe die Freundschaft im Vaterlande! Es lebe die Freundschaft in der Freiheit!"

„Sie lebe hoch! Bravo!" schallte es in der Runde, und der Empfangsredner erwiderte die Ansprache und begrüßte die eigentümliche und sprechende Erscheinung der Alten. „Ja," schloß er, „mögen unsere Feste nie etwas Schlechteres werden, als eine Sittenschule für die Jungen, der Lohn eines reinen öffentlichen Gewissens und erfüllter Bürgertreue und ein Verjüngungsbad für die Alten! Mögen sie eine Feier bleiben unverbrüchlicher und lebendiger Freundschaft im Lande von Gau zu Gau und von Mann zu Mann! Euer, wie ihr ihn nennt, namen- und statutenloser Verein, ehrwürdige Männer, lebe hoch!"

Abermals wurde das Lebehoch ringsum wiederholt und unter allgemeinem Beifall das Fähnchen zu den übrigen auf die Zinne gesteckt. Hierauf schwenkte das Trüppchen der Sieben ab und stracks nach der großen Festhütte, um dort sich durch ein gutes Frühstück zu erholen, und kaum waren sie angelangt, so schüttelten alle ihrem Redner die Hand und riefen: „Wie aus unserem Herzen gesprochen! Hediger, Chäppermann! das ist gutes Holz an deinem Buben, der wird gut, laß ihn nur machen! Grad wie wir, nur gescheiter, wir sind alte Esel; aber unentwegt geblieben, nur fest, Karl!" und so fort.

Frymann aber war ganz verblüfft; der Junge hatte gerade gesagt, was ihm selbst hätte einfallen sollen, statt sich mit den Jesuiten herumzuschlagen. Auch er gab Karl freundschaftlich die Hand und dankte ihm für die Hilfe in der Not. Zuletzt trat der alte Hediger zu seinem Sohne, nahm ebenfalls seine Hand, richtete scharf und fest sein Auge auf ihn und sagte: „Sohn! Eine schöne, aber gefährliche Gabe hast du verraten! Pflege sie, baue sie, mit Treue, mit Pflichtgefühl, mit Bescheidenheit! Nie leihe sie dem Unechten und Ungerechten, dem Eiteln und dem Nichtigen; denn sie kann wie ein Schwert werden in deiner Hand, das sich gegen dich selbst kehrt oder gegen das Gute, wie gegen das Schlechte! Sie kann auch eine bloße Narrenpritsche werden. Darum gradaus gesehen, bescheiden, lernbegierig, aber fest, unentwegt! Wie du uns heute Ehre gemacht hast, so denke stets daran, deinen Mitbürgern, deinem Vaterland Ehre zu machen, Freude zu machen; an dies denke, und du wirst am sichersten vor falscher Ehrsucht bewahrt bleiben! Unentwegt! Glaube nicht immer sprechen zu müssen, laß manche Gelegenheit vorbeigehen und sprich nie um deinetwillen, sondern immer einer erheblichen Sache wegen! Studiere die Menschen, nicht um sie zu überlisten und auszubeuten, sondern um das Gute in ihnen aufzuwecken und in Bewegung zu setzen, und glaube mir: viele, die dir zuhören, werden oft besser und klüger sein, als du, der da spricht. Wirke nie mit Trugschlüssen und kleinlichen Spitzfindigkeiten, mit denen man nur die Spreuer bewegt; den Kern des Volkes rührst du nur mit der vollen Wucht der Wahrheit um. Darum buhle nicht um den Beifall der Lärmenden und Unruhigen, sondern sieh auf die Gelassenen und Festen, unentwegt!“

Kaum hatte er diese Rede geendigt und Karls Hand losgelassen, so ergriff sie schnell Frymann und sagte: „Gleichmäßig bilde deine Kenntnisse aus und bereichere deine

Grundlagen, daß du nicht in leere Worte verfallest! Nach diesem ersten Anlaufe laß nun eine geraume Zeit verstreichen, ohne an dergleichen zu denken! Wenn du einen glücklichen Gedanken hast, so sprich nicht, nur um diesen anzubringen, sondern lege ihn zurück; die Gelegenheit kommt immer wieder, wo du ihn reifer und besser verwenden kannst. Nimmt dir aber ein anderer diesen Gedanken weg, so freue dich darüber, statt dich zu ärgern, denn es ist ein Beweis, daß du das Allgemeine gefühlt und gedacht hast. Bilde deinen Geist und überwache deine Gemütsart und studiere an anderen Rednern den Unterschied zwischen einem bloßen Maulhelden und zwischen einem wahrhaftigen und gemütreichen Manne! Reise nicht im Land herum und laufe nicht auf allen Gassen, sondern gewöhne dich, von der Feste deines Hauses aus und inmitten bewährter Freunde den Weltlauf zu verstehen; dann wirst du mit mehr Weisheit zur Zeit des Handelns auftreten, als die Jagdhunde und Landläufer. Wenn du sprichst, so sprich weder wie ein witziger Hausknecht, noch wie ein tragischer Schauspieler, sondern halte dein gutes natürliches Wesen rein und dann sprich immer aus diesem heraus. Ziere dich nicht, wirf dich nicht in Positur, blick, bevor du beginnst, nicht herum wie ein Feldmarschall oder gar die Versammlung belauernd! Sag nicht, du seist nicht vorbereitet, wenn du es bist; denn man wird deine Weise kennen und es sogleich merken! Und wenn du gesprochen hast, so geh nicht herum, Beifall einzusammeln, strahle nicht von Selbstzufriedenheit, sondern setze dich still an deinen Platz und horche aufmerksam dem folgenden Redner. Die Grobheit spare wie Gold, damit wenn du sie in gerechter Entrüstung einmal hervorkehrst, es ein Ereignis sei und den Gegner wie ein unvorhergesehener Blitzstrahl treffe! Wenn du aber denkst, je wieder mit einem Gegner zusammenzugehen und gemeinsam mit ihm zu wirken, so hüte dich davor, ihm im

Zorne das Äußerste zu sagen, damit das Volk nicht rufe: Pack schlägt sich, Pack verträgt sich!"

Also sprach Frymann, und der arme Karl saß ob all den Reden erstaunt und verdonnert und wußte nicht, sollte er lachen oder sich aufblasen. Aber Syfrig der Schmied rief: „Da seht nun diese zwei, die nicht für uns sprechen wollten und nun wieder reden wie die Bücher!"

„So ist es!" sagte Bürgi, „aber wir haben dadurch neuen Zuwachs bekommen, einen kräftigen jungen Schößling getrieben! Ich beantrage, daß der Junge in unseren Kreis der Alten aufgenommen werde und fortan unseren Sitzungen beiwohne!"

„Also sei es!" riefen alle und stießen mit Karl an; der leerte etwas unbesonnen sein volles Glas, was ihm jedoch die Alten in Betracht der aufgeregten Stunde hingehen ließen, ohne zu murren.

Nachdem die Gesellschaft sich durch das Frühstück hinlänglich von ihrem Abenteuer erholt, zerstreute sie sich. Die einen gingen, ein paar Schüsse zu probieren, die andern, den Gabensaal und die übrigen Einrichtungen zu besehen, und Frymann ging, seine Tochter und die Frauen zu holen, bei denen sie zu Gast war; denn zum Mittagessen wollten sich alle wieder an dem Tische finden, der ziemlich in der Mitte der Halle und im Bereich der Tribüne gelegen war. Sie merkten sich die Nummer und gingen höchst wohlgemut und aller Sorgen ledig auseinander.

Genau um zwölf Uhr saß die Tischgesellschaft von einigen tausend Köpfen, welche jeden Tag andere waren, am gedeckten Tische. Landleute und Städter, Männer und Weiber, Alte und Junge, Gelehrte und Ungelehrte, alle saßen fröhlich durcheinander und harrten auf die Suppe, indem sie die Flaschen entkorkten und das Brot anschnitten. Nirgends blickte ein hämisches Gesicht, nirgends ließ sich ein Aufschrei oder ein kreischendes Gelächter hören, sondern nur gleichmäßig verbreitet das hundertfach verstärkte Gesumme einer frohen Hochzeit, der gemäßigte Wellenschlag einer in sich vergnügten See. Hier ein langer Tisch voll Schützen, dort eine blühende Doppelreihe von Landmädchen, am dritten Tisch eine Zusammenkunft sogenannter alter Häuser aus allen Teilen des Landes, die das Examen endlich überstanden hatten, und am vierten ein ganzes ausgewandertes Städtlein, Männer und Frauen durcheinander. Doch diese sitzenden Heerscharen bildeten nur die Hälfte der Versammlung; ein ununterbrochener Menschenzug, ebenso zahlreich, strömte als Zuschauer durch die Gänge und Zwischenräume und umkränzte, ewig wandelnd, die Essenden. Es waren, Gott sei Preis und Dank, die Vorsichtigen und Sparsamen, die sich die Sache berechnet und anderswo für noch weniger Geld gesättigt hatten, die Nationalhälfte, welche alles billiger und enthaltsamer bewerkstelligt, während die andere so schrecklich über die Schnur haut; ferner die Allzuvornehmen, die der Küche nicht trauten und denen die Gabeln zu schlecht waren, und endlich die Armen und die Kinder, welche unfreiwillig zuschauten. Aber jene machten keine schlechten Bemerkungen, und diese zeigten weder zerrissene Kleider noch böse Blicke; sondern die Vorsichtigen freuten sich über die Unvorsichtigen, der Vornehmling, welchem die Schüsseln voll grüner Erbsen im Juli zu lächerlich waren, ging ebenso wohlgesinnt einher, wie der Arme, dem sie verführerisch in die Nase dufteten. Hie und da freilich zeigte sich ein sträflicher Eigennutz, indem es etwa einem filzigen Bäuerlein gelang, unbesehens einen verlassenen Platz einzunehmen und frischweg mit zu essen, ohne bezahlt zu haben; und was noch schlimmer war für ordnungsliebende Augen, es entstand deswegen nicht einmal ein Wortwechsel und ein Hinauswerfen.

Der oberste Festwirt stand vor dem weiten Küchentor und blies auf einem Jägerhörnchen das Zeichen zum Auftragen eines Gerichtes, worauf eine Kompanie Aufwärter hervorbrach und sich mit künstlich eingeübter Schwenkung rechts, links und geradeaus zerstreute. Einer derselben fand seinen Weg zu dem Tische, an welchem die Aufrechten und Festen saßen, unter ihnen Karl, Hermine und ihre Freundinnen, Basen oder was sie sein mochten. Die Alten horchten eben eifrig auf einen Hauptredner, der die Tribüne bestiegen, nachdem der Tambour einen kräftigen Wirbel geschlagen. Ernst und gesammelt saßen sie, mit weggelegter Gabel, steif und aufrecht, alle sieben Köpfe nach der Tribüne gewendet. Aber sie erröteten wie junge Mädchen und sahen einander an, als der Redner mit einer Wendung aus Karls Rede begann, die Erscheinung der sieben Greise erzählte und hieran seine eigene Rede knüpfte und ausführte. Nur Karl hörte nichts, denn er scherzte leise mit den Frauen, bis ihn sein Vater anstieß und seine Mißbilligung ausdrückte. Als der Redner unter großem Beifall geendigt, sahen sich die Alten abermals an; sie hatten schon vielen Versammlungen beigewohnt, aber zum erstenmal waren sie selbst der Gegenstand einer Rede geworden, und sie wagten nicht, sich umzuschauen, so verschämt waren sie, wenn auch überglücklich. Aber wie es der Weltlauf ist, ihre Nachbaren ringsum kannten sie nicht und ahnten nicht, was sich für Propheten in ihrer Nähe befanden, und so wurde ihre Bescheidenheit nicht beleidigt. Um so zufriedener drückten sie einander die Hände, nachdem sie jeder sachte für sich gerieben, und ihre Augen sagten: Nur unentwegt! Das ist der süße Lohn für Tugend und andauernde Vortrefflichkeit!

Worauf Kuser rief: „Nun, diesen Spaß haben wir unserm Meister Karl zu verdanken! Ich glaube doch, wir werden ihm schließlich Bürgis Himmelbett zusprechen und ihm eine gewisse Puppe dreinlegen müssen. Was meinst du, Daniel Frymann?" – „Ich fürchte auch," sagte

Pfister, „daß er mir mein Schweizerblut abkaufen muß und seine Wette verliert."

Doch Frymann runzelte plötzlich die Stirn und sprach: „Ein gutes Mundwerk wird nicht gleich mit einem Weibe bezahlt! Wenigstens in meinem Hause gehört noch eine gute Hand dazu! Laßt uns, ihr Freunde, den Scherz nicht auf ungehörige Dinge ausdehnen!"

Karl und Hermine waren rot geworden und schauten verlegen in das Volk hinaus. Da ertönte der Kanonenschuß, der den Wiederbeginn des Schießens verkündigte und auf den eine lange Reihe von Schützen, die Büchse in der Hand, gewartet hatte. Augenblicklich knallte es wieder auf der ganzen Linie; Karl erhob sich vom Tische, sagte, nun wolle er sein Glück auch versuchen, und begab sich nach dem Schießstande. „Und ich will ihm wenigstens zusehen, wenn ich ihn auch nicht bekommen soll!" rief Hermine scherzend und ging ihm nach, begleitet von den Freundinnen.

Doch geschah es, daß die Frauenzimmer sich in der Menge aus den Augen gerieten und Hermine zuletzt mit Karl allein blieb und getreulich mit ihm zog von Scheibe zu Scheibe. Er begann am äußersten Ende, wo kein Gedränge war, und schoß ohne sonderlichen Ernst zwei oder drei Treffer gleich hintereinander. Nach Herminen sich umwendend, die hinter ihm stand, sagte er lachend: „Ei, das geht ja gut!" Sie lachte auch, aber nur mit den Augen, mit dem Munde sagte sie ernsthaft: „Du mußt einen Becher gewinnen." — „Das geht nicht," antwortete Karl, „um fünfundzwanzig Nummern zu schießen, müßte ich wenigstens fünfzig Schüsse tun, und ich habe gerade nur fünfundzwanzig bei mir." — „Ei," sagte sie, „es gibt ja genug Pulver und Blei hier zu kaufen!"

„Das will ich aber nicht, da käme mir der Becher mit dem Schußgeld teuer zu stehen! Manche verpuffen allerdings mehr Geld, als der Gewinn beträgt, aber ein solcher Narr bin ich nicht."

„Du bist ja hübsch grundsätzlich und haushälterisch," sagte sie beinahe zärtlich, „das gefällt mir! Aber das ist erst recht gut, wenn man mit wenigem so viel ausrichtet, wie andere mit ihren weitläufigen Anstalten und ihren schrecklichen Anstrengungen! Darum nimm dich zusammen und mach es mit den fünfundzwanzig Kugeln! Wenn ich ein Schütz wäre, so wollt' ich es schon zwingen!"

„Nie, es kommt gar nicht vor, du Närrin!"

„Drum seid ihr eben Sonntagsschützen! Aber so fange nur endlich wieder an und probier's!"

Er tat einen weiteren Schuß und hatte wieder eine Nummer und dann noch eine. Wieder sah er Herminen an, und sie lachte noch mehr mit den Augen und sagte noch ernsthafter: „Siehst du? Es geht doch, jetzt fahre fort." — Unverwandt sah er sie an und konnte den Blick kaum wegwenden, denn noch nie hatte er ihre Augen so gesehen; es glühte etwas Herbes und Tyrannisches mitten in der lachenden Süßigkeit ihres Blickes, zwei Geister sprachen beredt aus seinem Glanze: der befehlende Wille, aber mit ihm verschmolzen die Verheißung des Lohnes, und aus der Verschmelzung entstand ein neues geheimnisvolles Wesen. „Tu mir den Willen, ich habe dir mehr zu geben, als du ahnst!" sagten diese Augen, und Karl schaute fragend und neugierig hinein, bis sie sich verstanden mitten im Geräusch und Gebrause des Festes. Als er seine Augen in diesem Glanze gesättigt, wandte er sich wieder, zielte ruhig und traf abermals. Jetzt fing es ihm selbst an möglich zu scheinen; doch weil sich Leute um ihn zu sammeln begannen, ging er weg und suchte einen ruhigeren und einsameren Stand, und Hermine folgte ihm. Dort schoß er wiederum einige Treffer, ohne einen Schuß vergeblich zu tun; und so fing er an, die Kugeln bedächtlich wie Goldstücke zu behandeln, und jede begleitete Hermine mit geizigen leuchtenden Blicken, eh' sie im Laufe verschwand; Karl aber, eh' er zielte, ohne Hast noch Unruhe, schaute jedesmal dem schönen Wesen ins Gesicht. So oft sein Glück auffiel und die Leute sich um ihn sammelten, ging er weiter vor eine andere Scheibe; auch steckte er die erhaltenen Zettel nicht auf den Hut, sondern gab sie seiner Begleiterin zum Aufbewahren; die hielt das ganze Büschel, und nie hatte ein Schütz einen schöneren Nummernhalter besessen. So erfüllte er in der Tat ihren Wunsch und brachte nach und nach die fünfundzwanzig Schüsse so glücklich an, daß nicht einer außerhalb des vorgeschriebenen Kreises einschlug.

Sie überzählten die Karten und fanden das seltene Glück bestätigt. „Das habe ich *einmal* gekonnt und werde es in meinem Leben nie wieder machen!" sagte Karl; „item, das hast du mit deinen Augen bewirkt. Es nimmt mich nur wunder, was du noch alles damit durchzusetzen gedenkst!"

„Das mußt du abwarten," erwiderte sie und lachte jetzt auch mit dem Munde. „Geh jetzt zu den Alten," sagte er, „und bitte sie, sie möchten mich aus dem Gabensaal abholen, damit ich ein Geleit habe, da sonst niemand bei mir ist, oder willst du mit mir marschieren?" – „Ich hätte fast Lust," sagte sie, ging aber doch eilig davon.

Die Alten saßen in tiefen und fröhlichen Gesprächen; das Volk in der Hütte hatte sich zum größten Teil verändert; sie aber hielten fest an ihrem Tische und ließen das Leben um sich wogen. Lachend trat Hermine zu ihnen und rief: „Ihr sollt den Karl abholen, er hat einen Becher!"

„Wie, was?" riefen sie und brachen in Jubel aus; „so treibt er's?" – „Ja," sagte ein Bekannter, der eben herzutrat, „und zwar hat er den Becher mit fünfundzwanzig Schüssen gewonnen, das kommt nicht alle Tage vor! Ich habe das Pärchen beobachtet, wie sie's miteinander gemacht haben!“ Meister Frymann sah erstaunt auf seine Tochter: „Hast du etwa auch geschossen? Ich will nicht hoffen; denn dergleichen Schützinnen nehmen sich gut aus so im ganzen, aber nicht im besonderen.“

„Sei nur zufrieden,“ sagte Hermine, „ich habe nicht geschossen, sondern nur ihm befohlen, daß er gut schießen soll.“ Hediger aber erbleichte vor Verwunderung und Genugtuung, daß er einen Sohn haben sollte, redebegabt und berühmt in den Waffen, der mit Handlungen und Taten aus seiner verborgenen Schneiderwohnung hervortrete. Er zog die Pfeifen ein und dachte, da wolle er nichts mehr bevormunden. Doch die Greise brachen nun auf nach dem Gabentempel, wo sie richtig den jungen Helden schon mit dem glänzenden Becher in der Hand und mit den Trompetern auf sie harrend antrafen. Also zogen sie mit ihm nach der Weise eines munteren Marsches in die Hütte, um den Becher zu „verschwellen“, wie man zu sagen pflegt, abermals mit festen kurzen Schrittchen und geballten Fäusten, triumphierend in die Runde blickend. An ihrem Hauptquartier wieder angekommen, füllte Karl den Becher, setzte ihn mitten auf den Tisch und sagte: „Hiermit widme ich diesen Becher der Gesellschaft, damit er stets bei ihrer Fahne bleibe!“

„Angenommen,“ hieß es; der Becher begann zu kreisen und eine neue Lustbarkeit verjüngte die Alten, welche nun schon seit Tagesanbruch munter waren. Die Abendsonne floß unter das unendliche Gebälk der Halle herein und vergoldete Tausende von lustverklärten Gesichtern, während die rauschenden Klänge des Orchesters die Räume erfüllten. Hermine saß im Schatten von ihres Vaters breiten Schultern so bescheiden und still, als ob sie nicht drei zählen könnte. Aber von der Sonne, welche den vor ihr stehenden Becher bestreifte, daß dessen inwendige Vergoldung samt dem Weine aufblitzte, spielten goldene Lichter über ihr rosig erglühtes Gesicht, welche sich mit dem Weine bewegten, wenn die Alten im Feuer der Rede auf den Tisch schlugen, und man wußte dann nicht, ob sie selber lächelte oder nur die spielenden Lichter. Sie war jetzt so schön, daß sie bald von den umherblickenden jungen Leuten entdeckt wurde. Fröhliche Trupps setzten sich in der Nähe fest, um sie im Auge zu behalten, und es wurde gefragt: „Woher ist sie, wer ist der Alte, kennt ihn niemand?" – „Es ist eine St. Gallerin, es soll eine Thurgauerin sein!" hieß es da; „Nein, es sind alles Zürcher an jenem Tisch," hieß es dort. Wo sie hinsah, zogen die lustigen Jünglinge den Hut, um ihrer Anmut die gebührende Achtung zu erweisen, und sie lachte bescheiden, aber ohne sich zu zieren. Als jedoch ein langer Zug Burschen am Tische vorüberging und alle die Hüte zogen, da mußte sie doch die Augen niederschlagen, und noch mehr, als unversehens ein hübscher Berner Student kam, die Mütze in der Hand, und mit höflichem Freimut sagte, er sei von dreißig Freunden abgesandt, die am vierten Tische von da säßen, ihr mit Erlaubnis ihres Herrn Vaters zu erklären, daß sie das feinste Mädchen in der Hütte sei. Kurz, alles machte ihr förmlich den Hof, die Segel der Alten wurden von neuem Triumphe geschwellt, und Karls Ruhm ward durch Herminen beinahe verdunkelt. Aber auch er sollte nochmals obenauf kommen.

Denn es entstand ein Geräusch und Gedränge im mittleren Gange, herrührend von zwei Sennen aus dem Entlibuch, die sich durch die Menge schoben. Es waren zwei ordentliche Bären mit kurzen Holzpfeifchen im Munde, die Sonntagsjacken unter den dicken Armen führend, kleine Strohhütchen auf den großen Köpfen und die Hemden auf der Brust mit silbernen Herzschnallen zusammengehalten. Der eine, der voranging, war ein Kloben von fünfzig Jahren und ziemlich angetrunken und ungebärdig; denn er begehrte mit allen Männern Kraftübungen anzustellen und suchte überall seine klobigen Finger einzuhaken, indem er freundlich oder auch herausfordernd mit den Äuglein blinzelte. So entstand überall vor ihm her Anstoß und Verwirrung. Aber dicht hinter ihm ging der andere, ein noch derberer Gesell von achtzig Jahren mit einem Krauskopf voll kurzer gelber Löcklein, und das war der Vater des Fünfzigjährigen. Der lenkte den Herrn Sohn, ohne das Pfeifchen ausgehen zu lassen, mit eiserner Hand, indem er von Zeit zu Zeit sagte: „Büebeli, halt Ruh'! Büebeli, sei mir ordentlich!" und ihm dabei die entsprechenden Rücke und Handleitungen erteilte. So steuerte er ihn mit kundiger Faust durch das empörte Meer, bis gerade vor dem Tische der Siebenmänner es eine gefährliche Stockung absetzte, da eben eine Schar Bauern daherkam, welche den Rauflustigen zur Rede stellen und in die Mitte nehmen wollten. In der Furcht, sein Büebeli werde eine große Teufelei anrichten, sah sich der Vater nach einer Zuflucht um und bemerkte die Alten. „Unter diesen Schimmelköpfen wird er ruhig sein!" brummte er vor sich hin, faßte mit der einen Faust den Jungen im Kreuz und steuerte ihn zwischen die Bänke hinein, während er mit der anderen Hand rückwärts fächelnd die nachdringenden Gereizten sanft abwehrte; denn der eine und andere war in aller Schnelligkeit bereits erheblich gezwickt worden.

„Mit eurer Erlaubnis, ihr Herren," sagte der Uralte zu den Alten, „laßt mich hier ein wenig absitzen, daß ich mir dem Büebli noch ein Glas Wein gebe! Er wird mir dann schläfrig und still, wie ein Lämmlein!"

Also keilte er sich ohne weiteres mit seinem Früchtchen in die Gesellschaft hinein, und der Sohn schaute wirklich sanft und ehrerbietig umher. Doch sagte er alsobald: „Ich möchte aus dem silbernen Krüglein dort trinken!" – „Bist du mir ruhig oder ich schlage dich ungespitzt in den

Erdboden hinein!“ sagte der Alte; als ihm aber Hediger den gefüllten Becher zuschob, sagte er: „Nu so denn! Wenn's die Herren erlauben, so trink, aber suf mir nit alles.“

„Ihr habt da einen munteren Knaben, Manno,“ sagte Frymann, „wie alt ist er denn?“ – „Ho,“ erwiderte der Alte, „er wird mir ums Neujahr herum so zweiundfünfzig werden; wenigstens hat er mir Anno 1798 schon in der Wiege geschrien, als die Franzosen kamen, mir die Küh' wegtrieben und das Hüttlein anzündeten. Weil ich aber einem Paar davon die Köpfe gegeneinander gestoßen habe, mußte ich flüchten, und das Weibli ist mir in der Zeit vor Elend gestorben. Darum muß ich mir das Burschli allein erziehen.“

„Habt Ihr ihm keine Frau gegeben, die Euch hätte helfen können?“

„Nein, bis dato ist er mir noch zu ungeschickt und wild, es tut's nicht, er schlägt alles kurz und klein!“

Inzwischen hatte der jugendliche Taugenichts den würzigen Becher ausgetrunken, ohne einen Tropfen darin zu lassen. Er stopfte sein Pfeifchen und blinzelte gar vergnügt und friedlich im Kreis umher. Da entdeckte er die Hermine, und der Strahl weiblicher Schönheit, der von ihr ausging, entzündete plötzlich in seinem Herzen wieder den Ehrgeiz und die Neigung zu Kraftäußerungen. Als sein Auge zugleich auf Karl fiel, der ihm gegenüber saß, streckte er ihm einladend den gekrümmten Mittelfinger über den Tisch hin.

„Halt inn', Burschli! reit' dich der Satan schon wieder?“ schrie der Alte ergrimmt und wollte ihn am Kragen nehmen; Karl aber sagte, er möchte ihn nur lassen und hing seinen Mittelfinger in denjenigen des jungen Bären, und jeder suchte nun den anderen zu sich herüber zu ziehen. „Wenn du mir dem Herrlein weh tust oder ihm den Finger ausrenkst," sagte der Alte noch, „so nehm' ich dich bei den Ohren, daß du es drei Wochen spürst!" Die beiden Hände schwebten nun eine geraume Zeit über der Mitte des Tisches; Karl vergaß bald das Lachen und wurde purpurrot im Gesicht; aber zuletzt zog er allmählich den Arm und den Oberkörper seines Gegners merklich auf seine Seite und damit war der Sieg entschieden.

Ganz verdutzt und betrübt sah ihn der Entlebucher an, fand aber nicht lange Zeit dazu; denn der über seine Niederlage nun doch erboste Uralte gab ihm eine Ohrfeige, und beschämt sah der Sohn nach Herminen; dann fing er plötzlich an zu weinen und rief schluchzend: „Und ich will jetzt einmal eine Frau haben!" — „Komm, komm!" sagte der Papa, „jetzt bist du reif fürs Bett!" Er packte ihn unter dem Arm und trollte sich mit ihm davon.

Nach dem Abzug dieser wunderlichen Erscheinung trat eine Stille unter die Alten, und alle wunderten sich abermals über Karls Werke und Verrichtungen.

„Das kommt lediglich vom Turnen," sagte er bescheiden, „das gibt Übung, Kraft und Vorteil zu dergleichen Dingen, und fast jeder kann sie sich aneignen, der nicht von der Natur vernachlässigt ist."

„Es ist so!" sagte Hediger, der Vater, nach einigem Nachdenken, und fuhr begeistert fort: „Darum preisen wir ewig und ewig die neue Zeit, die den Menschen wieder zu erziehen beginnt, daß er auch ein Mensch wird, und die nicht nur dem Junker und dem Berghirt, nein, auch dem Schneiderskind befiehlt, seine Glieder zu üben und den Leib zu veredeln, daß es sich rühren kann!"

„Es ist so!" sagte Frymann, der ebenfalls aus einem Nachdenken erwacht war, „und auch wir haben alle mitgerungen, diese neue Zeit herbeizuführen. Und heute feiern wir, was unsere alten Köpfe betrifft, mit unserem Fähnlein den Abschluß, das, ‚Ende Feuer!' und überlassen den

Rest den Jungen. Nun hat man aber nie von uns sagen können, daß wir starrsinnig auf Irrtum und Mißverständnis beharrt seien! Im Gegenteil, unser Bestreben ging dahin, immer dem Vernunftgemäßen, Wahren und Schönen zugänglich zu bleiben; und somit nehme ich frei und offen meinen Ausspruch in betreff der Kinder zurück und lade dich ein, Freund Chäpper, ein gleiches zu tun! Denn was könnten wir zum Andenken des heutigen Tages Besseres stiften, pflanzen und gründen, als einen lebendigen Stamm, hervorgewachsen recht aus dem Schoße unserer Freundschaft, ein Haus, dessen Kinder die Grundsätze und den unentwegten Glauben der sieben Aufrechten aufbewahren und übertragen? Wohlan denn, so gebe der Bürgi sein Himmelbett her, daß wir es aufrüsten! Ich lege hinein die Anmut und weibliche Reinheit! Du die Kraft, die Entschlossenheit und Gewandtheit, und damit vorwärts, weil sie jung sind, mit dem aufgesteckten grünen Fähnlein! Das soll ihnen verbleiben und sie sollen es aufbewahren, wenn wir einst aufgelöst sind! So leiste nun nicht lange Widerstand, alter Hediger, und gib mir die Hand als Gegenschwäher!"

„Angenommen!" sagte Hediger feierlich, „aber unter der Bedingung, daß du dem Jungen keine Mittel zur Einfältigkeit und herzlosen Prahlerei aushingibst! Denn der Teufel geht um und sucht, wen er verschlinge!"

„Angenommen!" rief Frymann, und Hediger: „So grüße ich dich denn als Gegenschwäher, und das Schweizerblut mag zur Hochzeit angezapft werden!"

Alle sieben erhoben sich jetzt, und unter großem Hallo wurden Karls und Herminens Hände ineinander gelegt.

„Glück zu; da gibt's eine Verlobung, so muß es kommen!" riefen einige Nachbaren, und gleich kamen eine Menge Leute mit ihren Gläsern herbei, mit den Verlobten anzustoßen. Wie bestellt fiel auch die Musik ein; aber Hermine entwand sich dem Gedränge, ohne jedoch Karls Hand zu lassen, und er führte sie aus der Hütte hinaus auf den Festplatz, der bereits in nächtlicher Stille lag. Sie gingen um die Fahnenburg herum, und da niemand in der Nähe war, standen sie still. Die Fahnen wallten geschwätzig und lebendig durcheinander, aber das Freundschaftsfähnchen konnten sie nicht entdecken, da es in den Falten einer großen Nachbarin verschwand und wohl aufgehoben war. Doch oben im Sternenschein schlug die eidgenössische Fahne, immer einsam, ihre Schnippchen, und das Rauschen ihres Zeuges war jetzt deutlich zu hören. Hermine legte ihre Arme um den Hals des Bräutigams, küßte ihn freiwillig und sagte bewegt und zärtlich: „Nun muß es aber recht hergehen bei uns! Mögen wir so lange leben, als wir brav und tüchtig sind, und nicht einen Tag länger!"

„Dann hoffe ich lange zu leben, denn ich habe es gut mit dir im Sinn!" sagte Karl und küßte sie wieder; „aber wie steht es nun mit dem Regiment? Willst du mich wirklich unter den Pantoffel kriegen?"

„So sehr ich kann! Es wird sich indessen schon ein Recht und eine Verfassung zwischen uns ausbilden, und sie wird gut sein, wie sie ist!"

„Und ich werde die Verfassung gewährleisten und bitte mir die erste Gevatterschaft aus!" ertönte unverhofft eine kräftige Baßstimme. Hermine reckte das Köpfchen und faßte Karls Hand; der trat aber näher und sah einen Wachtposten der aargauischen Scharfschützen, der im Schatten eines Pfeilers stand. Das Metall seiner Ausrüstung blinkte durch das Dunkel. Jetzt erkannten sich die jungen Männer, die nebeneinander Rekruten gewesen, und der Aargauer war ein stattlicher Bauernsohn. Die Verlobten setzten sich auf die Stufen zu seinen Füßen und erzählten sich was mit ihm wohl eine halbe Stunde, ehe sie zur Gesell schaft zurückkehrten.

Der Landvogt von Greifensee

Am 13. Heumonat 1783, als an Kaiser Heinrichs Tag, wie er noch heute rot im Züricher Kalender steht, spazierte ein zahlreiches Publikum aus Stadt und Landschaft nach dem Dorfe Kloten an der Schaffhauser Straße, zu Wagen, zu Pferde und zu Fuß. Denn auf den gelinden Anhöhen jener Gegend wollte der Obrist Salomon Landolt, damals Landvogt der Herrschaft Greifensee, das von ihm gegründete Korps der zürcherischen Scharfschützen mustern, üben und den Herren des Kriegsrates vorführen. Den Heinrichstag aber hatte er gewählt, weil ja doch, wie er sagte, die Hälfte der Milizpflichtigen des löblichen Standes Zürich stets Heinrich heiße und das populäre Namensfest mit Zechen und Nichtstun zu feiern pflege, also durch eine Musterung nicht viel Schaden angerichtet werde.

Die Zuschauer erfreuten sich des ungewohnten Anblickes der neuen, bisher unbekannten Truppe, welche aus freiwilligen blühenden Jünglingen in schlichter grüner Tracht bestand, ihrer raschen Bewegung in aufgelöster Ordnung, des selbständigen Vorgehens des einzelnen Mannes mit seiner gezogenen, sicher treffenden Büchse, und vor allem des väterlichen Verhältnisses, in welchem der Erfinder und Leiter des ganzen Wesens zu den fröhlichen Gesellen stand.

Bald sah man sie weit zerstreut am Rande der Gehölze verschwinden, bald auf seinen Ruf, während er auf rotglänzender Fuchsstute über die Höhen flog, in dunkler Kolonne an entferntem Orte erscheinen, bald in unmittelbarer Nähe mit lustigem Gesange vorüberziehen, um alsbald wieder an einem Tannenhügel aufzutauchen, von dessen Farbe sie nicht mehr zu unterscheiden waren. Alles ging so rasch und freudig vonstatten, daß der Unkundige keine Vorstellung besaß von der Arbeit und Mühe, welche der treffliche Mann sich hatte kosten lassen, als er seinem Vaterlande diese seine eigenste Gabe vorbereitete.

Wie er nun schließlich, beim Klange der Waldhörner, die Jägerschar, die fünfhundert Mann betragen mochte, schnellen Schrittes dicht heranführte und blitzrasch zur Erholung und Heimkehr auseinandergehen ließ, indem er sich selbst vom Pferde schwang, ebensowenig Ermüdung zeigend, als die Jünglinge, da war jeder Mund seines Lobes voll. Anwesende Offiziere der in Frankreich und den Niederlanden stehenden Schweizerregimenter besprachen die wichtige Zukunft der neuen Waffe und freuten sich, daß die Heimat dergleichen selbständig und für sich hervorbringe; auch erinnerte man sich mit Wohlgefallen, wie sogar Friedrich der Große, als Landolt einst den Manövern bei Potsdam beigewohnt, den einsam und unermüdlich sich herumbewegenden Mann ins Auge gefaßt und zu sich beschieden, auch in wiederholten Unterhandlungen versucht habe, denselben für seine Armee zu gewinnen. Besitze ja Landolt jetzt noch ein Handschreiben des großen Mannes, das er sorgfältiger als einen Liebesbrief aufbewahre.

Wohlgefällig hingen aller Augen an dem Landvogt, als er nun zu seinen Herren und Mitbürgern trat und allen Freunden kordial die Hand schüttelte. Er trug ein dunkelgrünes Kleid ohne alles Tressenwerk, helle Reithandschuhe und in den hohen Stiefeln weiße Stiefelmanschetten. Ein starker Degen bekleidete die Seite, der Hut war nach Art der Offiziershüte aufgeschlagen. Im übrigen beschreibt ihn der gedachte Biograph folgendermaßen: „Wer ihn nur einmal gesehen hatte, konnte ihn nie wieder vergessen. Seine offene, heitere Stirn war hochgewölbt; die Adlernase trat sanft gebogen aus dem Gesicht hervor; seine schmalen Lippen bildeten feine, anmutige Linien, und in den Mundwinkeln lag treffende, aber nie vorsätzlich verwundende Satire hinter kaum bemerkbarem, launigem Lächeln verborgen. Die hellen braunen Augen blickten frei, fest und den innewohnenden Geist verkündend umher, ruhten mit unbeschreiblicher Freundlichkeit auf erfreulichen Gegenständen und blitzten, wenn Unwille die starken Brauen zusammenzog, durchdringend auf alles, was das zarte Gefühl des rechtschaffenen Mannes beleidigen konnte. Von mittlerer Statur, war sein Körper kräftig und regelmäßig gebaut, sein Anstand militärisch."

Fügen wir dieser Beschreibung hinzu, daß er im Nacken einen nicht eben schmächtigen Zopf trug und an jenem Tage Kaiser Heinrichs in seinem zweiundvierzigsten Jahre ging.

Unversehens erhielten die braunen Augen Gelegenheit, mit jener unbeschreiblichen Freundlichkeit auf einem erfreulichen Gegenstande zu ruhen, als er an eine rosenrote Staatskutsche herantrat, um deren Insassen zu grüßen, die ihm die Hände entgegenstreckten; denn unvermuteterweise war da auch ein allerschönstes Frauenzimmer, das er einst wohl gekannt, aber seit Jahren nicht gesehen hatte. Sie mochte ungefähr fünfunddreißig Jahre zählen, hatte lachende braune Augen, einen roten Mund, dunkelbraune Locken fielen auf den Spitzenbesatz, der den halb offenen Hals einfaßte, und bauten sich reichlich über das schöne Haupt empor, von einem nach vorn geneigten feinen Strohhute bedeckt. Sie trug ein weiß und grün gestreiftes Sommerkleid und in der Hand einen Sonnenschirm, den man jetzt für chinesisch oder japanisch halten würde. Um übrigens unbegründete Voraussagen abzuschneiden, muß gleich bemerkt werden, daß sie längst verheiratet war und mehrere Kinder hatte, daß es sich mithin höchstens um vergangene Dinge handeln konnte zwischen ihr und dem Jägeroffizier. Kurz gesagt, war es das erste Mädchen gewesen, dem er einst sein Herz entgegengebracht und ein zierliches Körbchen abgenommen hatte. Ihr Name muß verschwiegen bleiben, weil noch alle ihre Kinder in Ehren und Würden herumlaufen, und wir müssen uns begnügen, sie mit demjenigen Namen zu bezeichnen, mit welchem Landolt sie in seinem Gedächtnisse behielt. Er nannte sie nämlich den Distelfink, wenn er an sie dachte.

Beide Personen erröteten leicht, da sie sich die Hand reichten, und bei der Einnahme von Erfrischungen im Löwen zu Kloten, wohin sich viele begaben, als Landolt neben die Frau zu sitzen kam, tat sie so freundlich und angelegentlich, wie wenn *sie* einst der verliebte Teil gewesen wäre. Es wurde ihm angenehm zumute, wie er seit Jahren nicht gefühlt, und er unterhielt sich auf das beste mit dem sogenannten Distelfink, der immer gleich jung zu sein schien.

Endlich aber begann der lange Sommertag sich zu neigen, und Landolt mußte auf den Rückweg denken, da er bis nach Greifensee, dessen Herrschaftsbezirk er seit zwei Jahren als Landvogt regierte, gegen drei Wegstunden zurückzulegen hatte. Beim Abschied von der Gesellschaft entwickelte sich wie von selbst eine Einladung und Verabredung, daß die alte Freundin ihn einmal, Gemahl und Kinder mitbringend, auf dem Schlosse zu Greifensee überraschen solle.

Nachdenklich ritt er, nur von einem Diener begleitet, über Dietlikon langsam nach Hause. Auf den Torfmooren webte schon die Dämmerung; zur Rechten begann die Abendröte über den Waldrücken zu verglühen, und zur Linken stieg der abnehmende Mond hinter den Gebirgszügen des zürcherischen Oberlandes herauf — eine Stimmung und Lage, in welcher der Landvogt erst recht aufzuleben, ganz Auge zu werden und nur dem stillen Walten der Natur zu lauschen pflegte. Heute aber stimmten ihn die glänzenden Himmelslichter und das leise Walten nah und fern noch feierlicher als gewöhnlich und beinahe etwas weich, und als er den Empfang bedachte, den er jener artigen Korbspenderin entgegenbringen wolle, befiel ihn plötzlich der Wunsch, nicht nur diese, sondern auch noch drei oder vier weitere Stück schöne Wesen bei sich zu versammeln, zu denen er einst in ähnlichen Beziehungen gestanden; genug, es erwachte, je weiter er ritt, eine eigentliche Sehnsucht in ihm, alle die guten Liebenswerten, die er einst gern gehabt, auf einmal beieinander zu sehen und einen Tag mit ihnen zu verleben. Denn leider muß berichtet werden, daß der nun verhärtete Hagestolz nicht immer so unzugänglich war und den Lockungen einst nur allzuwenig widerstanden hatte. Da gab es auf seinem Register der Kosenamen noch eine, die hieß der Hanswurstel, eine andere, die hieß die Grasmücke, eine der Kapitän, und eine vierte die Amsel, was mit dem Distelfink zusammen fünf ausmachte. Die einen waren vermählt, die andern noch nicht, aber alle waren wohl herbeizubringen, da er gegen keine sich einer Schuld bewußt war, und hätte er nicht Zügel und Gerte geführt, so würde er bereits vor leisem Vergnügen die Hände gerieben haben, als er begann, sich vorzustellen, wie er die Schönen untereinander ins Benehmen setzen wolle, wie sie sich aufführen und vertragen würden, und welch zierlicher Scherz ihm winke, die reizende Familie zu bewirten.

Die Schwierigkeit war nun freilich, seine Wirtschafterin, die Frau Marianne, ins Vertrauen zu ziehen und ihre Einwilligung und Beihilfe zu gewinnen; denn wenn diese in so zarter Angelegenheit nicht gutgesinnt und einverstanden war, so fiel der liebliche Plan dahin.

Die Frau Marianne war aber die seltsamste Käuzin von der Welt, wie man um ein Königreich keine zweite aufgetrieben hätte. Sie war die Tochter des Stadtzimmermeisters Kleißner von Hall in Tirol und mit einer Schar Geschwister unter der Botmäßigkeit einer bösen Stiefmutter gewesen. Diese steckte sie als Novize in ein Kloster; sie hatte eine schöne Singstimme und schien sich gut anzulassen; wie sie aber Profeß tun sollte, erhob sie einen so wilden und furchtbaren Widerstand, daß sie mit Schrecken entlassen wurde. Hierauf schlug sich Marianne allein in die Welt und fand als Köchin ein Unterkommen in einem Gasthause zu Freiburg im Breisgau. Wegen ihrer wohlgebildeten Leibesgestalt hatte sie die Nachstellungen und Bewerbungen der österreichischen Offiziere und der Studenten zu erdulden, welche in dem Hause verkehrten; jedoch wies sie alle energisch zurück bis auf einen hübschen Studenten aus Donaueschingen, von guter Familie, dem sie ihre Neigung schenkte. Ein eifersüchtiger Offizier verfolgte sie deswegen mit übler Nachrede, die ihr zu Ohren kam. Mit einem scharfen Küchenmesser bewaffnet, schritt sie in den Gastsaal, in dem die Offiziere saßen, stellte den Betreffenden als einen Verleumder zur Rede, und als derselbe die resolute Person hinausschaffen wollte, drang sie so heftig auf ihn ein, daß er den Degen ziehen mußte, um sich ihrer zu erwehren. Allein sie entwaffnete den Mann und warf ihm den Degen zerbrochen vor die Füße, infolgedessen er aus dem Regiment gestoßen wurde. Die tapfere Tirolerin aber heiratete nun den schönen Studenten, und zwar gegen den Willen der Seinigen, indem sie miteinander entflohen. Er trat in Königsberg in ein preußisches Reiterregiment, dem sie sich als Marketenderin anschloß und in verschiedenen Feldzügen folgte. Hier zeigte sie sich so unermüdlich tätig und geschickt, im Felde sowohl wie in den Garnisonen, als Köchin und Kuchenbäckerin, daß sie genug Geld verdiente, um ihrem Manne ein bequemes Leben zu bereiten und auch etwas beiseitezulegen. Sie bekamen nach und nach neun Kinder, die sie über alles liebte und mit der ganzen Leidenschaftlichkeit, die ihr eigen war; aber alle starben hinweg, was ihr jedesmal fast das Herz brach, das jedoch stärker war, als alle Schicksale. Da aber endlich Jugend und Schönheit entflohen waren, erinnerte sich der Husar, ihr Mann, seines besseren Standes und fing an, seine Frau zu verachten; denn es war ihm zu wohl geworden in ihrer Pflege. Da nahm sie das ersparte Geld, erkaufte ihm den Abschied vom Regiment und ließ ihn ziehen, wohin es ihm gefiel, sein Glück zu suchen; sie selbst wanderte einsam wieder dem Süden zu, von woher sie gekommen war, um ein Unterkommen zu finden.

In St. Blasien im Schwarzwald fügte es sich, daß sie dem Landvogt von Greifensee, der eine Wirtschafterin suchte, empfohlen wurde, und so diente sie ihm schon seit zwei Jahren. Sie war mindestens fünfundvierzig Jahre alt und glich eher einem alten Husaren, als einer Wirtschaftsdame. Sie fluchte wie ein preußischer Wachtmeister, und wenn ihr Mißfallen erregt wurde, so gab es ein so gewaltiges Gewitter, daß alles auseinanderfloh und nur der lachende Landvogt standhielt und sich an dem Spektakel ergötzte. Allein sie besorgte seinen Haushalt auf das vortrefflichste; sie beherrschte das Gesinde und die Ackerknechte mit unnachsichtlicher Strenge, führte seine Kasse treu und zuverlässig, feilschte und sparte, wo es immer möglich war und die Großmut des Herrn nicht dazwischentrat, und unterstützte wiederum seine Gastfreundschaft mit guter Küche so willfährig und wohlbewandert, daß er ihr bald die Führung seines gesamten Hauswesens ohne Rückhalt überlassen konnte.

Durch alle Rauheit leuchtete dann wieder ihr tiefes Gemüt hervor, wenn sie dem Landvogt, der ihr aufmerksam zuhörte, mit ungebrochener Altstimme eine alte Ballade, ein noch älteres Liebes- oder Jägerlied vorsang, und sie war nicht wenig stolz, wenn der waldhornkundige Herr die schwermütige Melodie bald erlernte und aus dem Schloßfenster über den mondhellen See hinblies.

Als einst das zehnjährige Söhnlein eines Nachbarn in unheilbarem Siechtum darniederlag und weder das Zureden des Pfarrers, noch dasjenige der Eltern das Kind in seinen Schmerzen und seiner Furcht vor dem Tode zu trösten vermochte, da es so gerne gelebt hätte, so setzte sich Landolt, ruhig seine Pfeife rauchend, an das Bett und sprach zu ihm in so einfachen und treffenden Worten von der Hoffnungslosigkeit seiner Lage, von der Notwendigkeit, sich zu fassen und eine kleine Zeit zu leiden, aber auch von der sanften Erlösung durch den Tod und der seligen, wechsellosen Ruhe, die ihm als einem geduldigen und frommen Knäblein beschieden sei, von der Liebe und Teilnahme, die er, als ein fremder Mann, zu ihm hege, daß das Kind sich von Stund' an änderte, mit heiterer Geduld seine Leiden ertrug, bis es vom Tode wirklich erlöst wurde.

Da drang die leidenschaftliche Frau Marianne an das Todeslager, kniete am Sarge nieder, betete andächtig und anhaltend und empfahl dem vermeintlichen kleinen Heiligen alle ihre vorangegangenen Kinder zur Fürbitte bei Gott. Dem Landvogt aber küßte sie wie einem großen Bischof ehrfürchtig die Hand, bis er sie lachend mit den Worten abschüttelte: „Seid Ihr des Teufels, alte Närrin?"

Das war also die Schaffnerin des Herrn Obristen, mit welcher er sich ins reine setzen mußte, wenn er die fünf alten Flammen an seinem Herde vereinigen und leuchten lassen wollte.

Als er in den Schloßhof ritt und vom Pferde stieg, hörte er sie eben in der Küche gewittern, weil die Hunde im Stall heulten und eine Magd versäumt hatte, denselben das Abendfutter abzubrühen. Das ist keine günstige Zeit! dachte er und ließ sich kleinlaut in seinem Lehnstuhle nieder, um sein Nachtessen einzunehmen, während die

Wirtschafterin ihm mit wetterleuchtender Laune vortrug, was sich alles während des Tages ereignet habe. Er schenkte ihr ein Glas Burgunder ein, den sie liebte, von dem sie aber nur trank, wenn der Herr sie dazu einlud, obgleich sie die Kellerschlüssel führte. Das milderte schon etwas ihren Groll. Dann nahm er das Waldhorn von der Wand und blies eine ihrer Lieblingsweisen auf den Greifensee hinaus.

„Frau Marianne!“ sagte er hierauf, „wollt Ihr mir nicht das andere Lied singen, wie heißt's:

Wer die seligen Fräulein hat gesehn
Hoch oben im Abendschein,
Seine Seele kann nicht scheiden gehn,
Als über den Geisterstein!
Ade, ade, ihr Schwestern traut,
Mein Leib schläft unten im stillen Kraut!“

Sogleich sang sie das Lied mit allen Strophen, die auf verschiedene Gegenstände übersprangen, aber alle eine gleichmäßige Sehnsucht, ein Gewisses wiederzusehen, ausdrückten. Sie wurde von der einfachen Weise selbst gerührt und noch mehr, als der Landvogt die gedehnten Töne in die Nacht hinausziehen ließ.

„Frau Marianne!“ sagte er, in die Stube zurücktretend, „wir müssen gelegentlich darauf denken, eine kleinere, aber ausgesuchte Gesellschaft wohl zu empfangen!“

„Welche Gesellschaft, Herr Landvogt? Wer wird kommen?“

„Es wird kommen“, versetzte er hustend, „der Distelfink, der Hanswurstel, die Grasmücke, der Kapitän und die Amsel!“

Die Frau sperrte Mund und Augen auf und fragte: „Was sind denn das für Leute? Sollen sie auf Stühlen sitzen, oder auf einem Stänglein?“

Der Landvogt war aber schon in die Nebenstube gegangen, um sich eine Pfeife zu holen, die er nun in Brand steckte.

„Der Distelfink", sagte er, den ersten Rauch wegblasend, „der ist ein schönes Frauenzimmer!"

„Und der andere?"

„Der Hanswurstel? Der ist auch ein Frauenzimmer, und auch schön in seiner Art!"

So ging es fort bis zur Amsel. Da die Wirtschafterin aber auch von diesen lakonischen Erklärungen nicht befriedigt war, mußte der Herr Landvogt sich entschließen, endlich des mehreren von Dingen zu reden, über welche noch nie ein Wort über seine Lippen gekommen war.

„Mit einem Wort," sagte er, „es sind das alle meine Liebschaften, die ich gehabt habe und die ich einmal beisammen sehen will!"

„Aber heiliges Kreuzdonnerwetter!" schrie nun Frau Marianne, die mit noch viel größeren Augen aufsprang und zuhinterst an die Wand rannte, „Herr Landvogt, gnädigster Herr Landvogt! Sie haben geliebt und so viele? O Himmelsakerment! Und kein Teufel hat eine Ahnung davon gehabt, und Sie haben immer getan, als ob Sie die Weiber nicht ausstehen könnten! Und Sie haben alle diese armen Würmer angeschmiert und sitzen lassen?"

„Nein," erwiderte er verlegen lächelnd, „sie haben mich nicht gewollt!"

„Nicht gewollt!" rief Marianne mit wachsender Aufregung; „keine einzige?"

„Nein, keine!"

„Du verfluchtes Pack! Aber die Idee ist gut, die der Herr Landvogt hat! Sie sollen kommen, wir wollen sie schon herbeilocken und betrachten; das muß ja eine wunderliche Gesellschaft sein! Wir werden sie hoffentlich in den Turm sperren, zu oberst wo die Dohlen sitzen, und hungern lassen? Für Händel will ich schon sorgen!"

„Nichts da!“ lachte der Landvogt; „im Gegenteil sollt Ihr an Höflichkeit und guter Bewirtung alles aufwenden; denn es soll ein schöner Tag für mich sein, ein Tag, wie es sein müßte, wenn es wirklich einen Monat Mai gäbe, den es bekanntlich nicht gibt, und es der erste und letzte Mai zugleich wäre!“

Frau Marianne bemerkte an dem Glanze seiner Augen, daß er etwas Herzliches und Erbauliches meine, sprang zu ihm hin, ergriff seine Hand und küßte sie, indem sie leise und ihre Augen wischend sagte: „Ja, ich verstehe den Herrn Landvogt! Es soll ein Tag werden, wie wenn ich alle meine heimgegangenen Kinder, die seligen Englein, plötzlich bei mir hätte!“

Nachdem das Eis einmal gebrochen war, machte er sie nach und nach, wie es sich schickte, mit den fünf Gegenständen bekannt und stellte ihr dar, wie es sich damit begeben habe, wobei der Vortragende und die Zuhörerin sich in mannigfacher Laune verwirrten und kreuzten. Wir wollen die Geschichten nacherzählen, jedoch alles ordentlich einteilen, abrunden und für unser Verständnis einrichten.

Distelfink

Den Namen schöpfte Salomon Landolt aus dem Geschlechtswappen der Schönen, welches einen Finken zeigte und über ihrer Haustüre gemalt war. Mehr als eine Familie führte solche Singvögel im Wappen und es kann daher der Taufname des ehemaligen Jungfräuleins, das Salome hieß, verraten werden. Oder vielmehr war es eine sehr stattliche Jungfrau, als Salomon sie kennen gelernt hatte.

Es gab damals, außer den öffentlichen Herrschaften und Vogteien, noch eine Anzahl alter Herrensitze mit Schlössern, Feldern und Gerichtsbarkeiten, oder auch ohne diese, welche als Privatbesitz von Hand zu Hand gingen und von den Bürgern je nach ihren Vermögensverhältnissen erworben und verlassen wurden. Es war bis zur Revolution die vorherrschende Form für Vermögensanlagen und Betrieb der Landwirtschaft und gewährte auch den Nichtadeligen die Annehmlichkeit, ihren ideellen Anteil an der Landeshoheit mit herrschaftlich feudal klingenden Titeln auszuputzen. Dank dieser Einrichtung lebte die Hälfte der bessergestellten Einwohnerschaft während der guten Jahreszeit als Wirte oder Gäste auf allen jenen amtlichen oder nichtamtlichen Landsitzen in den schönsten Gegenden, gleich den alten Göttern und Halbgöttern der Feudalzeit, aber ohne deren Fehden und Kriegsmühen, im tiefsten Frieden.

An einem solchen Orte traf Salomon Landolt, etwa in seinem fünfundzwanzigsten Jahre, mit der jungen Salome zusammen. Sie standen zu dem Hause, von entgegengesetzter Seite her, in nicht naher Verwandtschaft, so daß sie unter sich selbst nicht mehr für verwandt gelten konnten und doch ein liebliches Gefühl gemeinsamer Beziehung empfanden. Außerdem wurden sie wegen ihrer ähnlich lautenden Namen der Gegenstand heiterer Betrachtungen, und es gab manchen Scherz, der ihnen nicht zuwider war, wenn sie auf einen Ruf gleichzeitig sich umsahen und errötend wahrnahmen, daß vom andern die Rede sei. Beide gleich hübsch, gleich munter und lebenslustig, schienen sie wohlgesinnten Freunden für einander schicklich und eine Vereinigung nicht von vornherein untunlich zu sein.

Freilich war Salomon nicht gerade in der Verfassung, schon ein eigenes Haus zu gründen; vielmehr kreuzte sein Lebensschifflein noch unschlüssig vor dem Hafen herum, ohne auszufahren noch einzulaufen. Er hatte seinerzeit die französische Kriegsschule in Metz besucht, erst um sich im Artillerie- und Ingenieurwesen auszubilden, dann um sich mehr auf die Zivilbaukunst zu werfen, worin er einst der Vaterstadt dienen sollte. In gleicher Absicht war er nach Paris gegangen; allein Zirkel und Maßstab und das ewige Messen und Rechnen waren seinem ungebundenen Geiste und seinem wilden Jugendmute zu langweilig gewesen, und er hatte teils einen angeborenen Hang zum freien Zeichnen, Skizzieren und Malen gepflegt, teils durch unmittelbares Sehen und Hören sich allerlei Kenntnisse und Erfahrungen erworben, sonderlich wenn es auf dem Rücken der Pferde geschehen konnte; ein Ingenieur oder Architekt aber kam in ihm nicht nach Hause zurück. Das gefiel seinen Eltern nur mäßig, und ihre sichtbare Sorge bewog ihn, wenigstens eine Stelle im Stadtgerichte zu bekleiden, um sich für die Teilnahme am Regiment zu befähigen. Sorglos, doch liebenswürdig und von guten Sitten, ließ er sich dabei gehen, während tieferer Ernst und Tatkraft nur leicht in ihm schlummerten.

Es versteht sich von selbst, daß von der ungewissen Lage des jungen Mannes hinsichtlich einer etwaigen Verheiratung mehr die Rede und jede Seite der Angelegenheit gründlicher erwogen war, als er ahnte; wie die Bauern den Jahresanfang, je unbekannter ihnen die Zukunft ist, mit desto zahlreicheren Bauernregeln begleiten und beschreien, so besprachen und beschrien die Mütter vorhandener Töchter Salomons harmlosen Lebensmorgen.

Die anmutige Salome entnahm daraus soviel, daß an sichere Aussichten und Heiratspläne nicht gedacht werden könne, hinwieder aber ein angenehmer, selbst traulicher Verkehr wohl um so eher erlaubt sei. Sie wurde Mademoiselle genannt und war in französischem Geiste gebildet, mit der Abweichung, daß sie in freier protestantischer Gesellschaft und nicht im Kloster erzogen war, und sie hielt daher sogar eine gelinde Liebelei nicht für verfänglich.

Arglos gab sich Salomon einer Neigung hin, die sich in seinem offenen Herzen bald aufgetan, ohne sich jedoch aufdringlich oder unbescheiden zu benehmen. So kam es, daß wenn das eine der beiden auf dem stets wirtlichen Schloßgute einkehrte, das andere auch nicht lange ausblieb und die Wirkung dieser Vorgänge bloß das unterhaltende Ratespiel der Leute war: Sie nehmen sich! Sie nehmen sich nicht!

Eines schönen Tages jedoch schien eine Entscheidung aus dem Boden zu wachsen.

Salomon, der sich schon in frühen Tagen allerhand landwirtschaftliche Kenntnisse erworben und dieselben auf seinen Reisen eifrig erweitert hatte, bewog den Gutsherrn, eine Wiese, die an einem sonnigen Hange lag, mit Kirschbäumen bepflanzen zu lassen. Er schaffte die jungen, schlanken Bäumlein selbst herbei und machte sich daran, sie eigenhändig in den Boden zu setzen. Es war eine neue Art weißer Kirschen darunter, welche er abwechselnd mit den roten in Reihen pflanzen wollte, und da es gegen die fünfzig Stück waren, so handelte es sich um eine Arbeit, die wohl einen ganzen kurzen Frühlingstag erforderte.

Salome aber wollte sich's nicht nehmen lassen, dabeizusein und womöglich zu helfen, da sie, wie sie lachend sagte, vielleicht einst einen Gutsherrn heiraten werde und darum solche Dinge beizeiten lernen müsse. Mit einem breiten Schattenhute bekleidet, ging sie in der Tat mit auf die etwas entlegene Wiese hinaus und wohnte der Arbeit mit aller beflissenen Handreichung bei. Salomon maß die geraden Linien für die Baumreihen und die Entfernungen zwischen den einzelnen Bäumen ab, wobei ihm Salome die Schnüre ausspannen und die Pflöcke einschlagen half. Er grub die Löcher in die weiche Erde, wie er sie haben wollte, und Salome hielt die zarten Stämmchen aufrecht, während er die Grube wieder zuwarf und das Erdreich in gehöriger Art festmachte. Dann holte Salome aus einer Kufe, die ein Knecht ab- und zugehend mit Wasser füllte, das belebende Element mit der Gießkanne und begoß die Bäumchen so reichlich, als Salomon gebot.

Um die Mittagszeit, als der Schatten der Sonne sich um die neugepflanzten Bäumchen drehte, schickte die Herrschaft dem fleißigen Paare scherzhafterweise ein ländliches Essen hinaus, wie Feldarbeitern geziemt; es schmeckte ihnen auch vortrefflich, als sie es auf dem grünen Rasen sitzend genossen, und Salome behauptete, sie dürfe jetzt so gut wie eine Bauerntochter einige Gläser Wein trinken, da sie so heftig arbeite. Hiervon und von der fortgesetzten Bewegung, die bis gegen Abend dauerte, geriet ihr Blut in wärmere Wallung; es trat vor das Licht ihrer Lebensklugheit, und diese verfinsterte sich vorübergehend, wie die Sonne bei einem Monddurchgang.

Salomon verhielt sich bei seiner Arbeit so ernsthaft und unverdrossen, er führte das Geschäft so geschickt und gewissenhaft durch, dabei war er wieder so gleichmäßig heiter, zutraulich und kurzweilig und schien so glücklich, ohne sich doch einen Augenblick während des ganzen Tages mit einem unbescheidenen Blick oder Worte zu vergessen, daß eine holde Überzeugung sie durchdrang, es ließe sich wohl, wie dieser Tag, so das ganze Leben mit dem Gefährten verbringen. Eine warme Neigung gewann die Oberhand in ihr, und als das letzte Kirschbäumlein fest in der Erde stand und nichts mehr zu tun war, sagte sie mit einem leichten Seufzer: „So nimmt alles ein Ende!“

Salomon Landolt, von dem bewegten Tone dieser Worte hingerissen, sah sie beglückt an; er konnte aber wegen des Glanzes der Abendsonne, der auf ihrem schönen Gesichte lag, nicht erkennen, ob es von dem Scheine oder von Zärtlichkeit gerötet sei; nur leuchteten ihre Augen durch allen Glanz hindurch, und sie reichten sich unwillkürlich alle vier Hände. Weiteres begab sich jedoch nicht, da der Knecht eben Harke, Schaufel und Gießkanne und das übrige Geräte zu holen kam.

Unter veränderten Gestirnen kehrten sie durch die zierliche Kirschenallee zurück, die sie gepflanzt hatten. Da sie sich nur noch mit verliebten Augen anzusehen vermochten, so verkehrten sie im Hause weniger und behutsamer miteinander, und es wurde hierdurch und noch mehr durch eine gewisse Zufriedenheit, die sie zu beleben und zugleich zu beruhigen schien, deutlich genug sichtbar, daß etwas Neues sich ereignet habe.

Jedoch ließ es Salomon nicht manchen Tag anstehen; er flüsterte ihr wenige andeutende Worte zu, die sie wohl aufnahm, und ritt in rascher Gangart nach Zürich, um die Möglichkeit einer Verlobung in beiden Familien herbeizuführen.

Vorerst aber drängte es ihn, der Geliebten in einem Briefe sein Herz darzulegen, und wie er kaum im Zuge war und das Dringlichste angebracht hatte, stach ihn der Vorwitz, die Festigkeit ihrer Neigung auf die Probe zu stellen durch eine mysteriös bedenkliche Schilderung seiner Abkunft und Aussichten.

Die erstere war allerdings, was die mütterliche Seite betraf, von eigentümlicher Art.

Seine Mutter, Anna Margaretha, war eine Tochter des holländischen Generals der Infanterie Salomon Hirzel, Herrn zu Wülflingen, der mit seinen drei Söhnen große niederländische Pensionsgelder bezog und damit die bekannte wunderliche Wirtschaft auf der genannten Gerichtsherrschaft in der Nähe von Winterthur führte. Ein am Hoftor statt eines Kettenhundes angebundener Wolf, der wachsam heulte und boll, konnte gleich als Wahrzeichen des absonderlichen Wesens gelten. Nach frühem Tode der Hausfrau und bei der häufigen Abwesenheit des

Vaters tat jeder, was er wollte, und die Söhne, sowie drei Töchter erzogen sich selbst, und zwar so wild als möglich. Nur wenn der alte General da war, kehrte eine gewisse Ordnung insofern ein, als am Morgen auf der Trommel Tagwache und Abends der Zapfenstreich geschlagen wurde. Im übrigen ließ jeder den Herrgott einen guten Mann sein. Die älteste Tochter, Landolts Mutter, führte den Haushalt, und die ihr auferlegte Pflicht bewirkte, daß sie die beste und gesetzteste Person der Familie war. Dennoch ritt auch sie mit den Männern auf die Jagd, führte die Hetzpeitsche und pfiff durch die Finger, daß es gellte. Die Herren übten den Brauch, ihre Gewohnheiten und Taten in humoristischer Weise auf die Wände ihrer Gebäulichkeiten malen zu lassen. So gab es denn in einem Pavillon auch ein Bild, auf welchem der alte General mit den drei Söhnen und der ältesten Tochter, die schon verheiratet war, über Stein und Stoppeln dahinjagt und der kleine Salomon Landolt an der Seite der stattlichen Mutter reitet, eine förmliche Zentaurenfamilie.

Solche Reiterzüge pflegten zuweilen einen zahmen Hirsch zu verfolgen, der abgerichtet war, vor Jägern und Hunden her zu fliehen und sich zuletzt einfangen zu lassen; das war indessen eine bloße Reitübung; das wirkliche Jagen wurde unablässig betrieben und wechselte nur mit Gastereien und der Aufführung zahlloser Schwänke ab, die sich selbst auf die Ausübung der Gerichtsbarkeiten erstreckten.

Über all diesem wilden Wesen erhielt sich, wie gesagt, Landolts Mutter mit hellem Verstande und heiterer Laune bei guten Sitten, und sie war ihren eigenen Kindern später eine zuverlässige und treue Freundin, während jenes Vaterhaus unterging.

Nachdem der alte General im Jahr 1755 gestorben und die Anna Margaretha ihrem eigenen Hausstand gefolgt war, ergaben sich die Söhne einem täglich wüster werdenden Leben. Ihre Jagden arteten in Raufereien mit benachbarten Gutsherren aus wegen Bannstreitigkeiten, in Mißhandlungen der Untergebenen. Einen Pfarrer, der sie auf der Kanzel angepredigt hatte, überfielen sie, als er durch ihren Forst ritt, und hetzten ihn, mit Peitschen hinter ihm drein jagend, in den Tößfluß hinein, hindurch, über das Feld, bis er mit seiner Mähre zusammenbrach und auf den Knien liegend zitternd um Verzeihung bat. Gerichtsboten aber, welche eine ihnen für diese Tat auferlegte beträchtliche Geldbuße abholten, ließen sie auf dem Rückwege durch Vermummte niederwerfen und des Geldes wieder entledigen.

Zu der sinnlosen Verschwendung, welche sie trieben, gesellte sich eine Spielsucht, der sie wochenlang ununterbrochen frönten. Herbeigelockten Verführten nahmen sie Hab und Gut ab, gewährten dann aber so lange Revanche, bis sie das Doppelte wieder an die Verunglückten verloren hatten, um ihre Kavaliersehre zu behalten. Zuletzt aber nahm alles ein trauriges Ende. Einer nach dem andern mußte vom Schloße weichen und der letzte die Herrschaftsrechte und Gefälle, Wälder und Felder, Haus und Hof in eilender Folge dahingeben und entfliehen. Einer der Brüder geriet so ins Elend, daß er in einem ausländischen Arbeitshause versorgt wurde; der zweite lebte eine Zeitlang einsam in einer Waldhütte, mußte aber, von Schulden geplagt und von Krankheiten verwüstet, diesen kümmerlichen Zufluchtsort verlassen und im Dunkel der Ferne verschwinden; der dritte flüchtete sich wieder in den fremden Kriegsdienst, wo er auch verdarb.

Freilich verließ der wilde Humor die Herren bis zum letzten Augenblicke nicht. Ehe sie das Schloß preisgaben, ließen sie von ihrem rustiken Hofmaler alle die Untergangsszenen und Untaten, bis auf das letzte Herrschaftsgericht, das sie abhielten, an die Wände malen; hinter dem Ofen prangten die Titel aller veräußerten Lehenbriefe und Privilegien, und auf einer vom Monde beschienenen Waldlichtung spielten Füchse, Hasen und Dachse mit den Insignien der verlorenen Herrschaft. Über der Tür aber ließen sie sich selbst von der Rückseite darstellen, wie sie zuguterletzt, die Hüte unter dem Arm, würdevoll bei einem Markstein über die Grenze der Herrschaft schreiten. Mit verkehrter Schrift stand darunter das Wort „Amen"!

Indem Salomon Landolt nun diese bedenklichen Geschichten in seinem Briefe an Salome entwickelte, ging er auf die melancholische Befürchtung über, daß das unglückselige Blut und Schicksal der drei Oheime auch in ihm wieder aufleben und nur dank einem günstigen Sterne seine edle Mutter übersprungen haben könnte. Um so eher dürfte aber, folgerte er, der Unstern fast naturgemäß bei ihm abermals aufsteigen. Dagegen nach bestem Wissen und Gewissen anzukämpfen sei zwar sein inbrünstiger Vorsatz. Allein schon habe er zu bekennen, daß auf seinen Reisen bedeutende Summen verspielt und nur durch die geheime Beihilfe der Mutter gedeckt worden seien. Bereits habe er auch, mit fremden Mitteln und ohne Wissen des Vaters, über sein Vermögen Pferde gehalten, und was bares Geld betreffe, so sei es wohl so gut wie gewiß, daß er dasselbe kaum jemals werde so zu Rate halten lernen, wie es sich für das Haupt einer geordneten Haushaltung gebühre. Selbst die mehr heiteren Charakterzüge der Oheime, die Lust an Reiten und Jagen, an Schwank und Spaß, seien in ihm vorhanden bis auf den Hang, die Wände zu beklecksen, da er die Mauern des Schlosses Wellenberg, wo sein Vater Vogt gewesen, schon als Knabe in Kohle und Rotstein mit hundert Kriegerfiguren illustriert habe.

Solches schwere Bedenken glaubte er als ehrlicher Mensch seiner vielgeliebten Mademoiselle Salome nicht verhehlen zu dürfen, vielmehr ihr Gelegenheit geben zu sollen, den wichtigen Schritt über die Schwelle einer verschleierten Zukunft reiflich zu erwägen, sei es, daß sie dann mit der zu erflehenden Hilfe einer göttlichen Fürsehung es mit ihm wagen, sei es, daß sie mit gerechter und löblicher Vorsicht handeln und mit vollkommener Freiheit ihrer werten Person sich vor einem dunklen Schicksale bewahren wolle.

Kaum war der Brief abgesandt, so bereute Salomon Landolt, ihn geschrieben zu haben; denn der Inhalt war im Verlaufe des Schreibens ernster und sozusagen möglicher geworden, als er erst gedacht hatte, und im Grunde verhielt sich ja alles so, wie er schrieb, obgleich er guten Mutes in die Zukunft schaute. Aber jetzt war es zu spät, die Sache zu ändern, und schließlich empfand er doch wieder das Bedürfnis, Salomes wirkliche Zuneigung durch den Erfolg ermessen zu können.

Dieser blieb denn auch nicht aus. Sie hatte sofort, was sich zwischen ihr und Salomon ereignet, der Mutter gestanden; die Neuigkeit wurde mit dem Herrn Vater beraten und die Heirat bei den ungewissen Aussichten des allbeliebten, aber auch ebenso unverstandenen jungen Mannes als nicht wünschenswert, ja gefährlich erklärt; und als nun der Brief kam, riefen die Eltern: „Er hat recht, mehr als recht! Er sei gelobt für seine biedere Aufrichtigkeit!"

Die gute Salome, welcher ein sorgenvolles oder gar unglückliches Leben undenkbar war, weinte einen Tag lang bittere Tränen und schrieb dann dem unbesonnenen Prüfer ihres Herzens in einem kleinen Brieflein: es könne nicht sein! es könne aus verschiedenen gewichtigen Gründen nicht sein! Er solle der Angelegenheit keine weitere Folge geben und ihr aber seine Freundschaft bewahren, wie sie auch die ihrige ihm allezeit getreulich zudienen lassen werde in allerherzlichster Bereitwilligkeit.

In wenigen Wochen verlobte sie sich mit einem reichen Manne, dessen Verhältnisse und Temperamente über die Sicherheit einer wohlbegründeten Zukunft keinen Zweifel aufkommen ließen.

Da war Landolt einen halben Tag lang etwas bekümmert; dann schüttelte er den Verdruß von sich und hielt heiteren Angesichts dafür, er sei einer Gefahr entronnen.

Hanswurstel

Der Name derjenigen Liebschaft, welche er Hanswurstel nannte, darf unverkürzt angeführt werden, da das Geschlecht ausgestorben ist. Sie führte den altertümlichen Taufnamen Figura und war eine Nichte des geistreichen Rats- und Reformationsherrn Leu, hieß also Figura Leu. Es war ein elementares Wesen, dessen goldblondes Kraushaar sich nur mit äußerster Anstrengung den Modefrisuren anbequemen ließ und dem Perruquier des Hauses täglich den Krieg machte. Figura Leu lebte fast nur vom Tanzen und Springen und von einer Unzahl Späße, die sie mit und ohne Zuschauer zum besten gab. Nur um die Zeit des Neumondes war sie etwas stiller; ihre Augen, in denen die Witze auf dem Grunde lagen, glichen dann einem bläulichen Wasser, in welchem die Silberfischchen unsichtbar sich unten halten und höchstens einmal emporschnellen, wenn etwa eine Mücke zu nahe an den Spiegel streift.

Sonst aber begann ihr Vergnügen schon mit der Sonntagsfrühe. Als Mitglied der Reformationskammer, das heißt der Behörde, welche über die Religions- und Sittenverbesserung zu wachen hatte, lag ihrem Onkel ob, denjenigen Einwohnern, die an einem Sonntage aus den Toren gehen wollten, die Erlaubnis mittelst einer Marke zu erteilen, welche sie den Torwachen abgeben mußten. Denn allen andern war das Verlassen der Stadt an Tagen des

Gottesdienstes durch geschärfte Sittenmandate verboten. Über diese Funktion machte sich der aufgeklärte Herr heimlich sehr lustig, wenn sie ihn nicht allzusehr belästigte; denn an manchen Sonntagen erschienen an die hundert Personen, die unter den verschiedensten Vorwänden ins Freie zu gelangen suchten. Noch mehr aber belustigte sich daran die Jungfrau Figura, welche die Bittsteller auf der geräumigen Hausflur vorläufig einteilte und aufstellte je nach der Art ihrer Begründung und sie dann klassenweise in das Kabinett des Reformationsherrn führte. Diese Klassen waren jedoch nicht nach den vorgegebenen, sondern nach den wirklichen Gründen gebildet, die sie den Leuten am Gesicht absah. So stellte sie untrüglich die Lehrburschen, Handwerksgesellen und Dienstmägde zusammen, die einen entfernten Kirchweih- und Erntetanz aufsuchen wollten unter dem Vorwande, sie müßten für die kranken Meisterleute zu einem auswärtigen Doktor gehen. Diese trugen alle zum Wahrzeichen ein leeres Arzneiglas, einen Salbentopf, eine Pillenschachtel oder gar ein Fläschlein mit Wasser bei sich und hielten alle solche Gegenstände auf Geheiß des lustigen Jungfräuleins sorgfältig in der Hand, wenn sie vorgelassen wurden. Dann kam die Schar von bescheidenen Männchen, welche ihre bürgerlichen Privilegien genießend an stillen Wasserplätzen zu fischen wünschten und schon die Schachteln voll Regenwürmer in der Tasche führten. Diese wandten hundert Geschäfte vor, wie Kindstaufen, Erhebung von Erbschaften, Besichtigung eines Häuptlein Viehs und dergleichen. Hierauf folgten bedenklichere Gesellen, bekannte Debauchierer, die in abgelegenen Landwinkeln einer Spielerbande, im besten Falle einem Kegelschieben oder einer Zechgesellschaft zusteuerten; endlich kamen noch die Verliebten, die in Ehren aus den Mauern strebten, um Blümlein zu pflücken und die Rinden der Waldbäume mit ihren Taschenmessern zu beschädigen.

Alle diese Klassen ordnete sie mit Sachkenntnis, und der Oheim fand sie so gut eingeteilt, daß er ohne langen Zeitverlust diejenige Anzahl, die er nach humaner Raison für einmal hinauslassen wollte, absondern und die übrigen zurückweisen konnte, damit nicht ein zu großer Haufen aus den Toren laufe.

Salomon Landolt hörte von der lustigen Musterung, welche Figura Leu jeden Sonntagmorgen abhalte. Es gelüstete ihn, das Abenteuer selbst zu bestehen; daher begab er sich, obgleich er als Offizier auch sonst an den Toren überall aus- und eingehen konnte, einstmals zu Pferde vor das Leusche Haus und trat gestiefelt und gespornt auf die Hausflur, wo die wunderliche Aufstellung der Wanderlustigen in der Tat eben beendigt worden.

Figura stand auf der Haustreppe, zum Kirchgange schon mandatmäßig gerüstet, in schwarzer Tracht und mit dem vorgeschriebenen nonnenartigen Kopftuch, das weiße Marmorhälschen mit dem erlaubten güldenen Kettlein umspannt. Überrascht von der feinen, leichten Erscheinung, säumte er einen Augenblick zu grüßen, bat dann aber höflich mit kaum unterdrücktem Lächeln um Anweisung eines Platzes, wo er sich aufzustellen habe.

Sie machte einen anmutigen Knicks, und da sie an seiner Frage die schalkische Absicht erkannte, fragte sie hinwieder: „In welchen Geschäften verreiset der Herr?"

„Ich möchte meiner Mutter einen Hasen schießen, da sie am Abend Gesellschaft und keinen Braten hat!" erwiderte Landolt so unbefangen als möglich.

„Dann belieben der Herr sich dorthin zu plazieren," sagte sie ebenso ernsthaft und wies ihn zu dem Häuflein der Verliebten, die er an ihrem schüchternen und zärtlichen Aussehen erkannte, wie sie ihm beschrieben worden. Figura verneigte sich abermals vor ihm, als er doch etwas verblüfft zu der Gruppe trat, und eilte dann so leicht wie ein Geist, alles im Stiche lassend, aus dem Hause und in die Kirche. Als sie verschwunden war, drückte sich Landolt sachte wieder aus dem Vestibül hinaus, bestieg sein Pferd und trabte nachdenklich dem nächsten Tore zu, das ihm dienstfertig geöffnet wurde.

Wenigstens war nun die Bekanntschaft mit dem eigenartigen Mädchen gemacht, was auch dieses gelten zu lassen schien; denn wenn er der Figura begegnete, so nahm sie freundlichst seinen Gruß ab, ja sie grüßte ihn manchmal zuerst mit heiterem Nicken, da sie sich an keine Etikette band. Einmal trat sie sogar, wie von der Luft getragen, auf der Straße unversehens vor ihn und sagte: „Ich weiß jetzt, wer der Hasenfänger ist! Adieu, Herr Landolt!"

Seinem graden, offenen Wesen tat diese Art und Weise außerordentlich wohl, und sie erfüllte sein vom Distelfink bereits angepicktes Herz mit einer zärtlichen Sympathie. Um ihr näherzukommen, suchte er den Umgang ihres Bruders zu gewinnen, der, gleich ihr, bei dem Oheim wohnte, weil sie von Kindheit an verwaist waren. Salomon hatte erfahren, daß Martin Leu an einer Vereinigung jüngerer Männer und Jünglinge teilnahm, welche sich Gesellschaft für vaterländische Geschichte nannte und in einem Gesellschaftshause am Neumarkt ihre Zusammenkünfte hielt.

Es waren die Strebsamen und Feuerköpfe aus der Jugend der herrschenden Klassen, die unter diesem Titel eine bessere Zukunft und aus dem dunkeln Kerkerhause der sogenannten beiden Stände, das heißt des geistlichen und weltlichen Regiments, zu entrinnen suchten. Die Gegenstände der Aufklärung, der Bildung, Erziehung und Menschenwürde, vorzüglich aber das gefährliche Thema der bürgerlichen Freiheit wurden in Vorträgen und zwanglosen Unterhaltungen um so überschwenglicher behandelt, als ja die Herren Väter schon über eine ausschreitende Verwirklichung wachten und die Souveränität der alten

Stadt über das Land außer Diskussion stand; waren ja doch Land und Leute im Laufe der Jahrhunderte mit gutem Gelde erworben und die Pergamente des Staates um kein Haar breit anderen Rechtes als die Kaufbriefe des Privatmannes.

Hingegen war die Untersuchung, ob das Recht der Gesetzgebung, das Recht, die Verfassung zu ändern, bei der gesamten Bürgerschaft oder bei der Obrigkeit stehe, ein um so beliebteres Vergnügen, als es nur im geheimen genossen werden mußte, weil der Scharfrichter mit seiner geschliffenen Korrekturfeder dicht bei der Hand war. Wenn die Bürgerschaft, welche von den Herren als eine der schwierigsten bezeichnet wurde, einmal aufbrauste, so wurde jener schnell zurückgezogen, bis das Wetter vorüber war; nachher stand er wieder da, gleich dem Barometermännchen, und die Obrigkeit war wieder das nämliche mystisch-abstrakte Gewaltstier wie vorher, das allein von Gott eingesetzt worden.

Einen um so feurigeren und ernsteren Geist bedurfte es für die mit den Ideen ringenden Jünglinge, von welchen einige zu einem strengen Puritanismus hingerissen wurden. Wie man auf den Sack schlägt und den Esel meint, eiferten sie gegen Luxus und die Genußsucht, und zwar in einem ganz anderen Sinne, als die Sittenmandate. Sie wollten nicht die Bescheidenheit des christlichen Staatsuntertanen, sondern die Tugend des strengen Republikaners. Hieraus entstanden bald zwei Fraktionen, eine der leichtlebigeren Toleranten und eine der finsteren Asketen, welche jene überwachten und beschalten. Schon war ein Mitglied, das eine goldene Uhr trug und sie nicht ablegen wollte, ausgestoßen worden; andere wurden wegen zu üppiger Lebensart gewarnt und beobachtet. Der oberste Mentor war der Herr Professor Johann Jakob Bodmer, als Literator und Geschmacksreiniger bereits überlebt, als

Bürger, Politiker und Sittenlehrer ein so weiser, erleuchteter und freisinniger Mann, wie es wenige gab und jetzt gar nicht gibt. Er wußte recht gut, daß er bei den Herrschenden und Orthodoxen für einen Mißleiter der Jugend galt; allein sein Ansehen stand zu fest, als daß er sich gefürchtet hätte, und die Partei von der strengen Observanz unter den jungen Männern war seine besondere Ehrengarde.

In diese Gesellschaft ließ Salomon sich eines Tages einführen und machte gleich vor Beginn der Verhandlungen die Bekanntschaft des jungen Leu, der sofort Gefallen an ihm fand. Sie mußten sich aber still verhalten; denn Herr Professor Bodmer war heute selbst auf eine halbe Stunde erschienen, um den Jünglingen einen Aufsatz ethischen Inhalts vorzulesen und ihnen eine Aufgabe ähnlicher Art zu stellen. Landolt war nicht sehr aufmerksam, da seine Gedanken anderswo spazierengingen. Er sah zuweilen den Bruder der Figura Leu an, der sich noch mehr zu langweilen schien, und beide fühlten sich erleichtert, als die eigentlichen Verhandlungen beendigt waren.

Jetzt kam aber der kritische Moment. Die Ernsthaften hielten es für eine Ehrensache, noch mindestens ein halbes Stündchen in wechselnden Gesprächen beisammenzustehen, während die Leichtsinnigen bei guter Zeit davonzulaufen strebten, um in einem Gasthause sich noch etwas gütlich zu tun. Mit Geringschätzung oder Entrüstung, je nach dem sonstigen Werte der Flüchtlinge, und mit scharfen Seitenblicken bemerkte man das Entweichen. Nachdem schon mehrere sich dergestalt gedrückt hatten, zupfte auch Martin Leu den arglosen Landolt am Rockärmel und lud ihn leise flüsternd ein, mit ihm noch zu einem guten Glas Wein zu gehen. Landolt begab sich unbefangen mit ihm hinweg, wunderte sich aber, wie der andere auf der Straße plötzlich querüber sprang, ihn mitziehend, die Steingasse hinauf lief, was sie vermochten, dann durch die Elendenherberge, ein labyrinthisches Loch, nach dem dunkeln Löwengäßlein strebte, von diesem beim Roten Hause nach dem Eselgäßlein hinübersetzte, wie ein gejagter Hirsch über eine Waldlichtung, hinter der Metzg herum und über die untere Brücke und den Weinplatz rannte, die Weggengasse hinauf, durch die Schlüsselgasse, beim Roten Mann die Storchengasse durchschnitt, die Kämbelgasse zurücklegte, dann wieder an der Limmat angekommen rechts abbog und endlich in das stattliche neue Palais der Meisenzunft eintrat.

Atemlos vom Lachen wie vom Laufen verschnauften die beiden jungen Männer, sich an dem eisernen Treppengeländer haltend, das noch jetzt, als ein Stolz damaliger Schmiedekunst, das Auge anzieht. Leu unterrichtete seinen neuen Freund von der Lage der Dinge und wie es gegolten habe, den Blicken der Späher durch den Kreuz- und Querlauf zu entrinnen. Landolt, als ein Feind jeder Art von Muckerei, freute sich nicht wenig über den Streich, zumal er von dem Bruder derjenigen Person ausging, die ihm wohlgefiel, und sie traten fröhlichen Mutes in den lichterhellen Wirtschaftssaal, an dessen Wänden zahlreiche Degen und dreieckige Hüte hingen, den Gästen entsprechend, die an verschiedenen großen Tischen saßen.

Kleine Bratwürstchen, Pastetlein, Muskatwein und Malvasier, so hießen die Dinge, welche die wiedervereinigte halbe Gesellschaft für vaterländische Geschichte zu sich nahm, und zwar nach den genauen Aufzeichnungen des Kundschafters der katonischen Hälfte, der den beiden letzten Ausreißern durch alle Seitengäßchen ungesehen gefolgt war und nun, den Hut tief in die Stirn gedrückt, unter der Flügeltür stand und keinen Teller aus den Augen verlor. Und das alles vor dem Nachtessen, das ihrer doch zu Hause wartete, und nach Anhörung einer Rede des großen Vaters Bodmer: „Von der Notwendigkeit der Selbstbeherrschung als Sauerteig eines bürgerlichen Freistaats!“

Die jungen Epikuräer ließen es sich darum nicht weniger schmecken; die Freundschaft, als eine echt männliche Tugend, feierte auch hier ihre Triumphe, denn Martin Leu schloß mit Salomon Landolt einen Herzensbund für das Leben, nicht ahnend, daß derselbe es auf seine Schwester abgesehen habe und im übrigen ein mäßiger Geselle sei, der dem Gütlichtun um seiner selbst willen nicht viel nachfrage.

Die Folgen des Exzesses ließen nicht auf sich warten. Ohne Vorwissen Bodmers gingen die Strengsittlichen zu Werke und verschmähten nicht, zur geheimen Anzeige an die Staatsgewalt zu greifen, deren Druck sie doch zu mildern gedachten. Die Sache gelangte in der Tat als vertrauliches Traktandum vor die oberste Sittenverwaltung, die Reformationskammer. Es wurde aber für klug befunden, die Sünder als Söhne angesehener Geschlechter und als übrigens begabte junge Männer zur gütlich-mündlichen Ermahnung zu ziehen, in der Weise, daß jedem Reformationsherrn eine oder zwei Personen im stillen zur zweckdienlichen stillen Erledigung überwiesen wurden.

Der ältere Herr Leu erhielt billigermaßen seinen eigenen Herrn Neffen und dessen speziellen Mittäter Salomon zugeteilt. Als letzterer eine Einladung zum Mittagessen bei dem Ratsherrn empfing, auf einen Sonntag Punkt zwölf Uhr, war er von dem Neffen bereits in Kenntnis gesetzt, um was es sich handle. Erwartungsvoll durchschritt er die leeren Gassen, welche von der Bevölkerung der strengen Sonntagsfeier wegen gemieden waren; nur eine beträchtliche Zahl schwerer Pastetenkörbe kreuzte an der Hand der Bedienten auf den stillen Straßen, Plätzen und Brücken, gleich ernsten holländischen Orlogschiffen. Salomon folgte einem dieser Schiffe, dessen Steuermann er kannte, in einiger Entfernung und mit wachsender Aufregung, weil er die Figura Leu zu sehen hoffte und zugleich einen Verweis in ihrer Gegenwart zu empfangen Gefahr lief.

„Der Herr bekommt eine Predigt!" rief sie ihm auf dem Korridor entgegen, als er denselben entlangschritt, „aber trösten Sie sich! auch ich habe die Mandate verletzt, sehen Sie mal her!"

Sie präsentierte sich anmutsvoll vor ihm, und er sah, daß sie ein straffes Seidenkleid, schöne Spitzen und ein mit blitzenden Steinen besetztes Halsband trug.

„Das geschieht," sagte sie, „damit die Herren sich nicht vor mir zu schämen brauchen, wenn sie abgekanzelt zu Tisch kommen! Auf Wiedersehen!" Damit verschwand sie wieder so rasch, wie sie erschienen war. In den Mandaten war wirklich den Frauen alles verboten, was Figura am schlanken Leibe trug.

Salomon Landolt wurde zunächst in das Kabinett des Reformationsherrn geführt, wo er den Martin Leu traf, der ihm lachend die Hand schüttelte.

„Ihr Herren!" begann der Oheim seine Ansprache, nachdem die jungen Leute sich aufmerksam nebeneinander postiert hatten, „es sind zwei Gesichtspunkte, von denen aus ich die bewußte Angelegenheit euch ans Herz legen möchte. Einmal ist es nicht gesund, vor dem Nachtessen und zu ungewohnter Zeit Speisen und Getränke, besonders wenn letztere südlicher Art sind, zu sich zu nehmen und den Gaumen an dergleichen frequente Leckerhaftigkeit zu gewöhnen. Vorzüglich aber sollten sich junge Offiziers solcher Näschereien enthalten, weil sie den Mann vor der Zeit dickleibig und zum Dienst untauglich machen. Zweitens aber, wenn es doch sein soll und die Herren einer Kollation bedürftig sind, so ist es meiner Ansicht nach junger Bürger und Offiziers unwürdig, sich heimlich wegzustehlen und durch hundert dunkle Gäßlein zu springen. Sondern ohne Worte der Entschuldigung, ohne Heimlichkeit und ohne Scheu tun rechte Junggesellen das, was sie vor sich selbst meinen verantworten zu können! Nun wollen wir aber schnell zum Essen gehen, sonst wird die Suppe kalt!"

Figura Leu empfing die drei Herren im Speisezimmer und machte mit scherzhafter Grandezza die Wirtin, da der Oheim verwitwet war. Erstaunt sah dieser ihren glänzenden Putz, und sie erklärte ihm sogleich, daß sie absichtlich das Gesetz beleidige, um ihr armes Brüderchen nicht allein am Pranger stehen zu lassen. Der Reformationsherr lachte herzlich über den Einfall, während Figura dem Salomon Landolt den Teller so anfüllte, daß er Einsprache erheben mußte.

„Hat die Vermahnung schon so gut angeschlagen?" sagte sie, ihm einen lachenden Blick zuwerfend.

Jetzt erwachte aber auch seine gute Laune, und er wurde so lustig und unterhaltsam mit tausend Einfällen, daß Figuras silbernes Gelächter fast ohne Aufhören ertönte und sie vor lauter Aufmerksamkeit keine Zeit mehr fand, einige Witze zu machen. Nur der Ratsherr löste ihn zuweilen ab, wenn er aus seiner längeren Erfahrung treffliche Schwänke zum besten gab, vorzugsweise charakteristische Vorfälle aus dem Amtsleben und dem beschränkten und doch stets so leidenschaftlichen Treiben der Geistlichkeit. Auch die tiefen Einwirkungen der Hausfrauen in Rat und Kirche traten in komischen Beispielen an das Licht, und man merkte wohl, daß der Reformationsherr seinen Voltaire nicht ungelesen ließ.

„Herr Landolt," rief Figura beinahe leidenschaftlich, „wir zwei wollen nie heiraten, damit uns solche Schmach nicht widerfahre! Die Hand drauf!"

Und sie hielt ihm die Hand hin, welche Salomon rasch ergriff und schüttelte.

„Es bleibt dabei!" sagte er lachend, jedoch mit Herzklopfen; denn er dachte das Gegenteil und nahm die Worte des schönen Mädchens für eine Art von verkapptem Entgegenkommen oder Aufmunterung. Auch der Ratsherr lachte, wurde aber gleich wehmütig, als die Kirchenglokken sich hören ließen und das erste Zeichen zur Nachmittagspredigt anschlugen.

„Schon wieder diese Mandate!" rief er; es war nämlich auch verboten, die Mittagsmahlzeiten in den Familien über den Gottesdienst auszudehnen, und es war unversehens zwei Uhr geworden. Alle beschauten trübselig den noch schön versehenen wohnlichen Tisch; Martin, der Neffe, öffnete schnell eine Dessertflasche, indessen der Reformationsherr wegeilte, um seinen Kirchenhabit anzuziehen, da Rang und Sitte ihm geboten, zum Münster zu gehen. Bald erschien er wieder im schwarzen Talar, den weißen Mühlsteinkragen um den Hals und den konischen Hut auf dem Kopf. Er wollte nur noch sein Gläschen austrinken; da aber Landolt eben einen neuen Schwank erzählte, setzte er sich noch einen Augenblick hin, die Unterhaltung geriet von neuem in Fluß und stockte erst, als durch das Aufhören des vollen Kirchengeläutes, das längst begonnen hatte, plötzlich die Luft still wurde.

Betroffen sagte Herr Leu, der Oheim: „Nun ist es zu spät, Martin, schenk ein! Wir wollen uns hier geduckt halten, bis die Zeit erfüllet ist!"

Figura Leu aber klatschte in die Hände und rief fröhlich: „Nun sind wir alle Übeltäter, und von welch schöner Sorte! Darauf wollen wir anstoßen!"

Wie sie das geschliffene Gläschen mit dem bernsteinfarbigen Wein lächelnd erhob und ein Strahl der Nachmittagssonne nicht nur das Gläschen und die Ringe an der Hand, sondern auch das Goldhaar, die zarten Rosen der Wangen, den Purpur des Mundes und die Steine am Halsbande einen

Augenblick beglänzte, stand sie wie in einer Glorie und sah einem Engel des Himmels gleich, der ein Mysterium feiert.

Selbst der sorglose Bruder wurde von dem erbaulichen Anblick betroffen und hätte die schimmernde Schwester gern in den Arm genommen, wäre nicht die Erscheinung dadurch zerstört worden; auch der Oheim betrachtete das Mädchen mit Wohlgefallen und unterdrückte einen aufsteigenden Seufzer der Besorgnis für das Schicksal.

Als noch ein Stündlein verflossen war und der Abend nahte, schlug der Ratsherr den beiden Gesellen vor, sich nach der Promenade im Schützenplatze zu begeben, wo längs den zwei Flüssen, die denselben einfassen, die schönen Baumalleen stehen.

„Dort geht jetzt", sagte er, „der edle Bodmer spazieren, umgeben von Freunden und Schülern, und spricht treffliche Worte, die zu hören Gewinn ist. Wenn wir uns ihm anschließen, so stellen wir unsere Reputation allerseits wieder her; indessen mag Figura ihre Sonntagsgespielinnen aufsuchen, die übungsgemäß am gleichen Orte lustwandeln, ehe sie die eingemachten Kirschen essen, mit denen sie sich in unschuldiger Weise bewirten."

Diesen Ratschlag ausführend, gingen die Männer nach der genannten Promenade, auf welcher sich verschiedene Gesellschaften als geschlossene Körper auf und nieder bewegten. Darunter befand sich in der Tat Bodmer mit seinem Gefolge und besprach im Gehen den Unterschied zwischen Ideal und Wirklichkeit, zwischen der Republik Platos und einer schweizerischen Stadtrepublik, wobei er auf alle möglichen Vorgänge zu sprechen kam und allerhand Dummheiten und Unzukömmlichkeiten mit unverkennbaren Seitenhieben bezeichnete.

Die Herren Leu und Landolt schlossen sich nach gehöriger Bekomplimentierung dem Bodmerschen Zuge an und spazierten mit demselben weiter. Salomon Landolt war mit seinem lebhaften Wesen, und überdies nicht von der größten Aufmerksamkeit erfüllt, bald einige Schritte voraus, während Bodmer zum Thema einer öffentlichen Erziehung nach bestimmten Staatsgrundsätzen überging.

Einer Gesellschaft junger Damen, die jetzt von einer Seitenallee her über die Hauptallee spazierte, ging in ähnlich ungeduldiger Weise Figura Leu voran; Landolt machte seinen tiefsten Bückling, und alle Herren hinter ihm zogen ebenfalls ihre dreieckigen Hüte und machten ihre Komplimente, daß alle Degen hinten in die Höhe stiegen; Figura verneigte sich mit unnachahmlichem Ernste und mit großen Zeremonien und alle Demoiselles hinter ihr, an die zwanzig Gespielinnen, taten es ihr nach.

Als Bodmer ein Schulwerk Basedows kritisierte, kam der Damenzug, diesmal in gerader Richtung, abermals entgegen und es erfolgte in gleicher Weise die Begrüßung, die noch länger andauerte, bis alle vorbei waren. Übergehend zum Nutzen der Schaubühnen, die Bodmer nicht ohne Anspielungen auf seine eigenen dramatischen Versuche abhandelte, wurde er wiederum durch den nämlichen zeremoniellen Vorgang unterbrochen, so daß man aus dem Hüteschwingen und Verbeugen nicht herauskam, fast zum Verdrusse des würdigen Altmeisters.

Freilich lag die Schuld einigermaßen an Salomon Landolt, der als Jäger und Soldat die Bewegungen des feindlichen Korps stets im Auge zu behalten verstand, und die gelehrten Herren, ohne daß sie es merkten, die Wege einschlagen ließ, welche zu den wiederholten Begegnungen führten. Figura griff aber jedesmal so pünktlich und zuverlässig mit ihren ungeheuren Knicksen ein, daß er es nicht bereute. Auch dünkte ihn dieser Tag, als er vollbracht war, der schönste, den er bis jetzt erlebt hatte.

Das lustige Fräulein lag ihm nun stündlich im Sinn; allein die heitere Ruhe, welche er bei der Salome, dem

Distelfink, bewahrt hatte, war jetzt dahin, und es erfüllte ihn, so oft er sie längere Zeit nicht sah, Traurigkeit und Furcht, das Leben ohne Figura Leu zubringen zu müssen. Auch sie schien ihm herzlich zugetan zu sein; denn sie erleichterte seine Bemühungen, in ihre Nähe zu kommen, und ging mit ihm um, wie mit einem guten Kameraden, der zu jedem Scherz aufgelegt und für jeden Sonnenblick guter Laune empfänglich ist. Sie legte ihm hundertmal die Hand auf die Achsel oder gar den Arm um den Hals; sobald er aber vertraulich ihre Hand ergreifen wollte, zog sie dieselbe beinahe hastig zurück; wagte er vollends ein zärtlicheres Wort oder einen verräterischen Blick, so ließ sie das mit kalter Nichtbeachtung abgleiten. Mitunter verfiel sie sogar in spöttliche Äußerungen, die sie wegen unbedeutender Dinge gegen ihn richtete und die er schweigend hinnahm, in seiner Verlegenheit aber nicht merkte, wie sie trotzdem einen warmen und teilnahmvollen Blick auf ihn geworfen hatte.

Bruder und Oheim sahen diesen seltsamen Verkehr wohl, ließen die jungen Leute aber gewähren und nahmen die Art des Mädchens wie etwas, das nicht zu ändern ist, zumal sie den vollkommen ehrenhaften und biedern Charakter Salomons kannten.

Eines Tages jedoch kam das Verhältnis zum Austrag. Salomon Geßner, der Dichter, hatte, da der Sommer begonnen, seine Amtswohnung im Sihlwalde bezogen, dessen Oberaufsicht ihm von seinen Mitbürgern übertragen worden war. Ob er das Amt wirklich selbst verwaltete, ist nicht mehr erfindlich; so viel ist gewiß, daß er in jenem Sommerhause dichtete und malte und sich mit den Freunden lustig machte, die ihn häufig besuchten. Dieser neue Salomo, der in unsern Geschichten erscheint, stand dazumal in der Blüte seines Lebens und eines Ruhmes, der sich bereits über alle Länder verbreitet hatte; was von diesem Ruhme verdient und gerecht war, trug er mit der Anspruchslosigkeit und Liebenswürdigkeit, die nur solchen Menschen eigen sind, die wirklich etwas können. Geßners idyllische Dichtungen sind durchaus keine schwächlichen und nichtssagenden Gebilde, sondern innerhalb ihrer Zeit, über die keiner hinaus kann, der nicht ein Heros ist, fertige und stilvolle kleine Kunstwerke. Wir sehen sie jetzt kaum mehr an und bedenken nicht, was man in fünfzig Jahren von alledem sagen wird, was jetzt täglich entsteht.

Sei dem, wie ihm wolle, so war die Luft um den Mann, wenn er in seiner Waldwohnung saß, eine recht poetische und künstlerische, und sein mehrseitiges fröhliches Können, verbunden mit seinem unbefangenen Humor, erregte stets goldene Heiterkeit. Sowohl seine eigenen Radierungen als die von Zingg und Kolbe nach seinen Gemälden gestochenen Blätter werden in hundert Jahren erst recht eine gesuchte Ware in den Kupferstichkabinetten sein, während wir sie jetzt für wenige Batzen einander zuschleudern.

An einer Porzellanfabrik beteiligt, hatte er mit leichter Hand versucht, in Bemalung der Gefäße selbst voranzugehen und nach kurzer Übung die Ausschmückung eines stattlichen Teegeschirrs übernommen und zum Gelingen gebracht. Das zierliche Werk sollte nun im Sihlwalde eingeweiht werden; Freunde und Freundinnen waren zu der kleinen Feier geladen und der Tisch am Ufer des Flusses unter den schönsten Ahornbäumen gedeckt, hinter denen die grüne Berghalde, Kronen über Kronen, zu dem blauen Sommerhimmel emporstieg.

Auf dem blendendweißen, mit Ornamenten durchwobenen Tischtuch aber standen die Kannen, Tassen, Teller und Schüsseln, bedeckt mit hundert kleinern und größern Bildwerklein, von denen jedes eine Erfindung, ein Idyllion, ein Sinngedicht war, und der Reiz bestand darin, daß alle diese Dinge, Nymphen, Satyrn, Hirten, Kinder, Landschaften und Blumenwerk mit leichter und sicherer Hand hingeworfen waren und jedes an seinem rechten Platz erschien, nicht als die Arbeit eines Fabrikmalers, sondern als diejenige eines spielenden Künstlers.

Der so geschmückte Tisch war mit den rundlichen Sonnenlichtern bestreut, welche durch das ausgezackte Ahornlaub fielen und nach dem leisen Takte des Lufthauches tanzten, der die Zweige bewegte; es war zuweilen wie ein sanftes, feierliches Menuett, welches die Lichter ausführten.

Schon saß Herr Geßner wieder im Anschauen dieses Spieles verloren, als der erste Wagen mit den erwarteten Gästen anlangte. In ihm saß der weise Bodmer, der zürcherische Cicero, wie ihn Sulzer zu nennen pflegte, und der Kanonikus Breitinger, der in jüngeren Tagen den Krieg gegen Gottsched mit ihm gestritten hatte. Sie saßen aber auf den Rücksitzen, da sie ihre ehrbaren Hausfrauen mitführten. Andere Kutschen brachten andere Freunde und Gelehrte, die alle einen außerordentlich muntern und geistreichen Jargon sprachen, belebt von einer Mischung literarischen Stutzertums und helvetischer Biederkeit, oder, wenn man will, altbürgerlicher Selbstzufriedenheit.

Ein letzter Wagen war mit jungen Mädchen angefüllt, worunter Figura Leu, und begleitet von Martin Leu und Salomon Landolt, die zu Pferde saßen.

Alle die würdigen und schönen Personen bewegten sich alsbald unter den Bäumen in großer Fröhlichkeit herum; das bemalte Porzellanzeug wurde betrachtet und höchlich gelobt; allein es dauerte nicht lange, so führte Salomon Geßner mit der Figura Leu die Szene auf, wie ein blöder Schäfer von einer Schäferin im Tanz unterrichtet wird, und er machte das so lustig und natürlich, daß ein allgemeiner Mutwillen entstand und Frau Geßner, die hübsche geborene Heideggerin, Mühe hatte, die Gesellschaft endlich zum Sitzen zu bringen, damit ihrer Bewirtung Ehre angetan würde.

Dem ruhigern Gespräche, das hierbei Raum gewann, wurde Nahrung gegeben durch einen jener Enthusiasten, die alles Persönliche hervorzerren müssen. Derselbe hatte schon die neuesten Ereignisse des Geßnerschen Lebens aufgestöbert, vielleicht nicht ohne Wegeleitung der trefflichen Gattin. Es waren verschiedene Briefe aus Paris gekommen. Rousseau schrieb Herrn Huber, einem Übersetzer Geßners, die schmeichelhaftesten Dinge über letzteren, und wie er dessen Werke nicht mehr aus der Hand lege. Diderot wünschte sogar, einige seiner Erzählungen mit den neuesten Idyllen Geßners in einem Bande gemeinschaftlich erscheinen zu lassen. Daß Rousseau für den idealen Naturzustand jener idyllischen Welt schwärmte, war am Ende nichts Wunderbares; daß aber der große Realist und Enzyklopädist nach dem Vergnügen strebte, mit dem harmlosen Idyllendichter Arm in Arm aufzutreten, erschien als die erdenklich wichtigste Ergänzung des Lobes und gab zum Verdrusse Geßners Anlaß zu den breitesten Erörterungen.

Dadurch aber wurde Bodmer, der Cicero, aus seinem Gleichgewichte geworfen, daß die menschliche Narrheit, die auch dem Weisesten innewohnt, die Oberhand bekam und frei wurde, indem er nun unaufhaltsam und rücksichtslos seine dichterische Seite hervorkehrte. Er erinnerte wehmütig daran, wie er einst mit dem jungen Wieland zusammen in begeisterter Freundschaft, er, der ältere, bewährte, mit dem aufgehenden Jugendgestirn, im Entwerfen vieler heiliger Dichtungen gewetteifert: und wo seien nun jene edelsten Freuden geblieben?

Die hageren Beine übereinander gelegt, im Stuhle zurückgelehnt und wegen der kühleren Waldluft einen leichten grauen Sommerüberwurf malerisch umgeschlagen, gab er sich in lauter Melancholie dem Andenken an jene trüben Erfahrungen hin, da kurz nacheinander die seraphischen Jünglinge Klopstock und Wieland, die er nach Zürich gerufen, seine heilige Vaterfreundschaft und poetische Bruderschaft so schnöde getäuscht und hintergangen hatten, der eine, indem er sich zu einer Schar zechender Jugendgenossen schlug und einen erschreckenden Weltsinn bekundete, statt am Messias zu arbeiten; der andere, indem er immer mehr mit allen möglichen Weibern zu verkehren begann und damit endete, der frivolste und liederlichste Verseschmied, nach seiner Ansicht, zu werden, der jemals gelebt, dergestalt, daß Bodmer alle Hände voll zu tun hatte, die Schande und den Kummer mit einer unerschöpflichen Flut von furchtbaren Hexametern in ehrwürdigen Patriarchiden zu bekämpfen.

So kam er dann auf den geprüften Abraham, auf Jakobs Wiederkunft aus Haran, auf die Noachide, die Sintflut und alle jene Monumente seiner ruhelosen Tätigkeit zu sprechen und rezitierte zahlreiche Glanzstellen aus denselben. Dazwischen flocht er tadelhafte Neuigkeiten ein, die seine allverbreiteten Korrespondenzen ergaben, wie zum Beispiel der Rat von Danzig den jungen poesiebeflissenen Bürgern der Stadt den Gebrauch des Hexameters als eines für die bürgerlichen Gelegenheiten unanständigen und aufrührerischen Vehikels verboten habe.

Auch beschrieb er mit maliziösem Lächeln als Charakteristikum moderner Freundschaft, wie er einem Freund und Pfarrer vom Erscheinen eines feindlich schlechten Spottgedichtes auf ihn, betitelt „Bodmerias“, vertraute Mitteilung gemacht; wie der Freund sich darüber entrüstet gezeigt, daß man das Vergnügen an den unsterblichen Bodmerischen Werken auf so boshafte und widrige Art zu stören wage; hoffentlich werde solche Bübereien kein ehrbarer Mensch lesen, alles mit mehrerem; wie aber der lüsterne Geistliche mit der Anfrage geschlossen, ob er ihm diese Bodmerias nicht auf einen Tag verschaffen könne, da nach überwundenem Verdrusse das Divertissement an denen so werten Poesien sich unzweifelhaft verdoppeln werde!

Die Anwesenden lächelten ergötzt über den neugierigen Pfarrer, den sie errieten. Bodmer aber ließ in höherer Erregung seinen Überwurf auf die Hüften sinken, sich vorbeugend, daß er einem römischen Senator gleich sah, und rief:

„Dafür geht er auch der Erwähnungsstelle verloren, die ich ihm in der neuen Auflage der Noachide bestimmt hatte; denn er hat sich nicht geläutert genug erwiesen, an meiner Hand in die Zukunft hinüber zu schreiten!"

Er führte nun aus, welchen Bewährten unter seinen Freunden er solche Erwähnungsstellen in seinen verschiedenen Epopöen schon gewidmet habe und welchen er diese Vergünstigung noch zuzuwenden gedenke, je nach der Bedeutung des Mannes in größeren oder geringeren Werken, in einer größeren oder kleineren Anzahl von Versen.

Mit scharf prüfendem Auge blickte er um sich, und alle schauten vor sich nieder, die einen errötend, die andern erbleichend, alle aber schweigend, da er eine ernste Musterung zu halten schien.

Allmählich ward seine Stimmung milder; er lehnte sich wieder zurück, der vergangenen Tage gedenkend, und sagte mit weichem Tone, in die grüne Berghalde hinaufblickend:

„Ach, wo ist jene goldene Zeit hin, da mein junger Wieland den Vorbericht zu unsern gemeinsamen Gesängen schrieb und die Worte hinzusetzte: Man hat es vornehmlich unserer göttlichen Religion zuzuschreiben, wenn wir in der moralischen Güte unserer Gedichte etwas mehr als *Homere* sind?"

In dem Augenblicke, als er wieder abwärts sah, gewahrte er eine seltsame Szene, so daß er plötzlich aufsprang und streng ausrief: „Was macht die Närrin?"

Schon die ganze Zeit über war nämlich Salomon Landolt etwas seitwärts unter den Bäumen für sich auf und ab gegangen, über seine Herzensangelegenheit nachdenkend und erwägend, ob nicht am heutigen Tage etwas Entscheidendes geschehen könnte?

Er trug damals einen ansehnlichen Haarbeutel mit großen Bandschleifen. Figura Leu aber hatte sich im Hause ein kleines Taschenspiegelchen und einen runden Handspiegel verschafft. Das erstere wußte sie ihm, als ob sie an demselben etwas zu ordnen hätte, unbemerkt an dem Haarbeutel zu befestigen, worauf er seinen Spaziergang ruhig fortsetzte. Sogleich aber schritt sie, auf dem Moosboden unhörbar für ihn, mit pantomimischen Tanzschritten hinter ihm her, auf und nieder, so leicht und zierlich wie eine Grazie, und führte ein allerliebstes Spiel auf, indem sie sich fortwährend in dem Spiegel auf Landolts Rücken und in dem Handspiegel abwechselnd beschaute und zuweilen den Handspiegel und ihren Oberkörper, immer tanzend, so wendete, daß man sah, sie bespiegele sich von allen Seiten zugleich.

Wie ein Blitz war in dem geistig beweglichen und klugen Greisen der Verdacht aufgefahren, es werde hier von mutwilliger Jugend das Bild einer eiteln Selbstbespiegelung dargestellt, und zwar der seinigen, in Übersetzung der von ihm gehaltenen Reden. Alle wendeten sich nach der Richtung, in welcher sein langer knochiger Zeigefinger wies, und belachten das artige Schauspiel, bis endlich auch Landolt aufmerksam wurde, sich verwundert umschaute und noch die Figura ertappte, wie sie schnell das Spiegelchen ihm vom Rücken nahm.

„Was soll das bedeuten?“ fragte der alte Professor, der sich schon gefaßt hatte, mit ruhiger und sanfter Stimme; „will die Jugend das geschwätzige Alter verspotten?“

Was Figura eigentlich gewollt, wurde nie ermittelt; nur so viel ist sicher, daß sie in großer Verlegenheit dastand und von Reue befallen war; in der Angst zeigte sie auf Landolt und sagte: „Sehen Sie denn nicht, daß ich nur mit diesem Herrn scherze?“

Nun wurde Salomon Landolt rot und blaß, da er sich für den Gefoppten halten mußte, und weil die Gesellschaft endlich auch die zweifelhafte Natur des Schauspiels wahrnahm, verbreitete sich eine stille, etwas peinliche Spannung.

Da sprang Salomon Geßner ein, ergriff den Handspiegel und rief:

„Mit nichten handelt es sich um irgendeine Verspottung! Das Fräulein hat die Wahrheit darstellen wollen, wie sie im Gefolge der Tugend geht, die hoffentlich niemand unserem Landolt abstreiten wird! Aber dennoch hat die Darstellerin gefehlt, denn die Wahrheit soll einzig um ihrer selbst willen bestehen und weder von der Tugend noch vom Laster in dieser oder jener Weise abhängig sein! Laßt sehen, ob ich's besser kann!“

Hiermit nahm er ein Schleiertuch der nächsten Dame, drapierte sich damit die Hüften, als ob er antikisch unbekleidet wäre, und bestieg, den Spiegel in der Hand, einen Steinblock als Piedestal, auf welchem er mit verrenkter Körperhaltung und süßlichem Mienenspiel die Bildsäule einer zopfigen Veritas so drollig zur Erscheinung brachte, daß Gelächter und Fröhlichkeit zurückkehrten.

Nur Salomon Landolt blieb in zerstörter Laune und schlich sich weg, einen entlegeneren Waldpfad aufsuchend, um seine Gedanken zu sammeln und nachher als ein tapferer Mann aus der Affäre abzureiten. Er war aber noch nicht lange gegangen, so hing unversehens Figura Leu an seinem Arm.

„Ist es erlaubt, mit dem Herrn zu promenieren?“ flüsterte sie ihm zu und schritt dann mit leichtem Fuß eine Weile neben dem Schweigenden her, der sie trotz seines Schweigens keineswegs vom Arme ließ. Als sie aber auf einer gewissen Höhe angekommen waren, wo kein Auge sie mehr erreichen konnte, stand sie still und sagte:

„Ich muß einmal mit Ihnen sprechen, da ich sonst elendiglich umkomme. Zuerst aber dieses!"

Damit schlang sie beide Arme um seinen Hals und küßte ihn. Als er dergleichen fortsetzen wollte, stieß sie ihn aber kräftig zurück.

„Das will sagen," fuhr sie fort, „daß ich Ihnen gut bin und weiß, daß Sie mir es auch sind! Aber hier heißt's nun Amen! Aus und Amen! Denn wissen Sie, daß ich meiner Mutter auf ihrem Sterbebette versprochen habe, eine Minute ehe sie den Geist aufgab, daß ich niemals heiraten werde! Und ich will und muß das Versprechen halten! Sie war geisteskrank, erst schwermütig, dann schlimmer, und nur in der letzten Stunde wurde sie noch einmal licht und sprach mit mir. Es ist in der Familie, taucht bald da, bald dort auf; früher übersprang es regelmäßig eine Generation, doch die Großmutter hat's gehabt, dann die Mutter, und nun fürchtet man, ich werde es auch bekommen!"

Sie ließ sich auf die Erde nieder, bedeckte das Gesicht mit den Händen und fing bitterlich an zu weinen.

Landolt kniete erschüttert bei ihr, suchte ihre Hände zu fassen und sie zu beruhigen. Er suchte nach Worten, ihr seinen Dank, seine Gefühle auszudrücken, konnte aber nichts sagen, als: „Nur Mut, das wollen wir schon machen! Das wäre etwas Schönes; da wird nichts draus" und so weiter.

Allein sie rief mit erschreckender Überzeugung: „Nein, nein! Ich bin jetzt schon nur so lustig und töricht, um die Schwermut zu verscheuchen, die wie ein Nachtgespenst hinter mir steht, ich ahne es wohl!"

Es gab damals bei uns zulande noch keine besondern Anstalten für solche Kranke; die Irren wurden, wenn sie nicht tobten, in den Familien behalten und lebten langehin als unselige dämonische Wesen in der Erinnerung.

Schneller, als er hoffte, erhob sich aber das weinende Mädchen; sie trocknete das Gesicht sorgfältig und entfloh der Trauer mit instinktiver Eile.

„Genug für jetzt!“ rief sie. „Sie wissen's nun! Sie müssen ein gutes, schönes Wesen heiraten, das klüger ist als ich! Still, schweigen Sie! Das ist das Punktum!“

Landolt wußte für einmal nichts weiter zu sagen; er blieb gerührt und erschüttert von dem ernst drohenden Schicksale; aber er fühlte auch ein sicheres Glück in sich, das er nicht zu verlieren gedachte. Sie gingen noch so lange miteinander herum, bis die Spuren der Aufregung in Figuras schönem Gesicht verschwunden waren, und kehrten dann zu der Gesellschaft zurück.

Dort war bereits ein kleiner Ball unter den jüngern Leuten im Gange, da Herr Geßner für ein paar ländliche Musikanten gesorgt hatte.

Als aber Figura erschien, forderte der versöhnte Bodmer selbst sie auf, eine Tour mit ihm zu probieren, damit er seine Jugendlichkeit noch dartun könne. Nachher tanzte sie, so oft es ohne auffällig zu werden geschehen konnte, mit Landolt, dem sie zuflüsterte, es müsse das der letzte Tag ihrer Vertraulichkeit sein, da sie nie wisse, wann sie in das unbekannte Land abberufen werde, wo die Geister auf Reisen gehen.

Auf der Fahrt nach der Stadt ritt er an der Seite des Wagens, auf welcher sie saß. Ihr Zünglein stand nicht einen Augenblick still; von einem fruchtbeladenen Kirschbaum, unter dem er wegritt, brach er rasch einen Zweig voll korallenroter Kirschen und warf ihr denselben auf den Schoß.

„Danke schön!“ sagte sie und bewahrte den Zweig mit den vertrockneten Früchten noch dreißig Jahre lang sorgfältig auf; denn sie blieb bei guter Gesundheit, und das düstere Schicksal erschien nicht. Dennoch verharrte sie unabänderlich auf ihrem Entschlusse; auch ihr Bruder Martin, welchen Salomon am nächsten Tage in aller Frühe aufsuchte, um mit ihm zu sprechen, bestätigte ihre Aussage, und daß es für eine ausgemachte Sache im Hause gelte, in welchem von jeher vorzüglich die Frauen diesem Unglück ausgesetzt gewesen seien. Keinen liebern Schwager, beteuerte Martin, möchte er sich wünschen als Landolten; allein er müsse ihn selbst bitten, um der Ruhe und des Friedens ihres Gemütes willen, die sich bis jetzt so leidlich erhalten, von allem weiteren abzustehen.

Landolt ergab sich nicht sogleich; vielmehr harrte er im stillen jahrelang, ohne daß jedoch eine Änderung in der Sache eintrat. Sein guter Mut erhielt sich nur dadurch, daß nach den abgemessenen Zwischenräumen, nach welchen er die Figura Leu wiedersah, ihre Augen ihm jedesmal zu verstehen gaben, daß er ihr liebster und bester Freund sei.

Kapitän

Salomon lebte sieben volle Jahre dahin, ohne sich weiter um die Frauenzimmer zu kümmern, und nur der Hanswurstel, wie er Figura Leu nannte, wohnte noch in seinem Herzen. Endlich aber gab es doch wieder eine Geschichte.

Aus holländischen Kriegsdiensten zurückgekehrt, hauste damals in Zürich ein gewisser Kapitän Gimmel, der von seiner verstorbenen Frau, die eine Holländerin gewesen, eine Tochter mit sich führte und von einem kleinen Vermögen, sowie von einer Pension in der Art lebte, daß er fast alles für sich allein brauchte.

Dieser Mann war ein arger Trunkenbold und Raufer, der sich besonders auf seine Fechtkunst etwas einbildete und, obgleich keineswegs mehr jung, doch immer mit den jungen Leuten verkehrte, lärmte und Skandal machte. Als Landolt einst in seine Nähe geriet und ihm die Prahlereien des Kapitäns zuwider wurden, nahm er dessen Herausforderung auf und begab sich mit der Gesellschaft in das Haus Gimmels, wo ein förmlicher Fechtsaal gehalten wurde. Dort gedachte Landolt dem alten Raufer trotz seines Lederpanzers ein paar tüchtige Rippenstöße beizubringen; denn er war selbst ein guter Fechter und hatte sich schon als kleiner Junge im Schlosse zu Wülflingen und später auf der Metzer Kriegsschule, sowie in Paris fleißig geübt.

Der Saal erdröhnte denn auch bald von den Tritten und Sprüngen der Fechtenden und von dem Schalle der Waffen, und Landolt setzte dem Kapitän allmählich so heftig zu, daß er zu schnauben begann; aber jener ließ plötzlich seinen Degen sinken und starrte wie verzaubert nach der aufgehenden Tür, durch welche die Tochter des Kapitäns, die schöne Wendelgard, mit einem Präsentierteller voll Likörgläschen hereintrat.

Das war nun freilich eine herrliche Erscheinung zu nennen. Über Vermögen reich gekleidet, wie es schien, die hohe Gestalt von Seide rauschend, trat doch alle Pracht zurück vor der seltenen Schönheit der Person. Gesicht, Hals, Hände, Arme, alles von genau derselben weißen Hautfarbe, wie wenn ein parischer Marmor bekleidet worden wäre; dazu ein rötlich schimmerndes, üppiges Haar, von dessen Seide jeder einzelne Faden hunderfach gewellt war; große, dunkelblaue Augen, sowie der Mund schienen wie von einem fragenden Ernste, ja fast von leiser Sorge zu reden, wenn auch nicht gerade von geistigen Dingen herrührend.

Als diese glänzende Person sich umsah, wo sie das Gläserbrett abstellen könne, wies der Kapitän, über die willkommene Unterbrechung erfreut, das Fenstergesimse dazu an. Die jungen Männer aber begrüßten sie mit derjenigen Höflichkeit, welche man einer solchen Schönheit unter allen Umständen schuldig ist. Sie entfernte sich, indem sie sich verneigte, mit einem anmutsvollen Lächeln, welches den Ernst ihrer Züge durchbrach; dabei warf sie rasch einen schüchternen Blick auf den erstaunten Salomon, welchen sie zum erstenmal im Hause sah. Der Papa jedoch holte verschiedene holländische feine Schnäpse herbei und wußte mit dem Anbieten derselben über die Fortsetzung des Waffenganges hinwegzugleiten.

Landolt dachte auch nicht mehr daran, dem Kapitän Gimmel weh zu tun; denn er war in seinen Augen mit einem Schlag in einen Zauberer verwandelt, der goldene Schätze besaß und Glück oder Unglück aus den Händen schütten konnte. Er machte ohne Besinnen eine Wasserfahrt mit, die Gimmel nach einem guten Weinorte vorschlug, und so ungewohnt ihm das unharmonische Gebaren des ältlichen Renommisten erschien, war er jetzt gegen ihn die Duldung und Nachsicht selber.

Wessen das Herz voll ist, davon läuft der Mund über, und zu einer Neuigkeit kommt die andere. Um von der schönen Wendelgard etwas sprechen zu hören, brachte er von der Zeit an ihren Namen mit behender List, aber so beiläufig und trocken als möglich, überall aufs Tapet, und zu gleicher Zeit machte sie, die sonst noch so wenig bekannt gewesen, selbst von sich reden durch den Leichtsinn, mit welchem sie eine ziemliche Menge Schulden kontrahiert haben sollte, so daß der unerhörte Fall eintrat, daß ein junges Mädchen, eine Bürgerstochter, am Rande eines schimpflichen Bankerottes schwebte; denn der Vater, hieß es, verweigere jegliche Bezahlung der ohne sein Wissen gemachten Schulden und bedrohe die mahnenden Gläubiger mit Gewalttaten, die Tochter aber mit Verstoßung.

Die Sache schien sich so zu verhalten, daß letztere, um für die Bedürfnisse des Haushaltes zu sorgen, und vom Vater ohne die nötigen Mittel gelassen, zum Borgen ihre Zuflucht genommen und dann für sich selbst diesen tröstlichen Ausweg zu oft und immer öfter eingeschlagen hatte. Ihre Unerfahrenheit, mütterliche Verwaistheit und eine gewisse Naivität, wie sie solchen Ausnahmegestalten zuweilen eigen ist, waren hierbei nicht ohne Einfluß gewesen, abgesehen davon, daß sie den prahlerischen Vater für sehr wohlhabend hielt.

Wie dem auch sei – so war sie jetzt in aller Mund; die Frauen schlugen die Hände zusammen und erklärten das Jüngste Gericht nahe, wenn solche Phänomene sich zeigen; die Männer ließen es beim Untergang des Staates bewenden; die jungen Mädchen steckten heimlich die Köpfe zusammen und ergingen sich in den unheimlichsten Vorstellungen von der Unglücklichen; die jungen Herren gerieten auf ungeordnete und schlechte Späße, hielten sich aber mit erschreckter Vorsicht fern vom Hause des Kapitäns, ja von der Gasse, wo es lag; die angeführten Kaufleute und Krämer liefen hin und her zu den Gerichten, ihre Klagen zu betreiben.

Nur Salomon Landolt gedachte mit verdoppelter Leidenschaft der in ihren Schulden trauernden Schönheit. Ein heißes Mitleid beseelte und erfüllte ihn mit unüberwindlicher Sehnsucht, wie wenn die Sünderin statt im Fegefeuer ihrer Not in einem blühenden Rosengarten säße, der mit goldenem Gitter verschlossen wäre. Er vermochte dem Drange, sie zu sehen und ihr zu helfen, nicht länger zu widerstehen, und als er eines Abends den Kapitän in einem Wirtshause fest vor Anker sah, ging er rasch entschlossen hin und zog am Hause der Wendelgard kräftig die Glocke an. Der Magd, welche aus dem Fenster guckte und nach seinem Begehr fragte, erwiderte er barsch, es sei jemand vom Stadtgerichte da, der mit dem Fräulein zu sprechen habe, und er wählte diese Einführung, um damit jedes unnütze Gerede und anderweitiges Aufsehen abzuschneiden. Freilich erschreckte er die Ärmste nicht wenig damit;

denn sie trat ihm ganz blaß entgegen und errötete dann ebenso stark, als sie ihn erkannte.

In größter Verlegenheit und mit einer zitternden Stimme, der man Furcht und Schrecken wohl anmerkte, bat sie ihn, Platz zu nehmen; denn sie war so unberaten und verlassen, daß sie keine Einsicht in den Gang der Geschäfte besaß und vermutete, sie würde jetzt in ein Gefängnis abgeführt werden.

Kaum hatte Landolt aber Platz genommen, so wechselten die Rollen, und er war es nun, der für seine Eröffnungen nur schwer das Wort fand, da ihn das schöne Unglück vornehmer und hochstehender dünkte als ein König von Frankreich, der immerhin die Eidgenossen grands amis nennen mußte, wenn er ihnen das Blut abkaufte. Endlich tat er ihr mit der Haltung eines Schutzsuchenden kund, was ihn hergeführt; das wachsende Wohlgefallen, das er an ihrem Anschauen fand, stärkte seine Lebensgeister dann so weit, daß er ihr ruhig auseinandersetzen konnte, wie er als Beisitzender des Gerichts von ihrer verdrießlichen Angelegenheit Kenntnis genommen habe und nun gekommen sei, die Dinge mit ihr zu beraten und ausfindig zu machen, auf welche Weise der Handel geschlichtet werden könne. So möge sie ihm denn vertrauensvoll den Umfang und die Natur ihrer eingegangenen Verpflichtungen mitteilen.

Mit einem großen Seufzer der Erleichterung und nachdem sie, wie jenes erste Mal, einen forschenden Blick auf ihn geworfen, eilte Wendelgard eine Schachtel herbeizuholen, in welcher sie alle Rechnungen, Mahnbriefe und Gerichtsakte, die bisher eingelaufen, zusammengesperrt hatte, ohne sie je wieder anzusehen. Mit einem zweiten Seufzer, indem sie schamrot die Augen niederschlug, schüttete sie den ganzen Kram auf den Tisch, lehnte sich auf ihrem Sessel zurück und bedeckte das Gesicht mit den umgekehrten leeren Schachtel, hinter welcher sie sachte zu schluchzen begann, das Haupt abwendend.

Gerührt und beglückt, daß er so tröstlich einschreiten könne, nahm Salomon ihr die Schachtel weg, faßte sanft ihre Hände und bat sie, guten Mutes zu sein. Dann machte er sich mit den Papieren zu schaffen, und wo er einer Auskunft bedurfte, fragte er mit so guter und vertrauenerwekkender Laune, daß die Antwort ihr leicht wurde. Er zog nun das Skizzenbüchlein hervor, das er immer bei sich führte und das mit flüchtigen Studien von Pferden, Hunden, Bäumen und Wolkengebilden angefüllt war. Dazwischen hinein verzeichnete er auf ein weißes Blatt den Schuldenstand der guten Wendelgard. Es handelte sich meistens um schöne Kleider und Putzsachen, sowie um zierliche Möbelstücke; auch einige Näschereien waren darunter, obgleich in bescheidenem Maße, und im ganzen erreichte die Summe bei weitem nicht die ungeheuerliche Größe, die im Publikum spukte. Doch betrug alles in allem immerhin gegen tausend Gulden Züricher Währung und war von der Schuldnerin in keiner Weise zu beschaffen.

Landolt aber war so betört, daß ihm das Schuldenverzeichnis des schönen Wesens, als er das Büchlein sorgfältig in seiner Brusttasche verwahrte, ein so süßer, köstlicher und anmutiger Besitz schien, wie kaum das Vermögensinventarium einer reichen Braut; er liebte alles, was auf dem Register stand, die Roben, die Spitzen, die Hüte, die Federn, die Fächer und die Handschuhe, und selbst die Näschereien erweckten nur seine Gelüste, das reizende große Kind mit dergleichen selbst einmal füttern zu dürfen.

Als er sich verabschiedete und bald wieder von sich hören zu lassen versprach, schaute sie ihn mit zweifelnden Blicken an, da ihr nicht deutlich war, wie es werden sollte. Doch war sie heiter geworden und leuchtete ihm selbst mit traulich dankbarem Wesen bis unter die Haustüre, wo sie mit einem freundlich gelispelten „Gute Nacht!" vollständig die Oberhand gewann über den Stadtrichter. Sie stieg langsam und gedankenvoll, letzteres vielleicht zum erstenmal, die Treppen wieder hinauf und schlief jedenfalls zum erstenmal seit geraumer Zeit süß und ruhig ein, so daß sie den polternden Kapitän nicht nach Hause kommen hörte.

Desto weniger schlief Landolt in dieser Nacht und überlegte den Handel, bis die Hähne krähten in den vielen Hühnerhöfen der Stadt.

Da Salomon Landolt noch bei seinen Eltern lebte und von ihnen abhing, konnte er höchstens einen Teil der Summe aufbringen, deren es zur Erlösung Wendelgards bedurfte, weil seine Einmischung verborgen bleiben mußte, wenn er sich die spätere Verbindung mit dem Leichtsinnsphänomen nicht von vornherein noch mehr erschweren wollte. Dagegen besaß er eine reiche Großmutter, deren Liebling er war und die ihm in allerhand Geldnöten beizustehen pflegte und ein Vergnügen daran fand, es ganz im geheimen zu tun. Sie hatte dabei die Eigenheit, daß sie heftig gegen jede Verheiratung des Enkels protestierte, so oft etwa von einer solchen die Rede war, indem er, den sie am besten kenne, dadurch nur unglücklich werden und verkümmern würde; denn auch die Weiber, behauptete sie, kenne sie genugsam und wisse wohl, was an ihnen sei. Sie begleitete daher jedesmal ihre Handreichungen und geheimen Vorschüsse mit der vertraulichen Ermahnung, nur ja nicht ans Heiraten zu denken; und wenn er in einer Verlegenheit sich an sie wendete, brauchte er nur eine derartige Anspielung zu machen, um des schnellsten Erfolges sicher zu sein.

Auch jetzt nahm er seine Zuflucht zu der wunderlichen Großmutter und vertraute ihr mit einem verstellten Seufzer, daß er nun doch endlich darauf werde denken müssen, durch eine gute Partie, welche sich zeige, aus der Not und überhaupt in eine unabhängige Stellung zu kommen. Erschreckt nahm sie die Brille ab, durch die sie eben in ihrem Zinsbuche gelesen hatte, und betrachtete den unheilvollen Enkel wie einen Verlorenen, der sein eigenes Haus in Brand zu stecken im Begriffe steht. „Weißt du, daß ich dich enterbe, wenn du heiratest?“ rief sie, selbst entsetzt über diesen Gedanken; „das fehlte mir, daß so ein scharrendes Huhn einst über meine Kisten und Kasten kommt! Und du? Wie willst du denn ein Weib ertragen lernen? Wie willst du es aushalten, wenn zum Beispiel eine den ganzen Tag lügt? oder eine, die über alle Welt lästert, so daß dein ehrlicher Tisch eine Stätte der Schmähsucht wird, oder eine, die immer etwas ißt, wo sie steht und geht, und dazu klatscht während des Kauens? Wie wirst du dastehen, wenn du eine hast, die in den Kaufläden mauset, oder die Schulden macht, wie die Gimmelin?“

Der Enkel unterdrückte das Lachen über die letzte Spezies, mit der es die Großmutter so nahe getroffen, und er sagte möglichst ernsthaft: „Wenn es so schlimm steht mit den armen Weiblein, so kann man sie ja um so weniger sich selbst überlassen und man muß sie heiraten, um zu retten, was zu retten ist!“

Aufs Äußerste gebracht, rief die Feindin ihres eigenen Geschlechtes: „Hör auf, du Greuel! Was ist's, was brauchst du?“

„Ich habe tausend Gulden im Spiel verloren, daran fehlen mir sechshundert!“

Die alte Dame setzte ihre Brille wieder auf, riß ihre Gloriahaube vom Kopf, um in ihren kurzen, grauen Haaren zu kratzen, und humpelte an den eingelegten Schreibtisch. Mit Vergnügen sah Landolt hinter der zurückrollenden Klappe die Wunder erscheinen, die dort aufbewahrt wurden und schon seine Kindheit erfreut hatten; eine kleine silberne Weltkugel; einen Ritter auf einem aus Elfenbein geschnittenen Pferde, der trug eine wirkliche silberne und vergoldete Rüstung, die man abnehmen konnte:

der Schild war mit einem Edelsteine geschmückt und die Federn des Helmes emailliert; dann aber, ebenfalls aus Elfenbein kunstreich und fein gearbeitet, ein vier Zoll hohes Skelettchen mit einer silbernen Sense, welches das Tödlein genannt wurde und an dem kein Knöchlein fehlte.

Diesen zierlichen Tod nahm die Alte auf die zitternde Hand und sagte, während das feine Elfenbein kaum hörbar ein wenig klingelte und klapperte: „Sieh her, so sehen Mann und Frau aus, wenn der Spaß vorbei ist! Wer wird denn lieben und heiraten wollen!"

Salomon nahm das Tödlein auch in die Hand und betrachtete es aufmerksam; ein leichter Schauer durchfuhr ihn, als er sich die schöne Gestalt der Wendelgard von einem solchen Gerüste herunterbröckelnd vorstellte; wie er aber an die schnelle Flucht der Zeit und ihre Unwiederbringlichkeit dachte, klopfte ihm das Herz so stark, daß das Gerippchen merklich zitterte, und er warf einen verlangenden Blick auf die Hand der Großmutter, welche jetzt dem stets in einem Fache liegenden Barschatze eine Rolle schöner Doppellouisdors enthob und sagte:

„Da sind die tausend Gulden! Nun bleib mir aber vom Halse mit allen Heiratsgedanken!"

Zunächst machte er sich nun an den Kapitän Gimmel, den er in der Schenke aufsuchte und beiseitenahm. Er trug ihm vor, wie er von einer dritten Person, die nicht genannt sein wolle, beauftragt und in den Stand gesetzt sei, die unangenehme Angelegenheit der Tochter in Ordnung zu bringen; allein es werde verlangt, daß der Kapitän die Sache in seinem eigenen Namen geschehen lasse, zur möglichsten Schonung der Tochter, und es dürfe auch diese nichts anderes glauben, als daß der Vater die Schulden bezahlt habe. In diesem Sinne werde Landolt die Summe, als vom Kapitän herrührend, an amtlicher Stelle einliefern und dafür sorgen, daß dort die Gläubiger in aller Stille befriedigt würden. So werde dem Vater und dem Fräulein jede weitere Verdrießlichkeit erspart sein.

Der Herr Kapitän betrachtete den jungen Mann mit verwunderten Augen, sprach erst von unbefugten Einmischungen und Wahrung seines Hausrechtes und rückte an seinem Degen; als ihm aber Landolt vorstellte, daß man sich sehr für das Fräulein und ihr zukünftiges Wohl interessiere, welches von einer baldigen Regulierung der bewußten Sache abhangen könne, und der Kapitän eine gute Versorgung des Kindes zu wittern begann, steckte er das Schwert seiner Ehre wieder ein und erklärte sich mit dem vorgeschlagenen modus procedendi einverstanden.

Salomon Landolt führte nun das Geschäft mit Vorsicht und Geschicklichkeit zu Ende, so daß die Gläubiger bezahlt wurden. Jedermann glaubte, der Kapitän Gimmel habe sich eines Besseren besonnen, und Wendelgard selbst wußte nichts anderes. Ihr gegenüber gab sich der Vater ein feierliches Ansehen, welches von neuem sie in der Meinung bestärkte, daß er doch ein vermöglicher Mann sein müsse.

Sie war daher keineswegs über die Maßen erstaunt und fassungslos, als Salomon, der Geschäftsträger, eines Abends wieder erschien und ihr die quittierten Rechnungen über alle großen und kleinen Schulden in die Hände legte. Dies gönnte er ihr jedoch von Herzen und freute sich ihrer gewonnenen guten Haltung, da ihm während der Abwicklung über die Zahl und Art der Schulden doch das eine oder andere Bedenken aufgestiegen war, freilich nur mit der Wirkung, daß ihn aufs neue ein zärtliches Mitleiden mit ihrer unberatenen Armut erfüllte und die stärksten Wünsche erregte, ihr Schicksal für immer in feste Hand nehmen zu dürfen. Wendelgard hatte sich in Voraussicht seines Besuches die letzten Tage noch sorgfältiger als sonst gekleidet und geschmückt, und auch sie war ihrer besseren

Fassung doch hauptsächlich froh, weil sie vor dem Retter in der Not nicht mehr so erniedrigt erschien, und zwar aus eigenen Mitteln, wie sie glaubte.

Sie dankte ihm aber dennoch mit kindlichen und herzlichen Worten für seine hilfreiche Bemühung; sie gab ihm dabei vertraulich die Hand und war jetzt so schön, daß er ohne weiteres Zögern ihr seine Neigung gestand und daß nur diese ihn vermocht habe, sich so aufdringlich in ihre Angelegenheiten zu mischen. Ja, er ging in seiner rückhaltlosen Offenheit so weit, ihr auseinanderzusetzen, wie sie ihm durch Erwiderung und Gewährung ihrer Hand eine ungleich größere Hilfe erweisen und ihn veranlassen würde, ein etwas unstetes und planloses Leben endlich zusammenzuraffen und für Liebe und Schönheit das zu tun, was er für sich selbst nicht habe tun mögen.

Diese ehrliche Unklugheit oder unkluge Ehrlichkeit erweckte aber die Klugheit des schönen Mädchens. Sie ließ während seiner Reden dem erregten Salomon ihre Hand und sah ihn mit freundlichen Augen an, die von dem Glükke, aus der Erniedrigung so plötzlich erhöht zu sein, lieblich erglänzten. Allein mitten in der Lieblichkeit des Augenblickes besann sich die sonst so Leichtsinnige wegen der unsteten Lebensführung, deren ihr Liebhaber sich anklagte, und sie erbat sich eine Bedenkzeit von sieben Tagen. Sie entließ ihn aber durchaus huldvoll und atmete so schnell und kurz wie ein junges Kaninchen, als sie sich wieder allein befand.

Indessen hatte der Kapitän sich die geheimnisvollen Andeutungen Landolts eingehender überlegt und die Entdeckung gemacht, daß seine Tochter allerdings nun reif sei für das Glück und auf den Markt gebracht zu werden. Er war nicht gesinnt, das Kleinod sich von unbekannter Hand abjagen zu lassen, sondern wollte mit offenen Augen dabei sein und vor allem eine gehörige Schaustellung veranstalten. Um gleich ins Zeug zu gehen, beschloß er, mit der Tochter die Bäder von Baden zu besuchen, die wegen der schönen Pfingstzeit gerade voll Gäste waren. Sie mußte ihre schönsten Kleider einpacken, die sie in Zürich wegen der Sittenmandate nicht einmal sehen lassen durfte, und so zogen sie zusammen ohne Säumen im Hinterhof zu Baden ein, der gleich den anderen Gasthäusern schon von Fremden angefüllt war. Damit hatte die väterliche Aufsicht Gimmels aber auch ihr schnelles Ende erreicht; denn er suchte und fand augenblicklich genügende Gesellschaft trinklustiger alter Soldaten und überließ die Tochter Wendelgard gänzlich sich selber.

Zufälliger-, aber auch glücklicherweise befand sich im gleichen Badhofe Figura Leu im Begleit einer älteren Dame, die wegen Gliederschmerzen die Bäder brauchte. Sie war jetzt in den Jahren auch schon ein klein wenig vorgerückt und tat noch mehr als früher, was sie wollte. Als sie die schöne und durch ihre Schulden berühmt gewordene Wendelgard sah und wie diese in ihrer Verlassenheit nichts mit sich anzufangen wußte, zog sie dieselbe in ihre Gesellschaft und vertrieb sich selbst die Zeit damit, das seltsame, eigenartige Geschöpf, in welchem die Schönheit ohne alle andere Zutat persönlich geworden schien, zu studieren und kennenzulernen. Sie gewann bald das Vertrauen des Mädchens, das die Wohltat solchen Umganges noch nie erfahren hatte, und so wußte sie auch schon am ersten Tage von dem Verhältnisse zu Salomon Landolt und der siebentägigen Bedenkzeit. Am zweiten Tage hielt sie es auch schon für das schwerste Mißgeschick, welches dem unvorsichtigen Freier aufstoßen könnte, wenn er das Mädchen gewänne. Sie wußte selbst nicht recht, warum? Sie hatte nur das Gefühl, als ob Wendelgard keine eigentliche Seele hätte. Dann dachte sie aber wieder, so sei sie ja ein reines weißes Tuch, auf welches Salomon schon etwas Leidliches malen werde, und alles könne sich noch ordentlich gestalten. Bekümmert über ihre eigene Unsicherheit beschloß sie plötzlich, eine Art Gottesgericht und Feuerprobe entscheiden zu lassen, wozu die unverhofft angekündigte Erscheinung ihres Bruders Martin ihr den Gedanken gab. Er stand schon seit fünf Jahren als Hauptmann in dem Züricherregimente zu Paris und war ein in allen Künsten erfahrener Gesell, besonders auch ein vorzüglicher Komödiant in den Haustheatern der Pariser Gesellschaft geworden. Der Kapitän Gimmel und seine Tochter hatten ihn noch nie gesehen, und übrigens verstand er sich auch für andere unkenntlich zu machen, denen er wohl bekannt war. Auf diesen Umstand gründete Figura ihren Plan, und sie wußte dem Bruder, als er jetzt, unversehens in die Heimat auf Besuch gekommen, auf dem Wege von Zürich nach Baden war, heimlich entgegenzureisen und ihn eilig für ihr Projekt zu unterrichten und zu gewinnen; denn er nahm fast ebensoviel teil an dem Wohlergehen seines wackeren Freundes, wie seine Schwester. Sie aber hatte große Eile, weil von den sieben Tagen schon vier verflossen waren und sie wohl merkte, daß Wendelgard kein Nein von sich geben werde.

So verzögerte denn Martin Leu seine Ankunft bis zur angebrochenen Dunkelheit, während Figura schnell vorauseilte und tat, als ob nichts geschehen wäre. Über Nacht traf er seine Vorbereitungen und trat am anderen Tage als ein unbekannter Fremder auf mit großen und geheimnisvollen Allüren. Wie durch Zufall machte er sich, sobald er orientiert war, an den Kapitän und ließ denselben, indem er eine Flasche mit ihm trank, sofort im Würfelspiel ein paar Taler gewinnen, wobei er es aber bewenden ließ. Dann lustwandelte er auf den öffentlichen Spazierwegen und am Ufer des Flusses, während Figura auf listige Weise das Gerücht verbreitet hatte, der Fremde sei ein französischer Herr, der eine halbe Million Livres Renten besitze und durchaus eine protestantische Schweizerin heiraten wolle, da er selbst dieser Konfession angehöre. Er sei schon in Genf gewesen, habe aber nichts gefunden, und wolle nun nach Zürich gehen, vorher aber sich ein wenig in Baden umsehen, wo, wie er erfahren, zu dieser Zeit ein ausgesuchter Damenflor sich sehen lasse.

Der Kapitän kam schleunig und gegen seine Gewohnheit schon vor Tisch nach Hause, das heißt in den Gasthof, gelaufen und holte die Tochter, die sich herausputzen mußte, zur Promenade. Er führte sie sogar am Arme und tat mit seiner Karfunkelnase so geziert und breitspurig, daß die Hunderte von Spaziergängern von seiner Possierlichkeit nicht minder erheitert, als von der Schönheit Wendelgards erbaut waren.

Als er aber dem reichen Hugenotten begegnete, gab es einen noch größeren Auftritt und einen langen Wechsel von Komplimenten und Vorstellungen. Martin Leu brauchte kein Erstaunen über Wendelgards Erscheinung zu heucheln, da er es in der Tat empfand; doch sah er zu gleicher Zeit auch, wie notwendig es sei, den Freund Salomon dieser Gefahr zu entreißen. Er bot ihr den Arm und führte sie an des Vaters Stelle zur Tafel, wo Figura wie verschüchtert hinblickte und alle die ziervollen Szenen zu bewundern schien, die sich nun ereigneten.

Nur wenige Minuten sprach Wendelgard nach dem Essen mit ihr, weil eine Lustpartie nach Schinznach stattfinden sollte, wo eine nicht weniger vornehme Welt versammelt war. Kurz, Martin machte am ersten Tage seine Sache so gut, daß Wendelgard am späten Abend zu Figura Leu geflogen kam und ihr atemlos mitteilte, es werde sich etwas ereignen, der Hugenott habe sie soeben gefragt, ob sie nicht lieber in Frankreich leben möchte, als in der Schweiz. Und dann habe er gesprächsweise gefragt, wie alt sie sei, und eine Stunde früher geäußert, wenn er je heirate, so werde er keinen Denar Mitgift von der Frau nehmen. Und der Vater habe ihr bereits befohlen, dem Bewerber sogleich ihr Jawort zu geben, wenn er sie frage.

„Aber, liebes Kind," bemerkte Figura„ „das alles will noch nicht viel sagen. Nimm dich doch in acht!"

Wendelgard aber fuhr fort: „Und als wir über eine Stunde allein zusammen gingen, hat er mir die Hand geküßt und geseufzt."

„Und dann hat er dich gefragt?"

„Nein, aber er hat geseufzt und mir die Hand geküßt."

„Ein französischer Handkuß! Weißt du, was das ist? Gar nichts."

„Aber er ist ja ein ernsthafter Protestant."

„Wie heißt er denn?"

„Ich weiß es noch nicht, das heißt, ich glaub', ich weiß es noch nicht, ich habe nicht einmal acht gegeben."

„Das ändert freilich die Sache," sagte Figura nachdenklich; „aber wie soll es nun mit Salomon Landolt werden?"

„Ja, das frag' ich auch," erwiderte Wendelgard seufzend und rieb sich die weiße Stirn mit den weißen Fingerspitzen; „aber bedenke doch, eine halbe Million Einkünfte! da hört alle Sorge und aller Kummer auf! Und Salomon braucht eine Frau, die ihm hilft sein Leben zusammenraffen und etwas werden! Wie kann ich das, die selber nichts versteht?"

„Das meint er nicht so, du Gänschen! Er meint, wenn er dich nur hat, so wird er deinetwegen anfangen zu schaffen, zu wirken und zu befehlen, und du kannst nur zusehen und brauchst dich gar nicht zu rühren; und er wird es tun, sag' ich dir!"

„Nein, nein! Mein Leichtsinn wird ihn nur hindern! Ich werde wieder Schulden machen und noch viel mehr, das fühle ich, wenn ich nicht reich, außerordentlich reich werde!"

„Das ändert freilich die Sache," versetzte Figura, „wenn du nicht vorziehst, dich von ihm ändern und bessern zu lassen! Und er ist der Mann dazu, glaub' es mir!"

Da sie aber sah, daß Wendelgard nur in eine ängstliche Verlegenheit geriet, ohne ein Gefühl für Salomon zu äußern, fuhr sie fort:

„Jedenfalls sieh zu, daß du nicht zwischen zwei Stühle zu sitzen kommst. Wenn der Franzose dich nun morgen fragt, so mußt du ihm aus freier Hand antworten können. Übermorgen ist der siebente Tag; dann mußt du gewärtig sein, daß Landolt herkommt, deine Entscheidung zu holen; dann gibt's Auftritte, Enthüllungen, und du läufst Gefahr, daß beide dir den Rücken kehren!"

„O Gott! Ja, das ist wahr! Aber was soll ich tun? Er ist ja nicht hier, und ich kann jetzt nicht hin!"

„Schreib ihm, und gleich heute noch! Denn morgen muß ein Expresser damit nach Zürich, sonst kommt er übermorgen, wie ich ihn kenne, unfehlbar."

„Das will ich tun, gib mir Papier und Feder!"

Sie setzte sich hin, und als sie nicht wußte, wie beginnen, diktierte ihr Figura Leu:

„Nach reiflicher Prüfung finde ich, daß es nur Gefühle der Dankbarkeit sind, die mich für Sie beseelen, und daß es Lüge wäre, wenn ich sie anders benennen wollte. Da überdem der Wille meines Vaters mir eine andere Lebensbahn anweist, so bitte ich Sie, meinen festen Entschluß, ihm zu gehorchen, als ein Zeichen des Vertrauens und der achtungsvollen Aufrichtigkeit ehren zu wollen, die Ihnen stets bewahren wird Ihre ergebene, usw."

„Punktum!" schloß Figura, „hast du unterschrieben?"

„Ja, aber es dünkt mich, man sollte doch etwas mehr sagen; es ist mir nicht ganz recht so."

„Eben so ist's recht! Das ist der verzwickte Absagestil in solcher Lage, die keine Erörterungen verträgt; das schneidet alles weitere ab, und die Trinklustigen merken am Klange, daß sie an ein leeres Faß geklopft haben!"

Diese etwas von Eifersucht gewürzte Anspielung verstand Wendelgard nicht, da sie gutmütigen Herzens war. Sie bat noch, Figura möchte die schleunige Absendung des Briefes besorgen, damit ja kein Zusammentreffen stattfinde. Figura versprach es, und um ganz sicher zu gehen, übergab sie die Mission mit Tagesanbruch ihrem Bruder, der unverzüglich damit nach Zürich ritt und den Salomon Landolt überraschte, der eben sich bereit machte, am nächsten Tage nach Baden zu gehen.

Er erblaßte leicht, als er das Brieflein las, und wurde wieder rot, als er bemerkte, daß Martin Leu wußte, was darin stand. Der gab ihm aber ohne Säumen die mündlichen Erläuterungen durch Erzählung des ganzen Vorganges. Er ließ ihn darauf eine Stunde allein, kam dann wieder und sagte ihm:

„Salomon! Die Schwester Figura läßt dich grüßen und dir sagen, wenn du die schöne Gimmelin doch haben wollest, so möchtest du es ihr, der Schwester, nur kundtun, jene laufe dir nicht fort."

„Ich will sie nicht und sehe meine Torheit ein," sagte Landolt; „aber sie ist doch schön und liebenswert, und ihr seid Schelme!"

Martin blieb nun in seiner wahren Gestalt in Zürich, weshalb der reiche Hugenott natürlich in Baden verschwunden war, als ob ihn die Erde verschlungen hätte. Der Kapitän und Wendelgard weilten noch zwei Wochen dort; dann kehrten sie nach Zürich zurück, der Kapitän durstiger und unverträglicher als je, und die Tochter, still und niedergeschlagen, hielt sich verborgen.

Damit war die Geschichte jedoch nicht zu Ende. Denn Martin Leu stach die Neugierde und der Übermut, die seltsame Schönheit erst jetzt etwas näher zu besehen. Er machte sich mit aller Vorsicht herzu, um nicht als der geheimnisvolle Franzose erkannt zu werden, und besuchte den Fechtsaal des Kapitäns. Nun drehte sich das Rad der Fortuna, als er die Arme in ihrer bescheidenen Trauer und Schönheit sah, und da der wilde Alte jählings vom Schlage getroffen dahinstarb, verliebte er sich in die Verlassene so heftig, daß er alle Einsprachen, Abmahnungen und Vernunftgründe ungestüm wegräumte und nicht ruhte, bis sie seine Frau war.

Vorher hatte er den Salomon noch ein letztes Mal gefragt: „Willst du sie oder nicht?“ Der hatte aber ohne Besinnen geantwortet: „Ich halte es mit dem Bibelspruch: Eure Rede sei Ja, Ja und Nein, Nein! Ich komme nicht mehr auf die Sache zurück!“

„Kostet mich freilich tausend Gulden, was kein Mensch weiß, Gott sei Dank!“ setzte er in Gedanken hinzu; denn er wußte, daß seine Großmutter in ihrer Gerechtigkeit alle ihre Vorschüsse genau notierte, damit sie einst, seinen Geschwistern gegenüber, von seinem Erbteile abgezogen würden.

Martin Leu lebte mit seiner Frau noch zwei Jahre in Paris und nahm dann seinen Abschied. Sie war bei der Rückkehr eine ganz ordentlich geschulte und gewitzigte Dame und machte keine Schulden mehr. Sie kannte die Ereignisse von Baden und hatte den Hugenotten wiedererkannt, ehe er es ahnte und selbst erzählte.

Wenn aber die Figura Leu später den Salomon Landolt fragte, ob er ihr wegen ihrer Dazwischenkunft zürne und die Wendelgard doch lieber selbst hätte, da sie jetzt nicht übel ausgefallen sei und sich früher offenbar dümmer gestellt habe, als sie gewesen, dann drückte er ihr die Hand und sagte: „Nein, es ist gut so!“ Die Wendelgard nannte er der Kürze halber den Kapitän.

Die einseitige Anbetung der Schönheit wirkte aber unmittelbar nach ihrem Mißerfolge noch so nachteilig auf Landolten ein, daß er den Halt vollends verlor und allen Eindrücken preisgegeben war. Wie wenn die Schwalben im Herbst abziehen wollen, flatterten und lärmten alle Liebesgötter, und er bestand noch im selben Jahre, da er der Wendelgard verlustig ging, zwei Abenteuer, welche, wie es bei Zwillingen zuweilen geht, nur geringfügig waren und in die gleiche Windel gewickelt werden können.

Schon seit ein paar Jahren hörte Salomon in seinem Zimmer, das auf der Rückseite des Hauses lag, wenn das Wetter schön und die Luft mild war, jeden Morgen aus der entfernteren Nachbarschaft, über die Gärten hinweg, von einer zarten Mädchenstimme einen Psalm singen. Diese Stimme, welche erst die eines Kindes gewesen, war allmählich etwas kräftiger geworden, ohne jemals eine große Stärke zu erreichen. Doch hörte er den regelmäßigen Gesang, der täglich vor dem Frühstück stattzufinden schien, gern und nannte die unsichtbare Sängerin die Grasmücke. Es war aber die Tochter des Herrn Proselytenschreibers und ehemaligen Pfarrherrn Elias Thumeysen, der sich der Last des eigentliches Hirtenamtes mit dem Anfall eines artigen Erbes entledigt hatte, jedoch sich immer noch nützlich machte durch Besorgung einiger Aktuariate, wie derjenigen der Exulanten- und Proselytenkommissionen. Von letzterer führte er auf den Wunsch seiner Frau den Brauchtitel. Außerdem war er noch Reformationsschreiber und Vorsteher der Exspektanten des zürcherischen Ministeriums; im übrigen malte er zu seinem Vergnügen von jenen Landkarten, in welchen uns jetzt die Welt auf dem Kopf steht, da Ost und West oben und unten, Nord und Süd aber links und rechts ist.

Sein Töchterlein, die Grasmücke, eigentlich Barbara geheißen, trieb aber noch ganz andere Künste, mit denen sie vom Morgen bis zum Abend beschäftigt war. Der Herr Proselytenschreiber, ihr Vater, machte nämlich auch Darstellungen aller möglichen Vögel; er klebte die natürlichen Federn derselben oder auch nur kleine Bruchstücke von solchen auf Papier zusammen und malte den Schnabel und Füße dran hin. Ein Haupttableau der Art war ein schöner Wiedehopf in natürlicher Größe, im vollen Federschmuck.

Barbara hatte nun diese Kunst weiterentwickelt und veredelt, indem sie das Verfahren auf die Menschheit übertrug und eine Menge Bildnisse in ganzer Figur anfertigte, an denen nur das Gesicht und die Hände gemalt waren, alles übrige aber aus künstlich zugeschnittenen und zusammengesetzten Zeugflickchen von Seide oder Wolle oder anderen natürlichen Stoffen bestand; und gewiß konnten die Vögel des Aristophanes nicht tiefsinniger sein, als diejenigen des Herrn Proselytenschreibers, da aus diesen ein so artiges Geschlecht menschlicher Geschöpfe hervorging, welches das Arbeitsstübchen der kleinen Sängerin anfüllte. Da prangte vor allem ihr Herr Oheim mütterlicher Seite, der regierende Herr Antistes, im geistlichen Habit von schwarzem Satin, schwarzseidenen Strümpfen und einem Halskragen von zartester Musseline. Die Perücke war aus den Haaren eines weißen Kätzleins unendlich zierlich und mühevoll zustande gebracht; dazu harmonierten die wasserblauen Augen in dem blaßrosigen Gesichte vortrefflich; die Schuhe waren aus glänzenden Saffianschnipfelchen geschnitten und die silbernen Schnallen aus Stanniol, die Schnittflächen des Liturgiebuches aber, das er in der Hand hielt, aus Goldpapier.

Diesen Pontifex, der hinter Glas und Rahmen an erster Stelle hing, umgaben die Abbilder vieler Herren und Damen verschiedenen Ranges und Standes; das Schönste war eine junge Frau in weißem Spitzengewande, das ganz aus feinstem Papier à jour gearbeitet sie umhüllte; auf der

Hand saß ihr ein Papagei, aus den kleinsten Federchen eines Kolibri mosaiziert. Gegenüber saß ein flötespielender Herr mit übergeschlagenen Beinen, in einem Rocke von azurblauem Atlas und mit einer kunstreichen Halskrause, der den Papagei im Gesange zu unterrichten schien, da dieser den Kopf lauschend nach ihm umdrehte. Die Knöpfe auf dem Kleide bestanden aus rötlichen Pailletten oder Flitterchen.

Auch paradierte eine Reihe stattlicher Militärpersonen zu Fuß, deren Uniformen, Tressen, Metallknöpfe, Degengefäße, Lederzeug und Federbüsche alle von gleichem, unverdrossenem Fleiße Zeugnis gaben; aber hier hatte Barbara Thumeysen die Grenzen ihrer Kunst angetroffen; denn als sie nun zu den berittenen Kriegsbefehlshabern übergehen wollte, verstand sie wohl Schabracken, Sättel und Zaumzeug aus allen geeigneten Stoffen mit ihrem englischen Scherchen zuzuschneiden und herzustellen; die Pferde aber zu zeichnen ging über ihre Kräfte, weil sie bisher nur in menschlichen Köpfen und Händen sich geübt hatte; letzteres auch nur so so, la la. Es handelte sich also darum, einen Lehrer oder Gehilfen hierfür zu finden; als solcher wurde auf gehaltene Nachfrage Salomon Landolt genannt, welcher in Zürich derweilen der erste Pferdezeichner sei.

Der Herr Proselytenschreiber stattete daher unverhofft eines Tages dem Herrn Stadtrichter und Jägerhauptmann einen höflichen Besuch ab und trug ihm mit wohlgesetzten Worten das Ansuchen vor, seiner Tochter in Ansehung eines richtig gestellten Reitpferdes geneigtest Unterricht und Beirat erteilen zu wollen, so daß das Tier in natürlicher Gestalt und Farbe, in schulgerechtem Schritt, auf das Papier gemalt und nachher um so bequemer aufgezäumt und gesattelt, auch der Reiter in guter Haltung darauf gesetzt werden könne.

Landolt ließ sich gern zu dem Dienste bereit finden; einmal aus reiner Gefälligkeit und dann auch aus Neugierde, die Grasmücke zu sehen, die jeden Morgen so lieblich sang. Mit Verwunderung erblickte er erst die bunte Vogelwelt des Exulanten- und Proselytenschreibers, den Wiedehopf und all die Stieglitze, Blutfinken, Häher, Spechte und Regenpfeifer; sodann vollends den Antistes und all die Zunftmeister, Zwölferherren, Obervögtinnen, Leutnants und Kapitäns der Jungfer Barbara, und diese selbst, die von zarter, ebenmäßiger Gestalt war, wie aus Elfenbein gedrechselt. Sie dünkte ihm das schönste Werklein unter all den Vögeln und Menschenkindern des bescheidenen Museums, und er begann daher sogleich den Unterricht. Er erklärte ihr mit Hilfe geeigneter Vorlagen zuerst den Knochenbau eines Pferdes und lehrte sie, mit einigen geraden Strichen die Grundlinien und Hauptverhältnisse anzugeben, ehe es an die schwierigen Formgeheimnisse eines Pferdekopfes ging. So verbreitete sich der Unterricht allmählich über den ganzen Körper, bis endlich zur Farbe gegriffen und zur Darstellung der Schimmel, Füchse und Rappen geschritten werden konnte. Die Mähnen und Schweife behielt Barbara sich vor, wiederum aus allerlei natürlichen Haaren zu machen.

Das angenehme Verhältnis dauerte mehrere Wochen, und immer zeigten sich noch kleine Unvollkommenheiten und Mängel, welche man zu überwinden trachtete. Landolt gewöhnte sich daran, jeden Vormittag ein oder zwei Stunden hinzugehen; es wurde ihm ein Glas Malaga mit drei spanischen Brötlein aufgestellt, und bald ließ man ihn auch mit der Schülerin allein als einen der sanftesten und ruhigsten Lehrer, die es je gegeben. Die Grasmücke war so zutraulich wie ein gezähmtes Vögelchen und aß ihm bald die Hälfte der Spanischbrötchen aus der Hand, tunkte sogar den Schnabel in den Malagakelch. Eines Tages überraschte sie ihn mit der geheim ausgearbeiteten Darstellung seiner selbst, wie er in der Jägeruniform auf seinem Ukräner Apfelschimmel saß; es war natürlich nur seine linke Seite mit dem Degen, mit nur einem Bein und einem Arm; dagegen war die Mähne des Grauschimmels und der Schwanz aus ihren eigenen Haaren, die in der tiefsten Schwärze glänzten, geschnitten und angeklebt, und es konnte aus dieser Opferung, sowie aus dem ganzen Bildwerke erkannt werden, wie viel er bei ihr galt.

In der Tat hielt sie die beidseitigen Neigungen und Lebensarten für so gleichmäßig und harmonisch, daß ein glückliches Zusammensein im Falle einer Verbindung fast unverlierbar schien, wenn sie, leise errötend, dergleichen Dinge gar ernstlich bei sich erwog; und Salomon Landolt glaubte seinerseits nichts Besseres wünschen zu können, als nach all den Stürmen in diesen kleinen, stillen Hafen der Ruhe einzulaufen und sein Leben in dem grasmückischen Museum zu verbringen.

Auch in den beiden Häusern sah man die wachsende Vertrautheit der zwei Kunstbeflissenen nicht ungern, da eine Vereinigung beiden Teilen nur ersprießlich und wünschenswert schien; und so gedieh die Sache so weit, daß ein Besuch der Thumeysenschen bei den Landoltischen eingeleitet wurde unter dem diplomatischen Vorwande, der thumeysischen Jungfrau den Anblick der ihr noch gänzlich unbekannten Malereien Salomons zu verschaffen.

Obgleich er eine entschiedene und energische Künstlerader besaß, hatte er den Stempel des abgeschlossenen, fertigen Künstlers nie erreicht, weil ihm das Leben dazu nicht Zeit ließ und er in bescheidener Sorglosigkeit überdies den Anspruch nicht erhob. Allein als Dilettant stand er auf einer außerordentlichen Höhe der Selbständigkeit, des ursprünglichen Gedankenreichtums und des unmittelbaren eigenen Verständnisses der Natur. Und mit dieser Art und

Weise verband sich ein keckes, frisches Hervorbringen, das vom Feuer eines immerwährenden con amore im eigentlichsten Sinne beseelt war.

Seine Malkapelle, wie er sie nannte, bot daher einen ungewöhnlich reichhaltigen Anblick an den Wänden und auf den Staffeleien, und so mannigfaltig die Schildereien waren, die sich dem Auge darboten, so leuchtete doch aus allen derselbe kühne und zugleich stillharmonische Geist. Der unablässige Wandel, das Aufglimmen und Verlöschen, Widerhallen und Verklingen der innerlich ruhigen Natur schienen nur die wechselnden Akkorde desselben Tonstückes zu sein. Das Morgengrauen der Landschaft, der verglühende Abend, das Dunkel der Wälder mit den mondbestreiften, tauschweren Spinnweben im Gesträuche der Vorgründe, der ruhig im Blau schwimmende Vollmond über der Seebucht, die mit den Nebeln kämpfende Herbstsonne über einem Schilfröhricht, die rote Glut einer Feuersbrunst hinter den Stämmen eines Vorholzes, ein rauchendes Dörflein auf graugrüner Heide, ein blitzzerrissener Wetterhimmel, regengepeitschte Wellenschäume, alles dies erschien wie *ein* einziges, aber vom Hauche des Lebens zitterndes und bewegtes Wesen, und vor allem als das Ergebnis eines eigenen Sehens und Erfahrens, eine Frucht nächtlicher Wanderungen, rastloser Ritte zu jeder Tageszeit und durch Sturm und Regen.

Nun war aber alles das aufs innigste verwachsen und belebt mit einem Geschlecht heftig bewegter und streitbarer, oder einsam streifender, oder flüchtig wie die Wolken über ihnen dahinjagender oder still an der Erde verblutender Menschen. Die Reiterpatrouillen des Siebenjährigen Krieges, fliehende Kirgisen und Kroaten, fechtende Franzosen, dann wieder ruhige Jäger, Landleute, das heimkehrende Pfluggespann, Hirten auf der Herbstweide, dazu die von Krieg oder Jagd aufgescheuchten Wald- oder

Wasservögel, das grasende Reh und der schleichende Fuchs, sie alle befanden sich immer an dem rechten und einzigen Fleck Erde, der für ihre Lage paßte. Oft auch erkannte man in dem grauen Schattenmännchen, das mühselig gegen einen Strichregen ankämpfte, unvermutet einen Wohlbekannten, der offenbar zur Strafe für irgendeine Unart hier bildlich durchnäßt wurde; oder man sah eine weibliche Lästerzunge etwa als Nachthexe die Füße in einem Moortümpel abwaschen, der einen Rabenstein bespülte, oder endlich den Maler selbst über eine Anhöhe weg dem Abendrot entgegenreiten, ruhig ein Pfeiflein rauchend.

Der Besuch wurde in höflichster Weise bewerkstelligt und empfangen; als der Kaffee eingenommen war, führte Salomon das sorgfältig und halb feiertäglich gekleidete Fräulein in sein Künstlergemach, während die übrige Gesellschaft wohlbedacht zurückblieb, um sich im Garten zu ergehen und die innere und äußere Beschaffenheit des Hauses in Augenschein zu nehmen. Salomon zeigte und erklärte nun dem Fräulein die Bilder und dazwischen eine Menge anderer Gegenstände, wie Jagdgeräte, Waffen, selbstzubereitete Tierskelette und dergleichen. Die Gliederpuppe, welche in der Tracht eines roten Husaren in einem Lehnstuhle saß und ein Staffeleibild zu betrachten schien, hatte sie schon beim Eintritt erschreckt und ihr einen schwachen Schrei entlockt; nachher aber blieb sie still und gab durchaus kein Zeichen der Freude oder des Beifalles, oder auch nur der Neugierde von sich, da ihr diese ganze Welt fremd und unverständlich war. Salomon beachtete das nicht; er bemerkte es nicht einmal, weil er nicht auf Lob und Verwunderung ausging; er eilte in seinem Eifer, ans Ziel zu kommen, nur weiter von Bild zu Bild, während Barbaras von hellem Stoffe umspannte Brust immer höher zu atmen begann, wie von einer großen

Angst. Vor einem Flußbilde, auf welchem der Kampf des ersten Frührotes mit dem Scheine des untergehenden Mondes vor sich ging, erzählte Landolt, wie früh er eines Tages habe aufstehen müssen, um diesen Effekt zu belauschen, wie er denselben aber doch ohne Hilfe der Maultrommel nicht herausgebracht hätte. Lachend erklärte er die Wirkung solcher Musik, wenn es sich um die Mischung delikater Farbentöne handle, und er ergriff das kleine Instrumentchen, das auf einem mit tausend Sachen beladenen Tische lag, setzte es an den Mund und entlockte ihm einige zitternde, kaum gehauchte Tongebilde, die bald zu verklingen drohten, bald zart anschwellend ineinander verflossen.

„Sehen Sie," rief er, „dies ist jenes Hechtgrau, das in das matte Kupferrot übergeht auf dem Wasser, während der Morgenstern noch ungewöhnlich groß funkelt! Es wird heute in dieser Landschaft regnen, denk' ich!"

Als er sich fröhlich nach ihr umsah, entdeckte er wirklich, daß Barbaras Augen schon voll Wasser standen. Sie war ganz blaß und rief wie verzweifelt:

„Nein, nein! Wir passen nicht zusammen, nie und nimmermehr!"

Ganz erschrocken und erstaunt faßte er ihre Hand und fragte, was ihr sei, wie sie sich befinde?

Sie entzog ihm aber heftig die Hände und begann mit verwirrten Worten anzudeuten, daß sie nicht das mindeste von alledem verstehe, gar keinen Sinn dafür habe, noch je haben werde, daß alles das ihr fast feindlich vorkomme und sie beängstige; unter solchen Verhältnissen könne von einem harmonischen Leben keine Rede sein, weil jeder Teil nach einer anderen Seite hin ziehe; und Landolt könne ihre friedlichen und unschuldigen Übungen, die sie bis jetzt glücklich gemacht hätten, ebensowenig achten und schätzen, als sie seiner Tätigkeit auch nur mit dem geringsten Verständnisse zu folgen vermöge.

Landolt fing an zu begreifen, wie sie es meine und was sie beunruhige, und er sagte, mild ihr zusprechend, seine Übungen seien ja nur ein Spiel, gerade wie die ihrigen, und eine Nebensache, auf die es gar nicht ankomme. Allein seine Worte machten die Sache nur schlimmer und Barbara eilte in größter Aufregung aus dem Zimmer, suchte ihre Eltern auf und begehrte weinend nach Hause gebracht zu werden. Bestürzt und ratlos wurde sie von den Anwesenden umringt; auch Landolt war herbeigekommen, und wieder begann sie ihre seltsamen Erklärungen. Es stellte sich deutlicher heraus, daß sie dem, was sie quälte, eine viel größere Wichtigkeit beilegte, als der unschuldigen Anspruchslosigkeit eines so zarten jungen Geschöpfes eigentlich zugetraut werden konnte; daß aber die Unfähigkeit, über sich selbst hinwegzukommen und ein ihr Fremdes zu dulden, wohl großenteils einer gewissen Beschränktheit zuzuschreiben sei, in welcher sie erzogen worden.

Alles Zureden Landolts und seiner Eltern half nichts; diejenigen des verzweifelten Fräuleins aber schienen eher ihre Bangigkeiten zu teilen und beschleunigten sorglich den Rückzug. Es wurde eine Sänfte bestellt, die Tochter hineingepackt, wo sie sofort das Vorhänglein zog, und so begab sich die kleine Karawane, so schnell die Sänftenträger laufen mochten, hinweg, unter Verdruß und Beschämung der Landoltfamilie.

Am nächsten Vormittag ging Salomon, sobald er es für schicklich hielt, in das Haus des Proselytenschreibers, um nach dem Befinden seines Kindes zu fragen und zu sehen, was zu tun und gutzumachen sei. Die Eltern empfingen ihn mit höflicher Entschuldigung und setzten ihm erklärend auseinander, wie nicht nur der tiefgehende Naturkultus und die wilde Skizzenlust seiner Schildereien, sondern auch der Mannequin, die Tiergerippe und all die anderen Seltsamkeiten das bescheidene Gemüt ihrer Tochter erschreckt hätten, und wie sie selbst auch finden müßten, daß solche ausgesprochene Künstlerlaune den Frieden eines bescheidenen Bürgerhauses zu stören drohte. Über diesen Reden, die den guten Salomon immer mehr in Verwunderung setzten, kam die Tochter herbei, mit verweinten Augen, aber gefaßt; sie reichte ihm freundlich die Hand und sagte mit sanften, aber entschlossenen Worten, sie könne nur unter der festen Bedingung die Seine werden, daß beide Teile dem Bilderwesen für immer entsagen und so alles Fremdartige, das zwischen sie getreten, verbannen würden, ein jedes liebevoll sein Opfer bringend.

Salomon Landolt schwankte einen Augenblick; doch seine Geistesgegenwart ließ ihn bald erkennen, daß hier im Gewande unschuldiger Beschränktheit eine Form der Unbescheidenheit auftrete, die den Hausfrieden keineswegs verbürge und das geforderte Opfer allzu teuer mache, und er beurlaubte sich, ohne ein Wort zur Verteidigung seiner Malkapelle vorzubringen, von der Herrschaft, sowie von dem Wiedehopf und dem Herrn Antistes samt ihrem ganzen Gefolge.

Kaum war die übliche Trauerzeit über das Hinscheiden einer Hoffnung vorbei und der Zorn der Großmutter über die „saubere Anzettelung“, hinter die sie schließlich gekommen, verraucht, so flog die Amsel daher als die unmittelbare Nachfolgerin obiger Grasmücke.

Halb Stadtwohnung und halb Landgut, lag in einer der Vorstädte mitten in schönen Gärten ein Haus, in welches Landolt nicht selten zu kommen pflegte, da er in demselben befreundet und auch wohl angesehen war. Als ein Wahrzeichen dieser Besitzung konnte gelten, daß auf einer hohen Weymouthsfichte, die in einer Gartenecke stand, das heißt auf der obersten Spitze dieses Baumes, jedes Frühjahr allabendlich eine Amsel saß und mit ihrem wohltönenden Gesange die ganze Gegend erfreute. Von dieser Amsel her benannte Landolt, nach seiner Weise, das nächstliegende Merkmal zu ergreifen, das schöne Mädchen Aglaja, was übrigens auch kein Christenname, sondern eine weitere von ihm ersonnene Benennung ist, da er diesen Namen einer der drei Grazien mit dem Namen der Pflanze Agley, Aquilegia vulgaris, irrtümlich für dasselbe Wort hielt. Zu diesem Irrtum hatte ihn der zier- und anmutsvolle Anblick der Agleypflanze verleitet, deren bald blaue, bald violette Blumenglocken ihm ebenso reizend um die schwanken, hohen Stengel zu schweben und zu nicken schienen, wie die aschblonden Locken der Amsel oder Aglaja um deren Nacken.

Als er im vergangenen Frühling eines Abends an jenem Hause vorübergegangen, war er einen Augenblick still gestanden, um dem Gesange der Amsel zuzuhören, und hatte das schöne Wesen zum erstenmal unter dem Baume stehend gesehen. Es war eine Tochter des Hauses, die von mehrjährigem Aufenthalte im Auslande zurückgeholt worden. Seine Augen hatten sie sehr wohl aufgefaßt; da er aber damals just in den Wendelgardischen Handel verwickelt war, so ging er seines Weges weiter, nachdem er den Hut gezogen hatte.

Jetzt war es Herbst geworden, und wie Salomon im milden Sonnenschein am Saum eines Gehölzes hinstrich und eine verspätet blühende Agleye fand, dieselbe brach und betrachtete, fiel ihm plötzlich das Mädchen unter dem Amselbaum ein, dessen er seither nie mehr gedacht hatte. Diese geheimnisvolle, unmittelbare Einwirkung der Blume erschien seinem vielgeprüften und noch suchenden Herzen wie ein spät, aber um so klarer aufgehender Stern, eine untrügliche Eingebung höherer Art. Er sah die schlanke Gestalt mit dem gelockten Haupt deutlich gegenwärtig, wie sie eben mit gesenktem Blicke dem Gesange des Vogels gelauscht und nun die ernsten Augen auf den Grüßenden richtete.

Am Abend desselben Tages noch machte er in dem Hause zum erstenmal seit geraumer Zeit wieder seinen Besuch und blieb gegen drei Stunden bei der Familie in guter Unterhaltung. Aglaja saß still am Tische, mit Stricken beschäftigt, und betrachtete Salomon ganz offen und aufmerksam, wenn er sprach; oder wenn ein anderer etwas Bemerkenswertes sagte, sah sie wieder zu ihm hin, wie wenn sie seine Meinung hierüber erforschen wollte. Es war ihm sehr wohl zumut, und als er fortging, gab sie ihm mit einem festen Schlage die Hand und schüttelte die seinige wiederholt, wie einem alten Freunde. Als er sie bald nachher auf der Straße traf, erwiderte sie seinen Gruß mit einem leisen Lächeln der Freude über die unverhoffte Begegnung, und nicht lange darauf sandte sie sogar eine schriftliche Botschaft an den neuen Freund und fragte ihn, ob er nicht der kleinen Weinlese beiwohnen möge, die soeben bei ihnen gehalten und heute abend mit einer bescheidenen häuslichen Lustbarkeit ihren Abschluß finden würde. Gern sagte er zu und begab sich zur geeigneten Zeit, mit Feuerwerk versehen, nach dem halb ländlichen Wohnsitze, wo eine Menge junger Leute und Kinder fröhlich versammelt waren. Er machte sich mit seinen Raketen und kleinen Sonnen nützlich und beliebt bei der aufgeregten Jugend; wiederholt kam Aglaja, die überall ordnete und sorgte, um ihre Freude über sein Kommen und seine vortrefflichen Leistungen zu bezeigen; und als es zum üblichen Winzermahle ging, welches die Hausfrau, ihre Mutter, wegen Unwohlseins im Stiche lassen mußte, setzte sie ihn unten an den langen Tisch, aber neben ihren eigenen Platz.

Auch hier erwies er sich brauchbar, indem er mit leichter Hand eine Gans und zwei Hasen zerlegte, worüber Aglaja aufs neue Freude und Beifall äußerte, und zwar wie jemand, dem es willkommen ist, solches tun zu können, obgleich die Gelegenheit davon herrührte, daß der Papa sich an einem Schwärmer die Hand verbrannt hatte und daher nicht selbst tranchierte. Als die Eßlust der munteren Schar gestillt war und Geräusch, Gesang, Musik und Tanz das Feld behaupteten, lehnte Aglaja sich zufrieden in ihren Stuhl zurück, vorgebend, daß sie vom Tagewerk nun ausruhen müsse, und es fiel ihr leicht, ihren Nachbar neben sich zu behalten. Sie unterhielten sich, von der lärmenden Herbstfreude ungestört, mit großer Kurzweil und ruhigem Genügen an schlichter Wechselrede. Aglaja sah den Salomon immer wieder mit forschender Freundlichkeit an, und wenn sie dann den Blick sinnend vor sich hin richtete, betrachtete er wiederum den reizenden Kopf und die anmutige Gestalt. Kurz und gut, sie wurden in diesen Stunden erklärte gute Freunde, und das liebenswerte Mädchen bat den jungen Mann beim Abschiede förmlich, seine Besuche ja doch fleißiger zu wiederholen und einen getreulichen Verkehr, den sie nicht gern entbehre, mit ihr zu unterhalten.

Sie wußte in der Folge denn auch immer neue Botschaft zu senden, etwas auszubitten oder Versprochenes zu erfüllen, das sie sich geschickt hatte ablocken lassen, und Salomon erwog im warmen Herzen, daß er jetzt endlich vor die rechte Schmiede gekommen sei.

„Das ist eine," dachte er, „die weiß, was sie will, und steuert offen und ehrlich, ohne sich zu zieren, auf das Ziel los; ob dieses Ziel ein kluges oder unkluges ist, bin ich nicht so töricht zu untersuchen, da es mich selbst angeht. Jeder sehe, wie er zu dem Seinigen kommt!"

So wiegte er sich immer tiefer in einen Traum hinein, der süßer und lieblicher schien, als alle früheren Träume und ein rechtes neues Leben, klar und ruhig, wie der blaue Himmel. Doch scheute er sich mit unbewußter Vorsicht, die Klarheit zu trüben und die Sache zu übereilen, sondern genoß den Winter hindurch diese noch nie erlebte Ruhe in der Leidenschaft mit wachsender Sicherheit und um so inniger, als Aglaja mehr ernster als heiterer Stimmung war und oft sich einem träumerischen Sinnen hingab, aus welchem sie dann unversehens die Augen auf ihn richtete.

„Ei," dachte er, „lassen wir das Fischlein auch einmal ein wenig zappeln! Diese Nation hat uns schon genug geplagt!"

Aber im Frühjahr gewann es den Anschein, als ob Aglaja selbst die Sache in die Hand nehmen wolle. Sie äußerte unvermutet den Wunsch, ihre vernachlässigten Reitübungen wieder aufzunehmen, und lenkte es mit geringer Mühe so, daß Landolt als ihr Begleiter und Lehrer auserwählt wurde. Sie ritten also zusammen auf den schönsten Wegen der Umgebung, auf den Seestraßen und durch die hochgelegenen Gehölze, wobei Aglaja freilich zeigte, daß sie durchaus keines Unterrichtes mehr bedurfte. Desto vertrauter und mannigfacher waren ihre Gespräche, und sie teilten sich mit, was sie freute oder verdroß an der schönen Welt, auf der holperigen Erde.

Von den mehrfachen Liebesgeschichten Salomons mochte das eine oder das andere durchgesickert sein; gewiß war, daß von der Proselytenschreiberei aus das letzte Abenteuer in den Mund der Leute gekommen, schon weil das tragische Ende des Besuches und der feierliche Abzug mit der Sänfte eine ausreichende Darstellung erforderte.

Hierauf bezog Landolt die Worte Aglajens, als sie bei einem Halt unter grünenden Linden, während sie die Pferde verschnaufen ließen, mit teilnahmvoller leiser Stimme zu ihm sagte:

„Liebster Freund, Sie sind gewiß auch schon recht unglücklich gewesen!"

Überrascht von der plötzlichen Frage, erwiderte er mit einem lachenden Blicke bloß: „O, es macht sich so! Ich kann fast sagen wie Vetter Stille, ich sei auch schon ein paarmal lustig oder unlustig gewesen in meinem Leben!" Bei sich aber dachte er: Jetzt ist die Zeit da! Jetzt muß es geschehen! Aber sei es nun, daß er die Situation zu Pferde nicht für geeignet hielt, die Liebeserklärung mit den begleitenden Umständen einer solchen zu wagen, oder daß ein letztes Zögern der Vorsicht ihn bestimmte: er setzte die Pferde in raschen Trab, so daß die Unterhaltung abbrach. Um so wärmer aber drückte ihm Aglaja beim Abschiede die Hand, und kaum nach Hause gelangt, schrieb er ihr in wenigen Zeilen, wie lieb sie ihm sei. Sogleich schrieb sie ihm zurück, seine lieben Worte rühren, erfreuen und ehren sie; er möge sie morgen zu einem langen Spaziergange abholen, ein schicklicher Vorwand werde sich finden. In aller Frühe kam noch ein Briefchen, in welchem sie die Form und den Vorwand festsetzte, ein zufälliges Zusammentreffen zweier Besuche in gleicher Gegend, zweckmäßige Begleitung auf Fußpfaden bei dem schönen Wetter usw.

Landolt kleidete sich sorgfältiger als gewöhnlich, fast wie ein Lacedämonier, der in die Schlacht geht; er tat sogar ein Paar Granatknöpfe in die Manschetten und nahm ein schlankes Rohr mit silbernem Knaufe zur Hand.

Auch Aglaja war schon im schönsten Sommerstaat, als er kam; sie trug ein weißes, mit Veilchen bedrucktes Kleid und lange Handschuhe vom feinsten Leder. Der kostbarste Schmuck aber waren ihre Augen, mit welchen sie einen dankbar leuchtenden Blick auf Salomon warf, als sie ihm die Hand gab. Ungeduldig, wie einer, der in großer Angelegenheit einen bedeutenden Schritt weiterzukommen hofft, drängte sie zum Aufbruch.

Wie er die seltene Gestalt auf schmalem Pfade vor sich her wandeln sah, pries er in seinem Herzen jene schlanke Agleypflanze mit ihrem Glockenhaupt, die ihn auf einen so lieblichen Weg geführt hatte. Ein Lufthauch rauschte leise in dem jungen Buchenlaub, unter welchem sie gingen, und regte leicht die Locken auf Aglajas Rücken und Schultern.

„Es ist doch eine schöne Sache um die Sprichwörter!" sagte er bei sich selbst: „Wer zuletzt lacht, lacht am besten, und Ende gut, alles gut!"

In diesem Augenblicke wendete sich Aglaja und trat, da der Weg breiter wurde neben ihn; sie gab ihm nochmals die Hand, eine schöne Röte verklärte ihr Gesicht, und mit strahlenden Augen, die sich mit Tränen füllten, sagte sie:

„Ich danke Ihnen für Ihre edle Neigung und für Ihr Vertrauen! Es muß und wird Ihnen gut gehen und besser, als wenn ich ausersehen wäre, Sie zu beglücken! So wissen Sie denn, daß ich selbst in einer selig-unseligen Leidenschaft gefangen liege, daß ein heißgeliebter Mann mich wieder liebt, ja, daß ich geliebt bin, Ihnen darf ich es sagen!"

Und so erzählte sie mit vielen leidenschaftlich bewegten Worten ihre Liebes- und Leidensgeschichte, daß es in Deutschland geschehen sei und einen Geistlichen betreffe.

„Ein Pfaff!" sagte Landolt fast tonlos, und erst jetzt stolperte er ein wenig, trotz seines silberbeschlagenen Stabes, und obgleich nicht der kleinste Stein im Wege lag.

„O, sagen Sie nicht Pfaff!" rief sie flehentlich; „es ist ein wunderbarer Mensch! Sehen Sie her, sehen Sie in dies unergründliche Auge!"

Sie riß das Medaillon aus dem Busen, das sie an einem wohlverborgenen Schnürchen trug, und zeigte ihm das Bildnis. Es war ein junger Mann in schwarzer Tracht, mit ziemlich regelmäßigen Gesichtszügen und allerdings großen, dunklen Augen, mit welchen manche Maler Jesum von Nazareth darstellen. Man konnte sie auch schwarze

Junoaugen nennen. Landolt aber dachte, indem er das Bild mit bitteren Gefühlen, aber starren Blicken betrachtete: es sind die Augen einer Kuh!

Als sie es wieder in den weißen Busen versorgte, war es ihm, als hörte er es dort leise kichern, nach dem Wort: Wer zuletzt lacht, lacht am besten.

Die Geschichte, die Aglaja nun zu erzählen fortfuhr, war aber ungefähr diese: Als halberwachsenes Mädchen schon zu einer blutsverwandten Familie in der deutschen Stadt X. gebracht, um dort ausgebildet zu werden, hatte sie im Hause derselben den jungen Geistlichen kennengelernt, der ungeachtet seiner Jugend als Kanzelredner bereits in großem Ansehen stand. Er war sehr orthodox und hatte trotzdem einen Anflug damaliger pietistischer Schwärmerei; vom Göttlichen und Seligmachenden, von unerschöpften Liebesschätzen und der ewigen Heimat der Menschen sprach er so heißblütig und überzeugt, daß alles dies in seiner Person zugegen und verbürgt schien und in Verbindung mit den bestrickenden Augen in dem jungen, unerfahrenen Mädchen eine unbezwingliche Sehnsucht nach dem Besitze seines Herzens erweckte, welche Sehnsucht durch eine überreiche Phantasie, die alles noch übergüldete und verklärte, zu einer süß-bitteren glühenden Leidenschaft verstärkt wurde, die mit den Jahren wuchs, anstatt abzunehmen. Solch eine Leidenschaft, die sich natürlich bald verrät, hätte nicht in einem so schönen Wesen wohnen müssen, wenn sie nicht entschiedene Gegenliebe finden sollte. Allein die verwandte Familie sowohl wie das elterliche Haus waren einer Verbindung aus mehr als einem Grunde abgeneigt, und je ernster der Seelenzustand der anmutigen Aglaja wurde, desto ernster wurden auch die Schwierigkeiten, die sich ihrem Sehnen und Wünschen entgegentürmten, so daß sie zuletzt gewaltsam herausgerissen und nach Hause geholt wurde.

Da sie aber von tiefgründigem Charakter war, hielt sie nur um so beharrlicher an ihrer Neigung fest; sie wechselte Briefe mit dem Geliebten, äußerlich ruhig, innen aber von nie ruhender Hoffnung bewegt, die aufs neue mächtig aufflammte, als der junge Priester, der einen großen Herren begleitete, auf einer Schweizerreise sie zu sehen Gelegenheit fand und selbst in ihrem Hause Zutritt erhielt. Allein so geborgen seine Stellung und Zukunft schien, änderten sich die Dinge und die Gründe des Widerstandes ihrer Eltern doch nicht, welche eben von Haus aus andere Absichten mit ihrer Tochter hegten und mit ruhiger Milde und Liebe, aber ebenso großer Ausdauer an ihrem Plane festhielten.

So standen die Sachen, als Aglaja, die sich stets nach Hilfe umsah, den Salomon Landolt auf dem beschriebenen kleinen Umwege zum Freunde und Helfer warb, der er auch wurde.

Er begleitete sie getreulich bis zu ihrem Landsitze, den sie aufsuchen wollte, und holte sie gegen Abend dort ab, und als sie nach Hause kamen, hatte sie ihn ganz für sich gewonnen. Er liebte und bewunderte ihre Liebe, dergleichen er noch nicht gesehen, wurde sogar für den glücklichen Geliebten eingenommen und hielt es für Recht und Pflicht und für eine Ehre, der schönen Aglaja zu helfen.

Erst sprach er mit dritten einflußreichen Personen in vertraulicher Weise und wußte die Eltern mit neuen Gesichtspunkten und Ratschlägen zu umgeben; dann sprach er mit Vater und Mutter selbst wiederholt, und bevor ein halbes Jahr verflossen war, hatte er die Wege geebnet und konnte der geistliche Herr die Braut heimführen. Sie hatte dem Freunde sogar den Titel Konsistorialrätin und Hofpredigerin zu danken, da er, um sie gut zu betten, die erhabensten und gelehrtesten Korrespondenten Zürichs in Tribulation gesetzt hatte.

Seine herzliche Teilnahme blieb ihr auch noch, als sie vier oder fünf Jahre später als einsame Witwe zurückkehrte; denn leider war der tiefe Glanz der Augen ihres Mannes zum Teil auch die Folge einer hektischen Leibesbeschaffenheit und er früh an der verzehrenden Krankheit gestorben. Ebenso verzehrend war freilich der brennende Ehrgeiz des Mannes gewesen, seine unaufhörliche Sorge für irdisches Ansehen, Beförderung und Auskommen, und Aglaja mußte vor- und nachher nie so viel heftiges Berechnen von Einkünften, Zehnten und Sporteln erleben, wie in den kurzen Jahren ihrer Ehe. Desto gefaßter und ergebener schien sie jetzt ihre Tage zu verbringen.

Dieses waren nun die fünf weiblichen Wesen und alten Liebschaften, welche bei sich zu vereinigen es den Landvogt von Greifensee gelüstete. Zwei oder drei lebten in Zürich, die anderen nicht weit davon, und es kam nur darauf an, sie in der Weise herbeizulocken, daß keine von der anderen wußte und auch jede allein kam, in der Meinung, sie werde befreundete Gesellschaft finden. Das alles beredete er mit der Frau Marianne und traf die geeigneten Veranstaltungen. Er setzte den letzten Tag des Maimonats für das große Fest an und ließ die Einladungen ergehen, welche sämtlich ohne Arg angenommen wurden, so daß bis dahin die Sache trefflich gelang.

Mit dem ersten Morgengrauen des 31. Mai stieg Landolt auf die oberste Warte des Schloßturmes und schaute nach dem Wetter aus. Der Himmel war ringsum wolkenlos, die Sterne verglühten, im Osten begann es rosig zu werden. Da steckte er die große Herrschaftsfahne mit dem springenden Greifen auf den Wimperg der Burg, und hinter die Ringmauer stellte er zwei kleine Kanonen, um mit ihrem Donner die ankommenden Schönen zu begrüßen.

Um sicher zu sein, hatte er dafür gesorgt, daß jede mit besonderem Fuhrwerk abgeholt und herbeikutschiert wurde. Die gesamte Dienerschaft mußte sich in den Sonntagsstaat hüllen; das Zierlichste aber war sein Affe Cocco, welcher, für diesen Tag besonders abgerichtet, als eisgraues Mütterchen gekleidet, auf einem mächtigen Haubenbande die Inschrift trug: Ich bin die Zeit!

Im Innern des Hauses stand die Frau Marianne als Haushofmeisterin bereit in einer verjährten, reichen Tracht mit katholisch-tirolischem Pomp; ihr war zur Seite ein schöner vierzehnjähriger Knabe, welchen der Landvogt eigens ausgesucht und in das Gewand einer reizenden Zofe gekleidet hatte, die zur Bedienung der Damen bestimmt wäre.

Gegen neun Uhr erdröhnte der erste Kanonenschuß; man sah zwischen den Bäumen und Hecken gemächlich eine Kutsche daherfahren, in welcher Figura Leu saß. Als der Wagen vor dem Schloßtore hielt, sprang der Affe mit einem großen, duftigen Strauße von Rosen hinauf und drückte ihr denselben mit possierlichen Gebärden in die Hände. Den Rebus augenblicklich verstehend, nahm sie den Cocco samt den Rosen auf den Arm und rief im Aussteigen erfreut und voll Heiterkeit, indem der Landvogt, den Degen an der Seite und den Hut in der Hand, ihr grüßend den Arm bot: „Was gibt es denn alles bei Ihnen, was bedeutet die Fahne auf dem Dache, die Kanone, und die Zeit, die Rosen bringt?"

Da sie ganz schuldlos und ihm die liebste war, so weihte er sie in das Geheimnis ein, und anvertraute ihr, daß heut alle fünf Bewußten hier zusammentreffen würden. Sie errötete zuerst. Als sie aber ein wenig nachgedacht, lächelte sie nicht unfein. „Sie sind ein Schelm und ein Possenreißer!" sagte sie; „nehmen Sie sich in acht, wir werden Sie ans Kreuz schlagen und Ihren Affen braten, samt seinen

Rosen, singe aux roses! nicht wahr, Cocco, kleiner Landvogt?"

Kaum hatte er sie in die Wohnung hinaufgeführt, wo sie von Frau Marianne und dem Zofenknaben sogleich bedient wurde, so donnerte das Geschütz von neuem, und es fuhren zwei Wagen gleichzeitig vor. Es waren Wendelgard und Salome, der Kapitän und der Distelfink, welche ankamen und sich schon auf dem Wege gegenseitig gewundert hatten, wer in der andern stets in Sicht fahrenden Kutsche sein möge. Diese zwei Damen wußten voneinander und ihren einstmaligen Beziehungen zum Landvogt; sie betrachteten sich schnell mit neugierigen Blicken, wurden aber bald abgezogen durch Cocco, der mit neuen Rosen gehüpft kam, und Landolt, der sie, an jedem Arm eine, ins Haus führte.

Dort hatte inzwischen Frau Marianne ihr erstes Examen mit Figura eben beendigt: da sie dieselbe unschuldig wußte, so verhielt sie sich gnädig und menschlich gegen sie; desto feuriger funkelten aber ihre Augen, als Salome und Wendelgard eintraten. Die Flügel ihrer Hakennase und die Oberlippe, auf welcher ein schwärzlicher Schnurrbart lag, zitterten leidenschaftlich den zwei schönen Frauen entgegen, die einst vom Landvogt abgefallen waren, und es bedurfte eines strengen Blickes des Herrn, um die treue Haushälterin im Zaume zu halten und sie zu einem leidlich höflichen Benehmen zu zwingen.

Auch die Aglaja, die nun anlangte und auf gleiche Weise empfangen wurde, wie ihre Vorgängerinnen, mußte eine sehr kritische Besichtigung aushalten, da noch nicht entschieden war, ob die Tat, die sie an Landolten getan, um einen Helfer in der Not zu gewinnen, verzeihlich oder unverzeihlich sei. Die Alte ließ sie jedoch mit einem heimlichen Murren passieren, in Betracht, daß Aglaja immerhin einer echten Liebe fähig gewesen und nach der ersten Neigung geheiratet habe.

Kaum eines Blickes aber würdigte sie die Grasmücke, deren Ankunft die letzten Kanonenschüsse verkündigten, Was sollte sie mit einer Fliege, die gewagt hatte, mit dem Herrn Landvogt anzubinden, und sich dann doch vor ihm scheute?

Der Landvogt merkte gleich, daß die zarte Grasmücke, die so schon fast zitterte und nicht wußte, wie sich wenden unter den Prachtgestalten, verloren war vor der alten Husarin, und befahl sie mit wenigen heimlichen Worten in den besonderen Schutz der Figura, die sich sofort ihrer annahm. Im übrigen geschah jetzt ein großes Vorstellen und Begrüßen; die Figura Leu ausgenommen, sahen sich die hübschen Frauen gegenseitig und übers Kreuz an und wußten nicht, woran sie waren; denn natürlich kannten sie sich alle vom Sehen und Hörensagen schon, abgesehen von der Schwägerschaft zwischen Wendelgard und Figura. Doch verbreitete letztere so gut wie des Landvogts glückliche Stimmung sogleich einen heiteren, vergnügten Ton; auch wurde keiner müßigen Spannung Raum gelassen, vielmehr ein leichtes Frühstück herumgeboten, in Tee und süßem Wein mit Gebäck bestehend. Frau Marianne besorgte das Einschenken, der Knabe trug die Tassen und Gläschen herum, und die Damen betrachteten alles neugierig, besonders die vermeintliche junge Zofe, die ihnen etwas verdächtig erschien. Dann beguckten sie herumgehend die Wände rings, die Einrichtung des Zimmers und wiederum eine die andere, während Landolt eine nach der anderen höflich vertraut ansprach und mit zufriedenem Auge prüfte und verglich, bis sie endlich über ihre Lage klar wurden und merkten, daß sie in einen Hinterhalt geraten waren. Sie fingen wechselweise an zu erröten und zu lächeln, endlich zu lachen, ohne daß jedoch der Grund und das offene Geheimnis ausgesprochen wurde; denn der Landvogt dämpfte unversehens die Fröhlichkeit mit der feierlich ernsten Entschuldigung, daß er jetzo eine kurze Stunde seinem Amte leben und als Richter einige Fälle abwandeln müsse. Da es alles leichtere Sachen und kleine Ehestreitigkeiten seien, meinte er, würde es die Damen vielleicht unterhalten, den Verhandlungen beizuwohnen. Sie nahmen die Einladung dankbar an, und er führte sie demgemäß in die große Amtsstube, wo sie auf Stühlen zu beiden Seiten seines Richterstuhles Platz nahmen, gleich Geschworenen, während der Schreiber an seinem Tischchen vor ihnen in der Mitte saß.

Der Amtsdiener oder Weibel führte nunmehr ein ländliches Ehepaar herein, welches in großem Unfrieden lebte, ohne daß der Landvogt bis jetzt hatte ermitteln können, auf welcher Seite die Schuld lag, weil sie sich gegenseitig mit Klagen und Anschuldigungen überhäuften und keines verlegen war, auf die grobe Münze des anderen Kleingeld genug herauszugeben. Neulich hatte die Frau dem Manne ein Becken voll heißer Mehlsuppe an den Kopf geworfen, so daß er jetzt mit verbrühtem Schädel dastand und bereits ganze Büschel seines Haares herunterfielen, was er mit höchster Unruhe alle Augenblicke prüfte, und es doch gleich wieder bereute, wenn ihm jedesmal ein neuer Wisch in der Hand blieb. Die Frau aber leugnete die Tat rundweg und behauptete, der Mann habe in seiner tollen Wut die Suppenschüssel für seine Pelzmütze angesehen und sich auf den Kopf stülpen wollen. Der Landvogt, um auf seine Weise einen Ausweg zu finden, ließ die Frau abtreten und sagte hierauf zum Manne: „Ich sehe wohl, daß du der leidende Teil und ein armer Hiob bist, Hans Jakob, und daß das Unrecht und die Teufelei auf seiten deiner Frau sind. Ich werde sie daher am nächsten Sonntag in das Drillhäuschen am Markte setzen lassen, und du selber sollst sie vor der ganzen Gemeinde herumdrehen, bis dein Herz genug hat und sie gezähmt ist!“ Allein der Bauer erschrak über diesen Spruch und bat den Landvogt angelegentlich, davon abzustehen. Denn wenn seine Frau, sagte er, auch ein böses Weib sei, so sei sie immerhin seine Frau, und es gezieme ihm nicht, sie in solcher Art der öffentlichen Schande preiszugeben. Er möchte bitten, es etwa bei einem kräftigen Verweise bewenden lassen zu wollen. Hierauf ließ der Landvogt den Mann hinausgehen und die Frau wieder eintreten. „Euer Mann ist", sagte er zu ihr, „allem Anscheine nach ein Taugenichts und hat sich selbst den Kopf verbrüht, um Euch ins Unglück zu stürzen. Seine ausgesuchte Bosheit verdient die gehörige Strafe, die Ihr selbst vollziehen sollt! Wir wollen den Kerl am Sonntag in das Drillhäuschen setzen, und Ihr möget ihn alsdann vor allem Volk so lange drillen, als Euer Herz verlangt!" Die Frau hüpfte, als sie das hörte, vor Freuden in die Höhe, dankte dem Herrn Landvogt für den guten Spruch und schwur, daß sie die Drille so gut drehen und nicht müde werden wolle, bis ihm die Seele im Leibe weh tue!

„Nun sehen wir, wo der Teufel sitzt!" sagte der Landvogt in strengem Ton und verurteilte das böse Weib, drei Tage bei Wasser und Brot im Turm eingesperrt zu werden. Zornig blickte der Drache um sich, und als sie links und rechts die Frauen mit den Rosen sitzen sah, die sie furchtsam betrachteten, streckte sie nach beiden Seiten die Zunge heraus, ehe sie abgeführt wurde.

Jetzt erschien ein ganz abgehärmtes Ehepaar, das den Frieden nicht finden konnte, ohne zu wissen, warum. Die Quelle des Unglücks lag aber darin, daß Mann und Frau vom ersten Tage an nie miteinander ordentlich gesprochen und sich das Wort gegönnt hatten, und dieses kam wiederum daher, daß es beiden gleichmäßig an jeder äußeren Anmut fehlte, die einem Verweilen auf irgendeinem Versöhnungspunkte gerufen hätte. Der Mann, der ein Schneider war, besaß ein tiefes Gerechtigkeitsgefühl, wie er meinte, und grübelte während des Nähens unaufhörlich über dasselbe nach, während andere Schneider etwa ein Liedchen singen oder einen schnöden Spaß ausdenken; die Frau besorgte ausschließlich das kleine Ackergütchen und nahm sich bei der Arbeit vor, beim nächsten Auftritt nicht nachzugeben, und da sie beide fleißige Leute waren, so fanden sie fast nur während des Essens die zum Zanken nötige Zeit. Aber auch diese konnten sie nicht gehörig ausnützen, weil sie gleich im Beginn des Wortwechsels nebeneinander vorbeischossen mit ihren gespitzten Pfeilen und in unbekannte Sumpfgegenden gerieten, wo kein regelrechtes Gefecht mehr möglich war und das Wort in stummer Wut erstickte. Bei dieser Lebensweise schlug ihnen die Nahrung nicht gut an, und sie sahen aus wie Teuerung und Elend, obgleich sie, wie gesagt, nur an Liebenswürdigkeit ganz arm waren, freilich das ärmste Proletariat. Gestern war der Zorn des Mannes auf das Äußerste gestiegen, so daß er aufsprang und vom Tische weglief. Weil aber das durchlöcherte Tischtuch an einem seiner Westenknöpfe hängen blieb, zog er dasselbe samt der Hafersuppe, der Krautschüssel und den Tellern mit und warf alles auf den Boden. Die Frau nahm das für eine absichtliche Gewalttat, und der Schneider ließ sie, plötzlich von Klugheit erleuchtet, bei diesem Glauben, um sein Ansehen zu stärken und seine Kraft zu zeigen. Die Frau aber wollte dergleichen nicht erdulden und verklagte ihn beim Landvogt.

Als dieser sie nun nacheinander abhörte und ihr trostloses Zänkeln, das gar keinen Kompaß noch Steuerruder hatte, wahrnahm, erkannte er die Natur ihres Handels und verurteilte das Paar zu vier Wochen Gefängnis und zum Gebrauch des Ehelöffels. Auf seinen Wink nahm der Weibel dieses Gerät von der Wand, wo es an einem eisernen

Kettlein hing. Es war ein ganz sauber aus Lindenholz geschnitzter Doppellöffel mit zwei Kellen am selben Stiele, doch so beschaffen, daß die eine aufwärts, die andere abwärts gekehrt war.

„Seht," sagte der Landvogt, „dieser Löffel ist aus einem Lindenbaume gemacht, dem Baume der Liebe, des Friedens und der Gerechtigkeit. Denket beim Essen, wenn ihr einander den Löffel reicht (denn einen zweiten bekommt ihr nicht), an eine grüne Linde, die in Blüte steht und auf der die Vögel singen, über welche des Himmels Wolken ziehen und in deren Schatten die Liebenden sitzen, die Richter tagen und der Friede geschlossen wird!"

Das Männlein mußte den Löffel tragen, die Frau folgte ihm mit der Schürze an den Augen, und so wandelte das bleiche, magere Pärchen trübselig an den Ort seiner Bestimmung, von wo es nach vier Wochen versöhnt und einig und sogar mit einem zarten Anflug von Wangenrot wieder hervorging.

Nach diesem wurde, und zwar aus dem Gefängnis, eine verdrießliche, dicke Frau vorgeführt, die mürrisch um sich blickte und sich nicht wohl befand. Es war die Gattin eines Untervogts, welche ihren Mann beredet hatte, den Landvogt mit einem Kalbsviertel zu bestechen, daß er ihnen günstig gesinnt würde und durch die Finger sehe. Herr Landolt hatte die Frau, die das Fleisch selbst hertrug und scherwenzelnd überreichte, so lange in den Turm gesetzt, bis das Viertelskalb von ihr aufgegessen war, das sorgfältig für sie gekocht wurde. Sie hatte sich begreiflicherweise damit beeilt, so sehr sie konnte, und vermochte nun ein gewisses Mißbehagen nicht zu verbergen. Der Landvogt eröffnete ihr, daß die Verzehrung des Kalbsviertels als Strafe für einen Bestechungsversuch anzusehen sei, daß aber für die Verleitung des eigenen Ehemannes zum Bösen eine Geldstrafe von fünfundzwanzig Gulden und für die nachgiebige Schwäche des Mannes eine Buße von wiederum fünfundzwanzig Gulden auferlegt werde, was der Schreiber vormerken möge. Die dicke Frau machte eine ungeschickte Verbeugung und watschelte, mit beiden Händen den Bauch haltend, von dannen.

Zwei Schwestern von schöner Leibesbeschaffenheit waren angeschuldigt, den stillen und harmlosen Ehemännern nachzustellen und Zwietracht und Unglück in den Haushaltungen zu stiften, und überdies ihre eigene alte Mutter auf dem Krankenlager hilflos hungern und dahinsiechen zu lassen. Vor das Gericht des Landvogts gerufen, erschienen sie in verlockend üppigem Gewande, die Haare in verwegener Weise geputzt und mit Blumen geschmückt; und mit süßem Lächeln, feurige Blicke auf den Landvogt werfend, traten sie auf. Ihre freche Absicht erkennend, brachte er das Verhör sofort zu Ende und befahl, sie hinauszuführen, ihnen die schönen Haare am Kopfe wegzuschneiden, die Dirnen mit Ruten zu streichen und sie so lange an das Spinnrad zu setzen, bis sie einiges für den Unterhalt der Mutter verdient hätten.

Hierauf erschienen zwei religiöse Sektierer als Kläger; die hatten dem Landvogte den Bürgereid verweigert und sich beharrlich der Erfüllung aller bürgerlichen Pflichten widersetzt, ohne den wiederholten gütlichen Ermahnungen irgendwie Gehör zu geben, alles unter Hinweis auf ihren Glauben und inneren Beruf. Sie beklagten sich jetzt über arme Leute, welche in ihre Waldungen gedrungen seien und sich nach Belieben mit Brennholz versehen hätten.

„Wer seid ihr?“ sagte der Landvogt, „ich kenne euch nicht!“

„Wie ist das möglich?“ riefen sie, indem sie ihre Namen nannten. „Ihr habt uns ja schon mehrmals hierher berufen und den Amtsboten zu uns gesandt mit schriftlichen und mündlichen Befehlen!“

„Ich kenne euch dennoch nicht!“ fuhr er kaltblütig fort; „da ihr selbst daran erinnert, wie ihr keine bürgerlichen Pflichten anerkannt habt, so vermag ich euch kein Recht zu erteilen; geht und suchet, wo ihr es findet!“

Betroffen schlichen sie hinaus und suchten schleunig das Recht durch die Erfüllung der Pflichten.

In ähnlicher Weise beschied er noch einige Parteien und Vorgeladene mit seinen guten Einfällen; er schlichtete Zwistigkeiten und bestrafte die Nichtsnutzigen, und es war insbesondere zu beachten, daß er, den Fall mit dem bestechungssüchtigen Untervogt ausgenommen, keine einzige Geldbuße aussprach und nicht einen Schilling bezog, während doch die Vögte diese Seite der Gerichtsbarkeit als eine Quelle ihrer Einnahmen zu benutzen angewiesen waren und sie nicht selten mißbrauchten. Seine Rechtsprechung stand deshalb bei hoch und niedrig in gutem Geruche; seine Urteile wurden in zwiefachem Sinne als salomonische bezeichnet, und die heutige Sitzung nannten die Leute noch lange wegen des Rosenduftes, der den Saal erfüllte, das Rosengericht des Landvogts Salomon.

Nun war er aber froh, daß das Geschäft, das er wegen der Vorbereitungen zum heutigen Festtage so lange hinausgeschoben hatte, bis es notgedrungen auf diesen Tag selbst fiel, abgetan war. Er lud die Frauen ein, sich noch einen Augenblick im Freien zu ergehen, um vor dem Mittagsmahle, das sie allerseits wohl verdient hätten, frische Luft zu schöpfen; und als sie im Garten am Seeufer unter sich waren, atmeten sie wirklich auf; denn sie waren ganz ängstlich geworden über die sichere Art, mit welcher dieser Junggeselle die Ehesachen erkannt und behandelt hatte. Die eine oder andere, welche ihn bis jetzt vielleicht nicht für sehr klug gehalten, zerbrach sich sogar nachdenklich den Kopf, was es eigentlich für eine Bewandtnis mit ihm haben möge. Sie wurden aber alle von ihren mißtrauischen Gedanken abgezogen, als sie den Affen Cocco kläglich heranhopsen sahen, den man seiner unbequemen Kleidung zu entledigen vergessen hatte. Die Haube war verschoben und hing ihm über das Gesicht, ohne daß er sie wegbrachte, und die Kleider verwickelten ihm die Beine oder hingen am Schwanz, und er machte hundert Anstrengungen, sich davon zu befreien. Mitleidig erlösten die Frauen den Affen von aller Unbequemlichkeit, und nun vertrieb er ihnen die Zeit mit den artigsten Possen und Streichen, daß alle Bedenken und Melancholien aus ihren schönen Häuptern entwichen und der Landvogt sie in einem fröhlichen Gelächter fand, als er sie, von zwei Dienern gefolgt, abholte und zum Essen führte.

„Ei!" rief er, „so hör' ich gern zu Tische läuten! Wenn die Damen zusammen lachen, so klingt es ja, wie wenn man das Glockenspiel eines Cäcilienkirchleins hörte! Welche läutete denn mit dem schönen Alt? Sie, Wendelgard? Und welche führte das helle Sturmglöcklein, wie wenn das Herz brennte? Sie, Aglaja? Welche das mittlere Vesperglöckchen, das freundliche? Es gehört Ihnen, Salome! Das silberne Betglöcklein bimmelt in Ihrem purpurnen Glockenstübchen, Barbara Thumeysen! Und wer mit dem goldenen Feierabend läutet, den kennt man schon, 's ist mein Hanswurstel, die Figura!"

„Wie unartig!" riefen die vier anderen Glocken, „eine von uns Hanswurstel zu schelten!" Denn sie wußten nicht, daß sie alle solche Kosenamen besaßen, aber nur Figura Leu den ihrigen kannte und genehmigt hatte.

Das feine spröde Eis über den Herzen war nun vollends gebrochen. Das Gemach, in welchem der Tisch gedeckt war, leuchtete vom Glanze des blauen Himmels und des noch blaueren Seespiegels, der durch die hohen Fenster hereinströmte; wenn aber das Auge hinausschweifte, so wurde es gleich beruhigt durch das jenseitige junggrüne

Maienland. Auf dem runden Tisch inmitten des Gemaches glänzte ein zarter Frühling von Blumen und Lichtfunken; denn er war auf das zierlichste gedeckt und geschmückt mit allem, was der Landvogt aus den Gärten, wie aus den Schränken und der Altväterzeit hatte herbeibringen können.

Sechs Stühle mit hohen Lehnen standen um den Tisch, jeder vom anderen so weit entfernt, daß der Inhaber sich bequem und frei bewegen, den nächsten Nachbarn sehen und sich würdig mit ihm unterhalten konnte, nach rechts, wie nach links hin; genug, es war eine Anordnung, als ob die Tafelrunde für lauter Kurfürsten gedeckt wäre, und es fehlte nur das eigene Büfett hinter jedem Stuhle. Dafür thronte das große Schloßbüfett im Hintergrunde um so großartiger mit seinem altertümlichen Geräte.

An diesem Büfett, die eine Hand auf dasselbe gelegt, die andere gegen die Hüfte gestemmt, stand bereits die Frau Marianne wie ein Marschall, in scharlachrotem Rocke und schwarzer Sammetjacke; über die gefältelte Halskrause hing ein großes silbernes Kruzifix auf die Brust herab, und der gebräunte Hals war noch extra von filigranischem Schmuckwerk umschlossen. Auf dem ergrauenden Haar trug sie eine Haube von Marderpelz; das im Gürtel hängende weiße Vortuch bezeichnete ihr Amt. Aber unter den schwarzen Augenbrauen hervor schoß sie gestrenge Blicke im Saale umher, als ob sie die Herrin wäre.

Der Respekt, den sie einflößte, verscheuchte indessen die einmal erwachte Heiterkeit nicht, und die fünf Frauen nahmen nach der Anweisung des Landvogts mit frohem Lächeln ihre Plätze. Zu seiner Rechten setzte er die Figura Leu, zu seiner Linken die Aglaja, sich gegenüber die älteste der Flammen, Salome, und auf die zwei übrigen Stühle Wendelgarden und die Grasmücke. Mit einem warmen Glücksgefühle sah er sie so an einem Tische versammelt und unterhielt das Gespräch nach allen Seiten mit großer

Beflissenheit, damit er ohne Verletzung des guten Tones alle der Reihe nach ansehen konnte, vor- und rückwärts gezählt und überspringend, wie es ihn gelüstete.

Frau Marianne schöpfte am Büfett die Suppe; der verkleidete Junge, ein wohlunterrichtetes, schlaues Pfarrsöhnchen der Umgegend, trug und setzte die Teller hin. Er sah einem achtzehnjährigen Fräulein ähnlich und schlug fortwährend verschämt die Augen nieder, wenn er angeredet wurde, gehorchte der Marianne auf den Wink und stellte sich stumm neben die Tür, sobald eine Sache verrichtet war. Aber wenn der Landvogt das angebliche Mädchen etwa herbeirief und demselben sanft vertraulich einen Auftrag erteilte, welchen es mit Eifer vollzog, verwunderten die Flammen sich aufs neue über die unbekannte Zofe, von der sie noch nie gehört, und ließen manchen Blick über sie weg streifen. Doch wurde das Geplauder dadurch nicht beeinträchtigt, vielmehr immer lebhafter und fröhlicher, und das bewußte Geläute klingelte so harmonisch und eilfertig durcheinander, als ob in einer Stadt ein Papst einziehen wollte.

Wie wenn er nun drin wäre, wurde es einen Augenblick still, welchen Wendelgard wahrnahm, nach der Gelegenheit und Größe der Herrschaft Greifensee zu fragen, da sie im geheimen gern das Maß ihres Glückes gekannt hätte, welches als Landvögtin ihr geworden wäre. Die anderen Frauen wunderten sich, wie eine Bürgerin dergleichen nicht wisse; Landolt jedoch erzählte ihr, daß die Feste, Stadt und Burg Greifensee mit Land und Leuten im Jahre 1402 vom letzten Grafen von Toggenburg den Zürchern für sechstausend Gulden verpfändet und nicht mehr eingelöst worden sei, und daß diese Herrschaft zu den kleineren gehöre und nur einundzwanzig Ortschaften zähle. Übrigens sei das jetzige Schloß und Städtchen nicht mehr das ursprüngliche, welches bekanntlich im Jahre 1444 von den Eidgenossen, die alle gegen Zürich im Kriege gelegen, zerstört worden. Sich die Zeiten jenes langen und bitteren Bürgerkrieges vergegenwärtigend, verlor sich der Landvogt in eine Schilderung des Unterganges der neunundsechzig Männer, welche die Burg fast während des ganzen Maimonats hindurch gegen die Übermacht der Belagerer verteidigt hatten; wie durch die schreckliche Sitte des Parteikampfes, den Besiegten unter der Form des Gerichtes zu vertilgen, und um durch Schrecken zu wirken, sechzig dieser Männer, nachdem sie sich endlich ergeben, auf dem Platze hingerichtet worden seien, voran der treue Führer Wildhans von Landenberg. Vornehmlich aber verweilte er bei den Verhandlungen der Kriegsgemeinde, die auf der Matte zu Nänikon über Leben oder Tod der Getreuen stattfanden. Er schilderte die Fürsprache gerechter Männer, welche unerschrocken für Gnade und Milde eintraten und auf die ehrliche Pflichttreue der Gefangenen hinwiesen, sowie die wilden Reden der Rachsüchtigen, die jenen mit einschüchternder Verdächtigung entgegentraten, den leidenschaftlichen Dialog, der auf diese Weise im Angesichte der Todesopfer gehalten wurde und mit dem harten Bluturteil über alle endigte. Die geheimnisvolle Grausamkeit, mit welcher ein so großes Mehr bei der Abstimmung sich offenbarte, daß gar nicht gezählt wurde, das unmittelbar darauf erfolgende Vortreten des Scharfrichters, den die Schweizer in ihren Kriegen mitführten, wie jetzt etwa den Arzt oder Feldprediger, das Herbeieilen der um Gnade flehenden Greise, Weiber und Kinder, die starre Unbarmherzigkeit der Mehrheit und ihres Führers Itel Reding, alles dies stellte sich anschaulich dar. Dann hörten die Frauen mit stillem Grausen den Gang der Hinrichtung, wie der Hauptmann der Zürcher, um den Seinigen mit dem männlichen Beispiel in der Todesnot voranzugehen, zuerst das Haupt hinzulegen verlangte, damit keiner glaube, er hoffe etwa auf eine Sinnesänderung oder ein unvorhergesehenes Ereignis; wie dann der Scharfrichter erst von Haupt zu Haupt, dann je bei dem zehnten Mann innehielt und der Gnade gewärtig war, ja selbst um dieselbe flehte, allein stets zur Antwort erhielt: „Schweig und richte!" bis sechzig Unschuldige in ihrem Blute lagen, die letzten noch bei Fackelschein enthauptet. Nur ein paar unmündige Knaben und gebrochene Greise entgingen dem Gerichte, mehr aus Unachtsamkeit oder Müdigkeit des richtenden Volkes als aus dessen Barmherzigkeit.

Die guten Frauen seufzten ordentlich auf, als die Erzählung zu ihrem Troste fertig war; sie hatten zuletzt atemlos zugehört; denn der Landvogt hatte so lebendig geschildert, daß man die nächtliche Wiese und den Ring der wilden Kriegsmänner im roten Fackellichte statt des blumen- und becherbedeckten Tisches im Scheine der Frühlingssonne vor sich zu sehen meinte.

„Das war freilich eine unheimliche Versammlung, eine solche Kriegsgemeinde," sagte der Landvogt, „sei es, daß sie den Angriff beschloß oder daß sie ein Bluturteil fällte. Aber nun ist es Zeit," fuhr er mit veränderter Stimme fort, „daß wir diese Dinge verlassen und uns wieder uns selbst zuwenden! Meine schönen Herzdamen! Ich möchte Euch einladen, nunmehr auch eine kleine, aber friedlichere Gemeinde zu formieren, eine Beratung abzuhalten und ein Urteil zu fällen über einen Gegenstand, der mich nahe angeht und welchen ich Euch sogleich vorlegen werde, wenn Ihr mir euer geneigtes Gehör nicht versagen wollt, das seinen Sitz in so viel zierlichen Ohrmuscheln hat! Vorerst aber mag das Publikum hinausgehen, da die Verhandlung geheim sein muß!"

Er winkte der Haushälterin und ihrem Adjutanten, und diese entfernten sich, während er die Stimme erhob und, von etwas verlegenem Räuspern unterbrochen, weiter redete, auch die zehn weißen Ohrmuscheln mäuschenstille standen.

„Ich habe Euch, Verehrte, heute mit dem Sprichworte: Zeit bringt Rosen! begrüßt, und sicherlich war es wohl angebracht, da sie mir ein magisches Pentagramma von fünf so schönen Häuptern vor das Auge gezeichnet hat, in welchem die zauberkräftige Linie geheimnisvoll von einem Haupte zum anderen zieht, sich kreuzt und auf jedem Punkt in sich selbst zurückkehrt, alles Unheil von mir abwendend!

„Ja, wie gut haben es Zeit und Schicksal mit mir gemeint! Denn hätte mich die erste von Euch genommen, so wäre ich nicht an die zweite geraten; hätte die zweite mir die Hand gereicht, so wäre die dritte mir ewig verborgen geblieben, und so weiter, und ich genösse nicht des Glückes, einen fünffachen Spiegel der Erinnerung zu besitzen, von keinem Hauche der rauhen Wirklichkeit getrübt; in einem Turme der Freundschaft zu wohnen, dessen Quadern von Liebesgöttern aufeinander gefügt worden sind! – Wohl sind es die Rosen der Entsagung, welche die Zeit mir gebracht hat; aber wie herrlich und dauerhaft sind sie! Wie unvermindert an Schönheit und Jugend sehe ich Euch vor mir blühen, wahrhaftig, keine einzige scheint auch nur um ein Härlein wanken und weichen zu wollen vor den Stürmen des Lebens! Vor allem wollen wir erst hierauf anstoßen! Eure Herzen und eure Augen sollen lange leben, o Salome, o Figura, Wendelgard, Barbara, Aglaja!"

Sie erhoben sich alle mit geröteten Wangen und lächelten ihm holdselig zu, als sie ihre Gläser mit ihm anklingen ließen; nur Figura flüsterte ihm ins Ohr: „Wo wollt Ihr hinaus, Schalksnarr?"

„Ruhig, Hanswurstel!" sagte der Landvogt, und als sie wieder Platz genommen hatten, fuhr er fort:

„Aber die Entsagung kann sich nie genug tun, und wenn sie nichts mehr findet, ihm zu entsagen, so endigt sie damit, sich selbst zu entsagen. Dies scheint ein schlechtes Wortspiel zu sein; allein es bezeichnet nichtsdestoweniger die bedenkliche Lage, in welche ich mich durch die Verhältnisse gebracht sehe. Die Bekleidung oberer Staatsämter, die Führung eines großen Haushaltes lassen es nicht mehr zu, daß ich ohne Schaden unbeweibt fortlebe; man dringt in mich, diesen unverehelichten Stand aufzugeben, um an der Spitze einer Herrschaft, als Richter und Verwaltungsmann selbst das Beispiel eines wirklichen Hausvaters zu sein, und was es alles für Redensarten sind, mit welchen man mich bedrängt und ängstigt. Kurz, es bleibt mir nichts anderes übrig, als meinen stillen Erinnerungssternen zu entsagen und der Not zu weichen. Werf' ich nun meine Blicke aus, so kann natürlich nicht mehr von Liebe und Neigung die Rede sein, die von dem Pentagramma gebannt sind, sondern es ist das kalte Licht der Notwendigkeit und gemeinen Nützlichkeit, das meinem Entschlusse leuchten muß. Zwei wackere Geschöpfe sind es, zwischen denen das Zünglein der Wahl innesteht, und die Entscheidung habe ich Euch zugedacht, geliebte Freundinnen! Ein weltkundiger Berater und geistlicher Herr hat mir gesagt, ich soll entweder eine ganz erfahrene Alte oder aber eine ganz Junge nehmen, nur nicht, was in der Mitte liege. Beide sind nun gefunden, und welche Ihr mir zu raten beschließt, die soll es unwiderruflich sein! Die Alte, es ist meine brave Haushälterin, Frau Marianne, welche meinem Haushalt bis anher trefflich vorgestanden hat; etwas rauh und räucherig ist sie, aber brav und tugendhaft und doch einmal schön gewesen, wenn es auch lange her ist; sie braucht nur den Namen zu wechseln, und alles ist in Ordnung. Die andere ist die junge Magd, die uns beim Essen bedient hat, eine weitläufige Anverwandte der Marianne, die sie zur Hilfe und Probe herbeigezogen hat;

es scheint ein sanftes und wohlgeartetes Kind zu sein, arm, aber gesund, wahrheitsliebend und unverstellt! Weiter sag' ich in diesem Punkte nichts, Ihr versteht mich! Nun erwäget, beratet Euch, tauscht eure Gedanken aus, tut mir den Liebesdienst und stimmet dann friedlich ab; die Mehrheit entscheidet, wenn keine Einstimmigkeit zu erzielen ist. Ich gehe jetzt hinaus; hier ist ein ehernes Glöcklein; wenn Ihr das Urteil gefunden habt, so läutet damit, so stark Ihr könnt, damit ich komme und mein Schicksal aus euren weißen Händen empfange!"

Nach diesen Worten, die er in ungewöhnlich ernstem Tone gesprochen, verließ er so rasch das Zimmer, daß keine der Frauen Zeit fand, ein Wort dazwischenzuwerfen. So saßen sie nun erstaunt und schweigend auf ihren Stühlen gleich fünf Staatsräten und sahen sich an. Sie waren so überrascht, daß keine einen Laut hervorbrachte, bis Salome zuerst sich faßte und rief: „Das kann nicht so gehen! Wenn der Landvogt heiraten will, so muß man ihm für etwas Rechtes sorgen! Er ist jetzt ein gemachter Mann, und ich will bald gefunden haben, was für ihn paßt; auf dieser Marotte darf man ihn keinenfalls lassen!"

„Das ist auch meine Ansicht," sagte Aglaja nachdenklich; „es muß Zeit gewonnen werden."

„Das glaub' ich, du nähmst ihn am Ende noch selbst," dachte Salome, „aber es wird nichts daraus, ich weiß ihm schon eine!" Laut sagte sie: „Ja, vor allem müssen wir Zeit gewinnen! Wir wollen klingeln und ihm eröffnen, daß wir jetzt nicht entscheiden, sondern den Ratschlag verschieben wollen!"

Sie streckte schon die Hand nach der Glocke aus; doch die Jüngste, Barbara Thumeysen, hielt sie zurück und rief mit ziemlich kräftigem Stimmlein:

„Ich widersetze mich einer Verschiebung; er soll heiraten, das ist wohlanständig, und zwar stimme ich für die alte Haushälterin; denn es ist nicht schicklich, daß er jetzt noch ein ganz junges Ding zur Frau nimmt!"

„Pfui!" sagte jetzt Wendelgard, „die alte Rassel! Ich stimme für die Junge! Sie ist hübsch und wird sich von ihm ziehen lassen, wie er sie haben will; denn sie ist auch bescheiden. Und wenn sie arm ist, wird sie ihm um so dankbarer sein!"

Gereizt wendeten Salome und Aglaja zusammen ein, daß es sich zuerst darum handle, ob man heute eintreten oder verschieben wolle. Noch gereizter rief Barbara, sie stimme für das Eintreten und für die Alte; wolle man aber verschieben, so behalte sie sich vor, unter den ehrbaren und bestandenen Töchtern der Stadt selbst auch eine Umschau zu halten; es gebe mehr als eine würdige Dekanstochter zu versorgen, deren schöne Tugenden und Grundsätze dem immer noch etwas lustigen und phantastischen Herrn Landvogt zugut kommen würden.

Es gab nun ein beinahe heftiges Durcheinanderreden. Nur Figura Leu hatte noch nichts gesagt. Sie war blaß geworden und sie fühlte ihr Herz gepreßt, daß sie nichts sagen konnte. Obgleich sie sonst alle Streiche und Einfälle des Landvogts sogleich verstand, hielt sie doch den jetzigen Scherz, gerade, weil sie jenen liebte, für baren Ernst; sie sah endlich herangekommen, was sie längst für ihn gewünscht und für sich gefürchtet hatte. Aber entschlossen nahm sie sich endlich zusammen und erbat sich Gehör.

„Meine Freundinnen!" sagte sie, „ich glaube, mit einer Verschiebung gewinnen wir nichts; vielmehr halte ich dafür, daß er bereits entschlossen ist, und zwar für die Junge, und von uns aus Courtoisie und Lust an Scherzen eine Bestätigung holen will. Daß er die Frau Marianne heiratet, glaub' ich nie und nimmer, und sie sieht auch gar nicht darnach aus, als ob sie einem solchen Vorhaben entgeg-nkommen würde; dazu ist die Alte zu klug. Wenn wir aber nichts beschließen oder, was gleichbedeutend ist, ihm die erwartete freundliche Zustimmung verweigern, so bin ich meinesteils gewiß, daß wir morgen die Anzeige seines Entschlusses erhalten werden!"

Die kleine Versammlung überzeugte sich von der mutmaßlichen Richtigkeit dieser Ansicht.

„So schlage ich vor, zur Abstimmung zu schreiten," sagte Salome; „wie alt ist er eigentlich jetzt? Weiß es niemand?"

„Er ist beinahe dreiundvierzig," antwortete Figura.

„Dreiundvierzig!" sagte Salome; „gut, ich stimme für die Junge!"

„Und ich für die Alte!" rief die Tochter des Proselytenschreibers, die zarte Grasmücke, die in dieser Sache so hartnäckig schien, wie einer der Redner jener blutigen Kriegsgemeinde von Greifensee.

„Ich stimme für die Junge!" rief dagegen die schöne Wendelgard und schlug leicht mit der flachen Hand auf den Tisch.

„Und ich für die Alte!" sagte Aglaja mit unsicherem Ton, indem sie vor sich hinschaute.

„Jetzt haben wir zwei junge und zwei alte Stimmen," rief Salome; „Figura Leu, du entscheidest!"

„Ich bin für die Junge!" sagte diese, und Salome ergriff sofort die Glocke und klingelte kräftig.

Es dauerte ein paar Minuten, ehe Landolt erschien, und es herrschte eine tiefe Stille, während welcher verschiedene Gefühle die Frauen bewegten. Figura vermochte kaum ein paar schwere Tränen zu verbergen, die ihr an den Wimpern hingen; denn sie hatte sich an die Meinung gewöhnt, daß Landolt ledig bleibe, und wußte jetzt, daß sie die Einsamkeit ganz allein tragen müsse. Dieses Verbergen half ihr ein Einfall Wendelgards zuwege bringen, welche, die Stille unterbrechend, ausrief, sie schlage vor, daß der Landvogt die Alte küssen müsse, ehe man ihm das Urteil eröffne; er werde dann glauben, das Urteil laute für die Marianne, und man werde an seinem Gesichte, das er schneide, entdecken, ob es ihm Ernst gewesen sei, sie zu heiraten. Der Vorschlag wurde gutgeheißen, obgleich Figura ihn bekämpfte, weil sie dem Landvogt die unangenehme Szene ersparen wollte.

In diesem Augenblick öffnete sich die Tür und er trat feierlich herein, die Frau Marianne am Arm, welche possierliche Verneigungen und Komplimente nach allen Seiten hin machte, gleichsam als wollte sie sich zum voraus in gute Freundschaft empfehlen. Dabei ließ sie in schalkhafter Laune durchbohrende Blicke bald auf diese, bald auf jene der anmutigen Richterinnen fallen, so daß diese ganz zaghaft und mit bösem Gewissen dasaßen. Der Landvogt aber sagte:

„In der sicheren Voraussicht, daß meine Beiständerinnen mich auf den Weg der ruhigen Vernunft und des gesetzten Alters verweisen, führe ich die Erkorene gleich herbei und bin bereit, mit ihr die Ringe zu wechseln!"

Wiederum verneigte sich Frau Marianne nach allen Richtungen, und die Frauen am Tische wurden immer verblüffter und kleinlauter. Keine wagte ein Wort zu sagen; denn selbst Aglaja und Barbara, die für die Alte gestimmt, fürchteten sich vor ihr. Nur Figura Leu, voll Trauer über den tiefen Fall des Mannes, der wirklich eine verwitterte Landfahrerin heiraten wolle, die längst schon neun Kinder gehabt, erhob sich und sagte mit unwillig bewegter Stimme:

„Ihr irrt Euch, Herr Landvogt! Wir haben beschlossen, daß Ihr die junge Base dieser guten Frau heiraten sollt, und hoffen, daß Ihr unseren Rat ehret und uns nicht in den April geschickt habt!"

„Ich fürchte, es ist doch geschehen!" sagte der Landvogt lächelnd, trat zum Tisch und klingelte mit der Glocke, indessen die Frau Marianne ein schallendes Gelächter erhob, als der Knabe, der die Magd gespielt hatte, in seinen eigenen Kleidern erschien und vom Landvogt den Damen als Sohn des Herrn Pfarrers zu Fellanden vorgestellt wurde.

„Da mir nun die Alte verboten ist und sie, ihrem Gelächter nach zu schließen, sich nichts daraus macht, die Junge aber sich unter der Hand in einen Knaben verwandelt hat, so denke ich, wir bleiben einstweilen allerseits, wie wir sind! Verzeiht das frevle Spiel und nehmt meinen Dank für den guten Willen, den Ihr mir erzeigt, indem Ihr mich nicht für unwert erachtet habt, noch der Jugend und Schönheit gesellt zu werden! Aber wie kann es anders sein, wo die Richterinnen selber in ewiger Jugend und Schönheit thronen?"

Er gab ihnen der Reihe nach die Hand und küßte eine jede auf den Mund, ohne daß derselbe von einer verweigert wurde.

Figura gab das Zeichen zu einer mäßigen Ausgelassenheit, indem sie freudevoll rief: „So hat er uns also doch angeschmiert!"

Mit lautem Gezwitscher flog das schöne Gevögel auf und fiel an dem kleinen Seehafen vor dem Schlosse nieder, wo ein Schiff bereit lag für eine Lustfahrt; das Schiff war mit einer grünen Laube überbaut und mit bunten Wimpeln geschmückt. Zwei junge Schiffer führten das Ruder, und der Landvogt saß am Steuer; in einiger Entfernung fuhr ein zweiter Nachen mit einer Musik voraus, die aus den Waldhörnern der Landoltschen Schützen bestand. Mit den einfachen Weisen der Waldhornisten wechselten die Lieder der Frauen ab, welche jetzt herzlich und freudefromm bewußt waren, daß sie dem still das Steuer führenden Landvogte gefielen, und sein ruhiges Glück mitgenossen. Musik und Gesang der Frauen ließ ein leises Echo aus den Wäldern des Zürichberges zuweilen widerhallen, und das große, blendend weiße Glarner Gebirge spiegelte sich in der luftstillen Wasserfläche. Als der herannahende Abend alles mit seinem milden Goldscheine zu überfloren begann und alles Blaue tiefer wurde, lenkte der Landvogt das Schiff wieder dem Schlosse zu und legte unter vollem Liederklange bei, so daß die Frauen noch singend ans Ufer sprangen.

Ihrer warteten im Schlosse vier muntere junge Leute, welche Landolt auf den Abend zu sich berufen hatte. Es wurde ein kleiner Ball abgehalten; Herr Salomon tanzte selbst mit jeder der Flammen einen Tanz und gab beim Abschiede jeder einen der Jünglinge zur guten Begleitung mit, der Figura Leu aber den artigen Knaben, der die junge Magd gespielt hatte.

Während der Abfahrt ließ er die Kanonen wieder abfeuern und sodann bei zunehmender Dunkelheit die Fahne auf dem Dach einziehen.

„Nun, Frau Marianne," fragte er, als sie ihm den Schlaftrunk brachte, „wie hat Euch dieser Kongreß alter Schätze gefallen?"

„Ei, bei allen Heiligen!" rief sie, „ausnehmend wohl! Ich hätte nie gedacht, daß eine so lächerliche Geschichte, wie fünf Körbe sind, ein so erbauliches und zierliches Ende nehmen könnte! Das macht Ihnen so bald nicht einer nach! Nun haben Sie den Frieden im Herzen, soweit das hienieden möglich ist; denn der ganze und ewige Frieden kommt erst dort, wo meine neun kleinen Englein wohnen!"

So verlief diese denkwürdige Unternehmung. Später erhielt der Obrist die Landvogtei Eglisau am Rhein, wo er blieb, bis es überall mit den Landvogteien ein Ende hatte und im Jahre 1798 mit der alten Eidgenossenschaft auch die Feudalherrlichkeit zusammenbrach. Er sah nun die fremden Heere sein Vaterland und die schönen Täler und Höhen seiner Jugendzeit überziehen, Franzosen, Österreicher und Russen. Wenn auch nicht mehr in amtlicher

Stellung, war er doch überall mit Rat und Hilfe tätig, stets zu Pferd und unermüdlich; aber in allem Elend und Gedränge der Zeit wachte sein künstlerisches Auge über jeden Wechsel der tausenderlei Gestalten, die sich wie in einem Fiebertraume ablösten, und selbst im Donner der großen Schlachten, deren Schauplatz seine engste Heimat war, entging ihm kein nächtlicher Feuerschein, kein spähender Kosak oder Pandure im Morgengrauen. Als die Sturmfluten sich endlich verlaufen hatten, wechselte er, malend, jagend und reitend, häufig seinen Aufenthalt und starb im Jahre 1818 im Schlosse zu Andelfingen an der Thur. Von jener letzten Zeit sagt sein Biograph: An warmen Sommernachmittagen blieb er allein unter dem Schatten der Platanen sitzen, zumal während der Ernte, wo die ganze kornreiche Gegend von Schnittern wimmelte. Er sah denselben gern von seiner Höhe zu. Wenn sie bei der Arbeit sangen, pflückte er wohl ein Blättchen, begleitete, leise darauf pfeifend, die fröhlichen Melodien, welche aus dem Tale heraufschwebten, und entschlummerte zuweilen darüber, wie ein müder Schnitter auf seiner Garbe.

Im Spätherbste seines siebenundsiebzigsten Lebensjahres, als das letzte Blatt gefallen, sah er das Ende kommen. „Der Schütze dort hat gut gezielt!“ sagte er, auf das elfenbeinerne Tödlein zeigend, das er von der Großmutter geerbt hatte. Die Figura Leu, welche noch im alten Jahrhundert gestorben, hatte das feine Bildwerk von ihm geliehen, da es ihr Spaß mache, wie sie sich ausdrückte. Nach ihrem Tode hatte er es wieder an sich genommen und auf seinen Schreibtisch gestellt.

Die Frau Marianne ist im Jahre 1808 abgeschieden, ganz ermüdet von Arbeit und Pflichterfüllung; ihrer Leiche folgte aber auch ein Grabgeleite, wie einem angesehenen Manne.

Über dem sorgfältigen Abschreiben vorstehender Geschichte des Landvogts von Greifensee waren dem Herrn Jacques die letzten Mücken aus dem jungen Gehirn entflohen, da er sich deutlich überzeugte, was alles für schwieriger Spuk dazu gehöre, um einen originellen Kauz notdürftig zusammenzuflicken. Er verzweifelte daran, so viele, ihm zum Teil widerwärtige Dinge, wie zum Beispiel fünf Körbe, einzufangen, und verzichtete freiwillig und endgültig darauf, ein Originalgenie zu werden, so daß der Herr Pate seinen Part der Erziehungsarbeit als durchgeführt ansehen konnte.

Keineswegs aber wendete Herr Jacques sich von den Idealen ab; wenn er auch selbst nichts mehr hervorzubringen trachtete, so bildete er sich dagegen zu einem eifrigen Beschützer der Künste und Wissenschaften aus und wurde ein Pfleger der jungen Talente und Vorsteher der Stipendiaten. Er wählte dieselben, mit Lorgnon, Sehrohr und hohler Hand bewaffnet, vorsichtig aus, überwachte ihre Studien, sowie ihre sittliche Führung; das erste Erfordernis aber, das er in allen Fällen festhalten zu müssen glaubte, war die Bescheidenheit. Da er selber entsagt hatte, so verfuhr er in dem Punkte um so strenger gegen die jungen Schutzbedürftigen; in jedem Zeugnisse, das er verlangte oder selbst ausstellte, mußte das Wort Bescheidenheit einen Platz finden, sonst war die Sache verloren, und bescheiden sein war bei ihm halb gemalt, halb gemeißelt, halb gegeigt und halb gesungen.

Bei der Einrichtung von Kunstanstalten, Schulen und Ausstellungen, beim Ankaufe von Bildern und dergleichen führte er ein scharfes Wort und wirkte nicht minder in die Ferne, indem er stetsfort an den ausländischen Kunstschulen oder Bildungsanstalten hier einen Kupferstecher, dort einen Maler, dort einen Bildhauer, anderswo einen Musikus oder Sterndeuter am Futter stehen hatte, dem er aus öffentlichen oder eigenen Mitteln die erforderlichen Unterstützungsgelder zukommen ließ. Da gewährte es ihm denn die höchste Genugtuung, aus dem Briefstil der Überwachten den Grad der Bescheidenheit oder Anmaßung, der unreifen Verwegenheit oder der sanften Ausdauer zu erkennen und jeden Verstoß mit einer Kürzung der Subsidie, mit einem Verschieben der Absendung und einem vierwöchentlichen Hunger zu ahnden und Wind, Wetter, Sonne und Schatten dergestalt eigentlich zu beherrschen, daß die Zöglinge in der Tat auch etwas erfuhren und zur besseren Charakterausbildung nicht so glatt dahinlebten.

Einmal nur wäre er fast aus seiner Bahn geworfen worden, als er nämlich nach gehöriger Ausreifung aller Verhältnisse seine vorbestimmte Braut feierlich heimführte und so das Kunstwerk seiner ersten Lebenshälfte abschloß.

Er stand, nach mannigfaltigen und nützlichen Reisen, nicht mehr in erster Jugend, an der Spitze des ererbten Handelsgeschäftes, welches sich gewissermaßen von selbst fortführte. Das Besitztum war umschrieben, sichere Erbanfälle der Zukunft waren vorgemerkt, auch diejenigen, welche der Braut nicht ausbleiben konnten, markiert, so daß nach menschlichem Ermessen einer nicht unbescheidenen Zahl zu erhoffender Kinder jetzt schon der Wohlstand gewährleistet schien; so wurde denn zur längst erwarteten offenen Werbung geschritten, die Verlobung abgehalten, die Hochzeit verkündet und letztere gefeiert, nicht ohne vorhergehende achttägige Kur und Einnahme blutreinigender Absüde mit Hütung des Hauses; wie ein frommer Weihekrug dampfte während dieser Zeit der Hafen mit den Sennesblättern und dem Glaubersalz. Die Hochzeitsreise aber ging über die Alpen nach Hesperiens goldenen Gefilden, und der Zielpunkt war das ewige Rom. Einen hohen Strohhut auf dem Kopfe, in gelben Nanking gekleidet, mit zurückgeschlagenem Hemdkragen und fliegenden Halstuchzipfeln, führte er die Neuvermählte auf den sieben Hügeln herum, die ihm ganz bekannt und geläufig waren. Stets noch geschmückt mit langen Locken, ging oder mußte sie gehen mit grünem Schleier und schneeweißem Gewande; denn die diesfällige Sorge der Mutter hatte nun der gebietende Herr Jacques übernommen, und er wählte und bestimmte als geschmackübender Mann ihre Kleidung.

Nun lebte gerade zu jener Zeit in Rom ein junger Bildhauer, dessen Unterhalt und Studium er aus der Ferne lenkte.

Die Bericht- und Gesuchschreiben des Jünglings waren mit aller Bescheidenheit und Demut abgefaßt, keinerlei Überhebung oder Spuren ungehöriger Lebensführung darin sichtbar; sein Erstlingswerk, ein dürstender Faun, der den Schlauch erhebt, sollte just der Vollendung entgegenreifen. Daher bildete nun die Heimsuchung des Schützlings einen Glanz- und Höhepunkt dieses römischen Aufenthaltes, und es schien ein solcher Gang ein durchaus würdiges, wenn auch bescheidenes Zeugnis selbsteigener Betätigung inmitten der klassischen Szenen abzulegen, die Person des Herrn Jacques mit der großen Vergangenheit zu verbinden und so am füglichsten seine Entsagung zu lohnen, indem er an seinem geringen Orte als eine Art Mäzen den erhabenen Schauplatz beschreiten durfte.

Er war auf ein bescheidenes, aber reinliches und feierlich stilles Atelier gefaßt, in welchem der gelockte Jüngling sinnig vor seinem Marmor stände. Mutig drang er, die Gattin am Arme, in die entlegene Gegend am Tiberflusse vor, auf welchem, wie er ihr erklärte, die Kähne mit den karrarischen Marmorblöcken hergefahren kämen. Schon erblickte er im Geiste den angehenden Thorwaldsen oder Canova, von dem Besuche anständig froh überrascht, sich erstaunt an sein Gerüst lehnen und mit schüchterner Gebärde die Einladung zum Mittagessen anhören; denn er gedachte dem Trefflichen einen guten Tag zu machen; wußte er doch, daß derselbe den ihm erteilten Vorschriften gemäß sparsam lebte und, obschon er erst neulich seine Halbjahrpension erhalten, gewiß auch heute noch nicht gefrühstückt habe, der ihm eingeprägten Regel eingedenk, daß es für einen jungen unvermögenden Menschen in der Fremde vollkommen genüge, wenn er im Tag einmal ordentlich esse, was am besten des Abends geschehe.

Endlich war der Ort gefunden. Eine ziemliche Wildnis und Wüstenei von Gemäuer, Holzplanken, alten Ölbäumen und Weinreben, wozwischen eine Menge Wäsche zum Trocknen aufgehängt war, stellte das Propyläum vor. Da der Anblick sehr malerisch war, so schritt der Herr Mäzen wohlgemut weiter, zumal das Gebäude im Hintergrunde, welches die Werkstatt zu enthalten schien, ebenso poetisch auf seinen künstlerischen Sinn einwirkte; denn es war ganz aus verwitterten, einst behauen gewesenen Werkstücken, Gesimsen und Kapitälen zusammengesetzt und mit prächtigem Efeu übersponnen. Die Türpfosten bestanden aus zwei kolossalen bärtigen Atlanten, welche bis zum Nabel in der Erde steckten und eine quer gelegte mächtige Säulentrommel auf ihrem Genicke trugen; jedoch Kühlung gewährte ihnen bei dieser Arbeit das Dach einer niedrigen, aber weitverzweigten Pinie, die so das Helldunkel des Inneren fortsetzte und auch über die Pforte warf. Allein, wie nun das wandernde Paar sich diesen Schatten mehr und mehr näherte, wurden sie immer vernehmlicher von geisterhaften Tönen, Gesängen, Saitenspiel und Trommelschall belebt und dieses Gesumme wieder übertönt von einzelnem Rufen und Schreien; es war, als ob in der Stille und Abgeschiedenheit der grünen Wildnis ein unsichtbares Bacchanal verschollener Geister abgehalten würde. Erstaunt horchte Herr Jacques eine Weile, und als der spukhafte Lärm immer lauter wurde, betrat er endlich entschlossen den inneren Raum.

Es glich derselbe einer kühlen großen Waschküche; an der Wand befand sich der Herd mit einem großen Kessel; allerlei Kufen, Zuber und Kübel standen herum; einige darunter waren mit Brettern belegt und bildeten so zusammen einen langen Tisch, der mit weißen Tüchern bedeckt und mit langhalsigen Korbflaschen bepflanzt war; dazwischen standen Schüsseln mit den Resten eines einfachen, ölduftenden Mahles, mit einigen Fischköpfen, Salatblättern und braunen Kuchen.

An dem Tische saßen verschiedene Gruppen von Männern und Frauen in römischer Volkstracht, die bräunlichen Frauen mit den weißen Kopftüchern und großen goldenen Ohrringen, die Herren mit ganz kleinen Ohrringen und in kurzen Jacken, spitze Hüte auf den schwarzen Krausköpfen.

Alles das sang und spielte die Gitarre oder die Mandoline, und zwei hübsche Paare führten, das Tamburin schlagend, einen Tanz auf. Das schönste der Frauenzimmer saß oben an dem schmalen Brett neben dem einzigen blonden Manne, der in der Gesellschaft zu finden war; sie kehrten aber einander den Rücken zu, indem das Weib, an ihn gelehnt und die Beine übereinander geschlagen, ebenfalls sang und auf eine schellenbesetzte Handtrommel schlug, während der Blonde mit seinem Nachbar Morra spielte, fortwährend die Finger auswarf und mit wütender Stimme die Zahlworte ausrief. Dieser war der Bildhauer; er trug jedoch keine Locken, sondern das Haar so kurz am Kopfe weggeschnitten, wie eine abgenutzte Schuhbürste; dafür war der Bart stark und struppig und das Gesicht rot erhitzt, so daß Herr Jacques ihn kaum wiedererkannte.

Kurz gesagt, feierte der Bildhauer eben seine Hochzeit, und die neben ihm sitzende Römerin war die Braut. Wie der Bräutigam der einzige Blonde, war er auch der einzige Angeheiterte im Hause. Während die übrigen über der Lichterscheinung des Mäzenaten-Paares still geworden und jeder erstaunt an der Stelle verharrte, wo er saß oder stand, sprang der Angetrunkene ohne alle Berechnung der Umstände auf und hieß seinen Gönner und Herrn höchlich willkommen an seinem Ehrentage, welchen er ihm jetzt nachträglich verkündigte und erklärte. Er hatte diese heimliche Verheiratung und gemischte Ehe am Sitze der Unduldsamkeit selbst mit Hilfe einer propagandalustigen Geistlichkeit durchgesetzt, die einer protestantischen Gesandtschaft beigegeben war und mit Gesellschaften verschiedener Nationen in Verbindung stand, die dergleichen menschenfreundliche Intrigen betrieben, nicht etwa in Voraussicht einer freisinnigeren Gesetzgebung, wie sie jetzt alle fortgeschrittenen Staaten aufweisen, sondern um die Folgen der Unbescheidenheit armer Leute, wo sie tatsächlich auftraten, zu legitimieren und der Sitte äußerlich zu unterwerfen.

Herr Jacques faßte den Handel wenigstens so auf; er war empört und bleich vor Erregung und fuhr halblaut den neuen Pygmalion an:

„Und dieses saubere Hochzeitsgelage, herbeigeführt durch gewissenlose Mucker und Frömmler, wird natürlich aus den Unterstützungsgeldern bestritten, die ich erst neuerlich abgesandt habe?“

„So unmittelbar wohl nicht,“ sagte der Heiratsmann gemütlich nachdenkend; „die Sache verhält sich nämlich so, daß ich bei diesen schwierigen Zeitläufen klug zu tun glaubte, wenn ich mich mit meinem Stipendium an der schönen Wäscherei meiner Schwiegermutter beteilige, gewissermaßen als Kommanditär, und es hat sich als nicht unpraktisch bewährt. Ich genieße die Kost und Verpflegung einer rüstigen und gesuchten Waschfrau, welche ungleich besser ist, als diejenige eines Stipendiaten, und erspare die Miete für ein eigenes Atelier, da mir diese geräumige Waschküche namentlich des Sonntags, an den vielen katholischen Feiertagen und überdies fast die Hälfte der Woche hindurch den geeigneten Platz für meine Arbeiten gewährt. Sobald ich jenen Fensterladen im Dachwinkel dort aufstoße, ergießt sich die schönste Lichtmasse auf meine Modelle!"

„Wo sind sie, diese Modelle? wo ist der dürstende Faun, der schon aus dem Marmor herauswachsen soll?" rief vor Zorn beinahe stammelnd der Mäzenatsherr, der sich schändlich gefoppt glaubte und mit flammenden Augen an den Wänden herumsuchte, wo nichts zu finden war, als einige bestaubte und von Rauch geschwärzte Gliedmaßen, nämlich die in Gips abgeformten Füße, Hände und Arme der schöngewachsenen Braut oder nunmehrigen Frau des fröhlichen Scholaren.

Der wurde jetzt doch etwas kleinlaut; denn er war leider nicht vorbereitet, als Held einer der heute so beliebten Bildhauernovellen zu dienen, da er sich eben im unheimlichen Stadium des faulen Hundes befand, dem ja seinerzeit auch der junge Thorwaldsen nicht entgangen ist. Er schaute mit unsicheren Blicken nach einer dunkeln Ecke, als Herr Jacques von neuem schrie: „Wo ist der dürstende Faun?" und ging mit schwankenden Schritten nach jener Richtung hin; mit Bedauern nahm er wahr, wie rasch sich die Dinge ändern und wie fröhlich er vorhin noch sein „cinque, due, cette, quattro!" gerufen hatte.

Aber es half nichts; unerbittlich folgte, stets die weiße Dame am Arme, Herr Jakobus auf den Füßen; die ganze Hochzeitsversammlung schloß sich neugierig an, und bald stand ein Ring schöner Leute um eine geheimnisvoll vermummte Gestalt herum, welche auf einem Modellierstuhle stand.

Ganz nahe ließ sich dem Geheimnis jedoch nicht beikommen wegen eines Haufens Kartoffeln und anderen Gemüses, das davor und darunter lag. Nachdem der Bildhauer einen Fensterladen aufgestoßen, fiel das Licht auf eine mit eingetrockneten Tüchern umwickelte Tonfigur, und jener arbeitete sich durch die Kartoffeln, um letztere der Hüllen zu entledigen. Mit den Tüchern fiel ein abgedorrtes Ziegenohr des Fauns herunter und mehr als ein Finger der erhobenen Hände. Endlich kam der gute Mann zum Vorschein; das gierig durstige Gesicht war herrlich motiviert durch den wie ein dürres Ackerland zerklüfteten Leib, der den wohltätig anfeuchtenden Wasserstaub seit vielen Wochen nicht verspürt haben mochte. Der Weinschlauch fehlte auch noch, wodurch der Ärmste das Ansehen jenes in der Tiber gefundenen Adoranten gewann und um etwas Flüssiges zu beten schien.

Das Ganze machte den Eindruck wie ein vor unvordenklichen Zeiten verlassenes stilles Bergwerk.

Alle betrachteten erstaunt diese vertrocknete Unfertigkeit; der Bildhauer aber bekam selber Durst von dem Anblick, drückte sich hinweg, und als der unschlüssige Mäzen sich nach ihm umschaute, um verschiedene Fragen an ihn zu richten, sah er ihn einsam am Tische stehen, wie er eine der langgehalsten Flaschen in die Höhe hielt und von oben herunter einen Strahl roten Weines mit größter Sicherheit in die Kehle fallen ließ, ohne zu schlucken oder einen Tropfen zu verlieren.

Hierüber mußte er endlich selbst lachen und es begann ihm die Ahnung aufzudämmern, daß es sich um eine gute Künstleranekdote, um ein prächtiges Naturerlebnis handle. Kaum ward die etwas verdutzt gewordene Gesellschaft dieser besseren Wendung inne, so kehrte die alte Fröhlichkeit zurück; die beiden Ehrenpersonen, Herr und Frau, sahen sich augenblicklich an den Ehrenplatz am Tische versetzt; Gesang, Musik und Tanz wurden wieder aufgenommen, und Herr Jacques war ganz Aug und Ohr, um keinen Zug des Gemäldes zu verlieren und wenigstens den ästhetischen Gewinn dieser Erfahrung möglichst vollständig einzuheimsen.

Gerade als seine Aufmerksamkeit am höchsten war, ereignete sich etwas Neues. Die Schwiegermutter des glücklichen Pygmalion erschien mit einem zierlich geputzten Wickelkindchen auf dem Arm und alles rief: „Der Bambino!" Es war in der Tat das voreheliche Kindlein, welches den Anlaß zu dieser Hochzeit gegeben hatte und nun dem reisenden Paare von dem Bildhauer mit großer Fröhlichkeit vorgewiesen wurde, indessen die schöne Braut verschämt in ihren Schoß sah. Ein größerer Unwille, eine dunklere Entrüstung als je zuvor zogen sich auf dem Antlitze des Herrn Jacques zusammen; allein schon hatte seine sanfte weiße Gemahlin das Wesen samt dem Kissen in die Arme genommen und schaukelte dasselbe freundlich und liebevoll; denn es war ein sehr hübsches Kind und sie empfand schon eine Sehnsucht nach einem eigenen Leben dieser Art.

Durch solche Güte und Holdseligkeit ermutigt, gestand der Stipendiarius, daß das arme Würmlein noch nicht getauft und daß ihm soeben der ehrerbietige Gedanke aufgestiegen sei, ob sich der hochachtbare Herr Gönner nicht vielleicht zu Gevatter bitten ließe? Der Taufe, welche demnächst stattfinden müsse, brauchte er deshalb nicht selbst beizuwohnen, da sich schon ein anständiger Stellvertreter finden würde, wenn man nur den Herrn als Taufzeugen nennen und einschreiben lassen dürfte.

Ein weicher Blick der Gattin entwaffnete seinen wachsenden Zorn; schweigend nickte er die Einwilligung, riß ein Blättchen Papier aus seinem Notizbuche, wickelte einen Dukaten darein und steckte denselben dem Kindlein unter das bunte Wickelband. Dann aber floh er unverweilt mit der Gemahlin aus der Höhle der Unbescheidenheit, wie er die malerische Waschküche nannte.

Als er zu Hause seinem jetzt sehr alten Herren Paten verdrießlich erzählte, wie er zu Rom selbst Pate geworden sei, lachte jener vergnüglich und wünschte ihm, daß er ebenso viele Freude an dem Täufling erleben möge, wie er, der Meister Jakobus, ihm einst gemacht habe und noch mache.

Nachwort

In der Schweiz verlief die Bürgerrevolution so glücklich wie nirgends, und sie erhielt im jungen Gottfried Keller einen Spielmann des Vaterlandes, der alle adeligen Tugenden auf das um seine Freiheit kämpfende Volk übertrug. Das redliche, tüchtige Volk war seine Geliebte, ja er verehrte es als eine heilige Person.

Mancherlei sind unsers Volkes Gaben,
Denn auch mancherlei hat es zu tun,
Und beim harten Ringen wie zum Ruhn
Muß es einen guten Spielmann haben,
Der, wenn Sichel, Schwert und Hammer klingt,
Stets dazu die rechte Weise singt.

Diese Liebe verstand sich für Keller nicht von selbst. Seine erste Erfahrung mit dem Staat war die Verstoßung aus der Schule gewesen; dieselbe Vaterstadt, die er später mit seinen *Züricher Novellen* beschenkte, hatte ihm ein Unrecht angetan, das er lange nicht verwand, weil es die Ursache seiner Jugendnöte wurde. Sein erstes Auftreten als radikaler Parteilyriker war die direkte Fortsetzung des frühen Konflikts mit der Obrigkeit. In den Berliner Hungerjahren schrieb er im *Grünen Heinrich* den schönsten Lobgesang auf die Schweiz als die Geschichte seines eigenen Zugrundegehens. Dieser Roman ist ein Mythus der Heimat, seine Reflexionen drehen sich um das Glück des Einsseins mit dem Volk. Auch die Kraft und Würde des Künstlers beruht auf der Harmonie der Gemeinschaft. »Mit großen Augen beschaut sich erst die Menge den Einzelnen, der ihr etwas vorsagen will, und dieser, mutvoll ausharrend, kehrt sein bestes Wesen heraus, um zu siegen. Er denke aber nicht, ihr Meister zu sein; denn vor ihm sind Andere dagewesen, nach ihm werden Andere kommen, und jeder wurde von der Menge geboren; er ist ein Teil von ihr, welchen sie sich gegenüberstellt, um mit ihm, ihrem Kind und Eigentum, ein erbauliches Selbstgespräch zu führen. Jede wahre Volksrede ist nur ein Monolog, den das Volk selber hält. Glücklich aber, wer in seinem Lande ein Spiegel seines Volkes sein kann, der nichts widerspiegelt als dies Volk, indessen dieses selbst nur ein kleiner heller Spiegel der weiten lebendigen Welt ist!« Dieses Glück bleibt Heinrich in der ersten Fassung des Romans versagt, die Schuld am Tod der Mutter bringt ihn darum. »So war nun der schöne Spiegel, welcher sein Volk widerspiegeln wollte, zerschlagen und der Einzelne, welcher an der Mehrheit mitwachsen wollte, gebrochen. Denn da er die unmittelbare Lebensquelle, welche ihn mit seinem Volke verband, vernichtet, so hatte er kein Recht und keine Ehre, unter diesem Volk mitwirken zu wollen, nach dem Worte: Wer die Welt will verbessern helfen, kehre erst vor seiner Tür.«

Noch lange schien es, daß auch der als Maler und als Dramatiker gescheiterte Keller nicht imstande sei, den Weg in ein normales Leben, zu einem gesicherten Erwerb, zu Weib und Kind und zu einem Ansehen vor den Mitbürgern zu finden. Nach Jahren der Entbehrung, des einsamen Heulens und fruchtlosen Spintisierens machte die Wahl zum Zürcher Staatsschreiber seiner Not ein Ende. Sie kam gerade zur rechten Zeit, um aus dem ungebärdigen, etwas verkommenen Eigenbrödler doch noch einen gewissenhaften Bürger zu machen. Ohne diese Wendung wäre er vielleicht ganz verwahrlost und auf irgendeine dunkle Art zugrunde gegangen. Nun schloß sich der Abgrund hinter ihm, aber mit der Not versank auch der dichterische Segen des abenteuerlichen Lebens. Die höchste Schönheit seiner Phantasie erstarb; das Gedicht *Winternacht* stellt es im Bild der eingefrorenen Nixe dar, die mit ersticktem Jammer an der Eisdecke herumtastet. Diese Nixe ist eine Verwandte von Mörikes schöner Lau, dem Wasserweib im ›Stuttgarter Hutzelmännlein‹, das zur Strafe für seine Kinderlosigkeit im Weiher bei Blaubeuren leben muß, bis es fünfmal gelacht hat. Der Staatsschreiber wurde ein selbstbewußter Mann und stellte in der wilden Unordnung seines innern und äußern Menschen die gelassene Ruhe her, die aus seinen volkstümlichsten Werken spricht. Er lernte nun lachen, er wurde ein Meister des Humors, wie es seit Claudius und Hebel alle echten Sänger des Volkes waren. Der Humor ist das umgekehrte Pathos, die bürgerliche Abart des hohen Sängermutes, der die Dinge dieser Welt sub specie aeterni verklärt. So hatte ihn Jean Paul als Prinzip entdeckt und erklärt, so verstand ihn die ganze bürgerliche Epoche. Das Lächeln des humoristischen Erzählers stammt aus der weisen Resignation, mit der Wieland in den ›Abderiten‹, Jean Paul in den ›Flegeljahren‹ das Welttreiben und das Los des Dichters betrachten. Humor ist das Gegenteil heroischen Kampfwillens und seherischer Opposition, er ist die späte, zur Entsagung gedämpfte Vergoldung der Dinge aus dem Wissen um ihren wahren Wert. In diesem Licht schildern die *Leute von Seldwyla* das Tun und Treiben des schweizerischen Bürgertums. Keller wußte jetzt, daß er in seinem jugendlichen Patriotismus über die Wirklichkeit hinausgegangen war. Wenn er sie weiterhin idealisierte, tat er es in klarer Erkenntnis des Abstands zwischen Dichtung und Realität. Vom *Fähnlein der sieben Aufrechten*, seiner populärsten Novelle, sagte er: »Noch ist lange nicht alles Gold, was glänzt; dagegen halte ich es für Pflicht eines Poeten, nicht nur das Vergangene zu verklären, sondern das Gegenwärtige, die Keime der Zukunft so weit zu verstärken und zu verschönern, daß die Leute noch glauben können, ja so seien sie, und so gehe es zu! Kurz, man muß wie man schwangeren Frauen etwa schöne Bildwerke vorhält, dem allezeit trächtigen Nationalgrundstock stets etwas Besseres zeigen, als er schon ist; dafür kann man ihn auch um so kecker tadeln, wo er es verdient.« Das war auch Goethes Verfahren in ›Hermann und Dorothea‹ gewesen. Goethe schrieb in der ›Italienischen Reise‹ im Hinblick auf die Verschandelung von Palladios Bauwerken freilich auch: »Man verdient wenig Dank von den Menschen, wenn man ihr inneres Bedürfnis erhöhen, ihnen eine große Idee von ihnen selbst geben, ihnen das Herrliche eines wahren edlen Daseins zum Gefühl bringen will. Aber wenn man die Vögel belügt, Märchen erzählt, von Tag zu Tag ihnen forthelfend sie verschlechtert, da ist man ihr Mann, und darum gefällt sich die neuere Zeit in so viel Abgeschmacktem. Ich sage das nicht, um meine Freunde herunterzusetzen, ich sage nur, daß sie so sind und daß man sich nicht verwundern muß, wenn alles ist, wie es ist.«

Kellers Wahrhaftigkeit konnte sich dieser Erkenntnis nicht verschließen. Je älter die verjüngte Schweiz wurde und er mit ihr, desto ernsthafter tadelte er sie. Er sah vieles an ihr, was ihm nicht gefiel, und kritisierte sie offen. Sein Leben lang sah er in seinem Volk wie ein Vater zum Rechten, aber er verlor das Lachen seiner zufriedenen Jahre wieder. Schon die Lieder und Novellen, in denen er der jungen Eidgenossenschaft gehuldigt hatte und selbst »in Vaterlandes Saus und Brause« untergetaucht war, waren der Freudengesang eines Mannes gewesen, der für seine Person das Glück der Gemeinschaft entbehrte. Während der genießerisch vertrödelten Beamtenjahre erlosch sein mystischer Glaube an das Volk und mit ihm seine dichterische Vision. Er wußte, daß diese anderthalb Jahrzehnte äußerer Sorglosigkeit seine »ganz seltsame pathologische Arbeitsscheu in puncto litteris« verstärkten, und quittierte den Dienst in dem Augenblick, wo er sich finanziell gesichert wußte. Aber der Dichter in ihm erwachte nicht mehr in der alten Stärke. Die Schönheit seiner Erstlinge fehlt den bis zur

Nüchternheit abgeklärten Büchern seines Alters. In der zurückgewonnenen Freiheit versank sein Leben und Schaffen in einer tristen Einsamkeit. Nur seine Kneipnächte und Raufhändel verrieten den Bürgern, daß er eine Doppelexistenz führte. In seinem Nachtleben tobte das dämonische Wesen seiner Jugend weiter, dem er auch seine Ehelosigkeit zu verdanken hatte. Die »stille Grundtrauer«, ohne die er nicht leben mochte, ging viel tiefer, als seine Umgebung ahnte. Sie war das Dichterische in ihm, der Taugenichts, die Nixe, die erst starb, als er in der grauen Verlassenheit seiner letzten Jahre die Augen schloß. Von seinem letzten Werk, dem *Martin Salander*, ist alle Idealisierung abgefallen, ihn hat die schwere Sorge um die politische Entwicklung der Schweiz geboren. Den Glauben an sein Land verlor Keller allerdings nie, daher fehlt seiner Kritik die verletzende Schärfe. Das lag aber nicht an den schweizerischen Zuständen, es lag an ihm selbst, an seinem bürgerlichen Vertrauen in die Menschen.

Walter Muschg

Gottfried Keller im Diogenes Verlag

Der grüne Heinrich

Roman. Zweite Fassung. Herausgegeben und mit einer Einleitung von Gustav Steiner

»*Der grüne Heinrich* in seiner zweiten, endgültigen Fassung besitzt die Reife und Vollendung, die vielleicht nur ein Werk haben kann, an dem Jugend und Alter gemeinsam gearbeitet haben. Einen solchen Roman besaß unsere Literatur trotz *Wilhelm Meister* und der Romantik noch nicht. Wie Homer nicht veraltet, kann auch diese Kunst durch keine Geschmacksrichtung und Mode angetastet werden, da sie die Grundlinien des Lebens selbst zieht.«
Ricarda Huch

»Das Geheimnis des *Grünen Heinrich* ist dasselbe wie bei Homer, Dante, Boccaccio, Shakespeare und Goethe. Was der grüne Heinrich erlebt hat, wird heute und morgen und in hundert Jahren von vielen wieder erlebt werden.« *Hermann Hesse*

Die Leute von Seldwyla

Erzählungen. Erster und zweiter Band
Herausgegeben und mit einer Einleitung von
Gustav Steiner

»Wenn man von Goethes Schriften absieht: was bleibt eigentlich von der deutschen Prosa-Literatur übrig, das es verdiente, wieder und wieder gelesen zu werden? Lichtenbergs *Aphorismen*, das erste Buch von Jung-Stillings *Lebensgeschichte,* Adalbert Stifters *Nachsommer* und Gottfried Kellers *Leute von Seldwyla,* – und damit wird es einstweilen am Ende sein.«
Friedrich Nietzsche

»Irgendeine Bewandtnis mit unglaublich feiner und richtiger Verteilung der Maße und Gewichte muß es doch haben, sonst wäre es nicht möglich, daß fast jede

einzelne dieser kleinen Geschichten ihr volles Gewicht als die Darstellung eines ganzen runden ausgelebten Menschenlebens hat.«
Hugo von Hofmannsthal

Züricher Novellen

Mit einem Nachwort
von Bernhard Schlink

»Ich kann es nicht lassen, Ihnen wenigstens mit einer Zeile meine Bewunderung Ihrer *Züricher Novellen* zu bezeugen. Auch ich wüßte die Art des Eindruckes auf den Leser und die Mischung nicht nur des Tragischen und Komischen, sondern überhaupt Ihrer poetischen Kräfte erwägend, keinen sich ungesuchter bietenden Vergleichspunkt als den Humor und die Tragik des großen Briten.«
Conrad Ferdinand Meyer an Gottfried Keller

»Der Shakespeare der Novelle.« *Paul Heyse*

Meistererzählungen

Mit einem Nachwort von Walter Muschg

Mit dieser Auswahl der schönsten Erzählungen aus den *Leuten von Seldwyla*, den *Züricher Novellen* und den *Sieben Legenden* ist ein Lesebuch für jung und alt entstanden, ein Einführungsband in das umfassende Prosawerk des Schweizer Dichters ebenso wie eine Auslese der Höhepunkte seines erzählerischen Schaffens.

»Gottfried Keller, und dies erklärt alles, ist ›au fond‹ ein Märchenerzähler. Was nach dieser Seite hin liegt, ist mustergültig. Je mehr nach dem bewußten Wollen Gottfried Kellers seine Erzählungen Märchen sind, desto besser sind sie auch. Denn dies ist sein eigentliches Gebiet.« *Theodor Fontane*

»Ein Dichter, ein großer, einer zum Erschrecken.«
Max Frisch

Theodor Fontane
im Diogenes Verlag

»Theodor Fontane gelang, was den großen ausländischen Meistern mit Paris, London und Petersburg gelungen war. Er schuf Berlin zum zweiten Male. Er schenkte uns die Stadt an der Spree, wie uns Balzac die Stadt an der Seine und Dickens die Stadt an der Themse schenkten. Diese Städte mögen sich wandeln, verfallen oder gar zerstört werden – ihr Herz und eigentliches Wesen lebt im Œuvre der großen Romanciers unzerstörbar fort.« *Erich Kästner*

»Er galt als Naturalist; in Wirklichkeit war er der überlebende Typ des feinen Menschenbeobachters aus dem Ancien régime. Wie auf einem Relief sind bei ihm die einzelnen Figuren mit feinstem Gefühl für ihre angeborenen Größenverhältnisse abgemessen und ausgewogen, der Grundton ist auf Humor, Ironie, lächelnde Überlegenheit gestimmt.« *Egon Friedell*

L'Adultera
Roman. Mit einem Nachwort
von Werner Weber

Schach von Wuthenow
Erzählung aus der Zeit des Regiments Gensdarmes
Mit einem Nachwort von Marcel Reich-Ranicki

Irrungen Wirrungen
Roman. Mit einem Nachwort
von Otto Brahm

Stine
Roman. Mit einem Nachwort
von Thomas Mann

Effi Briest
Roman. Mit einem Nachwort
von Max Rychner

Robert Walser im Diogenes Verlag

Der Spaziergang

Ausgewählte Geschichten. Herausgegeben von Daniel Keel. Mit einem Nachwort von Urs Widmer

»Robert Walser erfüllte bewusst die Erwartungen nicht, die man schon zu seiner Zeit an einen Schriftsteller stellte. Walser wollte nicht analog der Konsumartikelindustrie jährlich irgendwelche neue Hundertprozentigkeit ans Tageslicht gelangen lassen. Eine seiner Qualitäten ist gerade, dass er das nicht wollte.«
Urs Widmer

»Ganz ungewöhnlich zart sind diese Geschichten, das begreift jeder. Nicht jeder sieht, dass nicht die Nervenspannung des dekadenten, sondern die reine und rege Stimmung des genesenden Lebens in ihnen liegt.«
Walter Benjamin

»Dass das keine Spielerei sei, möchte ich eigentlich gar nicht behaupten, aber es ist jedenfalls – trotz der ungemeinen Wortbeherrschung, in die man sich vernarren könnte – keine schriftstellerische Spielerei, sondern eine menschliche, mit viel Weichheit, Träumerei, Freiheit und dem moralischen Reichtum eines jener scheinbar unnützen, trägen Tage, wo sich unsere festesten Überzeugungen in eine angenehme Gleichgültigkeit lockern.« *Robert Musil*

Auch als Diogenes Hörbuch erschienen, gelesen von Stefan Kurt

Maler, Poet und Dame

Aufsätze über Kunst und Künstler
Herausgegeben von Daniel Keel

Dieser Band vereinigt Walsers Aufsätze über Kunst und Künstler, seine Gedanken über Talente, Könner und Dilettanten und nicht zuletzt seine Studien über Balzac, Baudelaire, Beardsley, Brentano, Büchner, Čechov, Cervantes, Cézanne, Dickens, Dostojewskij, Dumas, Eichendorff, Goethe, Gotthelf, Hauff, Hebel, Hölderlin, Jacobsen, Jean Paul, Keller, Kleist, Körner, Kotzebue, Lenau, Lenz, Thomas Mann, Maupassant, Meyer, Molière, Mozart, Poe, Raabe, Rimbaud, Rousseau, Scheffel, Schiller, Shakespeare, Stendhal, Stifter, Van Gogh, Verlaine, Watteau und viele andere mehr.

»Lesen ist ebenso nützlich wie reizend. Wenn ich lese, bin ich ein harmloser, stiller, netter Mensch und begehe keine Torheiten. Eifrige Leser sind sozusagen ein stillvergnügtes Völkchen. Wer liest, der ist weit davon entfernt, böse Pläne zu schmieden.« *Robert Walser*

»Wenn solche Dichter wie der Walser zu den ›führenden Geistern‹ gehören würden, so gäbe es keinen Krieg. Wenn er hunderttausend Leser hätte, wäre die Welt besser. Sie ist, sei sie, wie sie wolle, gerechtfertigt dadurch, dass es Leute wie den Walser gibt.«
Hermann Hesse

»Man kann ihn nicht ernst genug nehmen.«
Neue Zürcher Zeitung

Meistererzählungen der Weltliteratur im Diogenes Verlag

● **Ambrose Bierce**
Meistererzählungen. Auswahl und Vorwort von Mary Hottinger. Aus dem Amerikanischen von Joachim Uhlmann. Mit Zeichnungen von Tomi Ungerer

● **Giovanni Boccaccio**
Meistererzählungen aus dem Decamerone. Aus dem Italienischen von Heinrich Conrad. Mit einem Nachwort von Bruder Hilario

● **Anton Čechov**
Meistererzählungen. Ausgewählt von Franz Sutter. Aus dem Russischen von Ada Knipper, Hertha von Schulz und Gerhard Dick. Mit einem Nachwort von W. Somerset Maugham

● **Miguel de Cervantes Saavedra**
Meistererzählungen. Die Beispielhaften Novellen. Aus dem Spanischen von Gerda von Uslar. Mit einem Nachwort von Fritz R. Fries

● **Raymond Chandler**
Meistererzählungen. Aus dem Amerikanischen von Hans Wollschläger

● **Friedrich Dürrenmatt**
Der Tunnel und andere Meistererzählungen. Ausgewählt von Daniel Keel. Mit einem Nachwort von Reinhardt Stumm

● **William Faulkner**
Eine Rose für Emily und andere Meistererzählungen. Aus dem Amerikanischen von Elisabeth Schnack

● **F. Scott Fitzgerald**
Drei Stunden zwischen zwei Flügen und andere Meistererzählungen. Ausgewählt und mit einem Nachwort von Daniel Kampa

● **Franz Kafka**
Meistererzählungen. Ausgewählt von Winfried Stephan. Mit einem Nachwort von Walter Muschg und einer Erinnerung an Franz Kafka von Kurt Wolff

● **Gottfried Keller**
Meistererzählungen. Mit einem Nachwort von Walter Muschg

● **D. H. Lawrence**
Meistererzählungen. Ausgewählt, aus dem Englischen und mit einem Nachwort von Elisabeth Schnack

● **Jack London**
Meistererzählungen. Aus dem Amerikanischen von Erwin Magnus. Mit einem Vorwort von Herbert Eisenreich

● **Carson McCullers**
Wunderkind und andere Meistererzählungen. Ausgewählt von Daniel Keel und Daniel Kampa. Aus dem Amerikanischen von Elisabeth Schnack. Mit einem Nachwort von Daniel Kampa
Auch als Diogenes Hörbuch erschienen, gelesen von Elke Heidenreich

● **Katherine Mansfield**
Glück und andere Meistererzählungen. Ausgewählt von Daniel Kampa. Aus dem Englischen von Elisabeth Schnack. Mit einem Vorwort von Anthony McCarten
Daraus zwei Erzählungen auch als Diogenes Hörbuch erschienen, gelesen von Anna König

● **W. Somerset Maugham**
Regen und andere Meistererzählungen. Ausgewählt von Daniel Keel und Daniel Kampa. Aus dem Englischen von Tina und Gerd Haffmans, Ilse Krämer, Irene Muehlon, Simone Stölzel, Friedrich Torberg, Kurt Wagenseil und Mimi Zoff
Auch als Diogenes Hörbuch erschienen, gelesen von Marietta Bürger, Hans Korte, Friedhelm Ptok und Werner Rehm

● **Guy de Maupassant**
Meistererzählungen. Ausgewählt, aus dem Französischen übertragen und mit einem Nachwort von Walter Widmer

● **Herman Melville**
Meistererzählungen. Aus dem Amerikanischen von Günther Steinig. Mit einem Nachwort von Hans-Rüdiger Schwab

● **Frank O'Connor**
Und freitags Fisch und andere Meistererzählungen. Aus dem Englischen von Elisabeth Schnack

• Liam O'Flaherty
Silbervogel und andere Meistererzählungen. Aus dem Englischen und mit einem Nachwort von Elisabeth Schnack

• Luigi Pirandello
Meistererzählungen. Aus dem Italienischen von Percy Eckstein, Hans Hinterhäuser und Lisa Rüdiger. Mit einem Nachwort von Lisa Rüdiger

• Edgar Allan Poe
Meistererzählungen. Aus dem Amerikanischen von Gisela Etzel. Auswahl und Vorwort von Mary Hottinger

• Alexander Puschkin
Meistererzählungen. Aus dem Russischen von André Villard. Mit einem Fragment ›Über Puschkin‹ von Maxim Gorki

• Joseph Roth
Der Leviathan und andere Meistererzählungen. Ausgewählt von Daniel Keel. Mit einem Nachwort von Stefan Zweig
Auch als Diogenes Hörbuch erschienen, gelesen von Senta Berger

• Muriel Spark
Meistererzählungen. Aus dem Englischen von Peter Naujack und Elisabeth Schnack

• Stendhal
Meistererzählungen. Mit einem Nachwort von Maurice Bardèche

• Leo Tolstoi
Meistererzählungen. Ausgewählt von Christian Strich. Aus dem Russischen von Arthur Luther, Erich Müller und August Scholz

• Mark Twain
Meistererzählungen. Mit einem Vorwort von N. O. Scarpi. Auswahl und Bearbeitung von Marie-Louise Bischof und Ruth Binde

• Evelyn Waugh
Ausflug ins wirkliche Leben und andere Meistererzählungen. Ausgewählt von Margaux de Weck und Daniel Kampa

• H. G. Wells
Meistererzählungen. Ausgewählt von Antje Stählin. Aus dem Englischen von Gertrud J. Klett, Lena Neumann und Ursula Spinner

• Stefan Zweig
Brief einer Unbekannten und andere Meistererzählungen. Ausgewählt von Daniel Kampa und Winfried Stephan. Mit einem Nachwort von Donald Prater

Außerdem erschienen:

• D. H. Lawrence
Verliebt. Sieben Meistererzählungen
Diogenes Hörbuch in der Diogenes Sammler-Edition. 7 CD in Geschenk-Verpackung, gelesen von Rolf Boysen, Brigitte Buhre, Anna König und Hans Korte

• Aleksandr Puškin
Pique Dame. Sechs Meistererzählungen
Diogenes Hörbuch in der Diogenes Sammler-Edition. 4 CD in Geschenk-Verpackung, gelesen von Brigitte und Traugott Buhre

• Joseph Roth
Triumph der Schönheit. Meistererzählungen
Diogenes Hörbuch in der Diogenes Sammler-Edition. 5 CD in Geschenk-Verpackung, gelesen von Peter Simonischek